원가관리회계의 이해

Cost & Management Accounting

박무현 도상호 이연희 임상종

Cost & Management Accounting

도서출판 청람

머리말

지금까지 원가회계 및 관리회계를 강의하면서 저자들은 국내외에서 소개되는 기존 교재의 내용들이 너무 방대하고 내용이 쉽지 않아 원가회계 및 관리회계를 처음 접하는 학생들이 쉽게 이해하기에는 다소 어려움이 있어 보다 쉬운 원론 수준의 원가관리회계 교재가 필요함을 절실히 느껴왔다.

이 책은 회계원리 수준의 회계에 대한 기초개념을 알고 있는 독자들을 대상으로 원가 및 관리회계를 배우기 전에 원가회계와 관리회계의 기본개념과 원리를 습득할 수 있도록 집필하였다. 원가회계나 관리회계는 절차나 내용이 복잡하여 이해 위주의 학습이 되지 않고는 쉽게 다가가기 어렵다. 원가회계 및 관리회계의 목적은 기본적으로 (1) 일상적인 영업을 위한 계획과 통제, (2) 특수한 의사결정이나 장기적인 계획수립과 정책결정, (3) 재고자산의 평가와 이익결정을 위한 정보의 제공에 있다. 이 책에서는 장기적인 계획수립과 정책결정을 제외한 가장 핵심적인 개념을 중심으로 간략하면서도 쉽게 독자들이 학습할 수 있도록 설명하였다.

매 장마다 학습목표, 강의개요, 각 장의 내비게이션 역할을 하는 도표를 제시하여 주요 내용, 개념, 원리 등을 알 수 있게 하였으며, 각 장에는 본문에서의 학습내용과 학습목표에 부합하는 다양한 문제를 제시하여 스스로 문제를 해결하게 함으로써 자기동기부여(self-motivated)의 기회를 제공하고 있다. 뿐만 아니라 회계관련 자격증 기출문제를 함께 수록하여 자격증 취득을 위한 실전연습에 도움이 될 수 있도록 하였다.

본서는 총 10장으로 구성되어 있으며, 한 학기에 원가관리회계원리를 학습하기 위해 꼭 필요한 내용과 쉽고 다양한 문제를 제시하여 흥미롭게 학습할 수 있도록 하였다. 이 책의 구성은 다음과 같다.

제1장에서는 관리회계에 대해 전반적인 내용을 소개하고 있다. 여기에서는 관리회계의 특징, 경영관리의 기능, 제조와 관련된 기초개념과 최근에 발전된 새로운 개념을 소개하고

있다.

제2장 개별원가계산에서는 원가, 원가회계의 성격과 목적, 개별원가계산에서의 원가흐름, 개별원가계산서의 본질과 중요성, 제조간접원가 예정배부율의 산정 및 배부차이의 처리, 제조기업의 거래에 대한 분개 및 장부기입에 대해 설명한다.

제3장 공정별원가계산에서는 공정별원가계산을 적용하는 기업유형, 개별원가계산시스템과의 차이점, 공정별원가계산시스템에서의 원가흐름 및 분개, 완성품환산단위 개념 및 공정별원가계산 단계, 제조원가보고서 작성방법에 대해 설명한다.

제4장 활동기준원가계산에서는 활동기준원가계산의 도입배경, 활동기준원가계산의 개발단계, 원가집합의 식별방법, 원가동인의 식별 및 사용방법, 활동기준원가계산의 장·단점, 부가가치적 활동과 비부가가치적 활동의 식별, 서비스산업에 대한 활동기준원가계산의 적용에 대해 설명한다.

제5장 원가–조업도–이익분석에서는 원가, 조업도, 이익과의 관계, 이익계획을 위한 CVP분석의 적용, CVP분석과 단기의사결정, CVP분석과 위험측정, 다품종 CVP분석방법 및 CVP분석의 기본가정 및 한계에 대해 설명한다.

제6장 증분분석에서는 기업이 경영을 계획하고 실행·통제하는 경영관리활동을 수행하는 과정에서 여러 의사결정에 직면하게 되는데 이러한 경영의사결정의 과정을 설명한다. 그리고 증분분석을 통한 특별주문의 수락, 자가제조 또는 구매, 제품 및 부문의 중단 등과 관련된 특수의사결정방법을 익힌다.

제7장 가격결정에서는 제품이나 서비스의 가격결정 상황의 두 가지 유형을 살펴본다. 먼저 회사 외부의 고객들에게 제품의 판매나 서비스를 제공할 경우의 가격결정을 설명한다. 그리고 회사 내부의 다른 부문으로 판매하는 경우에도 부문관리자들이 가격결정을 어떻게 하여야 하는지 살펴본다.

제8장 예산계획에서는 경영자가 계획의 도구로 사용하는 예산편성에 초점을 맞추며, 예산편성의 효익과 편성과정을 설명한다.

제9장 예산통제와 책임회계에서는 경영자가 기업운영을 통제하기 위해서 예산을 어떻게 활용하는지를 검토하고, 경영통제의 두 측면인 예산통제와 책임회계를 설명한다.

제10장 표준원가와 균형성과표에서는 표준원가와 균형성과표를 이용한 성과평가의 방법, 표준원가의 차이분석과 보고를 설명한다.

앞에서 밝힌 대로 저자들이 이 책을 엮어 나가기 전에 세운 원칙은 한 학기용의 **원가관리회계원론 수준에 꼭 필요한 내용만을 쉽고 간단하게 설명하자**는 것이었다. 집필원칙에 따라 개념위주로 설명하면서 적절한 곳에 적절한 예제를 제시하고, 각 장의 말미에는 원가관리회계 원론 수준에 맞는 쉽고 다양한 문제를 제공하였으며, 이들 문제를 스스로 풀어봄으로써 자신감을 키워 향후 원가회계나 관리회계를 공부하는 데 튼튼한 기초를 제공할 것으로 기대한다.

끝으로 이 책의 출간을 위해 인내를 가지고 기다려 주시고 도와주신 도서출판 청람의 이수영 사장님, 폭염에도 불구하고 편집작업으로 고생하신 편집부 여러분께도 진심으로 감사의 말씀을 드린다.

2015년 8월

저자 일동

차 례

Chapter 4 활동기준원가계산

Chapter 5 원가-조업도-이익분석

Chapter 9 예산통제와 책임회계

Chapter 10 표준원가와 균형성과표

Chapter 1

관리회계

학습목표

이 장의 학습목표는 다음과 같다.

1. 관리회계의 특징을 설명한다.
2. 경영관리의 세 가지 기능을 파악한다.
3. 제조원가의 세 요소를 정의한다.
4. 제품원가와 기간원가를 구분한다.
5. 상품매매기업과 제조기업의 손익계산서가 다른 점을 설명한다.
6. 제품의 제조원가가 어떻게 계산되는지 설명한다.
7. 상품매매기업과 제조기업의 재무상태표가 다른 점을 설명한다.
8. 최근 발전한 관리회계의 새로운 개념들을 확인한다.

요약

제1장은 재료원가, 노무원가 및 제조간접원가를 어떻게 계산하고 통제하는가에 초점을 맞추고 있다. 또한 이들 세 가지 원가와 이익의 관계도 설명한다. 여러분들이 회계의 기초적 개념을 배웠다면, 주주나 채권자와 같은 **기업 외부의 이해관계자들을 위하여 작성하고 보고하는 재무보고서**의 형태와 재무보고서에 담길 정보의 내용을 알고 있을 것이다. 이러한 재무보고서는 재무회계활동의 중요한 결과물이다. 반면에 관리회계는 기업의 관리자나 경영진과 같은 **내부의 재무적 정보이용자들을 위한 보고서**를 작성하는 데 초점을 맞추고 있다. 오늘날 관리자들은 빠르게 변화하고 있는 기업환경 속에서 자신들과 기업의 운명을 결정할 수도 있는 의사결정을 하고, 그러한 의사결정의 결과에 따라 평가받는다. 관리회계는 이러한 과정에서 관리자들의 의사결정을 보조하며, 의사결정의 효과를 측정할 수 있도록 돕는다.

제1장의 구성과 내용은 다음과 같다.

관리회계

관리회계의 기초	원가의 기초	제조원가와 재무보고서	관리회계의 발전과 최근 동향
• 관리회계와 재무회계의 비교 • 경영관리의 기능 • 기업의 조직구조 • 기업윤리	• 제조원가 • 제품원가와 기간원가	• 손익계산서 • 제품의 제조원가 • 재무상태표 • 원가개념의 검토	• 가치사슬 • 기술의 변화 • 적시관리(JIT)기법 • 품질 • 활동기준원가 • 제약이론 • 균형성과표

1 관리회계의 기초

관리회계(Managerial Accounting)는 회계의 한 분야로서 주로 기업의 관리자와 내부 이용자들에게 경제적 정보와 회계정보를 제공한다. 관리회계가 제공하는 구체적 정보와 학습내용은 다음과 같다.

1. 제조원가와 비제조원가의 개념을 설명하고, 재무보고서에 이러한 원가를 어떻게 보고하는지 설명한다.
2. 제조기업과 서비스기업의 원가를 계산한다.
3. 활동수준의 변화에 따른 원가와 비용의 행태를 설명하고 원가-조업도-이익의 관계를 분석한다.
4. 경영의사결정에 필요한 자료를 수집하고 보고한다.
5. 기업 내부의 거래와 외부의 거래를 위한 가격을 결정한다.
6. 이익을 계획하고 이러한 계획을 예산의 형태로 수립하는 관리자에게 정보를 제공한다.
7. 계획된 목표와 표준원가를 실제 결과와 비교함으로써 원가와 비용을 통제하기 위한 기초자료를 제공한다.

관리회계는 모든 종류의 기업(서비스기업, 상품매매기업, 제조기업 등)에서 적용할 수 있다. 또한 기업조직의 형태(합자회사, 유한회사, 주식회사 등)에 관계없이 적용할 수 있으며, 이익을 추구하는 기업뿐만 아니라 비영리조직에서도 관리회계가 필요하다.

과거에는 관리회계를 원가회계(원가에 관한 정보를 수집하여 관리자에게 보고하는 역할을 하는 회계)와 동일하게 취급하기도 하였다. 최근 관리회계의 역할에는 많은 변화가 있었다. 첫째, 제조기술이 발전함에 따라 자동화된 공정이 생산과정에 도입되었기 때문에 원가의 종류와 금액을 결정하는 방법이 변화하였다. 둘째, 관리회계담당자는 전략적 원가관리에 대한 책임도 지고 있다. 따라서 관리회계담당자는 기업이 소유한 자원을 얼마나 잘 활용하는지를 평가하는 임무도 맡고 있다. 이에 따라, 관리회계담당자는 생산, 마케팅, 그리고 연구개발 부서의 구성원들과 함께 머리를 맞대고 중요한 전략적 의사결정을 내리기도 한다.

관리회계담당자가 기업 내에서 능력을 발휘하고 임원으로 승진할 기회는 충분하다. 왜냐하면 기업의 경영을 담당하는 임원들은 필수적으로 관리회계의 개념을 이해하고 있어야 하기 때문이다. 회사 내의 마케팅, 판매, 생산부서 등 어디에서 근무하든 관리회계에 관한 지식이 풍부하면 임원으로 승진할 확률이 높아진다. 유명한 IT 기업의 최고경영자는 다음과 같이 언급하였다. "기업활동을 통해 돈을 벌고, 고객을 만족시키고, 시장점유율을 높이려 한다면, 이러한 활동을 설명할 수 있는 숫자에 익숙해야 한다. 만일 이런 활동을 숫자로 설명할 수 없다면, 걱정스러운 일이다."

관리회계와 재무회계의 비교

관리회계와 재무회계는 비슷하기도 하고 다르기도 하다. 첫째, 관리회계와 재무회계는 모두 기업에 관한 경제적 사건을 다루고 있기 때문에 이 두 회계분야의 관심사가 겹치기도 한다. 예를 들면, 관리회계는 제품의 단위당 제조원가를 결정하는 것에 관심이 있고, 재무회계는 제조·판매된 제품의 원가를 재무보고서를 통해 보고할 임무가 있다. 또한 관리회계와 재무회계 모두 기업에 관한 경제적 사건을 계량화하여 이해관계자와 소통하여야 한다. [도표 1-1]은 재무회계와 관리회계의 주요 차이를 요약한 표이다.

도표 1-1 ▌재무회계와 관리회계의 차이

재무회계		관리회계
• 외부의 이해관계자: 주주, 채권자, 규제당국	회계보고서의 주된 이용자	• 내부의 이해관계자: 관리자, 임원
• 재무보고서 • 반기보고서, 분기보고서, 연차보고서	보고서의 종류와 빈도	• 내부보고서 • 필요할 때마다 보고
• 광범위하고 일반적인 목적	보고서의 목적	• 특수의사결정을 위한 특수목적
• 기업 전체에 관한 내용을 포함 • 매우 요약된 보고서 • 복식부기에 의해 수집·요약된 자료 • IFRS 또는 GAAP의 규제를 받음	보고서의 내용	• 하위사업부서와 연관되어 있음 • 매우 상세함 • 복식부기제도에 제한을 받지 않고, 관련된 모든 자료를 포함 • 의사결정과의 적합성이 표준을 결정
• 공인회계사가 감사	검증절차	• 독립된 감사를 수행할 필요 없음

경영관리의 기능

경영관리(Management) 기능을 수행하면서 관리자들이 내리는 결정은 조직에 큰 영향을 미친다.

관리자의 활동과 책임은 다음과 같이 세 가지의 기능분야로 나눌 수 있다.

1. 계획(Planning)
2. 지휘(Directing)
3. 통제(Controlling)

계획(Planning)은 관리자들이 미래를 내다 보고 목표를 세우는 기능이다. 이때 관리자들이 세우는 목표는 매우 다양하며, 단기적 이익이나 시장점유율의 극대화일 수도 있고, 환경보호에의 헌신과 사회공헌 프로그램에의 적극적 참여일 수도 있다. 예를 들면, 최근 Hewlett-Paekard사는 컴퓨터산업에 확고한 뿌리를 내리기 위해 제품의 가격을 파격적으로 인하하여 Dell사와 경쟁하였다. 경영진의 중요한 목표는 자신들이 통제하고 있는 기업의 가치를 상승시키는 것이다. 가치는 기업의 주식이 금융시장에서 거래되는 가격 또는 기업의 잠재적 매각가치에 의하여 측정할 수 있다.

지휘(Directing)는 기업의 다양한 활동과 인적 자원을 잘 활용하여 기업의 일상적 영업활동이 효율적으로 그리고 효과적으로 운영되도록 하는 기능이다. 이 기능은 계획기능에서 설정한 목표와 밀접한 관련이 있으며 종업원들이 목표를 달성할 수 있도록 노력할 동기를 제공하는 것과도 관련이 있다. 예를 들면 현대자동차나 Dell사 같이 유통단계가 복잡한 제조회사는 구매, 생산, 보관과 판매활동을 잘 조율하여야 하며, 대한항공, Federal Express와 AT&T 같은 서비스기업은 일정관리, 판매, 서비스, 및 장비의 취득활동을 잘 조율하여야 한다.

통제(Controlling)란 기업의 활동이 정상적으로 이루어지도록 유지하는 기능이다. 영업활동을 통제할 때 관리자들은 계획된 목표가 제대로 달성되고 있는지 살펴야 한다. 목표에서 어긋나는 경우에는 영업활동이 정상적인 궤도로 돌아가기 위해 어떤 변화를 주어야 하는지 결정하여야 한다. 최근 Enron, SK 그리고 Xerox사에서 일어난 회계부정은 기업에서 정확한 정보를 수집하여 전달하기 위해 적절한 통제기능을 유지하여야 한다는 것을 증명하고 있다.

조직구조

경영관리의 기능을 원활히 수행하기 위하여 대부분의 기업은 조직도(organizational chart)를 작성한다. 이 조직도는 기업 내부에서 이루어지는 여러 활동 사이의 관계와 권한 및 책임을 위임한 내용을 설명한다. [도표 1-2]는 기업의 전형적인 조직도이며, 권한의 위임을 간단하게 파악할 수 있다.

도표 1-2 ▌ 전형적인 기업의 조직도

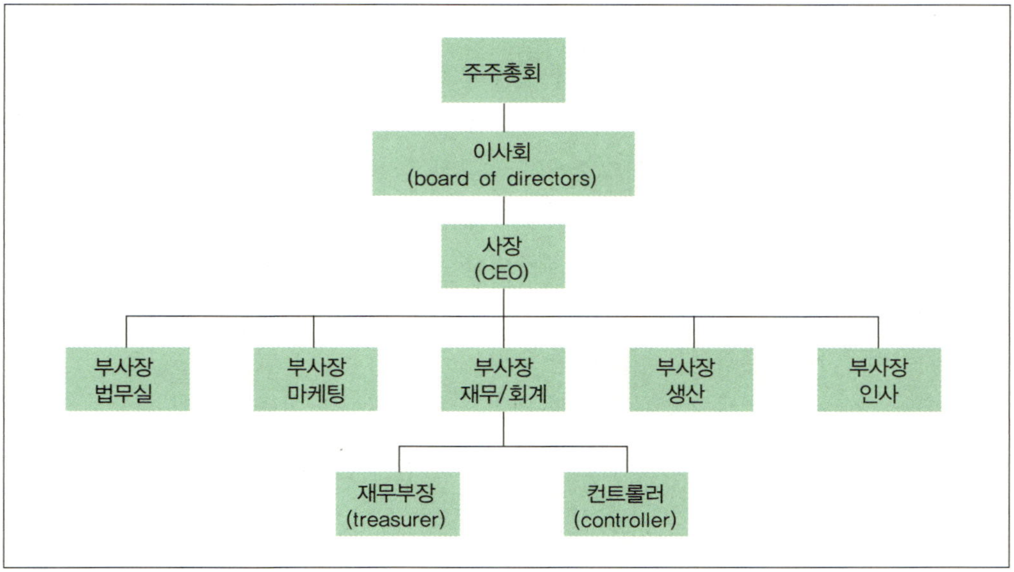

주주들은 기업의 소유주이다. 그러나 주주들은 기업을 직접 경영하지 않고 자신들이 선출한 이사들로 구성된 이사회를 통하여 간접적으로 관리한다. 비영리조직 또한 이러한 이사회가 있다. 이사회는 기업이나 조직의 운영정책을 만들고, 사장과 부사장을 비롯한 임원진을 선임하여 그들로 하여금 일상적인 경영업무를 수행하도록 한다.

최고경영자(CEO: Chief Executive Officer)는 기업의 전반적인 업무에 관한 책임을 진다. 작은 기업들도 조직의 목적을 달성하기 위하여 책임과 권한을 위임하고 업무를 관장하도록 한다. 조직도에서 볼 수 있는 것처럼 최고경영자는 다른 임원에게 책임과 권한을 위임한다. 조직 내에서 구성원들의 역할은 명확하게 정의되어 있어야 한다.

재무담당최고경영자(CFO: Chief Financial Officer)는 기업 내에서 회계와 재무에 관련된 문제를 총괄한다. 재무담당최고경영자는 재무부장(treasurer)과 컨트롤러(controller)의 보좌를 받는다.

기업윤리

조직 내 모든 구성원들은 기업활동을 함에 있어 윤리적으로 행동할 것을 요구받고 있다. 기업과 소유주들이 윤리적으로 활동하는 것이 중요하기 때문에 점점 더 많은 기업들이 구성원들의 활동에 지침이 될 윤리강령을 마련하고 있다.

이러한 노력에도 불구하고 최근의 스캔들은 대규모의 손실과 정리해고를 초래하였다. Enron, Global Crossing, WorldCom과 같은 미국의 기업이나 SK, 한화, 대우 등의 회계부정이 해당 기업에 천문학적 금액의 손실을 입힌 것은 물론이고 수많은 사람들을 해고에 이르게 하였다. 국제적인 회계법인인 KPMG의 최근 조사에 따르면 기업의 부정발생 건수는 5년 전과 비교하여 13% 증가하였다. 이 조사는 종업원의 부정(비용의 과다지출, 수당의 부정수령, 자산의 절취 등)이 모든 부정발생 건수의 60%에 달하지만, 실제로 재무보고의 부정(회계보고서의 의도적인 왜곡)이 기업에 가장 큰 손해를 끼치는 요인으로 파악하고 있다.

적절한 동기부여

대부분의 글로벌기업 등은 관리자들의 활동을 평가하고 통제하기 위하여 복잡한 시스템을 활용하고 있다. 이 기업들은 종업원의 행동을 효과적으로 평가하고 감독하기 위하여 상당히 많은 자원을 투자하고 있다. 그럼에도 불구하고 이러한 시스템과 통제장치들이 의도적이지는 않지만 관리자들로 하여금 때때로 비윤리적으로 행동할 동기를 부여하고 있다. 기업에서 예산을 마련하고 실행지침을 제공하는 경우를 예로 들어 보자. 예산은 평가도구로서의 역할도 있기 때문에 일부 관리자들은 예산편성과정에서 자신이 책임지고 있는 부서가 목표를 쉽게 달성할 수 있도록 예측성과치를 낮게 예측하는 전략을 세우고 더 많은 보상을 받거나 자신의 지위를 유지하기 위하여 비윤리적인 행동을 취함으로써 목표를 달성한다.

최근의 예를 들면, 항공기 제조업체인 Boeing사에서는 비용의 과다청구, 산업 스파이 및 불법적인 이해관계의 충돌 등과 관련하여 회계부정 사건이 계속해서 일어났다. Boeing사에서 오랫동안 근무한 종업원들은 윤리의식의 퇴조를 Boeing사가 McDonnell Douglas사를 합병한 이후 변화한 기업문화의 탓이라고 한다. 즉 합병 이후에 적용되기 시작한 종업원의 성과평가시스템은 종업원들이 무슨 행동을 하더라도 성공할 필요가 있다고 믿게 만들었다는 것이다.

윤리기준

기업의 심각한 회계부정에 대응하여 2000년과 2001년에 미국 의회는 내부통제의 약점을 보완하기 위한 법안을 통과시켰다. 이 법이 "Sarbanes-Oxley Act of 2002(SOX)"인데 기업사회 전반에 큰 영향을 미쳤다. 우선, SOX법안이 적용되면서 기업의 재무보고서에 대한 최고경영자의 책임이 명확하게 정의되었다. CEO와 CFO는 기업의 영업 결과와 재무상태를 공정하게 표시하고 있다는 것을 확인하여야 한다.

또한, 최고경영자는 회사의 자산을 보호하고 회계보고서의 정확성을 보증하기에 충분한 내부통제시스템을 유지하고 있다는 것을 확인하여야 한다. SOX법안이 적용되면서 나타난 또 하나의 현상은 기업들이 이사회와 각종 위원회의 구성에 더욱 신경을 쓴다는 것이다. 특히, 내부의 감사위원회는 독립적인(즉, 종업원이 아닌) 제3자가 반드시 포함되어야 하며, 재무전문가가 1명 이상 포함되어야 한다. 마지막으로, 새로운 법안의 일부 규정을 준수할 가능성을 더욱 높이기 위하여 위법행위에 대한 처벌을 강화하였다. 우리나라의 경우에도 1990년대 말에 외환위기를 거치면서 회계의 투명성을 강조하고, 각종 규제장치를 마련하였다.

미국관리회계사협회(Institute of Management Accountants: IMA)는 관리회계담당자들에게 길잡이를 제공하기 위하여 "IMA Statement of Ethical Professional Practice"라는 윤리규정을 제정하였다. 관리회계담당자는 본인이 이 규정을 위반하는 행동을 하지 말아야 하는 것은 물론이며, 조직 내의 다른 구성원이 규정을 위반한 행동을 하더라도 동조하지 말아야 한다.

2 원가의 기본개념

기업의 경영자들이 기업의 활동을 효과적으로 계획하고, 지휘하고 통제하기 위해서는 다양하고 훌륭한 정보가 필요하다. 그 중 가장 중요한 정보는 원가에 관한 정보이다. 따라서 경영자는 다음과 같은 의문을 가질 필요가 있다.

1. 제품을 제조하거나 서비스를 제공하기 위하여 필요한 원가는 무엇인가?
2. 생산량이 감소하면 원가도 감소하는가?
3. 자동화가 원가 총액에 미치는 영향은 무엇인가?
4. 원가를 적절하게 통제할 방법은 무엇인가?

이러한 의문을 해결하기 위해서는 경영자들이 신뢰할 수 있고 의사결정 목적에 적합한 원가 정보를 얻어야 한다. 이제부터는 기업이 사용하고 있는 다양한 종류의 원가를 예로 들어 설명하기로 한다.

제조원가

제조는 원재료를 완제품으로 변환시키는 활동과 프로세스로 구성되어 있다. 이러한 종류의 활동은 구매한 물품을 그대로 판매하는 상품매매기업의 활동과 대비된다. 제조원가는 다음 [도표 1-3]과 같이 분류할 수 있다.

도표 1-3 ▌제조원가의 분류

직접재료원가

직접노무원가

제조간접원가

직접재료원가(direct material costs)

완제품으로 변환될 재료를 취득하기 위하여 제조기업은 원재료를 구입한다. **원재료**란 제조공정에서 사용되는 기초재료와 부품이다. 예를 들면, GM 또는 현대자동차와 같은 자동차 제조업체는 철강, 플라스틱, 타이어와 같은 원재료를 이용하여 자동차를 제조한다.

제조과정에서 물리적으로, 그리고 직접 최종 제품과 연관시킬 수 있는 원재료의 원가를 **직접재료원가**라고 한다. 예를 들면, 빵을 만들기 위한 밀가루, 음료수를 만들기 위한 원액, 휘발유나 등유, 아스팔트를 만들기 위한 원유, 그리고 자동차 제조에 쓰이는 철강 등이 직접재료이다. 삼성전자와 Apple사의 직접재료는 플라스틱, 유리, 반도체 등이다.

원재료 중 일부는 최종 제품과 직접 연관시키기 어렵다. 이러한 원재료의 원가는 **간접재료원가**라고 한다. 간접재료는 다음과 같은 특징을 갖고 있다. 첫째, 최종 제품의 물리적인 부분이 되지 않는다(예: 윤활유 또는 광택제). 둘째, 원가가 차지하는 금액으로 판단하면 최종 제품과의 연관성이 적기 때문에 추적하기 어렵다(예: 책장 조립에 사용된 작은 못). 이러한 간접재료는 **제조간접원가**에 포함시켜 회계처리한다.

직접노무원가(direct labor costs)

원재료를 변환시켜 최종 제품을 만들기 위한 작업과 물리적으로, 그리고 직접 연관시킬 수 있는 공장근로자들의 노동은 **직접노무원가**로 분류한다. 현대자동차의 자동차 생산라인에서 조립작업을 수행하는 근로자의 활동은 직접노무원가로 분류된다. **간접노동**은 최종 제품과 물리적으로 관련이 없거나, 관련시키는 것이 무의미한 작업을 수행하는 근로자의 활동이다. 예를 들면, 수선유지부서에서 일하는 근로자와 공장장의 노동은 간접노동이며, 이러한 **간접노무원가**는 간접재료원가의 경우와 같이 **제조간접원가**에 포함시켜 회계처리한다.

제조간접원가(manufacturing overhead costs)

제조간접원가는 최종 제품의 제조와 간접적으로 연관시킬 수 있는 원가이다. 이러한 원

가는 직접재료 또는 직접노무원가로 분류할 수 없는 원가이다. 제조간접원가에 포함되는 원가는 간접재료원가, 간접노무원가, 공장 건물과 기계의 감가상각원가, 그리고 공장설비에 대한 재산세, 보험료 및 수선유지원가 등이 있다.

제품의 원가 중 직접재료원가, 직접노무원가 및 제조간접원가가 차지하는 비중은 기업에 따라 또 그 기업이 속한 산업에 따라 달라진다. 기계화 또는 자동화가 많이 이루어진 산업일수록 직접노무원가의 비중은 적어진다. 같은 산업에 속하더라도 기업의 특성에 따라 직접노무원가의 비중은 달라진다.

재료와 노동의 원가를 제품에 배분하는 과정은 비교적 간단하다. 제조공정의 원가자료를 잘 수집하기만 하면 제조에 사용된 재료원가와 근로자의 작업시간을 쉽게 파악할 수 있다. 그러나 제조간접원가를 제품에 배분하려면 어려운 문제가 생긴다. 구매한 부품을 검수한 근로자의 임금을 수십 가지 서로 다른 종류의 제품에 어떻게 나누어 줄 것인가? 기계를 정비하기 위하여 사용한 윤활유와 근로자의 임금과 세금을 계산하기 위하여 사용한 컴퓨터 설비의 원가는 어떻게 할 것인가? 이 책에서는 이와 같은 질문에 답을 제공할 수 있는 여러 방법에 대하여 논의할 것이다.

제품원가와 기간원가

제품의 제조에 필요한 원가요소(직접재료원가, 직접노무원가 및 제조간접원가)는 제조원가이다. **제품원가(product costs)**는 말 그대로 최종 제품을 제조하기 위하여 필수불가결한 원가이다. 기업은 이러한 제조원가가 발생하는 대로 재공품 재고에 기록한다. 대응의 원칙(matching principle)에 따라 제품재고가 고객에게 판매될 때까지 제품원가는 비용이 될 수 없다. 고객에게 팔린 시점에서야 비로소 매출원가라는 비용으로 기록한다.

기간원가(period costs)는 발생한 기간에 바로 수익에 대응되어 비용으로 인식되는 원가이다. 이러한 원가는 판매가능한 제품의 원가에 포함되지 않으며, 주로 비제조원가이다. 기간원가에는 판매비와 관리비가 포함된다. 기업의 순이익을 계산하기 위해서는 특정한 기간의 수익에서 그 기간 동안에 발생한 원가를 차감하여야 한다.

[도표 1-4]는 제품원가와 기간원가의 관계를 정리한 것이다.

도표 1-4 ▌ 제품원가와 기간원가

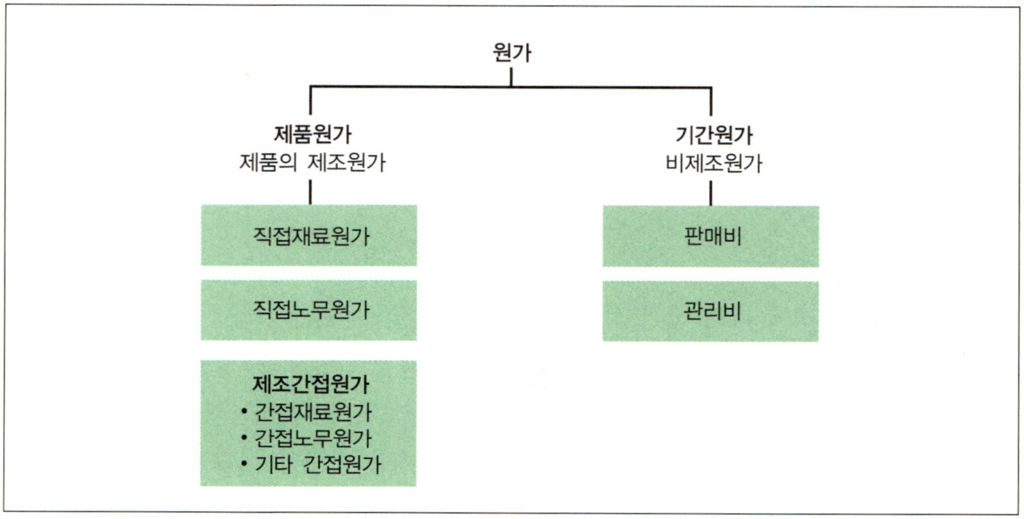

3 제조원가와 재무보고서

제조기업의 재무보고서와 상품매매기업의 재무보고서는 매우 비슷하다. 예를 들면, 유한양행의 재무보고서와 이마트의 재무보고서에는 같은 이름의 계정을 많이 발견할 수 있다.

제조기업과 상품매매기업의 재무보고서는 두 가지가 크게 다르다. 손익계산서의 매출원가와 재무상태표의 유동자산 부분이 바로 그것이다.

손익계산서

제조기업과 상품매매기업의 손익계산서(Income Statement)는 매출원가 부분이 서로 다르다. 상품매매기업은 기초상품재고와 당기상품매입액의 합계에서 기말상품재고를 차감하여 매출원가를 계산한다. 반면에 제조기업은 기초제품재고와 당기제품제조원가의 합계에서 기말제품재고를 차감하여 매출원가를 계산한다. [도표 1-5]는 이처럼 서로 다른 두 방법을 대조하여 보여주고 있다.

제품제조원가를 계산하기 위한 계정은 여러 종류가 있다. 손익계산서는 이러한 과정을 단순하게 설명하기 위하여 총제조원가만을 보여주는 것이 일반적이며, 별도의 보고서인 제조원가명세서(Cost of Goods Manufactured Schedule)를 작성하여 총제조원가의 내용을 상세하게 설명하기도 한다. [도표 1-6]은 제조기업과 상품매매기업의 손익계산서에 나타난 매출원가 부분을 비교한 것이다. 손익계산서의 다른 부분은 생략하기로 한다.

도표 1-5 ▌ 매출원가의 결정요소

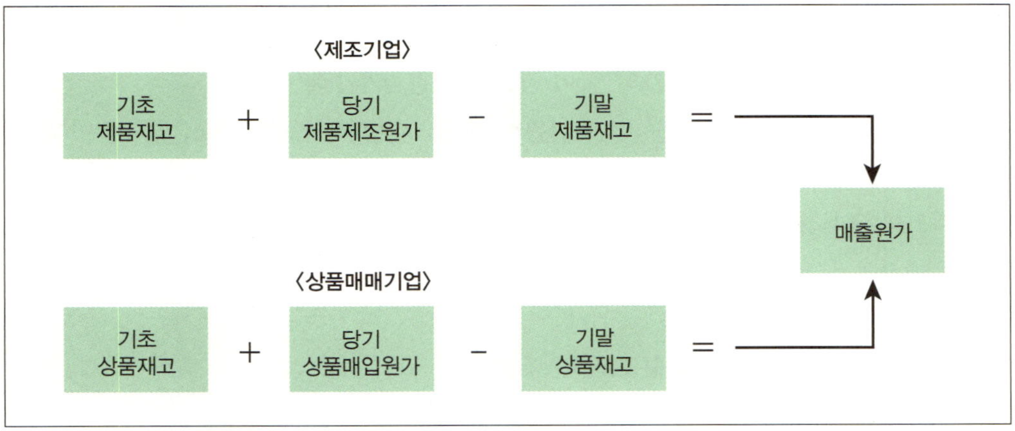

도표 1-6 ▌ 제조기업과 상품매매기업의 손익계산서에 나타난 매출원가의 표시방법 (단위: 천원)

제조기업 손익계산서(일부만 표시) 2015년 12월 31일로 종료하는 회계연도	
매출원가:	
기초제품재고(1/1)	₩ 90,000
당기제품제조원가	
([도표 1-8] 참조)	370,000
판매가능한 제품의 원가	460,000
기말제품재고(12/31)	80,000
매출원가	₩380,000

상품매매기업 손익계산서(일부만 표시) 2015년 12월 31일로 종료하는 회계연도	
매출원가:	
기초상품재고(1/1)	₩ 70,000
당기상품매입원가	650,000
판매가능한 재고자산의 원가	720,000
기말상품재고(12/31)	400,000
매출원가	₩320,000

당기제품제조원가

당기제품의 제조원가(Cost of Goods Manufactured)를 설명하기 위하여 예를 들어 보자. ㈜성림은 1월 1일 현재 다양한 상태의 컴퓨터 재고를 보유하고 있다. 일부분이 완성된 컴퓨터는 **기초재공품 재고**이며, **지난 회계연도에 발생한 제조원가**에 기초하여 원가가 배분되었다.

㈜성림에서는 1월 1일 현재 미완성 상태에 있던 재공품을 완성하기 위한 제조원가가 먼저 발생하였고, 그 후에는 새로운 주문품을 완성하기 위하여 원가가 발생하였다. 당기에 제조과정에 투입한 직접재료원가, 직접노무원가, 그리고 제조간접원가의 합이 당기에 발생한 **총제조원가**이다.

여기서 두 종류의 원가 즉, ① 재공품 기초재고의 원가와 ② 당기에 발생한 총제조원가를 구분하여야 한다. 이 두 원가의 합이 **재공품의 총원가**가 된다.

회계기말에도 기초와 같이 ㈜성림은 미완성 상태의 컴퓨터를 보유하고 있을 것이다. 이러한 컴퓨터를 **기말재공품 재고**라고 한다. 당기제품제조원가를 계산하기 위해서는 기말재공품 재고의 원가를 재공품의 총원가에서 차감하여야 한다. [도표 1-7]은 당기 제품제조원가를 계산하기 위한 과정을 보여주고 있다.

도표 1-7 ▌ 당기제품제조원가를 계산하기 위한 식

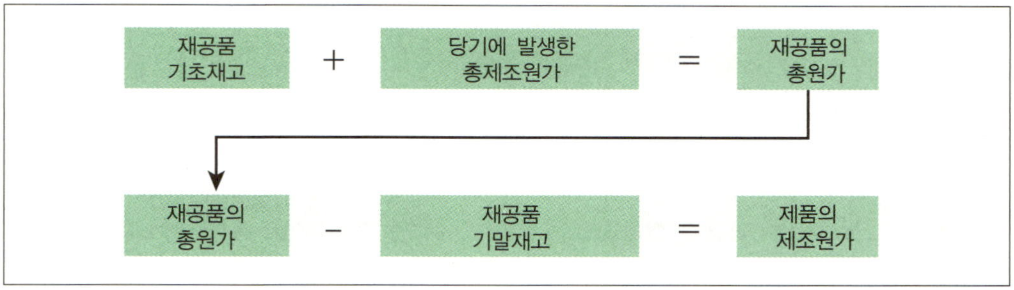

제조원가명세서

제조원가명세서(Cost of Goods Manufactured Schedule)는 제조원가에 포함되는 원가요소별 금액을 보고하는 보고서이다. [도표 1-8]은 ㈜성림의 제조원가명세서이다. 이 명세서는 직접재료원가와 제조간접원가의 구체적 내용을 상세하게 보고하고 있다.

[도표 1-7]의 수식에 따라 [도표 1-8]의 항목들을 다시 점검해 보라. 특히, 당기에 발생한 총제조원가와 제품의 제조원가를 잘 구분하여야 한다. 두 원가의 차이는 회계기간 중에 발생한 재공품의 변화와 같다.

도표 1-8 ▌제조원가명세서

㈜성림
제조원가명세서
2015년 12월 31일로 종료하는 회계연도

재공품 기초재고(1/1)			₩18,400,000
직접재료원가			
원재료 기초재고(1/1)	₩16,700,000		
원재료 당기매입액	152,500,000		
사용가능한 원재료총액	169,200,000		
차감: 원재료 기말재고(12/31)	22,800,000		
직접재료 사용액		₩146,400,000	
직접노무원가		175,600,000	
제조간접원가			
간접노무원가	14,300,000		
공장설비의 수리비	12,600,000		
공장의 수도－전기료	10,100,000		
공장설비의 감가상각원가	9,440,000		
공장설비에 대한 보험료	8,360,000		
총제조간접원가		54,800,000	
당기에 발생한 총제조원가			376,800,000
재공품의 총원가			395,200,000
차감: 재공품 기말재고(12/31)			25,200,000
당기제품제조원가			₩370,000,000

재무상태표

상품매매기업의 재무상태표(Statement of Financial Position)는 한 종류의 재고자산을 보고하지만, 제조기업의 재무상태표는 [도표 1-9]에 예를 든 것과 같이 세 종류의 재고자산을 보고한다. 제조기업의 제품재고는 상품매매기업의 상품재고와 같은 성격이다. 두 계정 모두 기업이 보유하고 있는 판매가능한 항목을 표시하고 있다.

[도표 1-10]에서는 제조기업과 상품매매기업의 재고자산이 재무상태표의 유동자산 부분에 어떻게 보고되는지를 비교하고 있다. 일반적으로 제조기업은 재고자산을 유동성배열법(현금화 가능한 순서)에 따라 보고한다. 이 경우, 완성된 제품재고를 가장 먼저 보고한다. 나머지 부분은 제조기업이나 상품매매기업의 재무상태표가 서로 비슷하다.

도표 1-9 ▌ 제조기업의 재고자산계정

원재료재고	재공품재고	제품재고
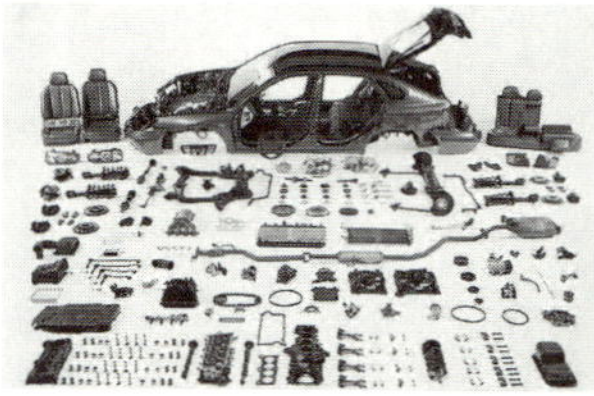		
보유하고 있는 원재료의 원가를 보고한다	제조공정에 투입되었지만 아직 미완성 상태인 제품에 배분할 수 있는 원가를 보고한다	보유 중인 완성품의 원가를 보고한다

도표 1-10 ▌ 제조기업과 상품매매기업의 재무상태표에 나타난 유동자산 (단위: 천원)

제조기업
(부분)재무상태표
2015년 12월 31일

유동자산		
현금		₩180,000
매출채권(순액)		210,000
재고자산		
제품	₩80,000	
재공품	25,200	
원재료	22,800	128,000
선급비용		18,000
유동자산 합계		₩536,000

상품매매기업
(부분)재무상태표
2015년 12월 31일

유동자산	
현금	₩ 100,000
매출채권(순액)	210,000
상품재고	400,000
선급비용	22,000
유동자산 합계	₩732,000

원가의 개념 – 복습

앞서 배운 여러 원가의 개념을 다시 한 번 살펴보기로 하자. 이러한 개념은 매우 낯설겠지만 꼭 익히고 지나가야 할 개념들이다. 예를 들어, 여러분들이 스노우보드를 제조하여 판매하는 상점을 운영한다고 생각해 보라. 이미 많은 대학생들이 창업을 하고 있으므로 여러분이 직접 기업을 운영하는 것은 시간문제일 뿐, 언젠가는 일어날 수 있는 일이다. 스노우보드를 제조하는 기업에서 발생할 수 있는 원가를 나열해 보자.

1. 스노우보드 재료의 원가(목재, 파이버글라스, 합성수지, 금속나사, 금속테두리, 잉크 등)
2. 노동의 원가(띠톱과 실톱을 이용하여 보드를 깎아내고 다듬기 위한 노동)
3. 설비(프레스, 연삭기, 도료 분무기 등) 및 건물의 감가상각
4. 작업장이 있는 건물의 재산세
5. 광고 및 홍보비용(카탈로그 제작 및 온라인 홍보)
6. 판매수수료
7. 수선유지를 담당하는 근로자의 임금
8. 공장장의 임금
9. 제품의 선적비용

[도표 1-11]은 스노우보드의 제조원가와 판매원가를 항목별로 분류한 표이다.

도표 1-11 ▌원가항목별 분류

원가항목	제품의 제조원가			기간원가
	직접재료원가	직접노무원가	제조간접원가	
1. 스노우보드 재료의 원가 (단위당 ₩30,000)	√			
2. 노동의 원가 (단위당 ₩40,000)		√		
3. 설비 및 건물의 감가상각비 (연간 ₩25,000,000)			√	
4. 공장건물의 재산세 (연간 ₩6,000,000)			√	
5. 광고 및 홍보비용 (연간 ₩60,000,000)				√
6. 판매수수료 (단위당 ₩20,000)				√
7. 수선유지담당자의 임금 (연간 ₩45,000,000)			√	
8. 공장장의 임금 (연간 ₩70,000,000)			√	
9. 제품의 선적비용 (단위당 ₩18,000)				√

당기총제조원가는 제품원가(직접재료원가, 직접노무원가 및 제조간접원가)의 합이다. 만일 1년 동안 스노우보드 10,000개를 제조하였다면, 당기총제조원가는 [도표 1-12]에서

계산한 대로 ₩846,000,000이 된다.

도표 1-12 ▌당기총제조원가의 계산

제조원가항목	제조원가
1. 스노우보드 재료의 원가(₩30,000×10,000)	₩300,000,000
2. 노동의 원가(₩40,000×10,000)	400,000,000
3. 설비 및 건물의 감가상각비	25,000,000
4. 공장건물의 재산세	6,000,000
7. 수선유지담당자의 임금	45,000,000
8. 공장장의 임금	70,000,000
당기총제조원가	**₩846,000,000**

당기총제조원가를 계산하고 나면 단위당 원가를 계산할 수 있다. 이 경우, 스노우보드를 모두 10,000개 생산하였으므로 단위당 제조원가는 ₩84,600(₩846,000,000÷10,000)이 된다.

이 책에서는 제1장에서 학습한 원가의 개념을 자주 사용할 것이다. 따라서 [도표 1-11]을 충분히 이해하여야 하며, 만일 [도표 1-11]의 원가분류에 익숙하지 않다면 언제든지 다시 돌아와서 복습을 하여야 한다.

4 최근 발전한 관리회계의 새로운 개념

최근 기업을 둘러싸고 있는 시장의 환경은 그 어느 때보다 경쟁적이다. 각국의 정부는 규제를 완화하고 자유무역협정을 체결하는 등 기업의 활동에 관한 제약을 많이 제거하였다. 이러한 규제완화는 시장을 경쟁적으로 만들어 국내 시장 뿐만 아니라 외국의 기업들과도 격심한 경쟁을 하도록 만들었다. 세계는 유럽연합(EU), 북미자유무역협정(NAFTA), 아세안(ASEAN) 등 여러 개의 경제협력을 위한 블록으로 묶여 있으며, 최근의 전 세계적 경제위기와 경기침체는 기업환경을 변화시키고 있다. 이러한 변화는 기업에게 위기이면서 동시에 기회이다. 이러한 환경에서 관리회계담당자는 미래지향적인 태도로 기업 내 다른 구성원들의 의사결정을 도와주어야 하며, 정보제공자로서의 역할을 충실히 수행하여야 한다.

가치사슬

가치사슬(value chain)이란 제품 또는 서비스를 제공하기 위한 모든 활동을 지칭한다. 제조기업의 경우 이러한 활동은 연구개발, 제품의 디자인, 원재료의 획득, 생산, 마케팅 및 판매, 배송, 고객관계 개선 등을 포함한다. [도표 1-13]은 제조기업의 가치사슬을 그림으로 표시한 것이다.

도표 1-13 ▌ 제조기업의 가치사슬

최근에 많은 제조기업들이 가치사슬을 분석하기 시작하였다. 생산성을 향상시키고 낭비를 제거하기 위하여 가치사슬의 모든 단계를 낱낱이 분석하였으며, 일본 자동차 제조기업인 Toyota사는 이러한 분석과정을 거쳐 혁신을 일상화한 대표적인 기업이다.

1980년대에 많은 기업들이 인간의 노동을 대신하여 대형설비를 설치하고 생산공정을 자동화하였다. 이러한 기계들은 한 번에 생산할 수 있는 제품의 수량을 획기적으로 증가시켰다. 최근에는 이러한 기계설비가 매우 비효율적이라는 인식이 널리 퍼졌다. 그 이유는 설비에 맞추기 위하여 많은 양의 재고를 보유하여야 하고, 많은 원재료를 확보하여야 하기 때문이다. 예를 들면, P사는 대형 기계 설비를 유연성 있는 작은 기계로 교체하였더니 제품의 흐름이 더욱 효율적으로 변화하였다는 것을 확인하였다. P사는 공장의 특정 공정에서 머무는 시간을 10일에서 2시간으로 감소시켰다. 결국 제품을 제조하는 데 소요되는 총시간을 22일에서 7일로 줄일 수 있었다. 가치사슬을 분석한 결과 기업들은 고객의 욕구에 더욱 민감하게 반응하고 있으며 이를 통해 수익성을 개선하였다.

기술의 변화

기술이 가치사슬에서 차지하는 역할은 매우 크다. 컴퓨터의 도입과 자동화는 기업들로 하여금 생산공정을 더욱 효과적으로 단순화시키고, 이에 따라 가치사슬이 개선되도록 하였다. 예를 들면, 많은 기업들이 **전사적자원관리(ERP: Enterprise Resource Planning)** 시스템을 도입하여 가치사슬을 관리하고 있다. 기업은 종합적인, 중앙집중화된 그리고 통합적인 정보의 원천을 제공하고 있는 ERP시스템을 활용하여 구매, 제조 및 인사관리와 같은 주요 업무를 관리하고 있다.

대기업들은 ERP시스템을 사용함으로써 많게는 200여 개의 소프트웨어를 대체할 수 있었다. 예를 들면 ERP시스템을 활용하여 인사관리프로그램, 재고관리프로그램, 매출채권관리프로그램, 그리고 임금관리프로그램을 대체할 수 있다. 가치사슬은 한 기업의 경계를 뛰어넘는 개념이기 때문에 ERP시스템을 활용하면 기업과 공급업자, 고객 및 기타 비즈니스 협력사들과 정보의 상호교류를 원활하게 할 수 있다. 이 시스템은 가치사슬을 통하여 정보를 수집하고 확산시킨다. 세계적인 ERP시스템 제공업체인 독일의 SAP AG사는 약 36,000여 고객에게 서비스를 제공하고 있다.

기술변화의 또 다른 예는 **컴퓨터에 의한 통합생산시스템(CIM: Computer-Integrated Manufacturing)**이다. 많은 기업들이 CIM을 활용하여 사람의 손을 거치지 않고 제품을 생산하고 있다. 로봇을 이용하여 철강을 제조하고 자동차를 조립하는 것을 예로 들 수 있다. 근로자들은 통제 계기판을 관찰하면서 단지 제조과정을 감독할 뿐이다. 이처럼 자동화는 직접노무원가의 비중을 현저하게 감소시켰다.

컴퓨터를 다양하게 활용함으로써 관리회계정보를 수집, 보관, 보고하는 비용도 매우 감소하였다. 과거에 손으로 일일이 계산하던 시절보다 컴퓨터를 도입하면서 제품, 프로세스 및 서비스의 원가를 더욱 상세하게 계산할 수 있게 되었다.

기술은 또한 인터넷을 이용한 기업과 기업 간의 전자상거래를 통하여 가치사슬에 영향을 미치게 되었다. 인터넷은 기업의 비즈니스 방식을 극적으로 변화시켰다. 인터넷상에서 조직 상호 간의 정보시스템은 서로 연결되어 있어 공급업자가 정보를 실시간으로 공유할 수 있게 되었다. 인터넷은 중간상인을 배제하여 시장을 변화시키기도 하였다.

재고의 적시관리기법

적시관리(JIT: Just-in-Time) 기법을 이용한 많은 기업들이 보유재고의 양과 재고관리 원가를 획기적으로 낮출 수 있었다. JIT기법을 이용하면 판매시점에 맞추어 제품을 제조하거나 제조시점에 맞추어 원재료를 구매하게 된다. Dell사나 Toyota사는 고객의 수요에 따라 제품을 생산하는 시스템을 개발한 것으로 유명한 기업이다. Dell사의 경우에는 특정한 고객의 주문에 따라 컴퓨터를 생산하더라도 48시간 이내에 컴퓨터를 조립하여 트럭에 실어 배송할 수 있다. 자사의 정보시스템을 공급업자의 정보시스템과 통합함으로써 Dell사는 재고의 보유수량을 거의 0에 가깝도록 줄일 수 있었다. 이는 제품이 하룻밤 사이에 구형으로 전락하는 전자산업의 경우에 엄청난 장점으로 작용한다.

품질

JIT재고관리시스템은 제품의 품질향상을 전제한다. 수요가 있을 때에만 제품을 생산한다면 제품의 결함이나 기계의 고장 때문에 기업이 생산을 중단하는 비용은 매우 치명적이 될 것이다. 이러한 결함을 감소시키기 위하여 많은 기업들이 **종합적 품질관리(TQM: Total Quality Management)시스템**을 도입하고 있다. TQM의 목표는 무결점을 달성하는 것이다. TQM시스템은 불량품 발생으로 인한 원가, 재가공원가 그리고 품질보증을 이행하기 위한 원가에 대한 정보를 실시간으로 제공할 것을 요구한다. 많은 기업들은 이러한 정보를 이용하여 불량품이 적게 발생할 수 있도록 제품을 재설계한다. 또한 같은 정보를 이용하여 생산공정을 재설계함으로써 기계준비시간을 감소시키고, 고장이 발생할 가능성을 줄이기 위하여 노력한다. TQM시스템은 또한 고객만족, 고객의 서비스 요구 횟수, 그리고 보고서를 작성하는 시간 등의 비재무적인 측정치를 제공한다. 이러한 측정치는 종업원들이 통제할 수 있는 수단이며, 이를 잘 활용하면 수익성을 개선할 수 있다.

활동기준원가계산

이미 앞에서 설명한 대로 제조간접원가는 제품 및 서비스원가의 구성요소 중 가장 비중이 큰 요소가 되었다. 제조간접원가는 말 그대로 개별 제품에 직접 추적할 수 없는 원가이다. 그러나 개별 제품의 원가를 결정하기 위해서는 제조간접원가도 제품에 배분되어야만 한다. 제품의 원가를 더욱 정확하게 계산하기 위하여 많은 기업들은 **활동기준원가계산(ABC: Activity-Based Costing)**을 이용하여 제조간접원가를 배분한다. 활동기준원가계산시스템을 적용하는 기업들은 제조간접원가를 개별 제품이 제조되는 과정에서 소비한 활동에 따라 배분한다. 예를 들면, 기업은 각 배치(batch)별 제품을 생산하기 위하여 기계설비를 준비하는 원가에 대한 기록을 유지한다. 그런 다음, 제품을 제조하기 위해 요구되었던 기계설비의 준비활동 횟수에 따라 특정한 제품에 기계설비의 준비원가를 배분한다.

활동기준원가계산은 제품의 원가를 더 정확하게 계산할 수 있고 가치사슬상의 모든 활동을 정밀하게 조사할 수 있기 때문에 매우 유용하다. 최근에는 제조기업과 서비스기업 모두 활동기준원가계산을 많이 사용하고 있다.

제약이론

모든 기업의 활동과정에는 병목현상(bottleneck)을 일으키는 지점이 있게 마련이다. 즉, 기업의 잠재적 수익성에 한계를 주는 제약요인이 있다. 가치사슬을 관리하는 중요한 기법 중 하나는 이러한 제약요인을 파악하는 것이다. **제약이론(Theory of Constraints)**은 기업의 목표를 달성하기 위하여 제약요인을 파악하고 관리하는 특별한 접근방법이다. 미국의 자동차 제조업체인 General Motors사는 제약이론을 북미의 모든 공장에 적용하고 있다. GM은 기업활동의 모든 측면이 기대했던 대로 기능을 발휘하고 있는지 걱정만 하고 있는 것보다는 병목현상을 해소시켜 주는 것이 수익성을 개선하는 가장 좋은 방법이라는 것을 알게 되었다. 그 결과 고객의 수요를 충족시키는 동시에 초과근무 노동력을 효과적으로 활용할 수 있었다.

균형성과표

경영자들이 지나치게 혁신을 강조하고 그 업무에 집중하게 되면 기업활동의 다른 부문에 부담을 주기도 한다. 예를 들면, 품질의 개선에 초점을 맞추는 동안 원가/효익(cost/benefit)의 원칙을 망각하는 것이다. 마찬가지로 JIT기법을 활용하여 재고자산을 줄이는 데에만 열중하다 보면, 재고부족 때문에 판매기회를 상실하기도 한다. **균형성과표(BSC:**

Balanced Scorecard)는 재무적 측정치와 비재무적 측정치를 모두 사용하여 기업활동의 모든 측면을 종합적으로 평가하여 성과를 측정하는 접근법이다. 성과측정치는 인과관계에 따라 기업의 전반적인 목표에 연계시킨다.

예를 들어, 기업이 일반적인 재무성과 측정치인 총자산수익률(순이익÷평균총자산)을 향상시키려 한다면, 이와 관련된 목표를 차례대로 파악하여야 한다. 각각의 목표를 달성하면, 최종 결과인 총자산수익률이 개선될 것이다. 즉, 총자산수익률을 향상시키기 위해서는 매출을 증가시켜야 한다. 매출을 증가시키기 위해서는 고객만족도를 향상시켜야 한다. 고객만족도를 향상시키기 위해서는 불량품이 줄어야 한다. 불량품을 줄이기 위해서는 종업원을 훈련시켜야 한다. 이와 같은 연결고리는 종업원의 훈련에서 시작하고 총자산수익률에서 끝이 난다. 이러한 각 목표는 성과측정치와 연계되어 있다.

예제 1-1

다음 문장에서 설명하는 용어를 보기에서 찾아 넣으시오.

1. ______제품과 서비스를 제공하는 것과 관련된 모든 활동
2. ______제조간접원가를 각 제품이 제조과정에서 소비한 활동을 기준으로 배분하는 방법
3. ______최종 제품의 결함을 줄이기 위하여 불량품 영(0)을 목표로 적용하는 시스템
4. ______재무적 측정치와 비재무적 측정치를 모두 활용하여 기업의 목표에 연계하고 기업활동을 종합적으로 평가하기 위한 성과측정접근법
5. ______재고관리시스템

〈보기〉

a. 활동기준원가계산(Activity-based Costing)
b. 균형성과표(Balanced Scorecard)
c. 재고의 적시관리(Just-in-Time)기법
d. 종합적 품질관리(Total Quality Management)
e. 가치사슬(Value Chain)

| 정답 |

1. e 2. a 3. d 4. b 5. c

학습목표의 요약

Cost & Management Accounting

1 관리회계의 특징을 설명한다. 관리회계 보고서의 주 사용자는 경영진, 부문의 장, 관리자 및 공장장과 같은 기업의 내부이용자이다. 관리회계시스템은 필요에 따라 수시로 내부보고서를 작성한다. 이러한 보고서를 제공하는 목적은 특정한 상황에서 특정한 이용자에게 특수한 목적의 정보를 제공하기 위함이다. 관리회계 보고서의 내용은 기업의 하부조직에 관한 것으로 좀 더 상세한 내용을 담고 있을 수도 있으며, 복식부기시스템의 경계를 뛰어넘을 수도 있다. 보고기준은 의사결정과의 관련성이다. 관리회계에서는 독립적인 감사를 필요로 하지는 않는다.

2 경영관리의 세 가지 기능을 파악한다. 세 기능은 계획, 지휘 그리고 통제이다. 계획(planning)은 관리자가 미래를 내다보고 목표를 설정하는 것이다. 지휘(directing)는 기업 내의 다양한 활동과 인적 자원을 조정하여 기업활동이 순조롭게 이루어지도록 하는 것이다. 통제(controlling)는 활동이 의도한 대로 진행되도록 하는 것이다.

3 제조원가의 세 요소를 정의한다. 일반적으로 제조원가는 ① 직접재료원가, ② 직접노무원가, 그리고 ③ 제조간접원가로 구분한다. 최종 제품과 물리적인, 그리고 직접적인 관계를 지을 수 있는 원재료는 직접재료라고 한다. 원재료를 최종 제품으로 변환하는 과정과 직접적인 관계를 지을 수 있는 공장근로자의 작업을 직접노동이라 한다. 간접제조원가는 완제품의 제조와 간접적인 연관관계가 있는 원가로 구성되어 있다.

4 제품원가와 기간원가를 구분한다. 제품의 원가는 최종 제품을 제조하기 위하여 필요하고 최종 제품의 일부인 원가이다. 제품원가는 재고가능원가이다. 대응의 원칙에 따라 이러한 원가는 제품재고가 판매될 때까지 비용이 되지 않는다. 기간원가는 판매가능한 제품과 관련된 것이 아니라 특정한 기간에 발생하는 원가이다. 이러한 원가는 비제조원가로서 재고가능원가가 아니다.

5 상품매매기업과 제조기업의 손익계산서가 다른 점을 설명한다. 상품매매기업과 제조기업의 차이는 손익계산서의 매출원가를 계산하는 방식에서 차이가 난다. 제조기업의 매출원가는 기초와 기말의 제품재고와 제품제조원가를 보여주지만 상품매매기업의 매출원가는 그렇지 않다.

⑥ **제품의 제조원가가 어떻게 계산되는지 설명한다.** 기초의 재공품과 당기에 투입된 총제조원가를 더하면 재공품의 총원가를 계산할 수 있다. 재공품의 총원가에서 기말재공품의 원가를 차감하면 제품의 제조원가를 계산할 수 있다.

⑦ **상품매매기업과 제조기업의 재무상태표가 다른 점을 설명한다.** 상품매매기업과 제조기업의 재무상태표는 유동자산에서 큰 차이가 난다. 제조기업의 재무상태표에서 유동자산은 세 종류의 재고자산 계정을 표시한다. 즉, 제품재고, 재공품재고, 그리고 원재료재고가 바로 그것이다.

⑧ **최근 발전한 관리회계의 새로운 개념들을 확인한다.** 관리회계는 최근 많은 변화를 거치고 있다. 특히 서비스기업의 요구에 부응하고 실무를 개선함으로써 관리자의 욕구를 충족시키려는 움직임이 일어나고 있다. 실무를 개선하기 위하여 가치사슬을 관리하는 데 초점을 맞추는 적시재고관리기법(JIT)과 기술의 발전을 응용한 전사적자원관리(ERP)시스템을 그 예로 들 수 있다. 종합적 품질관리(TQM), 활동기준원가계산(ABC) 및 제약이론(Theory of Constraints)은 의사결정을 개선하는 데 많은 도움을 주고 있다. 마지막으로 많은 기업들이 적용하고 있는 균형성과표(BSC)는 기업의 활동을 종합적인 시각으로 보기 위한 것이다.

용어해설

Cost & Management Accounting

- 가치사슬(Value Chain) 제품 또는 서비스의 제공과 관련되어 있는 모든 활동
- 간접노동(Indirect Labor) 최종 제품과 물리적 관계가 없거나 관련성을 파악하기 위한 원가가 실효성이 없는 공장 근로자의 노동
- 간접재료(Indirect Material) 최종 제품의 제조와 물리적으로 그리고 직접적인 관련이 없는 원재료
- 재무부장(Treasurer) 기업의 자금을 보호하고 현금 상태를 유지하는 책임을 지는 회계업무 관리자
- 관리회계(Managerial Accounting) 관리자 등 내부의 사용자에게 재무적, 경제적 정보를 제공하는 회계의 한 분야
- 균형성과표(Balanced Scorecard) 기업의 목표를 기준으로 기업의 활동을 종합적으로 평가하기 위하여 재무적 측정치와 비재무적 측정치를 함께 사용하여 성과를 측정하는 방법
- 기간원가(Period Costs) 특정한 기간에 실현된 수익에 대응하여 비용으로 처리하는 원가
- 당기총제조원가(Total Manufacturing Costs) 당기에 발생한 직접재료원가, 직접노무원가와 제조간접원가의 합계
- 이사회(Board of Directors) 주주들에 의하여 선임되어 기업의 정책을 결정하고 관리자를 임명하며 기업을 경영하는 고위 경영자 집단
- 재고의 적시관리(JIT: Just-in Time)기법 판매시기에 맞추어 상품을 제조 또는 구매하기 위한 재고관리시스템
- 재공품의 총원가(Total Costs of Work in Process) 기초재공품의 원가와 당기 총제조원가의 합계
- 전사적자원관리(ERP: Enterprise Resource Planning)시스템 기업에서 중요한 비즈니스 프로세스를 관리하기 위하여 원천적인 정보를 제공하는 중앙집중화되고 통합적이고 종합적인 컴퓨터 소프트웨어
- 제약이론(Theory of Constraints) 기업이 목표를 달성하기 위하여 제약 자원을 파악하고 관리하기 위한 접근방법
- 제조간접원가(Manufacturing Overhead) 최종 제품의 생산과 간접적으로 관련된 제조원가
- 제품원가(Product Costs) 최종 제품을 생산하기 위하여 필요한 원가
- 제품제조원가(Costs of Goods Manufactured) 재공품의 총원가에서 기말재공품재고의 원가를 차감한 원가
- 종합적 품질관리(TQM: Total Quality Management) 최종 제품의 결함을 줄여 불량품을 없애기 위한 목표를 달성하기 위하여 실행하는 시스템
- 직접노동(Direct Labor) 원재료를 최종 제품으로 변환시키는 과정과 물리적이고 직접적인 관계가 있는 공장 근로자의 노동
- 직접재료(Direct Material) 최종 제품의 제조와 물리적으로, 그리고 직접적인 관련이 있는 원재료
- 컨트롤러(Controller) 회계 기록, 내부통제시스템, 재무보고서의 작성, 세무보고 및 내부회계보고서에 대한 책임을 지는 회계업무 관리자
- 활동기준원가계산(ABC: Activity-based Costing) 제품을 제조하기 위한 활동을 기준으로 제조간접원가를 제품에 배부하는 방법
- Sarbanes-Oxley Act of 2002 비윤리적인 기업행위를 근절하기 위하여 2002년도에 미국 의회에서 제정한 법

연습문제

Cost & Management Accounting

종합자습문제

※ ㈜성림은 2015년 12월 31일로 종료하는 회계연도의 원가와 비용에 관한 정보를 다음과 같이 수집하였다.

원재료 1/1	₩30,000,000	공장보험료	₩14,000,000
원재료 12/31	20,000,000	공장건물의 재산세	6,000,000
원재료 매입액	205,000,000	매출(순액)	1,500,000,000
간접재료원가	15,000,000	운반비	100,000,000
재공품 1/1	80,000,000	판매수수료	150,000,000
재공품 12/31	50,000,000	간접노무원가	90,000,000
제품 1/1	110,000,000	공장설비 임차료	40,000,000
제품 12/31	120,000,000	공장의 수도광열비	65,000,000
직접노무원가	350,000,000	공장건물의 감가상각비	24,000,000
공장장의 급여	35,000,000	일반관리비	300,000,000

| 요구사항 |

(a) ㈜성림의 2015년도 제조원가명세서를 작성하시오.

(b) ㈜성림의 2015년도 손익계산서를 작성하시오.

(c) ㈜성림의 회계기록에 따르면 유동자산 계정의 잔액이 다음과 같다.

현금	₩17,000,000	매출채권(순액)	₩120,000,000
선급비용	₩13,000,000	단기투자자산	₩26,000,000

㈜성림의 2015년 12월 31일 현재의 재무상태표 중 유동자산 부분을 작성하시오.

| 해답 |

(a)

㈜성림
제조원가명세서
2015년 12월 31일로 종료하는 회계연도

재공품 기초재고(1/1)			₩80,000,000
직접재료원가			
원재료 기초재고(1/1)	₩30,000,000		
원재료 당기매입액	205,000,000		
사용가능한 원재료 총액	235,000,000		
차감: 원재료 기말재고(12/31)	20,000,000		
직접재료 사용액		₩215,000,000	
직접노무원가		350,000,000	

제조간접원가			
간접노무원가	90,000,000		
공장의 수도광열비	65,000,000		
공장설비 임차료	40,000,000		
공장장의 급여	35,000,000		
공장건물의 감가상각비	24,000,000		
간접재료원가	15,000,000		
공장보험료	14,000,000		
공장건물의 재산세	6,000,000		
총제조간접원가		289,000,000	
당기에 발생한 총제조원가			854,000,000
재공품의 총원가			934,000,000
차감: 재공품 기말재고(12/31)			50,000,000
당기 제품제조원가			₩884,000,000

(b)

㈜성림
손익계산서
2015년 12월 31일로 종료하는 회계연도

매출(순액)		₩1,500,000,000
매출원가		
제품 기초재고(1/1)	₩110,000,000	
당기 제품제조원가	884,000,000	
판매가능한 제품의 원가	994,000,000	
차감: 제품기말재고(12/31)	120,000,000	
매출원가		874,000,000
매출총이익		626,000,000
영업비용		
일반관리비	300,000,000	
판매수수료	150,000,000	
운반비	100,000,000	
총영업비용		550,000,000
당기순이익		₩ 76,000,000

(c)

㈜성림
(부분)재무상태표
2015년 12월 31일

유동자산	
현금	₩ 17,000,000
단기투자자산	26,000,000
매출채권(순액)	120,000,000

재고자산		
제품	₩120,000,000	
재공품	50,000,000	
원재료	20,000,000	190,000,000
선급비용		13,000,000
유동자산 합계		₩ 366,000,000

객관식문제

※ 다음 질문에 가장 적절한 답을 고르시오(1~12).

01. 관리회계는?

(a) IFRS(국제회계기준)에 따라야 한다.
(b) 특수한 목적을 달성하기 위한 정보를 강조한다.
(c) 기업 전체와 관련된 매우 요약된 분야이다.
(d) 원가자료에만 한정된 관심을 갖는다.

02. 조직을 경영하려면 몇 가지 기본적인 기능을 수행하여야 한다. 이러한 기능은?

(a) 계획, 지휘 및 판매
(b) 계획, 지휘 및 통제
(c) 계획, 제조 및 통제
(d) 지휘, 제조 및 통제

03. Sarbanes-Oxley 법안이 통과된 후에는?

(a) 관리회계 담당자가 작성한 보고서를 반드시 공인회계사가 감사하여야 한다.
(b) 최고경영자와 재무담당 부사장은 재무보고서가 기업의 영업성과를 공정하게 표시하고 있다는 것을 확인하여야 한다.
(c) 최고경영자가 아니라 감사위원회가 기업의 재무보고서에 대한 책임을 진다.
(d) 관리회계 담당자가 준비한 보고서는 일반적으로 인정된 회계원칙을 따라야 한다.

04. 직접재료원가는?

	제품원가	제조간접원가	기간원가
(a)	○	○	×
(b)	○	×	×
(c)	○	○	○
(d)	×	×	×

05. 다음의 원가 중 컴퓨터를 제조하는 기업의 제조간접원가에 포함될 항목은?
(a) 대용량 저장장치의 원가
(b) 컴퓨터 조립공정의 근로자가 받는 임금
(c) 메모리칩의 원가
(d) 검사장비의 감가상각

06. 다음 중 제조간접원가에 포함되지 않는 것은?
(a) 판매관리자의 급여
(b) 공장장의 급여
(c) 공장에서 근무하는 수리공의 임금
(d) 제품 검사원의 급여

07. 다음 중 기간원가로 분류되는 항목은?
(a) 공장의 경비원에게 지급된 임금
(b) 생산부서의 팀장에게 지급된 임금
(c) 원가계산부서의 팀장에게 지급된 임금
(d) 조립 노동자에게 지급된 임금

08. ㈜창신의 제품제조원가는 ₩600,000,000, 제품의 기초재고는 ₩200,000,000, 제품의 기말재고는 ₩250,000,000이다. 매출원가는 얼마인가?
(a) ₩450,000,000
(b) ₩500,000,000
(c) ₩550,000,000
(d) ₩600,000,000

09. 제품의 제조원가명세서에 나타나야 할 기초재고와 기말재고는?
(a) 원재료와 재공품
(b) 재공품
(c) 원재료
(d) 원재료, 재공품 및 제품

10. 제품의 제조원가를 계산하는 수식은?
(a) 기초재료재고+총제조원가−기말재공품재고
(b) 기초재공품재고+총제조원가−기말제품재고
(c) 기초재품재고+총제조원가−기말제품재고
(d) 기초재공품재고+총제조원가−기말재공품재고

11. 다음의 기법 중 제조간접원가를 더욱 의미있고 정확하게 배분하기 위한 것은?
(a) 적시(JIT)재고관리
(b) 종합적 품질관리(TQM)
(c) 균형성과표(BSC)
(d) 활동기준원가계산(ABC)

12. 최근에 기업의 경제활동 환경이 변화함에 따라 나타나고 있는 현상은?
(a) 규제완화, 전 세계적 경쟁의 감소, 제품이 아닌 서비스의 제공
(b) 규제완화, 전 세계적 경쟁의 심화, 서비스가 아닌 제품의 제공
(c) 규제강화, 전 세계적 경쟁의 감소, 제품이 아닌 서비스의 제공
(d) 규제완화, 전 세계적 경쟁의 심화, 제품이 아닌 서비스의 제공

주관식문제

01. ㈜창신의 원재료 기초재고가 ₩12,000,000이었고, 원재료 기말재고는 ₩15,000,000이었다. 당기 원재료 구매액이 ₩170,000,000이라면, 재료의 사용액은 얼마인가?

02. ㈜창신은 기초재공품재고를 ₩26,000,000 보유하고 있었으며, 직접재료원가 ₩240,000,000, 직접노무원가 ₩200,000,000, 그리고 제조간접원가를 ₩180,000,000 사용하였다. 기말재공품재고가 ₩32,000,000이라면 당기의 총제조원가는 얼마인가?

03. [문제 2]에서 (a) 재공품의 총원가와 (b) 제품제조원가를 계산하시오.

04. 경영관리에 필요한 세 가지 기능은 (a) 계획, (b) 지휘, 그리고 (c) 통제이다. 다음 각각의 문장은 이 세 가지 기능 중 어느 것에 해당되는가?

________ (1) 관리자는 미래를 내다보고 목표를 설정하여야 한다. 경영진의 주요 목표는 기업의 가치를 증가시키는 것이다.

________ (2) 다양한 활동과 기업이 보유한 인적 자원을 잘 조화시켜 기업활동이 유연하게 흐르도록 유도하여야 한다. 이러한 기능은 계획된 목표를 실행에 옮기는 것과 관련 있다.

________ (3) 기업의 활동이 예정된 궤도를 벗어나지 않도록 하여야 한다. 관리자는 목표가 달성되는지, 만일 예상과 차이가 있다면 어떠한 변화가 필요한지 결정하여야 한다.

05. 다음의 각 원가항목을 제품원가와 기간원가로 분류하시오.

________ (1) 제조간접원가

______ (2) 판매비
______ (3) 일반관리비
______ (4) 광고비
______ (5) 직접노무원가
______ (6) 직접재료원가

06. 다음은 개인용 컴퓨터를 생산하는 ㈜창신의 월간 제조원가에 관한 자료이다. 각 원가항목이 제품의 제조원가 중 어느 요소에 해당하는지 "√"로 표시하시오.

원가항목	금액	제품원가		
		직접 재료원가	직접 노무원가	제조 간접원가
(a) 수도광열비	₩116,000,000			
(b) 원재료(CPU, 메모리칩 등)	85,000,000			
(c) 공장건물의 감가상각비	880,000,000			
(d) 근로자에게 지급하는 임금	191,000,000			

07. ㈜창신의 원가자료는 다음과 같다.

직접노무원가	₩229,000,000	직접재료사용액	₩180,000,000
제조간접원가 총액	₩208,000,000	기초재공품	₩25,000,000

(a) 당기총제조원가와 (b) 재공품의 총원가를 계산하시오.

08. 다음에 제시된 원가자료는 미완성이다. 각각의 경우는 서로 관련이 없다. 이 자료를 완성하시오.

	직접재료사용액	직접노무원가	제조간접원가	당기총제조원가
(1)	₩25,000,000	₩61,000,000	₩ 50,000,000	?
(2)	?	₩75,000,000	₩140,000,000	₩296,000,000
(3)	₩55,000,000	?	₩111,000,000	₩310,000,000

09. 다음에 제시된 자료는 앞의 [문제 8]에서 연속된 자료이다. 각각의 경우에 대한 자료를 완성하시오.

	당기총제조원가	기초재공품(1/1)	기말재공품(12/31)	제품제조원가
(1)	?	₩ 12,000,000	₩82,000,000	?
(2)	₩296,000,000	?	₩98,000,000	₩321,000,000
(3)	₩310,000,000	₩463,000,000	?	₩715,000,000

10. 다음은 ㈜창신에 관한 원가자료이다. 이 자료를 이용하여 ㈜창신의 4월 제조원가명세서를 작성하시오.

		4월 1일	4월 30일
원재료재고		₩10,000,000	₩14,000,000
재공품재고		5,000,000	3,500,000
4월 중 재료구매액	₩98,000,000		
4월의 직접노무원가	60,000,000		
4월의 제조간접원가	180,000,000		

11. 다음 문장이 설명하는 용어를 보기에서 고르시오.

______ (1) 제품을 판매시점에 맞추어 제조 혹은 구매하는 재고시스템
______ (2) 각 제품의 제조과정에서 소비한 활동에 따라 제조간접원가를 배부하는 방법
______ (3) 적시(JIT)재고관리기법을 적용하는 기업에게 특별히 중요한 시스템
______ (4) 제조기업의 가치사슬의 일부분
______ (5) 선진국의 경제는 지난 몇 년간 이 산업 위주로 재편되는 경향이 있었다
______ (6) 재무적 및 비재무적 성과측정치를 함께 활용하여 기업의 목표와 연계하고 기업의 활동을 종합적으로 평가하는 접근법

〈보기〉

(a) 활동기준원가계산(ABC)	(d) 연구개발과 제품디자인
(b) 균형성과표(BSC)	(e) 서비스산업
(c) 종합적 품질관리(TQM)	(f) 적시(JIT)재고관리기법

12. 다음은 ㈜창신에서 발생한 원가 항목이다.

제품제조에 사용된 재료	₩100,000,000	광고비	₩45,000,000
공장설비의 감가상각비	60,000,000	공장의 재산세	14,000,000
판매점의 재산세	7,500,000	배송비	21,000,000
조립라인 근로자의 임금	110,000,000	판매수수료	35,000,000
공장에서 사용된 소모품	13,000,000	판매점직원의 급여	50,000,000

| 요구사항 |

위의 각 항목을 (a) 직접재료원가, (b) 직접노무원가, 그리고 (c) 제조간접원가로 분류하시오.

13. ㈜창신의 5월 중 원가보고서에는 다음과 같은 항목들이 포함되어 있다.

공장의 수도광열비	₩11,500,000	직접노무원가	₩69,100,000
공장설비의 감가상각비	12,650,000	판매직원의 급여	46,400,000
배송트럭의 감가상각비	3,800,000	공장건물의 재산세	2,500,000
간접노무원가	48,900,000	사무기계의 수리비	1,300,000
간접재료원가	80,800,000	공장에서 발생한 수리비	2,000,000
직접재료 사용액	137,600,000	광고비	18,000,000
공장장의 급여	8,000,000	사무실에서 사용한 소모품	2,640,000

| 요구사항 |

위의 정보를 이용하여 다음을 계산하시오.

(a) 제조간접원가

(b) 제품원가

(c) 기간원가

14. 다음은 ㈜창신에서 발생한 원가항목이다.

제품제조에 사용된 재료	₩100,000,000	광고비	₩45,000,000
공장설비의 감가상각비	60,000,000	공장에 대한 재산세	14,000,000
판매점에 대한 재산세	7,500,000	운반비	21,000,000
조립라인 근로자의 임금	110,000,000	판매수수료	35,000,000
공장에서 사용된 소모품	23,000,000	판매점 근무직원의 급여	50,000,000

재공품의 재고는 1월 1일에 ₩12,000,000이었고, 12월 31일에는 ₩15,500,000이다. 제품의 재고는 1월 1일과 12월 31일에 각각 ₩60,000,000과 ₩55,600,000이다.

| 요구사항 |

(a) 제품의 제조원가를 계산하시오.

(b) 매출원가를 계산하시오.

15. 다음은 아직 완성되지 않은 제조원가명세서이다.

㈜창신
제조원가명세서
2015년 12월 31일로 종료하는 회계연도

재공품 기초재고(1/1)			₩210,000,000
직접재료원가			
원재료 기초재고(1/1)	₩ ?		
원재료 당기매입액	158,000,000		
사용가능한 원재료 총액	?		
차감: 원재료 기말재고(12/31)	12,500,000		
직접재료사용액		₩190,000,000	
직접노무원가		?	
제조간접원가			
간접노무원가	18,000,000		
공장의 감가상각비	36,000,000		
공장의 수도광열비	68,000,000		
총제조간접원가		122,000,000	
당기에 발생한 총제조원가			?
재공품의 총원가			?
차감: 재공품 기말재고(12/31)			81,000,000
당기 제품제조원가			₩510,000,000

| 요구사항 |

㈜창신의 제조원가명세서를 완성하시오.

16. 다음은 ㈜창신의 제조원가에 관한 자료이다.

	(A)	(B)	(C)
직접재료사용액	①	₩58,400,000	₩130,000,000
직접노무원가	₩57,000,000	86,000,000	⑦
제조간접원가	46,500,000	81,600,000	102,000,000
당기총제조원가	185,650,000	④	253,700,000
기초재공품(1/1/15)	②	16,500,000	⑧
재공품의 총원가	221,500,000	⑤	337,000,000
기말재공품(12/31/15)	③	11,000,000	70,000,000
제품제조원가	185,275,000	⑥	⑨

| 요구사항 |

위의 (A), (B) 및 (C)의 경우는 서로 관련이 없다. ①~⑨에 해당하는 금액을 구하시오.

17. 다음은 ㈜창신의 제조원가에 관한 자료이다(단위: ₩1,000).

	직접재료 사용액	직접노무 원가	제조간접 원가	당기총제조 원가	재공품 (1/1)	재공품 (12/31)	제품 제조원가
(A)	₩127,000	₩140,000	₩ 77,000	①	₩33,000	②	₩360,000
(B)	③	200,000	132,000	₩450,000	④	₩40,000	470,000
(C)	80,000	100,000	⑤	245,000	60,000	80,000	⑥
(D)	70,000	⑦	75,000	288,000	45,000	⑧	270,000

| 요구사항 |

(a) 위의 (A), (B), (C) 및 (D)의 경우는 서로 관련이 없다. ①~⑧에 해당하는 금액을 구하시오.

(b) (A)의 경우에 12월 31일로 종료하는 회계연도의 제조원가명세서를 작성하시오.

18. 다음은 ㈜창신의 6월 원가관련 자료이다.

간접노무원가	₩ 4,500,000	공장의 수도광열비	₩ 400,000
직접재료사용액	20,000,000	공장설비의 감가상각비	1,400,000
재공품(6/1)	3,000,000	직접노무원가	30,000,000
재공품(6/30)	3,800,000	공장설비의 수선유지비	1,800,000
제품(6/1)	5,000,000	간접재료원가	2,200,000
제품(6/30)	7,500,000	공장장의 급여	3,000,000

| 요구사항 |

(a) 6월의 제조원가명세서를 작성하시오.

(b) ㈜창신의 6월 순매출액은 ₩87,100,000이다. ㈜창신의 손익계산서 중 매출총이익까지만 작성하시오.

19. 다음의 정보는 ㈜창신에 관한 원가자료이다.

	2015년 1월 1일	2015년	2015년 12월 31일
원재료재고	₩21,000,000		₩30,000,000
재공품재고	13,500,000		17,200,000
제품재고	27,000,000		21,000,000
완재료 구입액		₩150,000,000	
직접노무원가		200,000,000	
제조간접원가		180,000,000	
매 출		900,000,000	

| 요구사항 |

(a) 제품의 제조원가를 계산하시오.

(b) ㈜창신의 손익계산서를 매출총이익까지 표시하여 작성하시오.

(c) 2015년 12월 31일에 작성되는 재무상태표에 재고자산의 잔액을 표시하시오.

20. ㈜창신의 회계기록을 검토해 보니 다음과 같이 6월 30일로 종료하는 한 달간의 제조원가 항목에 관한 자료를 파악할 수 있었다.

재고자산	기초재고	기말재고
원재료	₩9,000,000	₩13,100,000
재공품	5,000,000	7,000,000
제 품	9,000,000	6,000,000

- 원가발생에 관한 정보: 원재료의 구매액은 ₩54,000,000, 직접노무원가는 ₩57,000,000, 제조간접원가는 ₩19,900,000이다.
- 제조간접원가의 구체적 내역은 다음과 같다: 간접노무원가 ₩5,500,000, 공장의 보험료 ₩4,000,000, 기계의 감가상각비 ₩4,000,000, 기계의 수리비 ₩1,800,000, 공장의 수도광열비 ₩3,100,000, 기타 제조간접원가 ₩1,500,000
- 모든 원재료는 직접재료원가로 사용되었다고 가정한다.

| 요구사항 |

(a) 6월 30일로 종료하는 6월의 제조원가명세서를 작성하시오.

(b) 6월 30일 현재의 재무상태표에 재고자산을 어떻게 보고할지 설명하시오.

21. ㈜창신자동차는 승용차를 생산하고 있다. 9월 중에 5,000개의 전조등을 개당 ₩9,000에 구매하였다. 9월 중에 ㈜창신자동차의 창고에서 꺼내어 사용한 전조등은 모두 4,650개이다. 이 중 50개는 판매원들이 타고 다니는 승용차에 달려 있던 전조등을 대체하기 위하여 사용되었다. 나머지 4,600개의 전조등은 9월 중에 승용차의 제조에 사용되었다.

9월 중에 생산 작업에 투입된 승용차의 90%는 완성되어 보관 장소로 옮겨졌다. 완성된 승용차 중 75%는 9월 중에 판매되었다.

| 요구사항 |

(a) 9월 30일 현재 다음의 계정에 포함될 전조등의 원가를 계산하시오.
원재료, 재공품, 제품, 매출원가, 판매관리비

(b) (a)에서 언급한 계정들이 손익계산서와 재무상태표에 어떻게 보고되는지 간단히 설명하시오.

실전문제

01. 다음 중 제조원가명세서에 나타나지 않는 것은? [전산세무 2급, 59회]

① 당기제품제조원가　② 당기재료비사용액
③ 당기재료비구입액　④ 당기제품재고액

02. 다음 중 원가회계의 일반적인 특성이 아닌 것은? [전산회계 1급, 59회]

① 제품제조원가계산을 위한 원가자료의 제공
② 기업의 외부정보이용자에게 정보제공
③ 기업의 경영통제를 위한 원가자료의 제공
④ 특수의사결정을 위한 원가정보의 제공

03. 다음의 자료를 근거로 매출원가를 계산하면 얼마인가? [전산회계 1급, 59회]

- 당기총제조원가: ₩2,000,000
- 기초재공품재고액: ₩200,000
- 기말재공품재고액: ₩100,000
- 기초제품재고액: ₩400,000
- 기말제품재고액: ₩500,000

① ₩2,000,000　② ₩2,100,000
③ ₩3,000,000　④ ₩3,100,000

04. 다음 중 원가의 성격이 다른 것은? [전산세무 2급, 58회]

① 생산직 직원의 급여　② 공장기계장치의 수선비
③ 제품의 판매를 위한 광고비　④ 공장건물의 임차료

05. 제조원가명세서와 관련된 설명이다. 틀린 것은? [전산회계 1급, 58회]

① 재료소비액의 산출과정이 표시된다.
② 당기총제조원가와 당기제품제조원가 모두 표시된다.
③ 기초재료재고액과 기말재료재고액이 표시된다.
④ 기초재공품재고액과 기초제품재고액이 표시된다.

06. 다음은 재무제표와 관련된 산식이다. 틀린 것은? [전산회계 1급, 57회]

① 매출원가=(기초제품재고액+당기제품제조원가)－기말제품재고액
② 당기제품제조원가=기초재공품재고액+당기총제조비용－기말재공품재고액
③ 당기총제조원가=직접재료비+직접노무비+가공원가
④ 원재료소비액=기초원재료재고액+당기원재료매입액－기말원재료재고액

07. ㈜코스닥의 제품제조에 관한 자료는 다음과 같을 때 재무상태표에 표시될 원재료, 재공품, 제품의 합계금액은 얼마인가? [기업회계 2급, 31회]

- 당기총제조원가: ₩10,000,000
- 당기제품제조원가: ₩8,500,000
- 당기매출원가: ₩7,500,000
- 기말원재료재고액: ₩1,000,000
- 기초재고자산은 없다.

① ₩3,000,000 ② ₩3,500,000
③ ₩4,000,000 ④ ₩4,500,000

08. 제조원가명세서에 대한 다음 설명 중 가장 옳지 않은 것은? [전산회계 1급, 56회]

① 제조원가명세서만 보면 매출원가를 계산할 수 있다.
② 상품매매기업에서는 작성하지 않아도 된다.
③ 제조원가명세서에서 당기총제조비용을 알 수 있다.
④ 재공품계정의 변동사항이 나타난다.

09. 당기의 기말재공품이 기초재공품보다 더 큰 경우에 대한 상황을 가장 적절하게 설명한 것은? [전산세무 2급, 55회]

① 당기총제조비용이 당기제품제조원가보다 클 것이다
② 당기총제조비용이 당기제품제조원가보다 작을 것이다.
③ 당기제품제조원가가 매출원가보다 클 것이다.
④ 당기제품제조원가가 매출원가보다 작을 것이다.

10. 다음 중 제조원가명세서에 나타나는 사항이 아닌 것은? [전산세무 2급, 54회]

① 직접재료비 ② 직접노무비
③ 당기제품제조원가 ④ 제품매출원가

11. 다음 중 재공품계정의 대변에 기입되는 사항은? [전산회계 1급, 54회]

① 제조간접비배부액 ② 직접재료비소비액
③ 당기제품제조원가 ④ 재공품전기이월액

12. 다음은 제조원가명세서에 대한 설명이다. 가장 옳지 않은 것은? [전산세무 1급, 53회]

① 재무상태표의 제품재고액은 제조원가명세서 작성과 관련없다.
② 제조원가명세서의 당기제품제조원가는 손익계산서의 제품매출원가 계산에 반영된다.
③ 제조원가명세서 항목 중 재무상태표에 직접적으로 영향을 미치는 항목은 없다.
④ 당기총제조원가는 직접재료비, 직접노무비, 제조간접비의 총액을 의미한다.

13. 다음은 제조원가명세서를 작성하기 위한 자료들이다. 이 중 제조원가명세서에 포함되지 않는 항목은? [전산세무 2급, 53회]

① 당기직접재료비사용액 ② 당기제조간접비발생액
③ 당기기초제품재고액 ④ 당기기초재공품재고액

14. 다음 자료에서 기말재공품재고액은 얼마인가? [전산회계 1급, 53회]

ⓐ 직접재료비: ₩800,000 ⓑ 직접노무비: ₩1,000,000 ⓒ 제조간접비: ₩1,400,000
ⓓ 외주가공비: ₩500,000 ⓔ 기초재공품재고액: ₩1,500,000
ⓕ 당기제품제조원가: ₩3,550,000
단, ⓐ, ⓑ, ⓒ, ⓓ는 모두 당기에 발생한 금액이다.

① ₩1,150,000 ② ₩1,350,000
③ ₩1,650,000 ④ ₩1,950,000

15. 다음 자료를 참고하여 ㈜세무의 6월 중 직접노무비를 계산하면 맞는 것은? [전산회계 1급, 52회]

- 6월 중 ₩45,000의 직접재료를 구입하였다.
- 6월 중 제조간접비는 ₩27,000이었다.
- 6월 중 총제조원가는 ₩109,000이었다.
- 직접재료의 6월초 재고가 ₩8,000이었고, 6월말 재고가 ₩6,000이다.

① ₩35,000 ② ₩36,000
③ ₩45,000 ④ ₩62,000

16. 다음 중 제조원가명세서상의 당기총제조원가에 영향을 미치지 않는 것은? [전산세무 2급, 51회]

① 생산직 사원의 퇴직급여충당부채를 추가로 설정하였다.
② 생산공장의 건물신축을 위하여 토지를 구입하였다.
③ 제품으로 사용될 페인트를 공장내부의 수선(수익적지출)을 위하여 사용하였다.
④ 공장건물에 대한 재산세를 납부하였다.

17. 다음 중 제조원가명세서에 대한 설명 중 틀린 것은? [전산회계 1급, 51회]

① 제조원가명세서를 통해 당기원재료매입액을 파악할 수 있다.

② 제조원가명세서를 통해 당기총제조비용을 파악할 수 있다.
③ 제조원가명세서를 통해 당기매출원가를 파악할 수 있다.
④ 제조원가명세서를 통해 기말재공품원가를 파악할 수 있다.

18. ㈜해원은 5월 중 ₩44,000의 직접재료를 구입했다. 5월 중 제조간접원가의 합은 ₩27,000이었고 총제조원가는 ₩105,000이었다. 직접재료의 5월초 재고가 ₩7,000이었고 5월말 재고가 ₩6,000이었다면 5월 중 직접노무원가는 얼마인가? [기업회계 2급, 33회]

① ₩33,000 ② ₩34,000
③ ₩35,000 ④ ₩36,000

19. 다음은 ㈜정경이 3월 중 지출한 경비내역이다. 제조간접비에 해당하는 금액은 얼마인가? [기업회계 2급, 33회]

- 공장건물 화재보험료: ₩1,000,000
- 생산직사원 급여: ₩8,000,000
- 본사건물 수선유지비: ₩800,000
- 생산직사원 퇴직급여: ₩3,000,000
- 영업부 회식비: ₩300,000
- 공장기계장치 수선비: ₩200,000
- 공장건물 감가상각비: ₩2,200,000
- 영업용차량 유지비: ₩230,000

① ₩3,400,000 ② ₩3,630,000
③ ₩3,700,000 ④ ₩14,400,000

20. 다음 중 원가회계의 목적으로 틀린 것은? [기업회계 2급, 32회]
① 제품의 가격결정에 필요한 원가정보를 제공한다.
② 일반이해관계자를 위한 원가정보를 제공한다.
③ 경영자들의 각종 의사결정과 계획수립 및 통제에 필요한 원가 정보를 제공한다.
④ 성과평가를 위한 원가정보를 제공한다.

21. 다음 제조원가명세서와 손익계산서의 자료에 의하여 당기순이익을 계산하면? [기업회계 2급, 32회]

구분	항목	내용	
제조원가명세서	재 료 비	• 기초원재료: ₩2,000,000 • 기말원재료: ₩1,000,000	• 당기원재료 매입액: ₩5,000,000
	노 무 비	• 발생액: ₩5,000,000	
	제조경비	• 발생액: ₩3,000,000	
	재 공 품	• 기초재공품: ₩500,000	• 기말재공품: ₩200,000
손익계산서		• 제품매출액: ₩20,000,000 • 기말제품: ₩2,000,000	• 기초제품: ₩4,000,000 • 판매비와관리비: ₩3,000,000

① ₩700,000 ② ₩800,000
③ ₩900,000 ④ ₩1,000,000

22. 원가관리회계에 관한 다음의 설명 중 틀린 것은? [기업회계 2급, 31회]

① 원가계산을 위한 회계　② 일반이해관계자를 위한 회계

③ 성과평가를 위한 회계　④ 경영계획을 위한 회계

Chapter 2

개별원가계산

학습목표

이 장의 학습목표는 다음과 같다.

1. 원가회계의 성격과 목적을 설명한다.
2. 개별원가계산시스템에서 원가의 흐름을 서술한다.
3. 개별원가계산서의 본질과 중요성을 설명한다.
4. 제조간접원가 예정배부율을 계산하고 활용하는 방법을 설명한다.
5. 완성되어 판매된 작업에 대한 분개를 장부에 기입한다.
6. 제조간접원가의 과소 또는 과대배부를 구별한다.

요약

정확한 원가계산은 기업의 성공에 매우 중요하다. 예를 들면, 새로운 주문에 입찰하고 과거의 유사한 주문에서 이익이 발생하였는지를 정확히 파악하기 위해서는 훌륭한 원가계산시스템이 반드시 필요하다. 제2장에서는 제조원가가 맞춤형 가구의 제조와 같은 특정한 작업(Job)에 어떻게 배분되는지를 설명한다. 또한 제2장에서는 개별원가계산시스템에서 원가의 흐름을 서술한다. 그리고 필요한 보고서와 계정 및 분개의 기입에 관하여 설명하기로 한다.

제2장의 구성과 내용은 다음과 같다.

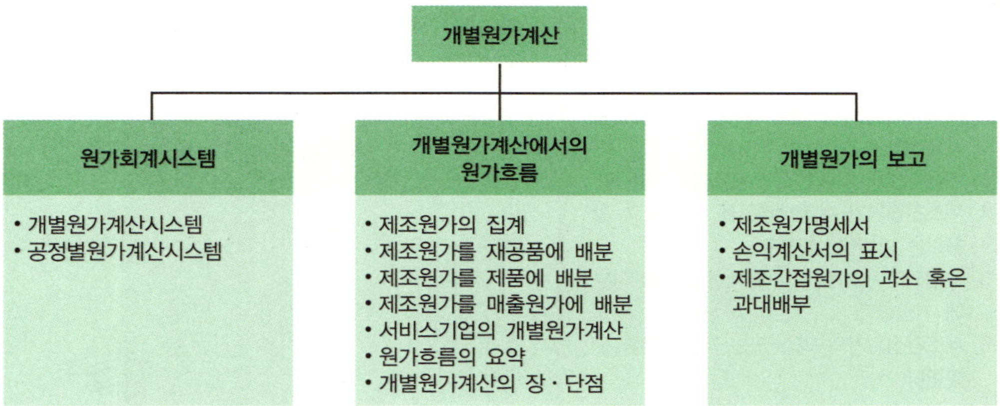

1 원가회계시스템

원가회계(Cost Accounting)는 제품원가를 측정하고, 기록하고, 보고하는 체계이다. 기업은 수집한 자료를 바탕으로 하여 개별 제품의 단위원가와 총원가를 계산한다. 원가회계시스템이 계산한 제품원가 정보의 정확성은 기업의 성공에 매우 중요하다. 기업들은 이러한 정보를 활용하여 제품의 생산 여부를 결정하고, 판매가격을 설정하며, 생산량을 결정한다. 정확한 제품원가 정보는 종업원의 성과를 효과적으로 평가하기 위해서도 매우 중요하다.

원가회계시스템(Cost Accounting System)은 다양한 제조원가를 대표하는 계정으로 구성되어 있다. 원가회계시스템의 주요 특징은 재고에 관하여 계속기록법을 적용한다는 것이다. 이 방법은 제품의 원가에 관한 가장 최근의 정보를 즉시 제공한다.

원가회계시스템에는 ① 개별원가계산시스템과 ② 공정별원가계산시스템의 두 가지 형태가 있다. 기업에 따라 원가회계시스템의 구체적 운영방법은 천차만별이지만 대부분의 경우에는 이 두 가지의 전통적 제품원가계산시스템을 운영하고 있다.

개별원가계산시스템

개별원가계산시스템(Job Order Cost System)을 운영하는 기업은 원가를 개별 작업(job) 또는 동시에 생산된 제품의 배치(batch)에 할당한다. 예를 들면, 영화 "미션임파서블"의 제작, 도시철도에 사용될 전동차량의 제작과 기상청에서 사용하는 슈퍼컴퓨터의 제작 등은 개별원가시스템을 적용할 수 있는 작업의 좋은 예이다. 또 교재의 출판이나 선거관리위원회에서 선거참여를 홍보하기 위한 포스터의 제작 등은 배치(batch)의 예이다. 기업은 특정한 고객의 요구를 충족시키기 위하여 또는 제품의 재고를 보충하기 위하여 작업이나 배치의 생산을 진행한다.

개별원가계산시스템의 중요한 특징은 개별 작업 또는 배치가 다른 작업 또는 배치와 구분되는 특징이 있다는 것이다. 예를 들면, 새로 지은 단독주택, 회계법인이 새로 체결한 컨설팅 계약, 계명대학교 회계학과에서 지난 여름에 진행한 특강 등은 각각 유일한 작업 또는 배치이며 다른 주택, 계약 또는 특강과는 구분된다. 이때 원가회계시스템의 목표는 작업별 원가를 계산하는 것이다. 제품을 생산하거나 서비스를 제공하는 과정에서 기업은 작업과 관련된 원가를 식별해 낼 수 있다. 개별원가계산시스템은 개별적으로 완성된 작업의 원가를 측정하며, 특정한 기간에 투입된 원가를 측정하는 것이 목표가 아니다.

공정별원가계산시스템

공정별원가계산시스템(Process Cost System)은 유사한 제품을 대량생산하는 기업이 사용한다. 일반적으로 연속적인 생산공정을 거치는 제품이 대부분이다. 예를 들면, 석유화학제품을 생산하는 기업과 라면 등의 가공식품을 생산하는 기업은 대부분 공정별원가계산시스템을 사용하는 경우가 많다. 공정별원가계산시스템을 사용하면 특정한 제품 또는 작업의 원가를 배분하는 대신 정해진 기간(예를 들면 일주일 또는 한 달)의 원가를 수집하여 공정 또는 부문별로 원가를 배분한다. [도표 2-1]은 공정별원가계산시스템의 사용을 표시한 것이다. 공정별원가계산시스템은 제3장에서 더 자세히 설명하도록 한다.

도표 2-1 ▌공정별원가계산시스템을 사용할 수 있는 생산공정의 예

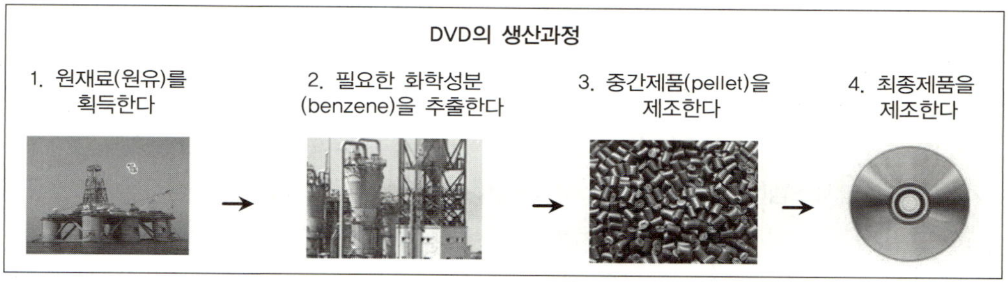

여기서 한 가지 의문이 들 수 있다. 그것은 기업이 개별원가계산시스템과 공정별원가계산시스템을 같이 사용할 수는 없는가이다. 예를 들면, GM과 같은 자동차 제조기업의 경우 Chevrolet Malibu와 같이 대량생산되는 모델에는 공정별원가계산시스템을 적용하여 원가를 계산할 수 있지만, 대통령이 탑승하는 방탄차량은 특별주문제작하는 모델이기 때문에 개별원가계산시스템을 적용하여 원가를 계산하여야 한다. 다만, 두 가지 원가계산시스템 모두 제품의 가격결정, 원가의 통제, 재고자산의 평가 및 재무제표에의 적절한 표시 등을 목표로 한다는 점은 같다.

2 개별원가의 흐름

개별원가계산시스템에서 직접재료원가, 직접노무원가 및 제조간접원가 등 개별원가의 흐름은 원재료의 물리적 흐름을 따른다. 왜냐하면 제품의 생산과정이 결국 원재료를 최종 제품으로 변환시키는 것이기 때문이다. [도표 2-2]에 예시한 것과 같이 제품의 물리적인 생산과정을 회계적 관점에서 본다면 원가를 재공품 계정에 배분하는 것이다. 완성된 작업의 원가는 제품계정으로 대체되고, 고객에게 판매되었을 때 제품계정에서 매출원가계정으로 대체된다.

[도표 2-2]는 고속열차 차량 제작 현장에서의 원가흐름을 요약한 것이다. 이러한 흐름을 좀 더 자세하게 회계적으로 표현한 것은 [도표 2-3]에 나타나 있다. [도표 2-3]의 오른쪽 아래에는 원가의 흐름을 크게 두 단계(집계와 배분)로 나누어 요약하였다. 원가의 집계란 발생한 원가를 수집하는 단계이며, 원가의 배분이란 집계한 원가를 생산작업에 배분하는 것이다. [도표 2-3]에서 보듯이, 발생한 제조원가는 분개 (1)~(3)을 통해 원재료재고, 노무원가 및 제조간접원가 계정의 차변에 기록된다. 분개 (1)~(3)은 원가를 특정한 작업과 연계하지 않는다. 그리고 나머지 분개 (4)~(8)은 제조원가의 배분을 기록한다.

도표 2-2 ▌ 개별원가계산시스템에서 원가의 흐름

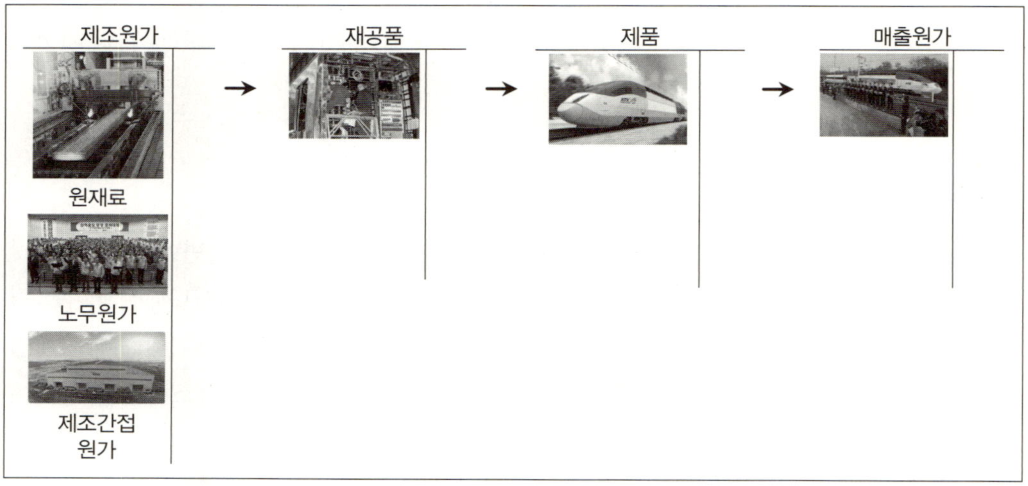

도표 2-3 ▮ 개별원가계산시스템

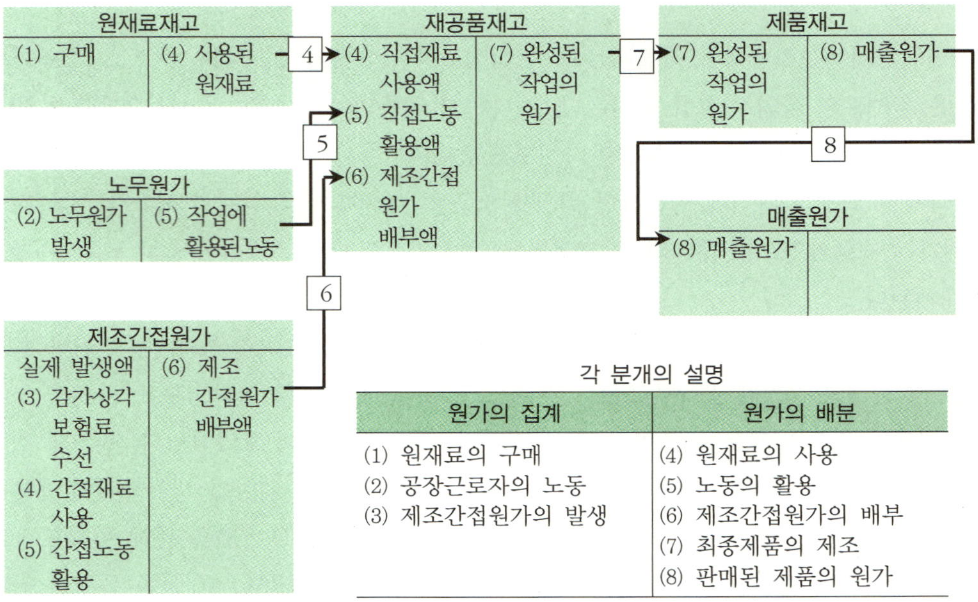

각 분개의 설명

원가의 집계	원가의 배분
(1) 원재료의 구매	(4) 원재료의 사용
(2) 공장근로자의 노동	(5) 노동의 활용
(3) 제조간접원가의 발생	(6) 제조간접원가의 배부
	(7) 최종제품의 제조
	(8) 판매된 제품의 원가

제조원가의 집계

지금부터는 이해를 돕기 위해 예를 들기로 한다. 기계 및 공구를 제작하는 ㈜성림기계의 1월 중 거래를 이용하여 설명하기로 한다.

원재료의 원가

회계시스템은 ㈜성림기계가 구매한 원재료의 원가를 원재료재고의 차변에 기입하는 것으로 시작한다. 원재료의 원가는 공급업자가 보내온 대금청구서상의 원재료대금과 ㈜성림기계가 부담해야 할 운송비를 합한 금액이며, 이 금액을 외상매입금계정의 대변에도 기입한다. 매입할인액과 매입환출 및 매입에누리는 원재료의 구매원가를 감소시키는 항목이므로 원재료재고의 대변과 외상매입금계정의 차변에 기입한다. ㈜성림기계가 원재료를 구매하는 시점에서는 재료의 원가를 특정한 작업이나 주문에 배부할 필요가 없다.

㈜성림기계는 1월 4일에 부품(부품번호 H2746) 2,000개를 단위당 ₩5,000, 부품모듈(부

품번호 M2850) 800개를 단위당 ₩40,000에 각각 구입하였다. 총구매액 ₩42,000,000(₩5,000×2,000+₩40,000×800)에 대한 장부기록은 다음과 같다.

	(1)		
1월 4일	원재료재고 　　외상매입금 (원재료를 외상으로 매입하다)	₩42,000,000	 ₩42,000,000

공장근로자의 노무원가

제조기업의 경우, 공장에서 발생하는 노무원가는 세 종류가 있다. 첫째, 근로자에게 지급하는 임금총액, 둘째 고용주가 부담해야 할 제세공과금(예: 고용보험료, 산재보험료), 그리고 마지막으로 고용주가 부담하는 복리후생비(예: 연금) 등이다. 이러한 원가는 발생에 따라 노무원가계정의 차변에 기입한다.

㈜성림기계에서 발생한 노무원가는 ₩32,000,000인데, 이 중 ₩27,000,000은 근로자의 임금이며, 나머지 ₩5,000,000은 각종 세금 및 공과금이다. 노무원가에 대한 장부기록은 다음과 같다.

	(2)		
1월 31일	노무원가 　　미지급임금 　　미지급제세공과금 (공장의 노무원가가 발생하다)	₩32,000,000	 ₩27,000,000 5,000,000

제조간접원가

제조간접원가는 다양한 원가요소로 구성되어 있다. 기계의 수선원가, 간접재료원가 및 간접노무원가의 경우에는 발생하는 즉시 인식할 수도 있다. 재산세, 감가상각비 또는 보험료와 같이 일정한 기간에 걸쳐 발생하는 원가는 수정분개를 통하여 정기적으로 인식할 수도 있다.

㈜성림기계에서 발생한 제조간접원가는 다음과 같이 기록하였다.

(3)

1월 31일	제조간접원가	₩13,800,000	
	미지급수도광열비		₩4,800,000
	선급보험료		2,000,000
	미지급수선유지비		2,600,000
	감가상각누계액		3,000,000
	미지급세금		1,400,000
	(공장의 제조간접원가가 발생하다)		

재공품에 제조원가 배부하기

[도표 2-3]에 예시한 것처럼 제조원가를 재공품(Work in Process)에 배부하려면 다음과 같은 분개가 이루어져야 한다.

차변기입: 재공품재고

대변기입: 재료원가, 노무원가, 제조간접원가

개별원가계산서(Job Cost Sheet)는 원가를 개별 작업에 배부하기 위해 꼭 필요한 회계장부 중 하나이다. [도표 2-4]에 제시된 개별원가계산서는 특정한 작업에 배부된 원가를 기록하고 완성된 작업의 총원가와 단위원가를 계산하기 위하여 사용한다.

도표 2-4 | 개별원가계산서

개별원가계산서
㈜성림기계

작업#: ______________　　수량: ______________
항목: ______________　　인도요청일: ______________
고객: ______________　　작업완성일: ______________

날짜	직접재료원가	직접노무원가	제조간접원가

완성된 작업의 원가	
직접재료원가	₩ ________
직접노무원가	________
제조간접원가	________
원가합계	₩ ________
단위원가(원가합계÷수량)	₩ ________

개별원가계산시스템을 적용하는 기업은 각 작업별로 원가계산서를 작성한다. 이 개별원가계산서는 재공품재고계정의 **보조계정** 역할을 한다. 보조계정은 각 항목(이 경우에는 각각의 작업)별 증빙서류를 포함하고 있다. 재공품계정은 **통제계정**이며, 개별원가계산서에 포함되는 특정 작업에 관한 상세한 자료를 요약하여 기록한다. 그러므로 재공품재고계정에 요약 기입되는 거래는 반드시 개별원가계산서상의 하나 이상의 기록과 대응시켜야 한다.

원재료의 원가

창고에서 원재료가 반출될 때 원재료의 원가를 배부한다. 원재료는 반드시 미리 일련번호가 인쇄된 재료반출청구서(Materials Requisition Slip)에 기입된 종류와 수량에 한정하여 반출한다. 반출된 원재료는 작업에 직접 투입될 수도 있고, 간접적으로 사용될 수도 있다. [도표 2-5]의 재료반출청구서에서 보듯이 반출량과 종류, 그리고 배부될 계정이 반드시 명시되어야 한다. 직접재료는 재공품재고계정에 기입되고, 간접재료는 제조간접원가계정에 기입된다.

기업은 재고자산의 흐름에 관한 여러 가지 가정(예: 선입선출법, 후입선출법 또는 가중평균법) 중에서 한 가지를 선택하고, 그에 따라 결정된 원가를 **개별원가계산서(Job Cost Sheet)**에 기록한다. ㈜성림기계는 정기적으로 창고에서 반출된 원재료에 대한 분개를 기록한다. 1월 중에 ₩24,000,000의 직접원재료와 ₩6,000,000의 간접원재료를 사용하였다면, 다음과 같이 분개한다.

(4)

1월 31일	재공품재고	₩24,000,000	
	제조간접원가	6,000,000	
	원재료재고		₩30,000,000
	(재료사용액을 배부하다)		

도표 2-5 ㈜성림기계의 재료반출청구서

재료반출청구서
㈜성림기계

반출청구부서: 조립부문 청구서 No.: ***MR247***
배부계정: 재공품 – 작업 #101 날짜: 1/6/15

수량	설명	부품번호	단위원가	원가합계
200	손잡이	H2746	₩5,000	₩1,000,000

반출청구부서 담당: 조 영 수 반출청구서 수령: 이 영 희

반출 승인: 최 엄 격 원가기록 담당: 김 원 가

[도표 2-6]은 재료반출청구서 MR247의 내용을 작업 #101에 전기하는 것과 개별원가계산서에 전기하는 것을 보여주고 있다. 재료반출청구서의 내용을 살펴보면 직접재료원가 중 ₩12,000,000은 작업 #101에, ₩7,000,000은 작업 #102에, 그리고 ₩5,000,000은 작업 #103에 투입하였음을 알 수 있다. 전기를 마치면 개별원가계산서(보조계정)의 직접원가 합계액은 재공품재고(통제)계정의 차변에 기입한 금액과 같아야 한다.

도표 2-6 ㈜성림기계의 개별원가기록: 직접재료원가

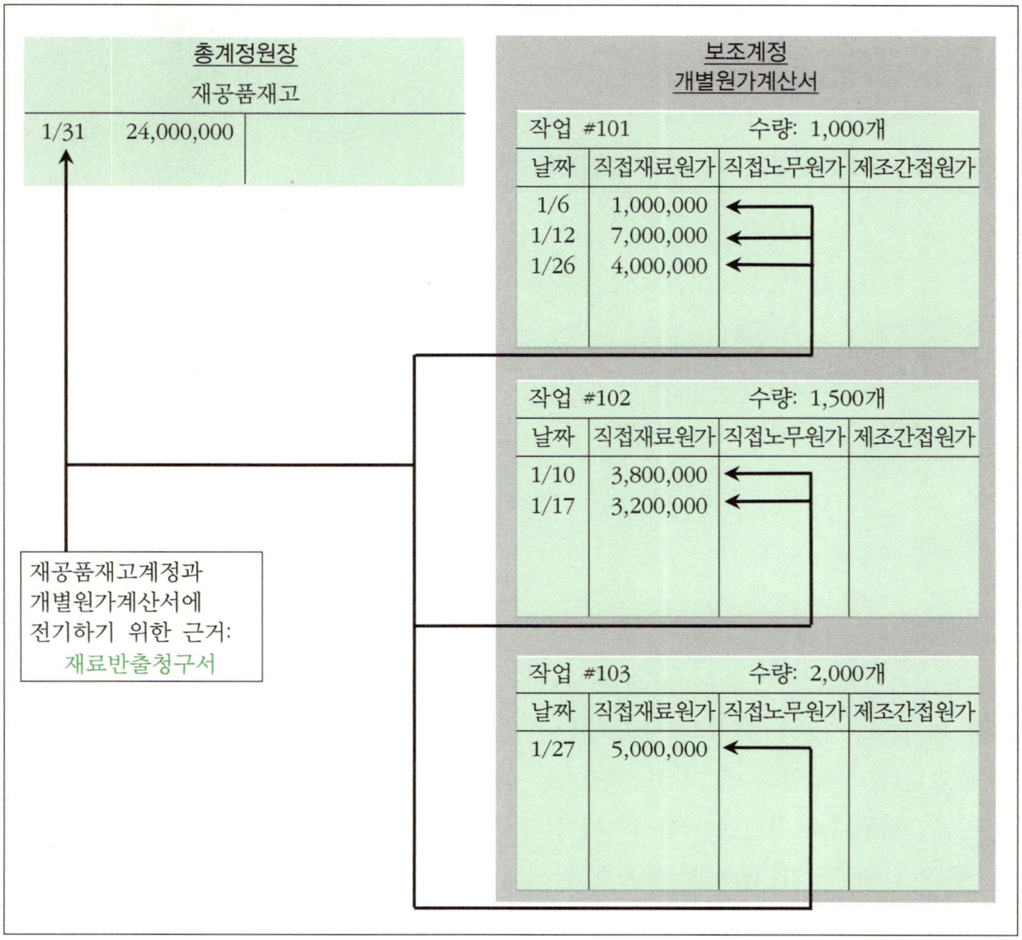

노무원가

기업에서는 생산작업이 진행되면서 **근무시간집계표(Time Tickets)**에 근로자들의 노동시간이 기록되고 이 기록에 근거하여 노무원가를 작업에 배부한다. 근무시간집계표에는 근로자의 이름, 근로시간, 배부계정 및 작업을 표시하여야 한다. 요즈음 대부분의 기업에서는 바코드나 스캐너와 같이 간단한 전자기기를 이용하여 이러한 자료를 쉽게 수집한다. 근로자들이 작업을 시작할 때와 마칠 때 근로자들은 자신의 사원증에 인쇄되어 있는 바코드나 전자칩을 스캐너와 같은 인식기기에 가까이 대면 자동으로 근로시간, 시간당 임금,

배부할 작업에 관한 자료를 컴퓨터시스템에 보낸다. 작업반장은 이러한 자료가 실제 작업과 일치하는지 확인한 후 승인하여야 한다. 이러한 과정을 거쳐 작성된 근무시간집계표는 [도표 2-7]과 같다.

도표 2-7 ㈜성림기계의 근무시간집계표

근무시간집계표
㈜성림기계

날짜: 1/6/15
종업원성명: 김정규　　종업원사번: 00107
배부계정: 재공품　　작업 #: 101

근무시간			시간당 임금	임금합계
시작	종료	근무시간합계		
08:00	12:00	4	₩10,000	₩40,000

부서장: 박 진 수　　원가기록 담당: 김 원 가

근무시간집계표는 임금담당자에게 보내져 근로자의 시간당 임금을 고려하여 총노무원가를 계산한다. 그리고 근무시간집계표에 기록된 자료를 분개하면 노무원가의 회계처리가 종료된다. 노무원가 중 직접노무원가는 재공품재고의 차변에 기록하고, 간접노무원가는 제조간접원가의 차변에 기록하여야 한다. ㈜성림기계의 경우 ₩32,000,000의 총노무원가 중 직접노무원가 ₩28,000,000과 간접노무원가 ₩4,000,000에 대한 분개는 다음과 같다.

	(5)		
1월 31일	재공품재고	₩28,000,000	
	제조간접원가	4,000,000	
	노무원가		₩32,000,000
	(노무원가를 배부하다)		

㈜성림기계의 노무원가는 진행 중이던 세 작업에 각각 ₩15,000,000, ₩9,000,000 그리고 ₩4,000,000씩 배분한다고 가정하자. 재공품재고와 개별원가계산서에는 노무원가를 [도표 2-8]과 같이 기록한다.

도표 2-8 ㈜성림기계의 개별원가 기록: 직접노무원가

총계정원장

재공품재고

1/31	24,000,000	
1/31	28,000,000	

재공품재고 계정과 개별원가계산서에 전기하기 위한 근거: 근무시간집계표

보조계정

개별원가계산서

작업 #101 수량: 1,000개

날짜	직접재료원가	직접노무원가	제조간접원가
1/6	1,000,000		
1/10		9,000,000	
1/12	7,000,000		
1/26	4,000,000		
1/31		6,000,000	

작업 #102 수량: 1,500개

날짜	직접재료원가	직접노무원가	제조간접원가
1/10	3,800,000		
1/15		4,000,000	
1/17	3,200,000		
1/22		5,000,000	

작업 #103 수량: 2,000개

날짜	직접재료원가	직접노무원가	제조간접원가
1/27	5,000,000		
1/29		4,000,000	

제조간접원가

실제 발생한 직접재료원가와 직접노무원가는 특정한 작업에 배부하면 된다. 그러나 제조간접원가는 전체 생산과정과 관련되어 있다. 그러므로 제조간접원가의 실제 발생액을 파악하여 특정한 작업에 배부하는 것은 쉽지 않다. 기업이 제조간접원가를 재공품과 특정 작업에 직접 배부하지 못하기 때문에 그 대안으로 추정치에 근거한 **제조간접원가 예정배부율(Predetermined Overhead Rate)**을 활용하고 있다.

제조간접원가 예정배부율이란 ① 연간 제조간접원가추정액과 ② 공통적인 활동기준으로 측정한 연간 생산활동예상량의 관계에 근거하여 계산한 비율이다. 생산활동은 직접노무원가를 기준으로 측정할 수도 있으며, 직접노동시간, 기계시간 또는 다른 측정치를 사용할 수도 있다. 이러한 측정치는 제조간접원가를 작업에 배부하는 과정에서 공평한 기준을 제공하여야 한다는 원칙에 따라야 한다. 일반적으로 기업은 제조간접원가배부율을 연초에 계산한다. 소규모기업들은 하나의 배부율을 계산하여 공장 전체에서 진행되는 모든 작업에 적용하지만, 대기업들은 부문마다 서로 다른 배부율을 적용하는 경우가 많다. 제조간접원가 예정배부율을 계산하는 공식은 다음과 같다.

연간 제조간접원가추정액 ÷ 연간 제조활동예상량 = 제조간접원가 예정배부율

제조간접원가는 전반적인 제조활동에 적용되는 것이 보통이다. "전반적"이란 말의 의미를 완전하게 실행하기 위해서는 모든 제조활동이 종료하고, 제조활동에 관한 자료를 수집할 수 있는 연말까지 기다리는 것이 논리적이다. 그러나 현실적으로는 관리자와 경영자들이 연말까지 기다릴 수는 없다. 제품의 판매가격을 결정하기 위해서는 연말 이전이라도 완성된 제품의 제조원가에 관한 정보가 필요하다. 제조간접원가 예정배부율을 이용하면 작업의 원가를 즉시 계산할 수 있다. [도표 2-9]는 제조간접원가를 재공품에 배부하는 과정을 그림으로 표시한 것이다.

도표 2-9 ▌제조간접원가 예정배부율의 사용

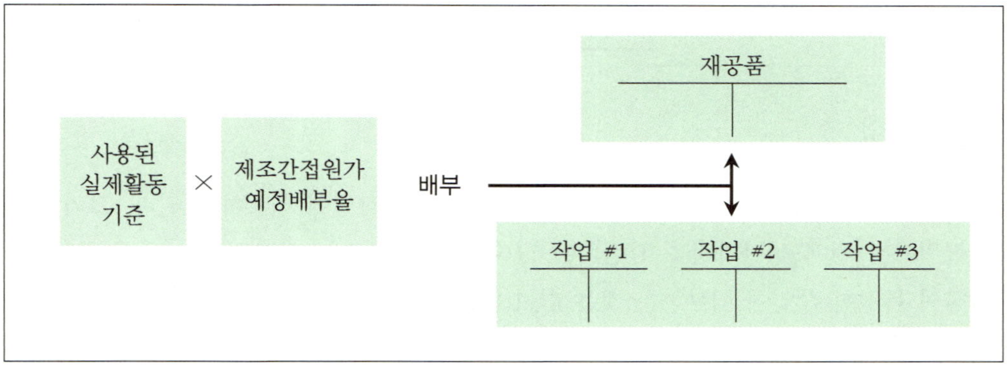

㈜성림기계는 활동기준으로 직접노무원가를 사용한다. 연간 ₩280,000,000의 제조간접원가가 발생할 것으로 예상되고, 연간 직접노무원가의 예상액이 ₩350,000,000이므로 제조간접원가 예정배부율은 80%(₩280,000,000÷₩350,000,000)이다. 즉, ₩100의 직접노무원가가 발생할 때마다 ₩80의 제조간접원가를 작업에 배부한다는 의미이다. 제조간접원가 예정배부율을 사용하면, 기업들은 한 작업이 완성될 때마다 해당 작업의 총원가를 어느 정도 예측할 수 있다.

과거에는 기업들이 직접노무원가 또는 직접노동시간을 활동기준으로 삼는 경우가 많았다. 그 이유는 직접노동과 제조간접원가와의 상관관계가 높았었기 때문이다. 그러나 최근에는 자동화의 영향으로 기계작업이 많아졌기 때문에 기업들이 기계시간을 활동기준으로 삼는 경우가 많아졌다. 제조간접원가를 더욱 정확하게 배부하기를 원하는 기업들은 활동기준원가계산을 사용하기도 한다. 이에 대한 설명은 제4장에서 계속하기로 한다.

여러 부문에서 제조작업이 이루어지는 경우 각 부문마다 고유의 활동기준을 사용하는 기업들도 있다. 예를 들면, 제조간접원가 중 간접재료원가는 직접재료사용액을 활동기준으로 삼고, 간접노무원가는 보험료나 작업반장의 임금을 활동기준으로 삼는다.

㈜성림기계는 직접노무원가와 함께 제조간접원가를 재공품에 배부한다. 특정한 작업에 원가를 배부할 때에도 제조간접원가는 직접노무원가와 함께 배부한다. 그 이유는 제조간접원가를 배부하는 활동기준이 직접노무원가이기 때문이다. 1월 중 ㈜성림기계의 제조간접원가의 배부액은 ₩22,400,000(직접노무원가 ₩28,000,000×80%)이 되며 다음과 같이 기록한다.

	(6)		
1월 31일	재공품재고 제조간접원가 (제조간접원가를 예정배부하다)	₩22,400,000	₩22,400,000

㈜성림기계가 완성된 작업마다 배부할 제조간접원가는 해당 작업의 직접노무원가에 80%를 곱한 금액이 된다. [도표 2-10]은 제조간접원가를 재공품재고계정과 개별원가계산서에 전기하는 과정을 예시한 것이다. 재공품재고계정의 차변에 기록된 ₩22,400,000은 세 개의 작업에 배부된 제조간접원가의 합과 같아야 한다는 것을 명심하여야 한다. 즉, 작업 #101에 배부된 제조간접원가 ₩12,000,000, 작업 #102에 배부된 제조간접원가

₩7,200,000, 그리고 작업 #103에 배부된 제조간접원가 ₩3,200,000의 합이 재공품재고계정의 차변에 기록된 ₩22,400,000과 같다.

도표 2-10 ㈜성림기계의 개별원가기록: 제조간접원가

총계정원장

재공품재고

1/31	24,000,000	
1/31	28,000,000	
1/31	22,400,000	

재공품재고계정과 개별원가계산서에 전기하기 위한 근거:
제조간접원가 예정배부율
(직접노무원가의 80%)

보조계정
개별원가계산서

작업 #101 수량: 1,000개

날짜	직접재료원가	직접노무원가	제조간접원가
1/6	1,000,000		
1/10		9,000,000	7,200,000
1/12	7,000,000		
1/26	4,000,000		
1/31		6,000,000	4,800,000

작업 #102 수량: 1,500개

날짜	직접재료원가	직접노무원가	제조간접원가
1/10	3,800,000		
1/15		4,000,000	3,200,000
1/17	3,200,000		
1/22		5,000,000	4,000,000

작업 #103 수량: 2,000개

날짜	직접재료원가	직접노무원가	제조간접원가
1/27	5,000,000		
1/29		4,000,000	3,200,000

재공품재고계정의 매월 말 잔액은 아직 완성되지 않은 작업의 개별원가계산서에 기록된 원가의 합과 같아야 한다. ㈜성림기계의 세 작업이 1월말 현재 모두 진행 중이라면 재공품재고계정의 차변잔액과 개별원가계산서에 기록된 원가의 합은 모두 ₩74,400,000으로 다음과 같이 일치한다.

재공품재고			개별원가계산서	
1/31	₩24,000,000		#101	₩39,000,000
31	28,000,000		102	23,200,000
31	22,400,000		103	12,200,000
	₩74,400,000			₩74,400,000

제품에 원가를 배부하기

작업이 완성되면, ㈜성림기계는 해당 작업의 개별원가계산서 아래쪽에 원가를 원가요소별로 요약하여 기입한다. 예를 들어, 1월 31일에 ㈜성림기계가 작업 #101을 완성하였다면, 해당 작업의 개별원가계산서는 [도표 2-11]과 같다.

도표 2-11 ㈜성림기계의 개별원가계산서: 작업 #101

개별원가계산서
㈜성림기계

작업 #: 101　　수량: 1,000
항목: 전자계측기　　인도요청일: 2월 5일
고객: ㈜성림기계　　작업완성일: 1월 31일

날짜	직접재료원가	직접노무원가	제조간접원가
1/6	₩1,000,000		
1/10		₩9,000,000	₩7,200,000
1/12	7,000,000		
1/26	4,000,000		
1/31		6,000,000	4,800,000
	₩12,000,000	₩15,000,000	₩12,000,000

완성된 작업의 원가	
직접재료원가	₩12,000,000
직접노무원가	15,000,000
제조간접원가	12,000,000
원가합계	₩39,000,000
단위원가(원가합계÷수량)	₩39,000

완성된 작업 #101의 총원가는 제품재고계정의 차변에 기록된다. 이를 위한 분개는 다음과 같다.

(7)

날짜	계정	차변	대변
1월 31일	제품재고	₩39,000,000	
	재공품재고		₩39,000,000
	(완성된 작업 #101을 기록하다)		

매출원가에 원가를 배부하기

고객에게 제품을 판매할 때 기업은 매출과 매출원가를 인식한다. ㈜성림기계에서 1월 31일에 완성된 작업 #101을 외상으로 판매하였다고 가정하자. 제품의 원가는 ₩39,000,000이고 판매가격은 ₩50,000,000이다. 매출과 매출원가를 기록하기 위한 분개는 다음과 같다.

(8)

날짜	계정	차변	대변
1월 31일	외상매출금	₩50,000,000	
	매출		₩50,000,000
	(작업 #101의 판매를 기록하다)		
	매출원가	₩39,000,000	
	제품재고		₩39,000,000
	(작업 #101의 원가를 기록하다)		

개별원가계산시스템에서 원가의 흐름

[도표 2-12]는 개별원가계산시스템을 사용하고 있는 제조기업인 ㈜성림기계의 원가흐름을 잘 표시하고 있다. [도표 2-3]의 일반적인 원가흐름도표를 ㈜성림기계의 거래내용에 맞추어 구체적인 숫자를 기록한 도표가 [도표 2-12]이다. 이 그림에 나타나 있는 원가의 흐름은 다음의 네 가지 유형 중 하나이다.

1. 원가의 집계: 기업의 원가는 (4) 원재료를 소비하였을 때, (2) 노무원가가 발생하였을 때, 그리고 (3) 제조간접원가가 발생하였을 때 집계된다.
2. 원가의 배분: 제조원가가 발생하면 기업은 이들 원가를 작업에 배분하여야 한다. 예를 들면, 4 특정한 작업에 사용한 원재료의 원가는 재공품재고계정에 배분하고 특정한 작업과 직접 연계할 수 없을 때에는 제조간접원가로 분류하여야 한다. 이와 마찬가지로 5 노무원가의 발생액도 특정한 작업과의 연관성에 따라 직접적인 관련이 있을 때에는 재공품재고계정에 배분하고, 그렇지 않은 경우에는 제조간접원가로 분

류한다. 마지막으로 [6] 제조간접원가는 **제조간접원가 예정배부율**에 따라 재공품재고계정에 배부한다. 예정배부율의 의미는 실제 발생한 제조간접원가를 배분하는 것이 아니라는 것이다.

3. 완성된 작업: 진행 중인 작업이 완성되면 [7] 완성된 작업의 원가를 재공품재고계정에서 제품재고계정으로 옮긴다.
4. 제품의 판매: [8] 특정한 작업에 의해 완성된 제품이 판매되면, 해당 제품의 제조원가를 제품재고계정에서 매출원가계정으로 옮긴다.

도표 2-12 ▌ 제조원가의 흐름: ㈜성림기계

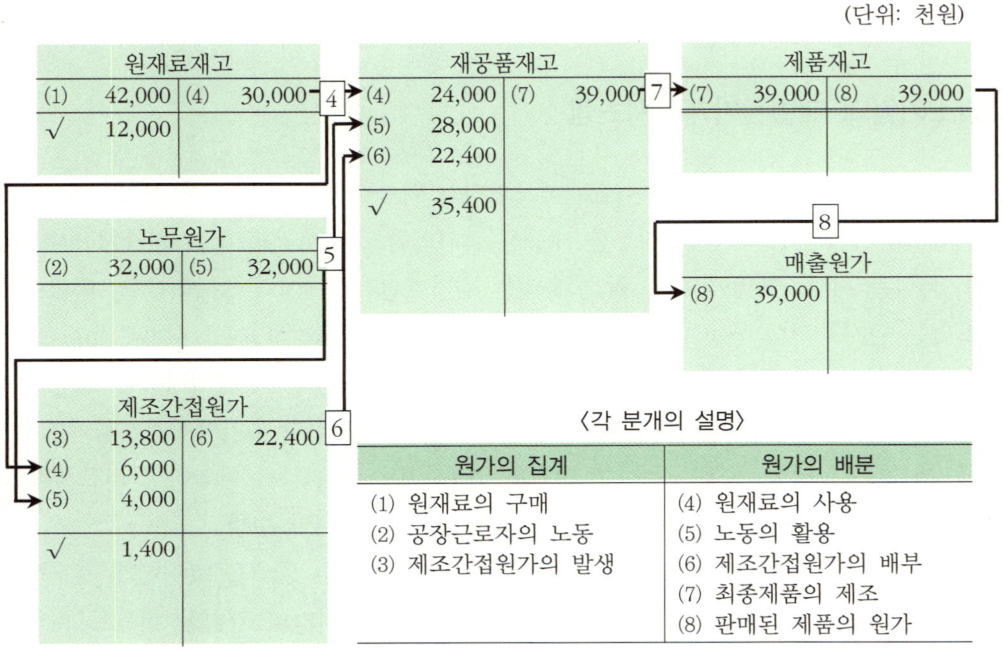

〈각 분개의 설명〉

원가의 집계	원가의 배분
(1) 원재료의 구매	(4) 원재료의 사용
(2) 공장근로자의 노동	(5) 노동의 활용
(3) 제조간접원가의 발생	(6) 제조간접원가의 배부
	(7) 최종제품의 제조
	(8) 판매된 제품의 원가

[도표 2-13]은 개별원가계산시스템 내에서 필요한 근거를 도표로 표시하고 있다.

도표 2-13 ▌ 문서의 흐름: ㈜성림기계

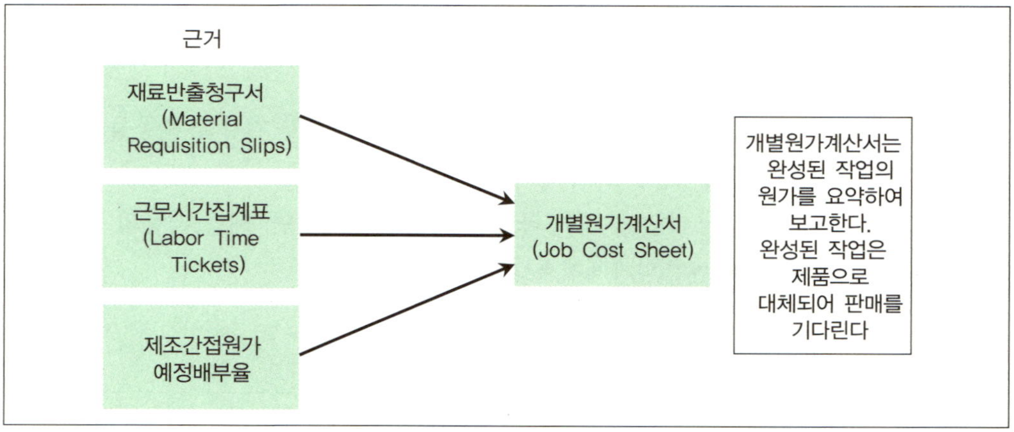

서비스기업의 개별원가계산시스템

지금까지는 개별원가계산시스템에서 제조기업의 원가흐름을 예를 들어 설명하였다. 그러나 개별원가계산시스템은 서비스를 제공하는 기업들도 많이 사용하는 원가계산시스템이며, 사실은 서비스기업에 더욱 잘 어울리는 원가계산시스템이다. 예를 들면, 백혈병을 앓고 있는 환자를 치료하는 병원, 사기사건에 대한 소송을 대리하고 있는 법무법인, 전사적자원관리시스템(ERP)을 구축하여 주는 회계법인, 그리고 오지관광서비스를 제공하는 여행사 등의 서비스기업에는 개별원가계산시스템이 매우 적절한 원가계산시스템이다. 이러한 기업들은 특정한 고객을 위하여 노력한 업무서비스의 원가를 파악하여 의료서비스, 법무서비스, 회계서비스 및 관광서비스의 수익성을 평가하여야 한다.

많은 서비스기업들은 서비스의 원가에 일정한 이익을 더한 금액을 고객에게 청구하는 계약(cost-plus contract)을 맺는다. 대부분의 경우 서비스원가의 일정한 비율로 이익을 결정한다. 이러한 계약을 맺은 고객과의 갈등을 피하고 분쟁을 피하기 위해서는 정확한 원가기록을 최신 상태로 유지하여야 한다. 원가에 관한 기록을 최신 상태로 유지하여야만, 고객에게 누적된 원가에 관한 정보를 제공할 수 있다. 특히, 고객이 계약의 내용을 변경하거나 추가적인 서비스를 요구하여 원래의 계약보다 더 많은 원가가 발생하는 경우에 고객에게 원가의 변동내용을 즉시 알릴 수 있기 때문에 고객과의 불필요한 갈등을 줄일 수 있다. 그러므로 원가기록을 적시에 최신 상태로 유지하는 것은 고객에게나 서비스기업에게나 너무 늦기 전에 다른 대안을 찾을 수 있는 기회를 줄 수 있다.

개별원가계산시스템을 사용하는 대부분의 서비스기업은 재고자산이 없다. 재공품재고계정 대신 다른 계정, 예를 들면 "진행 중인 서비스계약(Service Contracts in Progress)"이라는 계정을 사용하여 계약이 완료될 때까지 원가를 추적하기도 한다. 서비스기업의 개별원가계산서도 제조기업의 개별원가계산서와 마찬가지로 세 가지 원가요소인 원재료, 노동 및 제조간접원가를 기록한다.

개별원가계산시스템의 장점과 단점

개별원가계산시스템의 가장 큰 장점은 일반적으로 공정별원가계산시스템보다 정확하게 원가를 배분한다는 점이다. 예를 들어, 배낭여행을 전문으로 하는 여행사가 유럽 각국에 10회의 배낭여행서비스를 원가 ₩500,000,000에 제공하였다고 가정하자. 각 배낭여행별 원가를 계산하는 가장 간단한 방법은 총원가를 서비스의 횟수로 나누어 평균(₩50,000,000 = ₩500,000,000 ÷ 10)을 구하는 방법이다. 만일 10회의 여행서비스가 모두 동일하다면, 즉 목적지, 구성인원, 숙박지, 가이드의 임금 등이 모두 동일하다면 ₩50,000,000으로 계산된 여행서비스당 원가는 적절하며, 이를 이용하여 경영의사결정을 하여도 위험하지 않다. 그러나 모든 여행의 내용이 동일하지 않다면 평균원가를 사용하여 수익성을 분석하거나 신상품을 출시하는 등의 의사결정은 적절하지 않다. 이러한 경우 개별원가계산시스템을 사용하면 개별 여행서비스의 원가와 수익성을 정확하게 계산할 수 있으며, 경영의사결정에 보다 유용하다.

개별원가계산의 단점으로는 원가계산시스템에 입력하여야 하는 자료의 양이 많다는 점이다. 배낭여행사의 예에서 보듯이 여행서비스당 평균원가를 계산하는 것이 개별 여행서비스의 원가를 일일이 추적하는 것보다 훨씬 쉽다. 개별원가계산시스템에 자료를 입력하기 위해서는 시간이 많이 걸리며, 부정확한 자료의 입력은 부정확한 원가로 이어진다. 그러나 다행스럽게도, 최근에는 기술의 발달 덕분에 자료입력 시간과 정확성이 매우 향상되었다. 재료원가와 노무원가의 입력을 쉽게 도와주는 바코드시스템과 각종 소프트웨어는 이전보다 훨씬 다양한 종류의 기업들이 개별원가계산시스템을 사용할 수 있는 환경을 만들어 주었다. 이처럼 더욱 정확한 원가자료를 얻을 수 있는 개별원가계산시스템은 경영진이 보다 나은 의사결정을 내릴 수 있도록 큰 도움을 주고 있다.

모든 원가계산시스템의 공통적인 과제는 제조간접원가를 최종 제품에 보다 정확하게 배부하는 것이다. 일부 기업의 제조간접원가는 전체 제조원가의 50%를 넘기도 하는데, 이처럼 비중이 큰 원가요소를 정확하게 회계처리하기 어렵다는 것이 문제가 된다. 예를 들면, 여행사 사장의 급여를 다양한 여행상품에 어떻게 배분할 것인가? 이러한 문제 때문에 개별원가계산시스템의 정확성은 제조간접원가를 정확하게 배분할 수 있는가에 달려 있다. 원재료와 노무의 원가를 정확하게 추적하더라도 제조간접원가가 특정한 작업에 공헌한 부분을 정확하게 밝혀낼 수 없다면, 그만큼 개별원가계산시스템의 의미는 감소하게 된다. 이 문제는 제4장에서 다시 다루도록 한다.

원가자료의 보고

회계기말이 되면 기업들은 재무보고서를 작성하기 위하여 제품의 제조원가 및 매출원가에 관한 자료를 집계한다. 제품의 제조원가명세서는 이미 제1장에서 설명한 제조원가명세서와 다르지 않다. 다만, 제품의 제조원가명세서에는 실제 발생한 제조간접원가가 아닌 배부된 제조간접원가를 포함시킨다. 그러므로 제품의 제조원가는 직접재료원가와 직접노무원가, 그리고 배부된 제조간접원가의 세 요소로 구성된다.

기업은 재공품재고계정에서 정보를 수집하여 제조원가명세서를 작성한다. ㈜성림기계의 제조원가명세서는 [도표 2-14]와 같다.

도표 2-14 ㈜성림기계의 제조원가명세서

제조원가명세서
㈜성림기계
2015년 1월

재공품기초재고(1/1)		₩ 0
직접재료사용액	₩24,000,000	
직접노무원가	28,000,000	
제조간접원가배부액	22,400,000	
총제조원가		74,400,000
재공품의 총원가		74,400,000
차감: 재공품기말재고(1/31)		35,400,000
제품의 제조원가		₩39,000,000

㈜성림기계의 제조원가명세서를 살펴보면 제품의 제조원가 ₩39,000,000은 재공품재고계정에서 제품재고계정으로 대체하는 거래의 금액과 같다는 것을 알 수 있다([도표 2-12]의 7 참조).

재무상태표와 손익계산서도 제1장에서 설명한 것과 같다. ㈜성림기계의 1월 중 영업활동을 보고하는 손익계산서는 [도표 2-15]와 같다.

도표 2-15 ㈜성림기계의 부분손익계산서

손익계산서 ㈜성림기계 2015년 1월		
매출		₩50,000,000
매출원가		
제품기초재고(1/1)	₩ 0	
제품제조원가	39,000,000	
판매가능한 제품의 원가	39,000,000	
차감: 제품기말재고(1/31)	0	
매출원가		39,000,000
매출총이익		₩11,000,000

과소 혹은 과대배부된 제조간접원가

제조간접원가계정의 차변에 잔액이 남아 있다면, 제조간접원가는 과소배부된 것이다. 제조간접원가의 과소배부란 재공품재고계정에 배부된 제조간접원가가 실제 발생한 제조간접원가보다 적다는 것이다. 반대로 제조간접원가계정의 대변에 잔액이 남아 있다면, 제조간접원가계정의 대변에 기록된 제조간접원가 배부액이 차변에 기록된 제조간접원가 실제 발생액보다 많은 것이므로 제조간접원가가 과대배부된 것이다. [도표 2-16]은 제조간접원가계정의 잔액과 과소 또는 과대배부의 관계를 설명해 주고 있다.

도표 2-16 ▌ 제조간접원가의 계정잔액과 제조간접원가 과소 또는 과대배부의 관계

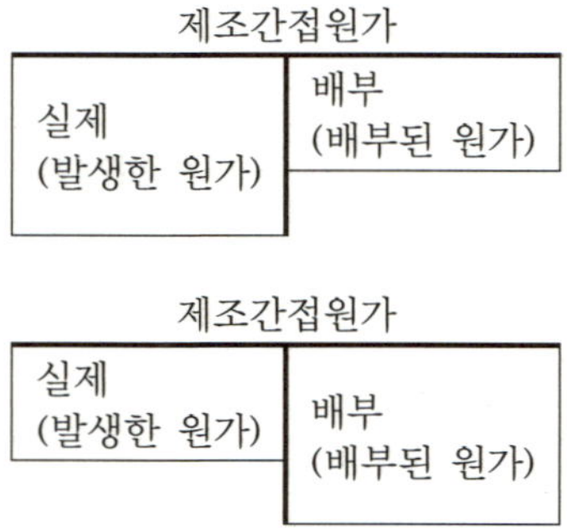

배부된 제조간접원가가 실제 발생한 금액보다 **적으면** 제조간접원가는 **과소배부**된다

배부된 제조간접원가가 실제 발생한 금액보다 **크면** 제조간접원가는 **과대배부**된다

제조간접원가 기말잔액의 회계처리

회계기말이 되면 모든 제조간접원가는 마감되어야 한다. 마감된 후에는 제조간접원가의 잔액을 0으로 만들 기회가 더 이상 없기 때문이다. ㈜성림기계의 12월 31일 현재 제조간접원가에 잔액이 남아 있다면 수정분개를 하여야 한다. ㈜성림기계의 경우에는 모든 제조간접원가의 잔액을 매출원가에서 조정하기로 하였다.

제조간접원가 과소배부액(차변 잔액)은 제조간접원가계정의 대변과 매출원가계정의 차변에 기입된다. 그 결과 실제 발생한 제조간접원가 중 아직 배부되지 않은 원가는 매출원가를 증가시켜 주는 효과가 있다. 이와 반면에 제조간접원가 과대배부액(대변 잔액)은 제조간접원가계정의 차변과 매출원가계정의 대변에 기입된다. 그 결과 제조간접원가계정의 대변잔액이 매출원가계정의 대변으로 옮겨지게 되고, 이러한 수정분개는 매출원가를 감소시킨다.

㈜성림기계의 경우 12월 31일 현재 제조간접원가의 대변에 ₩2,500,000의 잔액이 남아 있다면, 과대배부된 제조간접원가에 대한 수정분개는 다음과 같이 한다.

12월 31일	제조간접원가 매출원가 (과대배부된 제조간접원가를 매출원가로 대체하다)	₩2,500,000	 ₩2,500,000

위의 분개를 전기하여 각 계정에 기입하면 제조간접원가의 최종잔액은 0이 된다. ㈜성

림기계의 손익계산서에는 과소 혹은 과대배부된 제조간접원가를 수정하여 반영된 매출원가를 보고한다.

이론적으로는 과소 혹은 과대배부된 제조간접원가를 원가의 흐름과 관련 있는 재공품계정, 제품계정 그리고 매출원가계정에 모두 반영하여야 하지만, 여기서는 편의상 매출원가계정에만 반영하기로 한다.

예제 2-1

㈜성림창호는 단독주택의 차고 문을 맞춤설계 및 제작하는 기업이다. 이 외에도 기업에서 사용할 수 있는 다양한 종류의 대문과 셔터를 만들어 시장에 공급하고 있다. ㈜성림창호는 앞으로 차고 문, 벽난로 문 등 다양한 문을 개발·판매하고, 판매후 서비스까지 제공하는 일관된 판매망을 구축할 계획을 세우고 있다.

㈜성림창호는 개별원가계산시스템을 적용하고 있으며 제조간접원가는 직접노무원가를 기준으로 배부한다. 2015년도의 제조간접원가 예정배부율을 계산하기 위하여 추정된 제조간접원가는 ₩24,000,000,000이고, 직접노무원가는 ₩20,000,000,000으로 추정하였다. ㈜성림창호의 회계장부에서 추가로 수집한 정보는 다음과 같다.

2015년에 실제 발생한 원가	
직접재료 사용액	₩30,000,000,000
직접노무원가 발생액	21,000,000,000
공장의 보험료	500,000,000
간접노무원가	7,500,000,000
공장의 유지보수비	1,000,000,000
공장건물 임차료	11,000,000,000
기계설비의 감가상각비	2,000,000,000

| 요구사항 |

1. ㈜성림창호가 개별원가계산시스템을 사용하는 이유는 무엇인가?
2. ㈜성림창호가 제조간접원가를 배부하는 기준은 무엇인가? 2015년도 제조간접원가 예정배부율을 계산하시오.
3. 2015년도의 제조간접원가 과소 혹은 과대배부액은 얼마인가?
4. ㈜성림창호의 재무상태표에 나타난 재공품과 제품의 기초잔액과 기말잔액은 다음과 같다.

	2015년 1월 1일	2015년 12월 31일
재공품	₩ 5,000,000,000	₩ 4,000,000,000
제 품	13,000,000,000	11,000,000,000

2015년도 ㈜성림창호의 ① 제품제조원가와 ② 매출원가를 계산하시오. 제조간접원가의 과소 혹은 과대배부액은 모두 매출원가에 포함시킨다고 가정한다.

5. 2015년도에 작업 #G408을 새로 시작하여 완성하였다. 개별원가계산서를 살펴보니 총원가는 ₩100,000,000이며, ㈜성림창호는 원가에 50%의 이윤을 더하여 판매가격을 결정한다. 이러한 정책에 따르면 작업 #G408의 판매가격은 얼마인가?

| 정답 |

1. 이 회사는 고객의 요구에 맞추어 차고 문을 제조하기 때문에 개별원가계산시스템을 사용하고 있다. 각각의 작업은 고유한 특징이 있다. 모양, 크기, 재질, 설계 등 여러 측면에서 각 제품마다 독특한 특징이 있으며, 제작원가 또한 다르기 때문이다.
2. ㈜성림창호는 직접노무원가를 기준으로 제조간접원가를 배부하고 있다. 제조간접원가 예정배부율은 120%이며 다음과 같이 계산할 수 있다.
   ₩24,000,000,000÷₩20,000,000,000＝120%
3.

제조간접원가 실제발생액	₩22,000,000,000
배부된 제조간접원가(₩21,000,000,000×120%)	25,200,000,000
제조간접원가 과대배부액	₩3,200,000,000

4. ①

재공품기초재고(1/1)		₩5,000,000,000
직접재료원가사용액	₩30,000,000,000	
직접노무원가	21,000,000,000	
제조간접원가배부액	25,200,000,000	
제조원가총액		76,200,000,000
재공품원가총액		81,200,000,000
차감: 재공품기말재고(12/31)		4,000,000,000
제품제조원가		₩77,200,000,000

②

제품기초재고(1/1)	₩13,000,000,000
제품제조원가	77,200,000,000
판매가능한 제품의 원가	90,200,000,000
제품기말재고(12/31)	11,000,000,000
매출원가(수정전)	79,200,000,000
차감: 제조간접원가 과대배부액	3,200,000,000
매출원가	₩76,000,000,000

5.

작업 #G408의 원가	₩100,000,000
이윤율	× 50%
매출이익	₩50,000,000

고객에게 판매한 가격:
₩150,000,000(₩100,000,000＋₩50,000,000)

학습목표의 요약

Cost & Management Accounting

1 원가회계의 성격과 목적을 설명한다. 원가회계는 제품원가를 측정하고, 기록하고 보고하기 위한 절차를 포함한다. 기업은 수집된 자료에 근거하여 개별제품의 총원가와 단위원가를 계산한다. 원가회계시스템의 두 가지 기본적인 형태는 개별원가계산시스템과 공정별원가계산시스템이다.

2 개별원가계산시스템에서 원가의 흐름을 서술한다. 개별원가계산시스템을 적용하면 제조원가를 원재료, 노무원가 그리고 제조간접원가의 세 계정으로 누적한다. 이 세 계정에 누적된 원가는 다시 재공품계정과 제품계정을 거쳐 최종적으로 매출원가계정으로 옮겨 간다.

3 개별원가계산서의 본질과 중요성을 설명한다. 개별원가계산서는 특정한 작업에 부과할 수 있는 원가를 기록하고, 완성된 작업의 총원가와 단위원가를 계산할 수 있도록 고안된 양식이다. 개별원가계산서는 재공품통제계정의 보조원장 역할을 한다.

4 제조간접원가 예정배부율을 계산하고 활용하는 방법을 설명한다. 제조간접원가 예정배부율은 연간 제조간접원가 추정액과 연간 제조활동 예상량과의 관계에 근거하여 계산된다. 이 예정배부율은 공통적인 활동기준, 예를 들면 직접노무원가를 단위로 하여 표시한다. 기업은 이 예정배부율을 이용하여 재공품과 특정한 작업에 제조간접원가를 배부한다.

5 완성되어 판매된 작업에 대한 분개를 장부에 기입한다. 작업이 완성되면 기업은 작업의 원가를 제품계정의 차변과 재공품계정의 대변에 기입한다. 제품이 판매되었을 때, 현금 또는 외상매출금계정의 차변과 매출계정의 대변에 판매액을 기입한다. 또한 매출원가계정의 차변과 제품계정의 대변에 제품의 원가를 기입한다.

6 제조간접원가의 과소 또는 과대배부를 구별한다. 과소배부된 제조간접원가는 재공품에 배부된 제조간접원가가 실제 발생한 제조간접원가보다 적다는 것을 의미한다. 과대배부된 제조간접원가는 재공품에 배부된 제조간접원가가 실제 발생한 제조간접원가보다 많다는 것을 의미한다.

용어해설

Cost & Management Accounting

- 개별원가계산서(Job Cost Sheet) 특정한 작업에 부과할 수 있는 원가를 기록하고 완성된 작업의 총원가와 단위원가를 계산하기 위한 표
- 개별원가계산시스템(Job Order Cost System) 원가를 개별 작업 또는 배치에 배부하는 원가계산시스템
- 공정별원가계산시스템(Process Costing System) 동일한 또는 유사한 제품을 대량으로 생산하는 기업에서 적용하는 원가계산시스템
- 근무시간집계표(Time Ticket) 근로자, 작업시간, 관련계정 및 작업, 그리고 총노무원가를 기록한 문서
- 요약분개(Summary Entry) 복수의 거래금액을 합계하여 분개장에 요약하여 기입하는 분개
- 원가회계(Cost Accounting) 제품원가를 측정·기록 및 보고하는 회계학의 한 분야
- 원가회계시스템(Cost Accounting System) 기업의 총계정원장과 완전히 일치하는 제조원가의 계정들
- 재료반출청구서(Materials Requisition Slip) 생산공정에 투입하기 위하여 원재료를 창고에서 반출할 것을 요청 및 승인하는 문서
- 제조간접원가 과대배부(Overapplied Overhead) 재공품에 배부된 제조간접원가가 실제 발생한 금액보다 많은 경우
- 제조간접원가 과소배부(Underapplied Overhead) 재공품에 배부된 제조간접원가가 실제 발생한 금액보다 적은 경우
- 제조간접원가 예정배부율(Predetermined Overhead Rate) 연간 제조간접원가 추정액과 연간 제조활동 예상량과의 관계에 근거하여 계산한 배부율이며, 공통적인 활동기준을 단위로 하여 표시

연습문제

Cost & Management Accounting

종합자습문제

※ 지난 2월 중에 ㈜성림은 작업 #0116과 작업 #0217 두 종류의 작업을 진행하였다. 이 두 작업에 관한 자료를 다음과 같이 요약하였다.

제조원가 발생액

- 원재료 ₩54,000,000을 외상으로 구매하였다.
- 공장근로자의 임금 ₩78,000,000을 지급하였으며, 근로자의 연금은 ₩4,000,000으로 회사와 근로자가 $\frac{1}{2}$씩 부담하기로 하였다.
- 간접재료원가와 간접노무원가를 제외한 제조간접원가는 ₩59,800,000이다.
- 제조간접원가 연간 예상액은 ₩760,000,000이며, 예상 직접노무원가는 ₩950,000,000이다.

원가의 배분

직접재료원가: ₩27,000,000(작업 #0116)과 ₩21,000,000(작업 #0217)
간접재료원가: ₩3,000,000
직접노무원가: ₩52,000,000(작업 #0116)과 ₩26,000,000(작업 #0217)
간접노무원가: ₩2,000,000
회사는 2월 중에 작업 #0116을 완성하여 고객에게 ₩150,000,000에 외상으로 판매하였고, 작업 #0217은 아직 완성하지 못하였다.

| 요구사항 |

(a) 제조간접원가 예정배부율을 계산하시오.
(b) 2월 중의 거래를 순서대로 분개하시오.
(c) 과소 혹은 과대배부된 제조간접원가의 금액은 얼마인가?

| 해답 |

(a) 제조간접원가 연간 추정액÷연간 제조활동 예상량=제조간접원가 예정배부율
₩760,000,000÷₩950,000,000=80%

(b)

		차변	대변
2.28	원재료재고	54,000,000	
	외상매입금		54,000,000
	(외상으로 원재료 구매)		

날짜	계정	차변	대변
28	공장노무원가	80,000,000	
	미지급임금		78,000,000
	미지급연금		2,000,000
	(공장근로자의 노무원가 기록)		
28	제조간접원가	59,800,000	
	제계정(감가상각누계액, 선급보험료 등)		59,800,000
	(제조간접원가 발생액 기록)		
28	재공품재고	48,000,000	
	제조간접원가	3,000,000	
	원재료재고		51,000,000
	(생산공정에 투입된 원재료 기록)		
28	재공품재고	78,000,000	
	제조간접원가	2,000,000	
	공장노무원가		80,000,000
	(공장노무원가를 기록)		
28	재공품재고	62,400,000	
	제조간접원가		62,400,000
	(제조간접원가를 작업에 배부: 80%×₩78,000,000)		
28	제품재고	120,600,000	
	재공품재고		120,600,000
	(완성된 작업 #0116을 제품에 기록: 직접재료원가 ₩27,000,000 직접노무원가, ₩52,000,000, 제조간접원가 ₩41,600,000)		
28	외상매출금	150,000,000	
	매출		150,000,000
	(작업 #0116의 판매)		
28	매출원가	120,600,000	
	제품재고		120,600,000
	(작업 #0116의 매출원가)		

(c) 제조간접원가는 차변에 ₩2,400,000의 잔액이 있다. 그러므로 2월 중의 제조간접원가는 과소배부 되었다.

제조간접원가

2.28	마감	59,800,000	2.28	마감	62,400,000
	마감	3,000,000			
	마감	2,000,000			
	√	2,400,000			

객관식문제

※ 다음 질문에 가장 적절한 답을 고르시오(1~15).

01. 원가회계가 측정하고, 기록하고, 보고하고자 하는 것은 무엇인가?
(a) 제품원가
(b) 미래의 원가
(c) 제조공정
(d) 관리회계와 관련된 의사결정

02. 다음 중 개별원가계산시스템을 사용할 가능성이 높은 기업은 어떤 기업인가?
(a) 유사한 제품을 대량으로 생산하는 기업
(b) 연속적인 생산공정을 유지하는 기업
(c) 다른 제품과 구별되는 특징이 있는 제품을 생산하는 기업
(d) 재고자산실사법을 사용하는 기업

03. 재고자산에 대한 계속기록법을 사용하는 기업에서 원재료의 구매원가는 다음 어느 계정의 차변에 기입하는가?
(a) 원재료구매
(b) 원재료재고
(c) 구매
(d) 재공품

04. 공장에서 발생한 노무원가는 어느 계정의 차변에 기입하는가?
(a) 재공품
(b) 공장의 임금
(c) 공장의 노무원가
(d) 공장의 미지급임금

05. 개별원가계산시스템의 원가흐름으로 옳은 것은?

(a) 재공품재고에서 시작하여 제품재고로 종료한다.
(b) 매출이 발생하는 순간 시작한다.
(c) 원재료가 제품으로 전환하는 물리적 흐름과 함께한다.
(d) 제조원가명세서를 작성하기 위하여 필요하다.

06. 원재료의 원가가 개별작업에 배분되는 때는 언제인가?

(a) 개별작업을 판매하였을 때
(b) 원재료를 구매하였을 때
(c) 공급업자로부터 원재료를 취득하였을 때
(d) 원재료를 보관창고에서 반출하여 지급하였을 때

07. 원가를 개별원가계산서에 기록하기 위해 필요한 근거는 무엇인가?

(a) 대금청구서, 근무시간집계표, 제조간접원가 예정배부율
(b) 재료반출청구서, 근무시간집계표, 실제제조간접원가
(c) 재료반출청구서, 임금대장, 제조간접원가 예정배부율
(d) 재료반출청구서, 근무시간집계표, 제조간접원가 예정배부율

08. 개별원가계산시스템을 사용하여 원재료의 반출을 기록하기 위한 절차 중 틀린 것은?

(a) 재공품재고계정의 차변에 기입
(b) 제품재고계정의 차변에 기입
(c) 제조간접원가의 차변에 기입
(d) 원재료재고계정의 대변에 기입

09. 직접노무원가의 계정기입으로 옳은 것은?

	차변	대변
(a)	재공품	공장노무원가
(b)	제조간접원가	공장노무원가
(c)	공장노무원가	제조간접원가
(d)	공장노무원가	재공품

10. 제조간접원가 예정배부율은 연간 제조간접원가 예상액을 연간 생산활동의 추정치로 나누어 계산한다. 연간 생산활동은 무엇으로 측정하는가?

(a) 직접노무원가
(b) 직접노동시간
(c) 기계시간
(d) 모두 가능하다.

11. ㈜창신의 제조간접원가 예정배부율은 직접노무원가의 80%로 결정되었다. ㈜창신의 공장에서 이 달에 발생한 노무원가는 ₩210,000,000인데 이 중 ₩180,000,000은 직접노무원가이고 ₩30,000,000은 간접노무원가이다. 실제 제조간접원가는 ₩200,000,000 발생하였다. 재공품재고계정의 차변에 기입할 제조간접원가의 금액은?
(a) ₩200,000,000
(b) ₩144,000,000
(c) ₩168,000,000
(d) ₩160,000,000

12. ㈜창신은 원가 ₩4,500,000의 작업 #26을 완성하여 ₩7,000,000에 외상으로 판매하였다. 이 거래의 분개는?
(a) 차변: 제품재고 ₩7,000,000 대변: 재공품재고 ₩7,000,000
(b) 차변: 매출원가 ₩7,000,000 대변: 제품재고 ₩7,000,000
(c) 차변: 제품재고 ₩4,500,000 대변: 재공품재고 ₩4,500,000
(d) 차변: 외상매출금 ₩7,000,000 대변: 매출 ₩7,000,000

13. 개별원가계산시스템을 사용하는 기업이 회계기말에 제조원가명세서를 작성하기 위해 필요한 것은?
(a) 개별원가계산서
(b) 재공품재고계정
(c) 직접재료사용액, 직접노무원가 발생액과 제조간접원가 발생액을 합계한 금액
(d) 매출원가계정

14. 회계기말에 제조간접원가계정의 차변 잔액이 ₩1,200,000이다. 이 회사의 상황을 바르게 설명한 것은?
(a) 제조간접원가배부계정의 차변과 제조간접원가계정의 대변에 ₩1,200,000을 기입하는 수정분개를 한다.
(b) 제조간접원가계정의 차변과 제조간접원가계정의 대변에 ₩1,200,000을 기입하는 수정분개를 한다.
(c) 매출원가계정의 차변과 제조간접원가계정의 대변에 ₩1,200,000을 기입하는 수정분개를 한다.
(d) 수정분개를 하지 않는다. 그 이유는 제조간접원가의 실제발생액과 배부액의 차이는 정상적인 개별원가계산의 일부이며 여러 해에 걸쳐 평균화되어 없어지기 때문이다.

15. 제조간접원가가 과소배부되는 경우는?
(a) 제조간접원가 실제발생액이 배부액보다 적다.
(b) 제조간접원가 실제발생액이 배부액보다 크다.
(c) 제조간접원가 예정배부율이 실제배부율과 같다.
(d) 제조간접원가 실제발생액과 배부액이 같다.

주관식문제

01. ㈜창신의 제조간접원가 예정배부율은 직접노무원가의 150%이다. 이 달에 발생한 노무원가는 ₩100,000,000인데 그 중 ₩85,000,000은 직접원가이고, 나머지 ₩15,000,000은 간접원가이다. 실제 발생한 제조간접원가는 ₩120,000,000이다.

| 요구사항 |

이 달에 배부된 제조간접원가를 계산하시오. 과소 또는 과대배부된 제조간접원가는 얼마인가?

02. 다음은 ㈜창신의 개별원가계산서이다.

작업 #92			2,000단위 작업
날짜	직접재료원가	직접노무원가	제조간접원가
기초잔액 1/1	₩5,000,000	₩6,000,000	₩4,500,000
1/8	6,000,000		
1/12		8,000,000	6,400,000
1/25	2,000,000		
1/27		4,000,000	3,200,000
	₩13,000,000	₩18,000,000	₩14,100,000

완성된 작업의 원가:	
직접재료원가	₩13,000,000
직접노무원가	18,000,000
제조간접원가	14,100,000
원가합계	₩45,100,000
단위원가(₩45,100,000÷2,000)	₩22,550

| 요구사항 |

(a) 만일 1월 1일 현재 작업 #92가 유일한 미완성 작업이라면, 재공품계정의 잔액은 얼마인가?

(b) 제조간접원가는 직접노무원가를 기준으로 배부한다면, 지난해와 올해의 배부율은 얼마인가?

03. 개별원가계산시스템을 적용하고 있는 ㈜창신의 제조원가에 관한 자료는 다음과 같다.

	사례 1	사례 2	사례 3
직접재료사용액	₩ ①	₩ 83,000,000	₩ 63,150,000
직접노무원가	50,000,000	120,000,000	⑧
제조간접원가배부액	42,500,000	④	⑨
당기총제조원가	155,650,000	⑤	213,000,000
재공품재고(1/1)	②	15,500,000	18,000,000
재공품의 총원가	201,500,000	⑥	⑩
재공품재고(12/31)	③	11,800,000	⑪
제품제조원가	192,300,000	⑦	222,000,000

㈜창신에서는 직접노무원가에 기준하여 제조간접원가를 배부한다. 각각의 사례에는 같은 제조간접원가배부율을 적용한다.

| 요구사항 |

위의 정보를 이용하여 ①~⑪에 들어갈 숫자를 계산하시오.

04. ㈜창신은 기계시간을 기준으로 제조간접원가를 배부한다. 올해의 제조간접원가 예상액은 ₩305,000,000이며, 기계시간은 125,000시간으로 예상하였다.
실제 발생한 제조간접원가는 ₩322,000,000이며, 기계의 실제가동시간은 130,000시간이다.

| 요구사항 |

(a) 제조간접원가 예정배부율을 계산하시오.
(b) 올해의 제조간접원가 과소 또는 과대배부액은 얼마인가?
(c) 과소 또는 과대배부된 제조간접원가를 매출원가에 배분하기 위한 수정분개를 기입하시오.

05. ㈜창신제조의 개별원가계산서는 다음과 같다.

개별원가계산서

작업: #469 수량: 2,000단위
항목: 모형 사자우리(백색) 발주일: 7월 2일
고객명: ㈜태일 완성일: 7월 31일

날짜	직접재료원가	직접노무원가	제조간접원가
7/10	₩825,000		
7/12	900,000		
7/15		₩440,000	₩550,000
7/22		380,000	475,000
7/24	1,600,000		
7/27	1,500,000		
7/31		540,000	675,000

완성된 작업의 원가:
직접재료원가 ₩
직접노무원가
제조간접원가
총원가 ₩
단위원가 ₩

| 요구사항 |

(a) 직접재료원가, 직접노무원가 및 제조간접원가를 이 작업에 부과하기 위한 근거는 무엇인가?
(b) 제조간접원가는 직접노무원가를 기준으로 배부한다. 예정배부율을 계산하시오.
(c) 완성된 작업의 총원가와 단위원가를 계산하시오(₩1 미만은 반올림하시오).

06. 다음은 5월 31일 현재 ㈜창신의 회계장부에서 요약한 자료이다.

(1) 재고자산(5월 1일): 제품 ₩12,600,000 재공품 ₩14,700,000 원재료 ₩8,200,000

(2) 재고자산(5월 31일): 제품 ₩9,500,000 재공품 ₩17,900,000 원재료 ₩7,100,000

(3) 5월 중에 재공품계정의 차변에 기록된 금액은 다음과 같다.

직접재료원가 ₩62,400,000, 직접노무원가 ₩32,000,000, 제조간접원가배부액 ₩40,000,000

(4) 5월의 총매출액은 ₩200,000,000이다.

| 요구사항 |

(a) 간단한 제조원가명세서를 작성하시오.

(b) ㈜창신의 5월 영업활동에 관한 손익계산서를 매출총이익까지만 작성하시오.

(c) 5월 31일 현재 ㈜창신의 재무상태표에 나타날 재고자산을 표시하시오.

07. 다음은 4월 1일에 영업을 개시한 ㈜창신의 개별원가계산서에서 수집한 자료이다.

작업 #	제조원가 4월	제조원가 5월	제조원가 6월	완성시점
10	₩5,200,000	₩4,400,000		5월
11	4,100,000	3,900,000	₩3,000,000	6월
12	1,200,000			4월
13		4,700,000	4,500,000	6월
14		4,900,000	3,600,000	미완성

모든 작업은 완성된 다음 달에 원가에 25%의 이익을 더하여 판매한다.

| 요구사항 |

(a) 재공품계정의 매월말 잔액은 얼마인가?

(b) 제품계정의 매월말 잔액은 얼마인가?

(c) 5월, 6월, 그리고 7월의 매출총이익을 각각 계산하시오.

실전문제

01. 다음은 개별원가계산에 대한 설명이다. 옳지 않은 것은? [전산세무 1급, 58회]

① 종합원가계산에 비해 원가의 계산과정이 단순하여 원가의 정확성은 떨어진다.

② 조선업, 건설업 등과 같이 수요자의 주문에 기초하여 제품을 생산하는 업종에서 주로 사용한다.

③ 종합원가계산에 비해 각 제품별로 원가를 집계하기 때문에 직접원가와 간접원가의 구분이 보다 중요한 의미를 갖는다.

④ 개별원가계산은 완성품환산량을 산정할 필요는 없다.

02. 다음 자료를 보고 제조간접원가 과소배부액 ₩1,500,000을 총원가비례법을 적용하여 배부할 경우 기말재공품의 가액은 얼마인가? [전산세무 1급, 58회]

원가구분	재공품	제품	매출원가
직접재료비	₩1,500,000	₩1,500,000	₩1,000,000
직접노무비	1,500,000	2,500,000	1,500,000
제조간접비	1,500,000	1,500,000	2,500,000
합계	4,500,000	5,500,000	5,000,000

① ₩4,050,00 ② ₩4,450,000
③ ₩4,950,000 ④ ₩5,050,000

03. 제조간접비가 과소배부되었다면, 다음 설명 중 옳은 것은? [전산세무 2급, 58회]
① 실제제조간접비는 예정제조간접비보다 적다.
② 재공품에 배부된 제조간접비는 실제제조간접비 발생액보다 적다.
③ 예정배부율이 너무 높게 설정되었기 때문이다.
④ 제조간접비 통제계정이 기말에 대변잔액이 발생하였다.

04. 다음 중 개별원가계산에 가장 적합한 업종이 아닌 것은? [전산회계 1급, 58회]
① 화학공업 ② 항공기제작업
③ 조선업 ④ 건설업

05. 제조간접비와 관련한 자료가 다음과 같을 경우 제조간접비 실제발생액은 얼마인가? [전산회계 1급, 58회]

- 제조간접비 예정배부율: 기계작업시간당 ₩200
- 제조지시서의 기계작업시간: 60,000시간
- 제조간접비 과대배부: ₩300,000

① ₩12,000,000 ② ₩11,700,000
③ ₩12,300,000 ④ ₩60,000,000

06. 다음 중 제조간접비 예정배부액의 계산방법은? [전산세무 2급, 57회]
① 제품별 배부기준의 실제발생액×예정배부율
② 제품별 배부기준의 실제발생액×실제배부율
③ 제품별 배부기준의 예정발생액×예정배부율
④ 제품별 배부기준의 예정발생액×실제배부율

07. 개별원가계산에 대한 다음의 설명 중 가장 옳지 않은 것은? [전산회계 1급, 57회]

① 개별작업에 대한 추적가능성을 중시하여 원가를 구분한다.
② 제조간접비배부가 원가계산의 핵심이라 할 수 있다.
③ 종합원가계산에 비해 원가기록업무가 비교적 단순하고 경제적이다.
④ 종합원가계산과 비교할 때보다 정확한 원가계산이 가능하다.

08. 아래 자료에 있는 사항으로 미루어 보아 다음 중 틀린 설명은? [전산세무 2급, 56회]

> A제조기업은 원가계산에 있어 제조간접비 실제배부액은 980만원이었으며 이는 제조간접비가 100만원 과소배부된 것이다.

① A제조기업은 개별원가계산방식을 사용하였다.
② A제조기업의 제조간접비 예정배부액은 880만원이다.
③ 제조간접비 배부차이에 해당하는 금액만큼 제조원가에 가산하게 된다.
④ 이러한 제조간접비 배부차이에 해당하는 금액은 직접재료비, 직접노무비 그리고 제조간접비 모두에 영향을 미친다.

09. 개별원가계산에 대한 설명으로 적당하지 않은 것은? [전산세무 2급, 56회]

① 종합원가계산에 비하여 원가계산이 단순하며 경제적이다.
② 개별원가계산은 조선업, 건설업 등의 업종에 적합하다.
③ 종합원가계산에 비하여 제품별 정확한 원가계산이 가능하다.
④ 개별원가계산은 제품을 비반복적으로 생산하는 업종에 적합하다.

10. ㈜신선은 직접노무비의 80%를 제조간접비로 부과하고 있으며, 6월말 현재 재공품 A에 제조간접비 ₩3,140이 배부되었다. 6월말 A에 배부될 직접재료비를 구하면 얼마인가? [전산세무 1급, 55회]

> • 6월 1일 재공품액: ₩24,000　　• 6월 당기총제조원가 합계: ₩88,000
> • 6월 31일 제품계정 대체액: ₩94,000

① ₩8,675　　② ₩10,935
③ ₩13,425　　④ ₩14,075

11. 강남상사는 개별원가계산제도를 채택하고 있다. 5월 중 원장의 재공품계정에는 다음과 같은 사항이 기록되어 있다. 강남상사는 직접노무비의 70%를 제조간접비로 배부하고 있다. 5월말에 아직 가공 중에 있는 유일한 작업인 제조명령서 101호에는 직접노무비 ₩1,000이 발생되었다. 제조명령서 101호에 부과될 직접재료비는 얼마인가? [전산세무 2급, 55회]

- 5월 1일: 잔액 ₩3,000
- 5월 2일: 직접재료비 투입 ₩10,000
- 5월 3일: 직접노무비 투입 ₩6,000
- 5월 4일: 제조간접비 투입 ₩4,200
- 5월 31일: 제품계정으로 대체 ₩20,000

① ₩1,000 ② ₩1,500
③ ₩2,000 ④ ₩3,000

12. 제조간접비 예정배부율은 직접노동시간당 ₩90이고, 직접노동시간이 43,000시간 발생했을 때 제조간접비배부차이가 ₩150,000 과소배부인 경우 제조간접비실제발생액은 얼마인가? [전산회계 1급, 55회]

① ₩3,720,000 ② ₩3,870,000
③ ₩4,020,000 ④ ₩4,170,000

13. 당기제조간접원가 ₩180,000을 직접재료원가에 비례하여 배부하는 경우 기말재공품원가를 계산하면 얼마인가? 단, 기초재고자산은 없고, 다음 세 가지 제품 중 NO.1과 NO.2는 완성되었고 NO.3는 미완성이다. [전산세무 1급, 54회]

구분	NO.1	NO.2	NO.3	합계
직접재료원가	₩126,000	₩126,000	₩168,000	₩420,000
직접노무원가	₩118,000	₩129,000	₩123,000	₩370,000

① ₩363,000 ② ₩309,000
③ ₩298,000 ④ ₩613,000

14. ㈜청윤은 제조간접비를 기계사용시간으로 배부하고 있다. 당해 연도초의 제조간접비 예상액은 ₩1,500,000이고 예상 기계사용시간은 30,000시간이다. 당기말 현재 실제 제조간접비 발생액이 ₩1,650,000이다. 실제 기계사용시간이 36,900시간일 경우 당기의 제조간접비 과소(과대)배부액은 얼마인가? [전산세무 2급, 54회]

① ₩345,000(과소배부) ② ₩345,000(과대배부)
③ ₩195,000(과소배부) ④ ₩195,000(과대배부)

15. 다음 중 개별원가계산을 적용하기에 가장 적절하지 않은 것은? [전산세무 2급, 54회]

① 전투식량의 제조원가 ② 탱크의 제조원가
③ 전투기의 제조원가 ④ 항공모함의 제조원가

16. ㈜한결은 개별원가계산제도를 채택하고 있으며, 직접노무비를 기준으로 제조간접비를 배부한다. 2013년도의 제조간접비배부율은 A부문에 대해서는 200%, B부문에 대해서는 50%이다. 제조지시서 #04는 2013년 중에 시작되어 완성되었으며 원가발생액은 다음과 같다. 제조지시서

#04와 관련된 총제조원가는 얼마인가? [기업회계 2급, 31회]

	A	B
직접재료비	₩50,000	₩10,000
직접노무비	?	₩40,000
제조간접비	₩60,000	?

① ₩170,000 ② ₩190,000
③ ₩210,000 ④ ₩230,000

17. ㈜세무는 직접원가를 기준으로 제조간접비를 배부한다. 다음 자료에 의해 작업지시서 No.1의 제조간접비배부액은 얼마인가? [전산회계 1급, 54회]

	공장전체발생원가	작업지시서 No.1
직접재료비	₩1,000,000	₩300,000
직접노무비	₩1,500,000	₩400,000
기 계 시 간	150시간	15시간
제조간접비	₩7,500,000	( )

① ₩700,000 ② ₩2,100,000
③ ₩3,000,000 ④ ₩3,651,310

18. 다음의 자료를 이용하여 제조간접원가 과소배부액 ₩1,000,000을 매출원가조정법을 적용하여 배부할 경우 기말재공품의 가액은 얼마인가? [전산세무 1급, 53회]

구분	재공품(₩)	완성품(₩)	매출원가(₩)
직접재료비	1,000,000	1,500,000	500,000
직접노무비	1,000,000	1,500,000	2,000,000
제 조 경 비	1,000,000	1,000,000	500,000
계	3,000,000	4,000,000	3,000,000

① ₩2,700,000 ② ₩3,000,000
③ ₩3,300,000 ④ ₩3,600,000

19. ㈜한국은 제조간접비를 직접노무시간을 기준으로 배부하고 있다. 당해 제조간접비배부차이는 ₩200,000이 과소배부되었다. 당기말 현재 실제 제조간접비발생액은 ₩700,000이고, 실제 직접노무시간이 20,000시간일 경우 예정배부율은 얼마인가? [전산세무 2급, 53회]

① ₩45/시간당 ② ₩25/시간당
③ ₩35/시간당 ④ ₩30/시간당

20. ㈜세무의 제조간접비 예정배부율은 작업시간당 ₩10,000이다. 작업시간이 800시간이고, 제조간접비배부차이가 ₩1,000,000 과소배부라면, 실제 제조간접비발생액으로 맞는 것은? [전산회계 1급, 53회]

① ₩6,000,000 ② ₩7,000,000
③ ₩8,000,000 ④ ₩9,000,000

21. 다음의 자료에 의하여 매출원가를 계산하면 얼마인가? [전산회계 1급, 51회]

- 제조지시서 #1: 제조원가 ₩52,000
- 제조지시서 #2: 제조원가 ₩70,000
- 제조지시서 #3: 제조원가 ₩50,000
- 월초제품재고액: ₩50,000
- 월말제품재고액: ₩40,000

단, 제조지시서 #3은 미완성품이다.

① ₩182,000 ② ₩122,000
③ ₩132,000 ④ ₩172,000

22. 다음은 정상원가계산을 사용하는 ㈜해원의 2014년 1년 동안의 제조간접비계정으로서 배부차이를 조정하기 직전 기록이다. 다음 물음에 대한 답을 올바르게 나열한 것은? [기업회계 2급, 33회]

제조간접비계정	제조간접비 80,000 | 60,000
물음	(A) 2014년의 제조간접비 실제발생액은 얼마인가? (B) 2014년의 제조간접비배부액은 얼마인가? (C) 제조간접비배부차이를 매출원가에서 조정할 때 필요한 분개는?

	(A)	(B)	(C)
①	60,000	80,000	(차) 매출원가 20,000 (대) 제조간접비 20,000
②	80,000	60,000	(차) 제조간접비 20,000 (대) 매출원가 20,000
③	60,000	80,000	(차) 제조간접비 20,000 (대) 매출원가 20,000
④	80,000	60,000	(차) 매출원가 20,000 (대) 제조간접비 20,000

23. ㈜채원은 제조간접비를 직접노무시간을 기준으로 배부한다. 2013년초 제조간접비예상액은 ₩5,000,000, 예상직접노무시간은 40,000시간이다. 2013년말 실제로 발생한 제조간접비는 ₩4,860,000, 실제발생 직접노무시간이 38,000시간이라고 할때, 제조간접비배부차이는? [기업회계 2급, 32회]

① ₩110,000 초과배부 ② ₩110,000 부족배부
③ ₩140,000 초과배부 ④ ₩140,000 부족배부

24. ㈜화성은 개별원가계산을 실시하고 있다. 제조간접원가는 직접노무원가의 120%이다. 작업 #201에서 발생한 직접재료원가는 ₩1,764,000이며, 제조간접원가는 ₩1,200,000이다. 또한 작업 #301에서 발생한 직접재료원가는 ₩294,000이며, 직접노무원가는 ₩735,000이다. 작업 #201에서 발생한 직접노무원가 및 작업 #301의 총원가는 얼마인가? [기업회계 1급, 32회]

	#201 직접노무원가	#301 총원가		#201 직접노무원가	#301 총원가
①	1,200,000	2,263,800	②	1,200,000	1,234,800
③	1,000,000	1,911,000	④	1,000,000	2,123,400

25. 다음 중 개별원가계산에 대한 설명으로 틀린 것은? [기업회계 2급, 30회]

① 각 제품별 원가집계에 따른 많은 비용과 노력이 요구된다.
② 기말재공품의 평가문제가 발생하지 않는다.
③ 상대적으로 정확한 원가계산과 제품별 손익분석 등을 위한 자료획득이 용이하다.
④ 각 공정별, 부문별 원가통제 및 성과평가가 가능하다.

Chapter 3

공정별 원가계산

학습목표

이 장의 학습목표는 다음과 같다.

1. 공정별원가계산시스템을 사용하는 기업을 파악한다.
2. 개별원가계산시스템과 공정별원가계산시스템의 유사점과 차이점을 설명한다.
3. 공정별원가계산시스템에서 원가의 흐름을 설명한다.
4. 공정별원가계산시스템에서 제조원가를 배부하기 위한 분개를 기입한다.
5. 완성품 환산단위를 계산한다.
6. 제조원가보고서를 작성하기 위한 4단계를 설명한다.
7. 제조원가보고서를 작성한다.

요약

페인트나 청량음료를 제조하는 기업은 공정별원가계산시스템(Process Costing Systems)을 사용한다. 개별작업에 초점을 맞추고 있는 개별원가계산시스템(Job Order Costing)과는 달리 공정별원가계산시스템은 최종 제품이 동일하거나 매우 유사하기 때문에 대량으로 제품을 생산하는 기업의 생산공정에 초점을 맞추고 있다.

제3장의 구성과 내용은 다음과 같다.

공정별원가계산

공정별원가계산시스템
- 활용
- 서비스기업
- 유사점과 차이점
- 공정별원가의 흐름
- 제조원가의 배분

완성품 환산단위
- 가중평균법
- 선입선출법
- 제조원가보고서

공정별원가계산의 종합검토
- 물리적 수량
- 완성품 환산단위
- 제품의 단위원가
- 원가조정명세서
- 제조원가보고서
- 원가계산시스템 요약

1 공정별원가계산시스템의 본질

공정별원가계산시스템의 사용

유사한 제품을 연속하여 대량으로 생산하는 기업은 공정별원가계산시스템을 사용한다. 배스킨라빈스가 아이스크림을 생산하는 과정은 동일하다. 같은 양의 원재료, 노동력 그리고 제조간접원가를 투입하여 같은 종류의 아이스크림을 생산해 내고, 이 과정은 반복된다. 같은 종류의 아이스크림이라면 생산시기에 관계없이 동일하다.

포스코에서 일반적인 철강을 생산하는 과정, 동서식품에서 포스트 씨리얼을 제조하는 과정, LG석유화학에서 원유를 정제하여 관련제품을 만드는 과정들은 공정별원가계산시스템을 적용하기에 적절하다. 원액을 적절히 혼합하여 음료수를 만들고 캔 또는 병에 담는 공정에도 공정별원가계산시스템을 적용할 수 있다. [도표 3-1]은 이러한 생산과정을 간단하게 그림으로 표시하고 있다. 이러한 공정은 일단 생산이 시작되고 난 후에는 최종 제품이 만들어질 때까지 연속적으로 제조작업이 진행되고, 생산된 제품이 모두 같다는 특징이 있다.

도표 3-1 ▌유사한 제품을 연속적으로 대량생산하는 제조과정

[도표 3-2]에서는 공정별원가계산시스템과 개별원가계산시스템을 비교한다. 개별원가계산시스템이 적합한 제품의 예로는 영화제작, 교량건설, 회계서비스 등이 있고, 공정별원가계산시스템이 적합한 제품의 예로는 음료수, 휘발유, 반도체, 약품 등을 들 수 있다. 개별원가계산시스템은 원가를 특정한 작업에 배분하는 반면, 공정별원가계산시스템은 원가를 제조공정별로 추적하여 집계한다.

도표 3-2 ▮ 공정별원가계산과 개별원가계산의 예

공정별원가계산시스템		개별원가계산시스템	
기업	제품	기업	제품
롯데칠성음료	음료 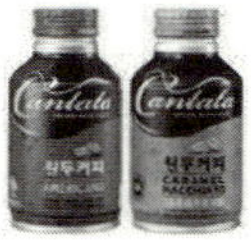	연분홍치마	영화 
GS칼텍스	엔진오일 	삼일회계법인	감사보고서 
삼성반도체	컴퓨터칩 	현대삼호 중공업	유조선 
유한양행	약품 	삼성병원	척추측만증 수술 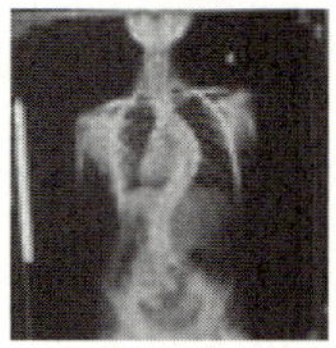

개별원가계산과 공정별원가계산의 유사점과 차이점

개별원가계산시스템은 원가를 개별 작업에 배분한다. 이와 반면에 공정별원가계산시스템은 연속된 제조공정이나 부문을 통해 원가를 추적한다. 공정별원가계산시스템을 적용하는 기업은 대부분 동일하거나 유사한 동질의 제품을 연속적인 공정을 통하여 대량으로 생산한다. [도표 3-3]은 개별원가계산과 공정별원가계산에서 원가의 흐름을 표시하고 있다.

도표 3-3 ▌개별원가계산과 공정별원가계산시스템의 원가흐름

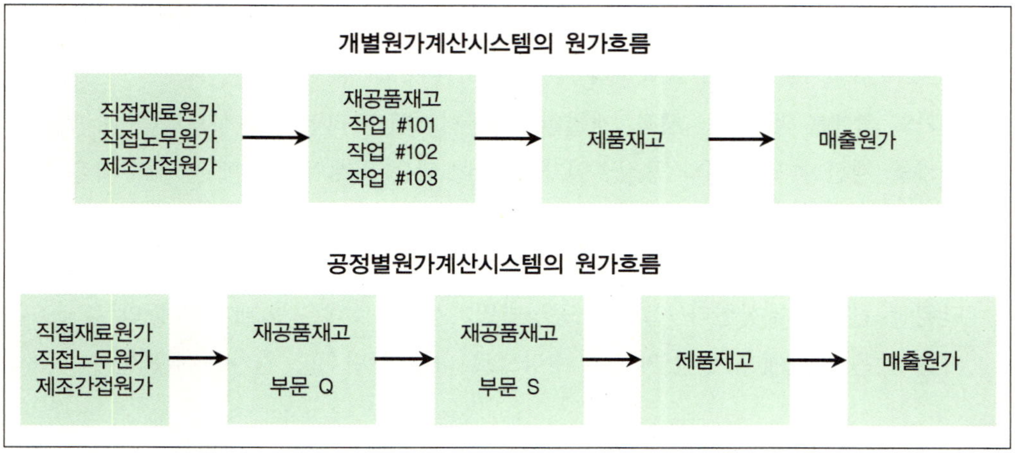

유사점

개별원가계산시스템과 공정별원가계산시스템의 유사점은 다음과 같다.

1. **제조원가요소**: 개별원가계산시스템과 공정별원가계산시스템 모두 다 제조원가를 세 가지 요소로 분류한다. 즉, 모든 제조원가를 재료원가, 노무원가 및 제조간접원가의 세 가지 원가로 분류한다.
2. **재료원가, 노무원가 및 제조간접원가의 집계**: 개별원가계산시스템과 공정별원가계산시스템은 원재료를 재료계정의 차변에, 노무원가를 노무원가계정의 차변에, 그리고 제조간접원가를 제조간접원가계정의 차변에 각각 집계한다.
3. **원가의 흐름**: 개별원가계산시스템과 공정별원가계산시스템은 세 가지 원가요소를 원재료 재고, 노무원가 및 제조간접원가계정의 차변에 집계한다. 그 다음 단계에서 비록 원가를 배분하는 구체적인 방법은 다르지만 세 종류의 원가는 모두 같은 계정(재공품재고, 제품재고, 그리고 매출원가)을 순서대로 통과한다.

차이점

개별원가계산시스템과 공정별원가계산시스템이 다른 점은 다음과 같다.

1. **재공품계정의 수**: 개별원가계산시스템은 하나의 재공품계정을 이용한다. 그러나 공정별원가계산시스템은 여러 개의 재공품계정을 이용한다.

2. **원가를 추적하기 위한 증빙서류**: 개별원가계산시스템은 원가를 개별작업에 부과하고 개별원가계산서에 요약한다. 이와 반면에, 공정별원가계산시스템은 원가를 생산부문별로 제조원가보고서에 요약한다.
3. **원가의 합계를 계산하는 시점**: 개별원가계산시스템은 작업이 완성되었을 때 원가의 합계를 계산한다. 그러나 공정별원가계산시스템은 회계기간 말에 원가의 합을 계산한다.
4. **단위당 원가의 계산**: 개별원가계산시스템은 작업별 총원가를 생산된 수량으로 나누어 단위당 원가를 계산한다. 그러나 공정별원가계산시스템은 회계기간 중의 총제조원가를 같은 기간에 생산된 제품의 수량으로 나누어 단위당 원가를 계산한다.

[도표 3-4]는 개별원가계산시스템과 공정별원가계산시스템의 차이점을 요약하였다.

도표 3-4 ▌ 개별원가계산시스템과 공정별원가계산시스템의 차이점

특징	개별원가계산시스템	공정별원가계산시스템
재공품계정	하나의 재공품계정	여러 개의 재공품계정
사용하는 문서	개별원가계산서	제조원가보고서
총제조원가의 집계	개별작업	각 회계기간(원가계산기간)
단위당 제조원가의 계산	개별작업의 원가÷ 작업별 생산수량	총제조원가÷ 회계기간 중 생산된 총수량

공정별원가의 흐름

[도표 3-5]는 공정별원가계산시스템을 사용하고 있는 가상의 제조기업에서 원가의 흐름을 보여주고 있다. 그림에서처럼 공정별원가계산시스템은 기계부문과 조립부문 각각의 재료원가, 노무원가 그리고 제조간접원가의 합계를 계산한다. 기계부문에서 완성된 수량은 조립부문으로 대체된다. 조립부문에서 최종 완성된 제품은 제품재고로 대체된다. 고객에게 제품이 판매되었을 때 제품재고에서 매출원가계정으로 대체한다. 각 부문에서는 모든 제품이 동일한 생산활동을 거친다.

도표 3-5 ▮ 공정별원가의 흐름

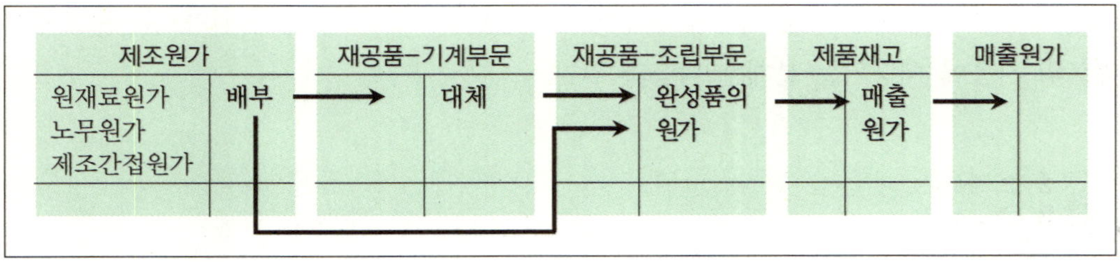

제조원가의 배부: 분개

이미 앞에서 설명한대로 개별원가계산시스템과 공정별원가계산시스템은 재료원가, 노무원가 및 제조간접원가 등 세 원가요소의 합계를 계산한다.

1. 모든 원재료를 구매하였을 때 구매원가를 원재료재고계정의 차변에 기록한다.
2. 근로자가 공장의 생산라인에서 생산활동을 수행하여 노무원가가 발생하면 노무원가계정의 차변에 기록한다.
3. 모든 제조간접원가는 발생에 따라 제조간접원가계정의 차변에 기록한다.

그러나 세 원가요소를 재공품계정에 배부하는 방법에서는 개별원가계산시스템과 공정별원가계산시스템이 서로 다르다.

재료원가

생산활동에 투입된 모든 원재료는 생산공정의 재료원가로 취급된다. 공정별원가계산시스템에서도 재료반출청구서를 사용할 수 있지만, 개별원가계산시스템에서보다 이 청구서를 적게 사용한다. 그 이유는 개별원가계산서는 개별작업에 사용할 때마다 재료반출청구서를 작성하지만, 공정별원가계산시스템은 공정에(일반적으로 많은 양의 재료를) 투입할 때 작성하기 때문이다.

대부분의 경우, 필요한 원재료는 첫 번째 생산공정에 대부분 투입한다. 그러나 후속공정의 다양한 시점에서 여러 종류의 재료가 추가될 수도 있다. 예를 들면, 초콜릿을 제조하는 공장에서 첫 공정이 시작될 때 초콜릿과 우유 등을 투입하지만 포장지와 상자는 후속공정인 포장공정에 투입된다. 아이스크림을 제조하는 기업의 경우, 우유와 향료는 첫 번째 혼합공정에서 투입하고, 체리나 월넛과 같은 재료는 그 다음 공정에서 투입하고, 카드보드로 된 포장용기는 가장 마지막 공정에서 사용한다. [도표 3-5]의 원가흐름 도표에서 재료의 사용에 해당되는 분개는 다음과 같다.

재공품-기계부문	×××	
재공품-조립부문	×××	
원재료재고		×××
(원재료의 사용에 관하여 분개)		

노무원가

개별원가계산시스템과 마찬가지로 공정별원가계산시스템에서도 근무시간집계표를 이용하여 노무원가를 생산공정(부문)에 배부할 수 있다. 개별원가계산시스템과는 달리 공정별원가계산시스템은 노무원가를 공정에 배부하기 때문에 관련 자료를 인사부서의 임금지급 기록 또는 생산부문의 근로자별 임금기록에서 얻을 수 있다. [도표 3-5]의 원가흐름 도표에서 근로자의 노무원가를 재공품에 배부하는 분개는 다음과 같다.

재공품-기계부문	×××	
재공품-조립부문	×××	
노무원가		×××
(노무원가를 공정에 배부하는 분개)		

제조간접원가

공정별원가계산시스템에서 제조간접원가를 배부하는 목적은 객관적이고 공정한 기준에 따라 원가를 배부하는 것이다. 객관적이고 공정한 기준이란 원가를 발생 및 변화시키는 원인이다. 연속적인 생산공정에서 제조간접원가를 발생시키는 주원인은 직접노동이 아니라 기계사용시간이다. 그러므로 대부분의 기업은 기계사용시간을 기준으로 삼아 제조간접원가를 배부한다. [도표 3-5]의 원가흐름 도표에서 제조간접원가를 생산공정에 배부하는 분개는 다음과 같다.

재공품-기계부문 재공품-조립부문 제조간접원가 (제조간접원가를 공정에 배부)	××× ××× 	 ×××

후속공정으로의 대체

회계기간 말이 되면 선행 공정인 기계부문에서 후속공정인 조립부문으로 제조원가를 대체시키는 분개가 필요하다. [도표 3-5]의 원가흐름 도표에서 기계부문의 원가를 조립부문으로 대체하는 분개는 다음과 같다.

재공품-조립부문 재공품-기계부문 (원가를 후속공정으로 대체)	××× 	 ×××

제품계정으로의 대체

마지막 공정인 조립부문에서 완성된 제품은 창고로 이동된다. 이 과정의 회계적 처리는 완성된 제품의 원가를 제품재고 계정으로 대체하는 것이다. [도표 3-5]의 원가흐름 도표에서 완성된 제품의 원가를 제품재고로 대체하는 분개는 다음과 같다.

제품재고 재공품-조립부문 (완성된 제품의 원가를 대체)	××× 	 ×××

매출원가의 기록

제품이 고객에게 판매되면, 판매된 제품의 원가를 매출원가로 기록한다. [도표 3-5]의 원가흐름 도표에서 고객에게 판매된 제품의 원가를 매출원가로 기록하는 분개는 다음과 같다.

매출원가 제품재고 (판매된 제품의 원가를 기록)	××× 	 ×××

2 완성품 환산단위

회계학과 4학년 재학생인 남은영은 공항에서 인턴으로 근무를 하고 있다. 공항에는 7~9급 정규직근로자와 탄력적으로 근무하는 시간제근로자들이 함께 근무하고 있다. 공항의 관리부장이 남은영에게 근로자 환산 1인당 임금을 계산하여 줄 것을 부탁하였다. 남은영이 수집한 자료는 다음과 같다.

원가:	
총노무원가	₩2,604,000,000
근로자:	
정규직근로자의 수	1,000
시간제근로자의 수	400

시간제근로자의 작업시간은 정규직근로자가 작업하는 시간의 약 60%이다. 남은영은 정규직환산근로자의 수를 다음과 같이 계산하였다.

정규직근로자	+	시간제근로자의 정규직근로자 환산	=	환산된 정규직근로자의 수
1,000	+	400 × 60%		1,240

정규직환산근로자의 임금은 총노무원가를 환산된 정규직근로자의 수로 나눈 결과인 ₩2,100,000(₩2,604,000,000÷1,240명)이 된다.

공정별원가계산시스템은 이와 같은 개념을 이용한다. 즉, 완성품 환산단위의 개념이다. **완성품 환산단위(equivalent units)**는 일정한 기간 중에 이루어진 생산작업을 완성된 제품의 수량으로 환산한 측정치이다. 공정별원가계산시스템을 적용하는 기업은 완성품 환산단위의 개념을 이용하여 제품의 단위당 원가를 계산한다.

가중평균법

완성품 환산단위를 계산하는 수식은 다음과 같이 표현할 수 있다.

공정작업이 완성된 수량	+	재공품 기말재고를 완성품으로 환산한 수량	=	**완성품 환산단위**

완성품 환산단위의 개념을 더 잘 이해할 수 있도록 예를 들어 설명하기로 하자.

〈예 1〉 완성품 환산단위의 계산: ㈜성림의 4월말 현재 혼합공정의 재공품은 4,000단위이다. 재공품 기말재고는 원재료, 노무원가 및 제조간접원가에 대하여 60% 완성된 상태이다. 이 경우, 혼합공정 재공품 기말재고의 완성품 환산단위는 2,400단위(4,000단위×60%)가 된다.

〈예 2〉 완성품 환산단위의 계산: ㈜성림의 포장공정에서 5월에 작업한 수량에는 10,000단위의 완성품과 5,000단위의 재공품 기말재고가 포함되어 있다. 재공품 기말재고는 70% 완성된 상태이다. 이 경우, 포장공정의 완성품 환산단위는 13,500단위(10,000단위+5,000단위×70%)가 된다.

위의 두 가지 예에서처럼 완성품 환산단위를 계산하는 방식을 **가중평균법(weighted average method)**이라고 한다. 이 방법은 공정의 산출(output)량에 초점을 맞추어 계산하는 방식이다. 즉, 특정한 공정을 산출 측면에서 살펴보면 ① 공정에서 이미 생산작업이 완료된 '완성된 제품(완성품)'과 ② 완료되지는 않았지만 일정한 정도 생산작업이 진척되었으며 미래의 시점에 완료될 '미완성 제품(즉, 재공품 기말재고)' 등 두 종류가 있다. 완성된 제품과 미완성 제품의 완성도를 기준으로 가중평균하면 완성품 환산단위를 계산할 수 있다.

완성품 환산단위를 이해하기 위하여 보다 복잡한 예를 들어 설명하기로 하자. ㈜성림은 와플 반죽을 만들어 삼청동의 와플과 커피전문점에 공급하고 있다. 와플 반죽은 혼합공정과 냉장포장공정의 두 공정을 거쳐 완성된다. 혼합공정에서는 원재료인 밀가루, 달걀, 소금, 베이킹파우더, 식용유, 설탕을 특별한 향을 내도록 제조한 액체와 혼합하여 반죽을 빚는다. 주재료는 혼합공정의 초기에 모두 투입하고, 가공원가는 혼합공정 전체에 걸쳐 균일하게 발생한다. 가공원가는 노무원가와 제조간접원가의 합이다. 혼합공정의 다음 공정인 냉장포장공정에서는 빚어진 반죽을 일정한 크기로 잘라 냉장시킨 후 상자에 포장한다. ㈜성림의 혼합공정에서 5월 중에 이루어진 생산활동에 관한 자료는 [도표 3-6]에 나타나 있다.

도표 3-6 ㈜성림의 혼합공정

	물리적 수량	원가요소별 완성도	
		재료원가	가공원가
재공품(5/1)	100,000	100%	70%
5월 중 혼합공정에 투입	800,000		
수량 합계	900,000		
완성 후 냉장포장공정으로 대체	700,000		
재공품(5/31)	200,000	100%	60%
수량 합계	900,000		

혼합공정의 생산활동에 관한 [도표 3-6]을 보면 '재공품 기초재고'는 재료원가에 대하여 100%, 가공원가에 대하여 70% 완성되어 있다. 재공품 기초재고는 과거에 혼합공정에 투입(input)하였지만 5월 1일 현재 미완성 제품이다. '5월 중 혼합공정에 투입'된 수량은 현재 회계기간에 혼합공정에 투입(input)된 수량이다.

'완성 후 냉장포장공정으로 대체'된 수량은 완성되어 혼합공정에서 산출(output)된 제품의 수량이며, 당연히 재료원가와 가공원가에 대하여 100% 완성되어 있다. 혼합공정의 '재공품 기말재고'는 재료원가 100%, 가공원가에 대하여는 60% 완성되어 있다. 재공품 기말재고는 생산에 착수하였지만 5월 31일 현재 미완성 제품으로 미래의 일정시점에 완성되어 혼합공정에서 산출(output)될 수량이다.

가중평균법을 적용할 때, 재공품 기초재고 100,000단위와 회계기간 중에 새롭게 투입된 800,000단위는 일단 제외하고 완성된 제품 700,000단위와 재공품 기말재고 200,000단위에 초점을 맞추어 완성품 환산단위를 계산한다. 즉, 혼합공정의 입력(input) 측면은 제외하고 산출(output) 측면에 초점을 맞추어 계산한다. 그런데 미완성품인 재공품 기말재고와 완성품의 완성도는 당연히 다르기 때문에, 원가요소별로 서로 다른 완성도를 적용하여 완성품 환산단위를 계산한다. 즉, [도표 3-7]과 같이 재료원가와 가공원가별로 완성도를 달리 적용한다.

도표 3-7 혼합공정의 완성품 환산단위, ㈜성림의 5월 생산활동

		완성품 환산단위			
		재료원가		가공원가	
	(1) 물리적 수량	(2) 완성도	(3)=(1)×(2) 환산단위	(4) 완성도	(5)=(1)×(4) 환산단위
완성 후 냉장포장공정으로 대체	700,000	100%	700,000	100%	700,000
재공품(5/31)	200,000	100%	200,000	60%	120,000
완성품 환산단위 합계			900,000		820,000

[도표 3-7]에서 ㈜성림의 혼합공정에 대한 완성품 환산단위를 계산할 때 두 가지를 명심하여야 한다. 첫째, 가중평균법을 적용하였으므로 산출된 완성품과 기말재공품의 원가를 계산하기 위해서 공정의 산출(output)에 초점을 맞추어야 한다. 둘째, 원가요소별로 완성도가 서로 다르기 때문에 환산단위도 원가요소별로 분리하여 계산하여야 한다. 그러므로 앞에서 제시한 완성품 환산단위의 계산공식은 원가요소별로 분리하여 다음과 같이 더욱 상세하게 정리할 수 있다.

재료원가에 대하여 공정의 작업이 완성된 수량	+	재료원가에 대하여 재공품 기말재고를 완성품으로 환산한 수량	=	**재료원가의 완성품 환산단위**

가공원가에 대하여 공정의 작업이 완성된 수량	+	가공원가에 대하여 재공품 기말재고를 완성품으로 환산한 수량	=	**가공원가의 완성품 환산단위**

제조원가보고서

공정별원가계산시스템을 적용하는 기업은 각 공정 또는 부문별로 제조원가보고서를 작성한다. 제조원가보고서는 관리자들이 부문의 생산활동을 이해하고 의사결정에 참고하기 위하여 꼭 필요한 문서이다. 제조원가보고서에는 원가요소, 수량 및 원가에 관한 정보가 잘 요약되어 있어야 한다. ㈜성림의 경우 혼합공정과 냉장포장공정의 두 생산공정이 있으므로 두 개의 제조원가보고서를 작성하여야 한다. [도표 3-8]은 ㈜성림의 와플생산과정과 제조원가보고서의 작성을 그림으로 표현하였다.

도표 3-8 ㈜성림의 재고자산 및 원가의 흐름과 제조원가보고서

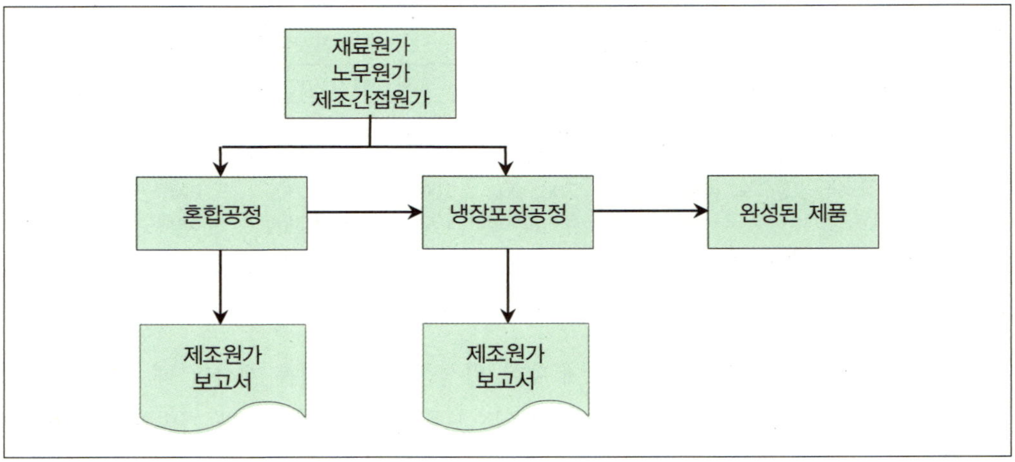

제조원가보고서를 작성하기 위해서는 공정별원가계산시스템에서의 재고자산과 원가의 흐름에 관하여 철저한 이해가 필요하다. 구체적으로 다음의 4단계를 거치면 제조원가보고서를 작성할 준비가 완료된다.

1. 물리적 수량의 흐름을 파악한다.
2. 완성품 환산단위의 흐름을 계산한다.
3. 단위당 원가를 계산한다.
4. 원가조정표를 작성한다.

3 제조원가보고서의 작성

앞에서 예를 든 ㈜성림의 혼합공정에 관한 자료를 이용하여 제조원가보고서를 작성하기로 한다. 이해를 돕기 위하여 ㈜성림의 혼합공정에서 5월 중에 일어난 생산활동과 원가에 관한 자료를 [도표 3-9]에 요약하였다.

도표 3-9 ㈜성림의 혼합공정(5월 1일 ~ 5월 31일)

수량:	
재공품 기초재고(5/1)	100,000
직접재료원가(100% 완성)	
가공원가(70% 완성)	
5월 중에 새롭게 공정에 투입한 수량	800,000
5월 중에 완성되어 다음 공정으로 대체된 수량	700,000
재공품 기말재고(5/31)	200,000
직접재료원가(100% 완성)	
가공원가(60% 완성)	
원가:	
재공품 기초재고(5/1)	
직접재료원가(100% 완성)	₩50,000,000
가공원가(70% 완성)	35,000,000
재공품 기초재고의 총원가(5/1)	₩85,000,000
5월 중에 새롭게 공정에 투입한 원가	
직접재료원가	₩400,000,000
가공원가	170,000,000
5월 중에 발생한 원가	₩570,000,000

1단계: 물리적 수량의 흐름을 파악한다

물리적 수량(physical units)이란 생산작업의 진척도, 즉 완성도와 관계없는 실제 수량을 뜻한다. 투입(input) 측면에서 물리적 수량은 과거에 투입되었지만 회계기간 초에 아직 완성되지 않았던 재공품 기초재고 수량과 회계기간 중에 새롭게 생산공정에 투입된 수량을 더하여 물리적 수량의 합계를 계산한다. ㈜성림의 경우, 과거에 투입된 수량인 재공품 기초재고 100,000단위와 5월에 새롭게 투입된 수량 800,000단위를 더하면 투입수량은 900,000단위가 된다.

물리적 수량은 산출(output) 측면에서 계산할 수도 있다. 회계기간 중에 완성되어 다음 공정으로 대체된 완성품의 수량과 회계기간 말 현재 시점에서는 미완성이지만 미래에 완성될 재공품 기말재고의 수량을 합하면 물리적 수량의 합계가 된다. ㈜성림의 경우, 당기 완성품의 수량 700,000단위와 미완성인 재공품 기말재고 200,000단위를 더하면 산출수량은 900,000단위가 된다.

투입 측면의 물리적 수량과 산출 측면의 물리적 수량은 회계학의 기본원리인 대차균형의 원리에 따라 같아야 한다. ㈜성림의 경우에도 물리적 수량은 투입수량과 산출수량 모두 900,000단위로 같다. 이를 '재공품계정-혼합공정'의 차변과 대변에 표시하면 [도표 3-10]과 같다.

도표 3-10 | 물리적 수량으로 표시한 ㈜성림의 재공품 – 혼합공정

재공품–혼합공정, 물리적 수량			
투입수량(차변)		산출수량(대변)	
(1) 재공품 기초재고(5월 1일 현재 미완성, **과거**에 **투입**)	100,000	(1) **당기**에 **완성** 후 대체	700,000
(2) **당기**에 새롭게 **투입**	800,000	(2) 재공품 기말재고(5월 31일 현재 미완성, **미래**에 **완성**)	200,000
투입수량 합계	900,000	산출수량 합계	900,000

2단계: 완성품 환산단위의 흐름을 계산한다

물리적 수량의 흐름이 파악되고 나면, 완성품 환산단위의 흐름을 파악하여야 한다. 완성품 환산단위는 공정의 생산성을 측정하는 도구이기도 하다. ㈜성림의 혼합공정에서는 재료원가를 공정의 초기에 모두 투입하고, 가공원가는 공정 전체에 걸쳐 균등하게 발생한다. 원가요소별로 공정 내에서의 완성도가 다르기 때문에 재료원가와 가공원가의 완성품 환산단위는 독립적으로 계산하여야 한다. 대차균형의 원리에 따라 투입측면에서 계산한 완성품 환산단위와 산출측면에서 계산한 완성품 환산단위는 같아야 한다. 가중평균법을 적용하는 경우, 공정에서의 투입시점 또는 완성시점을 구분할 필요가 없기 때문에 투입측면이나 산출측면 중 한쪽에서만 완성품 환산단위를 파악하면 되지만 편의상 산출측면에 초점을 맞추어 완성품 환산수량을 계산하기로 한다. [도표 3-11]은 ㈜성림의 혼합공정에서 완성품 환산단위의 흐름을 원가요소별로 파악한 것이다. [도표 3-11]에서 재공품-혼합공정 차변의 투입측면은 편의상 비워두었다는 사실에도 주목하여야 한다.

도표 3-11 ▌ 완성품 환산단위로 파악한 ㈜성림의 재공품 – 혼합공정

재공품–혼합공정, 완성품 환산단위, 재료원가	
재료원가의 완성품 환산단위	
(1) 당기완성품	
(700,000×100%)	700,000
(2) 재공품 기말재고	
(200,000×100%)	200,000
재료원가의 완성품 환산단위 합계	900,000

재공품–혼합공정, 완성품 환산단위, 가공원가	
가공원가의 완성품 환산단위	
(1) 당기완성품	
(700,000×100%)	700,000
(2) 재공품 기말재고	
(200,000×60%)	120,000
가공원가의 완성품 환산단위 합계	820,000

3단계: 단위당 원가를 계산한다

1단계와 2단계에서는 ㈜성림의 혼합공정을 물리적 수량과 완성품 환산단위의 흐름으로 파악하였다. 이제 3단계에서는 단위당 제조원가를 계산하기로 한다. 여기서 단위란 완성품 환산단위를 뜻한다. 대부분의 생산공정에서는 원가요소별로 완성품 환산단위가 다르기 때문에, 단위당 제조원가를 계산하기 위해서는 원가요소별 단위당 원가를 먼저 계산하고 난 후 이들을 합하여야 한다.

먼저 ㈜성림의 혼합공정에 투입된 재료원가를 파악한 후, 재료원가에 관한 완성품 환산단위로 나누어 단위당 재료원가를 계산하기로 한다. [도표 3-12]는 ㈜성림의 혼합공정을 재료원가와 가공원가의 금액으로 파악한 것이다.

도표 3-12 ▌ 공정에 투입된 원가로 파악한 ㈜성림의 재공품 – 혼합공정

재공품–혼합공정, 금액, 재료원가	
재료원가	
(1) 기초재고에 포함된 원가	₩ 50,000,000
(2) 당기에 투입된 원가	400,000,000
총재료원가	₩450,000,000

재공품–혼합공정, 금액, 가공원가	
가공원가	
(1) 기초재고에 포함된 원가	₩ 35,000,000
(2) 당기에 투입된 원가	170,000,000
총가공원가	₩205,000,000

여기서 주목해야 할 것은 투입된 원가, 즉 재공품계정의 차변에 초점을 맞추고 있다는 사실이다. 그 이유는 재공품계정의 대변, 즉 산출측면의 재료원가 금액은 아직 모르고 있기 때문이다. 그러나 '대차균형의 원리에 의하여 차변(투입측면)의 원가합계는 대변(산출

측면)의 원가합계와 같다'는 것을 알고 있다.

이제 제품의 단위당 재료원가와 가공원가를 계산할 준비가 되었다. 단위당 재료원가는 [도표 3-12]에서 집계된 총재료원가를 [도표 3-11]에서 계산한 재료원가의 완성품 환산단위로 나누어 계산한다. 같은 원리로 단위당 가공원가는 [도표 3-12]에서 집계된 총가공원가를 [도표 3-11]에서 계산한 가공원가의 완성품 환산단위로 나누어 계산한다. [도표 3-13]은 단위당 재료원가와 가공원가를 계산하는 과정을 설명하고 있다.

도표 3-13 ▌ ㈜성림의 혼합공정: 단위당 재료원가와 단위당 가공원가의 계산

$$\frac{\text{총재료원가 ([도표 3-12])}}{\text{재료원가의 완성품 환산단위 ([도표 3-11])}} = \frac{₩450,000,000}{900,000} = ₩500 \quad (= \text{단위당 재료원가})$$

$$\frac{\text{총가공원가 ([도표 3-12])}}{\text{가공원가의 완성품 환산단위 ([도표 3-11])}} = \frac{₩205,000,000}{820,000} = ₩250 \quad (= \text{단위당 가공원가})$$

단위당 원가는 단위당 재료원가와 단위당 가공원가를 합하여 계산한다.

단위당 재료원가	+	단위당 가공원가	=	단위당 원가
₩500	+	₩250	=	₩750

4단계: 원가조정표를 작성한다

3단계에서 파악한 단위당 원가를 이용하여 ㈜성림의 ① 혼합공정에서 완성되어 냉장포장공정으로 대체된 수량과 ② 5월 말 현재 혼합공정의 재공품 기말재고로 남아 있는 수량의 원가를 파악해 보자. 이 두 항목은 ㈜성림의 재공품-혼합공정 대변의 산출측면에 기록된다. [도표 3-12]에서는 ㈜성림의 재공품-혼합공정을 투입한 원가의 측면에서 파악하였지만, 이제 산출측면에서 파악할 단계가 되었다. 먼저 [도표 3-12]에서 파악한 재공품-혼합공정의 재료원가와 가공원가를 하나로 합쳐보기로 하자. [도표 3-14]는 그 결과이며, 여기서 ㈜성림의 재공품-혼합공정의 대변, 즉 산출측면은 아직 비어 있다는 사실에 주목하여야 한다.

도표 3-14 ▌투입원가만을 기록한 ㈜성림의 재공품－혼합공정

재공품－혼합공정			
투입원가:		산출원가:	
(1) 과거에 투입된 원가(기초재고)	₩ 85,000,000		?
(2) 당기에 투입된 원가	570,000,000		?
총투입원가	₩655,000,000		?

[도표 3-14]에서 재공품 기초재고, 즉 과거에 투입된 원가는 재료원가 ₩50,000,000과 가공원가 ₩35,000,000을 더한 ₩85,000,000이다. 당기에 투입된 원가는 재료원가 ₩400,000,000과 가공원가 ₩170,000,000을 더한 ₩570,000,000이다. 따라서 총투입원가는 ₩655,000,000이 된다. 이제 [도표 3-14]에서 재공품－혼합공정의 대변, 즉 산출원가를 파악하면 원가조정표를 작성할 수 있게 된다.

산출원가는 2단계와 3단계에서 파악한 원가요소별 완성품 환산단위와 단위당 원가를 이용하여 ① 혼합공정에서 완성되어 냉장포장공정으로 대체된 수량의 원가와 ② 5월말 현재 혼합공정의 재공품 기말재고로 남아 있는 수량의 원가를 계산하여 구할 수 있다. 산출원가는 다음과 같이 원가요소별 완성품 환산단위와 단위당 원가를 곱하여 계산한다.

원가요소별 완성품 환산단위	×	단위당 원가	=	산출원가

㈜성림의 혼합공정에서는 재료원가와 가공원가의 두 원가요소가 있으므로, 각각의 원가요소별 산출원가를 계산한 후 두 산출원가를 합하여야 한다. 이 과정을 완성품과 재공품 기말재고에 적용한다. 먼저 ① 혼합공정에서 완성되어 냉장포장공정으로 대체된 수량, 즉 완성품의 원가를 다음과 같이 계산해 보자.

원가요소별 완성품 환산단위	×	단위당 원가	=	산출원가
700,000	×	₩500(재료)	=	₩350,000,000
700,000	×	₩250(가공)	=	175,000,000
700,000	×	₩750(합계)	=	₩525,000,000

완성품은 정의상 모든 원가요소에 대하여 100% 완성된 제품이므로 물리적 수량과 완성품 환산단위가 항상 동일하다. 그러므로 산출원가를 원가요소별로 구하여 합계할 수도 있고, 원가요소별로 구분하지 않고 단순하게 단위당 원가를 곱하여 구할 수도 있다.

다음으로 ② 5월말 현재 혼합공정의 재공품 기말재고로 남아 있는 수량의 원가를 다음과 같이 계산해 보자.

원가요소별 완성품 환산단위	×	단위당 원가	=	산출원가
200,000	×	₩500(재료)	=	₩100,000,000
120,000	×	₩250(가공)	=	30,000,000
				₩130,000,000

재공품 기말재고는 모든 원가요소에 대하여 100% 완성되지 못한 미완성품이다. 그러므로 물리적 수량과 완성품 환산단위가 항상 다르며, 원가요소별 완성품 환산단위도 다를 수 있다. 따라서 재공품 기말재고의 산출원가는 원가요소별로 구분하여 계산한 후 더하는 것이 안전한 방법이다.

이제 완성품의 원가와 재공품 기말재고의 원가를 계산하였으므로 ㈜성림의 원가조정표를 작성할 준비가 되었다. 원가조정표는 재공품 계정의 대변, 즉 산출측면의 내용을 상세하게 설명하는 표이다. 다시 말해서 ① 혼합공정에서 완성되어 냉장포장공정으로 대체된 완성품에 배부된 원가와 ② 5월말 현재 혼합공정의 재공품 기말재고에 배부된 원가를 설명하는 표이다. [도표 3-15]는 ㈜성림의 혼합공정에 대한 원가조정표이다.

도표 3-15 ▌ ㈜성림의 원가조정표 - 혼합공정

혼합공정 원가조정표 5/1 ~ 5/31		
산출원가		
완성된 제품의 원가(700,000×₩750)		₩525,000,000
재공품 기말재고(5/31)		
재료원가(200,000×₩500)	₩100,000,000	
가공원가(120,000×₩250)	30,000,000	130,000,000
총원가		₩655,000,000

마지막으로 [도표 3-14]에서 비워 두었던 재공품-혼합공정의 산출측면을 이제 채워 넣을 수 있다. [도표 3-16]은 ㈜성림의 완성된 재공품-혼합공정을 보여주고 있다.

도표 3-16 ▌ ㈜성림의 재공품 - 혼합공정

재공품-혼합공정			
투입원가:		산출원가:	
(1) 과거에 투입된 원가(기초재고)	₩ 85,000,000	(1) 완성된 제품의 원가	₩525,000,000
(2) 당기에 투입된 원가	570,000,000	(2) 미완성품의 원가(기말재고)	130,000,000
총투입원가	₩655,000,000		₩655,000,000

제조원가보고서의 작성

이제 ㈜성림의 혼합공정에 대한 파악이 모두 끝났다. 간단히 요약하면, 1단계에서 물리적 수량의 흐름을 파악한 후, 2단계에서 완성품 환산단위의 흐름을 파악하였다. 3단계에서는 공정에 투입된 원가와 완성품 환산단위를 이용하여 단위당 원가를 계산하였고, 이를 이용하여 마지막 4단계에서 완성품과 재공품 기말재고의 원가를 계산하였다. 1단계에서 4단계까지 파악한 정보를 체계적으로 요약하여 보고하면 제조원가보고서가 완성된다. [도표 3-17]은 엑셀을 이용하여 제조원가보고서를 작성한 것이다.

도표 3-17 | 가중평균법에 의한 ㈜성림의 제조원가보고서

혼합공정
제조원가보고서
5월 1일 ~ 5월 31일

	물리적 수량	완성품 환산단위 재료원가	완성품 환산단위 가공원가	
수량	1단계			
투입수량				
재공품 기초재고(5/1)	100,000			
당기에 새롭게 투입된 수량	800,000			
총수량	900,000			
산출수량		2단계		
완성된 후 대체된 수량	700,000	700,000	700,000	
재공품 기말재고(5/31)	200,000	200,000	120,000	(200,000×60%)
총수량	900,000	900,000	820,000	
원가				
단위당 원가	3단계	재료원가	가공원가	합계
총투입원가		₩450,000,000	₩205,000,000	₩655,000,000
완성품 환산단위		900,000	820,000	
단위당 원가		₩500	₩250	₩750
총투입원가				
재공품 기초재고(5/1)				₩85,000,000
당기에 새롭게 투입된 수량				570,000,000
총원가				₩655,000,000
원가조정표	4단계			
총산출원가				
완성된 후 대체된 수량(700,000×₩750)				₩525,000,000
재공품 기말재고(5/31)				
재료원가(200,000×₩500)		₩100,000,000		
가공원가(120,000×₩250)			₩30,000,000	130,000,000
총원가				₩655,000,000

제조원가보고서는 각 생산부문의 생산성을 판단하기 위한 근거를 제공한다. 관리자들은 제조원가보고서를 검토하여 단위원가 및 총원가가 합리적인지 판단할 수 있다. 과거의 자료와 비교할 수도 있고, 예산과 비교하여 목표를 충족하였는지 판단한다. 만일 부족한 점을 발견한다면, 그 원인을 파악하기 위한 출발점이 되기도 한다.

4 선입선출법에 의한 공정별원가계산시스템

앞에서는 가중평균법(Weighted Average Method)을 적용한 공정별원가계산시스템에 관하여 설명하였다. 실무에서는 많은 기업들이 조금 더 복잡한 선입선출법(FIFO Method)을 적용한 공정별원가계산시스템을 사용하고 있다. 왜냐하면 공정에 먼저 투입되면 먼저 완성된다(First-in, First-out)는 선입선출법의 가정이 보다 현실적이고 공정 내 실제 물량의 흐름과 일치한다고 생각하기 때문이다. 가중평균법과 선입선출법은 완성품 환산단위를 계산할 때 그 차이가 나타난다. 여기에서는 선입선출법에 의한 공정별원가계산시스템을 설명하기로 한다.

선입선출법을 적용한 완성품 환산단위의 계산

선입선출법(FIFO: First-in, First-out)은 공정에 먼저 투입되면 먼저 완성된다고 가정하기 때문에, 공정에 새롭게 수량을 투입하기 전에 회계기간 초에 미완성인 채로 남아 있는 재공품 기초재고를 먼저 완성시킨다고 가정한다. 이러한 가정이 중요한 이유는 선입선출법을 적용하여 완성품 환산단위를 계산할 때, 당기에 투입된 원가와 당기에 이루어진 생산작업에만 초점을 맞추기 때문이다. 즉, 당기에 이루어진 생산활동의 양과 당기에 투입된 원가를 이용하여 완성품 환산단위의 원가를 계산하는 것이다. 이는 가중평균법에 의하여 계산된 완성품 환산단위와는 전혀 다른 의미를 갖는다. 가중평균법이라는 용어가 의미하는 바와 같이 과거에 투입된 수량과 당기에 투입된 수량을 구분하지 않고 합산하며, 과거에 투입된 원가와 당기에 투입된 원가를 합계한다.

선입선출법을 적용하면 생산작업은 다음과 같은 순서로 진행된다.

1. 미완성이었던 재공품 기초재고를 완성시킨다.
2. 새롭게 공정에 투입된 작업을 완성시킨다. 이러한 제품을 당기에 생산을 시작하여 완성한 제품이라고 한다.
3. 새롭게 공정에 투입된 작업 중 회계기간 말 현재 미완성된 제품은 재공품 기말재고이다.

일반적인 경우라면 일부 미완성품이 원가계산기간 말(그리고 다음 원가계산기간 초)에 공정에 남아 있는 것이 정상이다.

선입선출법을 적용한 공정별원가계산시스템을 설명하기 위하여 자료를 이용하기로 하자. ㈜성림의 혼합공정에서 5월 중에 이루어진 생산활동에 관한 자료는 [도표 3-18]에 나타나 있다.

도표 3-18 ㈜성림의 혼합공정(5월 1일 ~ 5월 31일)

항목	금액
수량:	
재공품 기초재고(5/1)	100,000
직접재료원가(100% 완성)	
가공원가(70% 완성)	
5월 중에 새롭게 공정에 투입한 수량	800,000
5월 중에 완성되어 다음 공정으로 대체된 수량	700,000
재공품 기말재고(5/31)	200,000
직접재료원가(100% 완성)	
가공원가(60% 완성)	
원가:	
재공품 기초재고(5/1)	
직접재료원가(100% 완성)	₩50,000,000
가공원가(70% 완성)	35,000,000
재공품 기초재고의 총원가(5/1)	₩85,000,000
5월 중에 새롭게 공정에 투입한 원가	
직접재료원가	₩400,000,000
가공원가	170,000,000
5월 중에 발생한 원가	₩570,000,000

혼합공정의 재공품 기초재고는 재료원가에 관하여 100%, 가공원가에 관하여 70% 완성되어 있다. 5월 중 혼합공정에 투입된 수량은 현재의 원가계산기간에 혼합공정에 투입

(input)된 수량이다. 완성 후 냉장포장공정으로 대체된 수량은 완성되어 혼합공정에서 산출(output)된 제품의 수량이며, 당연히 재료원가와 가공원가에 관하여 100% 완성되어 있다. 재공품 기말재고는 재료원가에 관하여 100%, 가공원가에 관하여 60% 완성되어 있다. 선입선출법의 가정을 적용하여 ㈜성림의 혼합공정에서 당기에 이루어진 생산활동은 다음과 같이 파악할 수 있다.

1. 미완성이었던 재공품 기초재고를 완성시키기 위하여 추가로 투입된 생산활동: 재공품 기초재고는 재료원가 100%, 그리고 가공원가는 70% 완성되어 있었다. 그러므로 재료원가는 추가로 필요하지 않으나, 가공원가에 관하여는 추가로 30%의 생산활동이 필요하다. 즉, 당기에 재공품 기초재고를 완성시키기 위하여 추가로 투입한 생산활동은 완성품 환산단위로 측정하여 30,000(=100,000×30%)단위에 대한 가공원가이다.
2. 당기에 생산을 시작하고 완성한 제품에 투입된 생산활동: 당기에 완성된 제품의 총수량은 모두 700,000단위이다. 이 중 100,000단위는 재공품 기초재고에서 완성된 수량이다. 따라서 순수하게 당기에 생산을 시작하여 당기에 완성한 제품의 수량은 완성품의 총수량에서 재공품 기초재고 수량을 제외한 600,000(700,000−100,000)단위이다. 그러므로 당기에 생산을 시작하고 완성한 제품에 투입된 생산활동은 완성품 환산단위로 측정하여 600,000단위에 대한 재료원가와 가공원가이다.
3. 새롭게 공정에 투입된 작업 중 회계기간 말 현재 미완성인 재공품 기말재고에 투입된 생산활동: 선입선출법의 가정에 따르면 재공품 기말재고는 당기에 생산공정에 투입하였으나 미완성인 제품이다. 그러므로, 재공품 기말재고에 투입된 생산활동은 모두 당기의 생산활동이다(단, 당기에 완성된 제품의 수량이 재공품 기초재고의 수량보다 적을 때에는 재공품 기초재고 중 일부가 기말재고에 포함된다). ㈜수정의 혼합공정에 남아 있는 재공품 기말재고에 투입된 생산활동을 완성품 환산단위로 측정하면 재료원가 200,000(=200,000×100%)단위와 가공원가 120,000(=200,000×60%)단위이다.

이상의 설명을 요약하면 [도표 3-19]와 같다. 5월 중에 혼합공정에서 일어난 생산활동은 재료원가의 완성품 환산단위로 800,000단위이고, 가공원가의 완성품 환산단위로 750,000단위가 된다.

도표 3-19 ▌5월 중 ㈜성림의 혼합공정에 투입된 생산활동

혼합공정 - ㈜성림							
	물리적 수량	완성도(5월 1일)		5월 중에 추가된 생산활동			
		재료원가	가공원가	재료원가		가공원가	
재공품 기초재고	100,000	100%	70%	0%	-	30%	30,000
5월에 시작하고 완성	600,000	-	-	100%	600,000	100%	600,000
재공품 기말재고	200,000	-	-	100%	200,000	60%	120,000
합계	900,000				800,000		750,000

1단계: 선입선출법의 가정에 따라 물리적 수량의 흐름을 파악한다

㈜성림의 혼합공정에 과거에 투입된 재공품 기초재고 100,000단위와 5월에 새롭게 투입된 800,000단위를 더하면 총투입수량은 900,000단위가 된다. 산출측면의 물리적 수량은 기간 중에 완성되어 다음 공정으로 대체된 완성품의 수량 700,000단위와 기간 말 현재시점에서는 미완성이지만 미래에 완성될 재공품 기말재고의 수량 200,000단위의 합계이다. 따라서 총산출수량은 900,000단위가 된다. 이를 '재공품계정-혼합공정'의 차변과 대변에 표시하면 [도표 3-20]과 같다.

도표 3-20 ▌물리적 수량으로 표시한 ㈜성림의 재공품 - 혼합공정

재공품 - 혼합공정, 물리적 수량			
투입수량(차변)		산출수량(대변)	
(1) 재공품 기초재고(5월 1일 현재 미완성, **과거**에 **투입**)	100,000	(1) **당기**에 **완성** 후 대체	700,000
(2) **당기**에 새롭게 **투입**	800,000	(2) 재공품 기말재고(5월 31일 현재 미완성, **미래**에 **완성**)	200,000
투입수량 합계	900,000	산출수량 합계	900,000

선입선출법의 가정에 따르면 먼저 생산공정에 투입된 수량이 먼저 완성되어야 하므로, 과거에 투입된 수량인 재공품 기초재고 100,000단위가 가장 먼저 완성된다. 따라서 당기에 완성된 700,000단위는 재공품 기초재고가 완성된 100,000단위와 순수하게 5월 중에 생산이 시작되고 완성된 600,000단위의 합이다.

또한 투입측면에서 당기에 새롭게 공정에 투입된 800,000단위는 완성된 600,000단위와 미완성인 재공품 기말재고 200,000단위로 나눌 수 있다. 이러한 선입선출법의 가정을 반영하여 [도표 3-20]을 자세히 설명한 것이 [도표 3-21]이다.

도표 3-21 ▌ 선입선출법의 가정에 따라 물리적 수량으로 표시한 ㈜성림의 재공품 – 혼합공정

재공품 – 혼합공정, 물리적 수량			
투입수량(차변)		산출수량(대변)	
(1) 재공품 기초재고(**과거**에 **투입**)	100,000	(1)-1 **당기**에 **완성**(**과거**에 **투입**)	100,000
(2)-1 **당기**에 새롭게 **투입**(**완성**)	600,000	(1)-2 **당기**에 **완성**(**당기**에 **투입**)	600,000
(2)-2 **당기**에 새롭게 **투입**(**미완성**)	200,000	(2) 재공품 기말재고(**당기**에 **투입**)	200,000
투입수량 합계	900,000	산출수량 합계	900,000

2단계: 선입선출법의 가정에 따라 완성품 환산단위의 흐름을 계산한다

㈜성림의 혼합공정에서는 재료원가를 공정의 초기에 모두 투입하고, 가공원가는 공정 전체에 걸쳐 균등하게 발생한다. 선입선출법을 적용하는 경우, 당기에 투입된 생산활동에 초점을 맞추기 때문에 공정에서 생산활동이 이루어지는 시점을 구분할 필요가 있다. 따라서 선입선출법을 적용하는 경우, 투입측면에 초점을 맞추어 완성품 환산수량을 계산한다. ㈜성림의 혼합공정에 투입된 당기의 생산활동에 대한 완성품 환산수량은 이미 [도표 3-19]에 계산되어 있다. [도표 3-22]는 완성품 환산단위의 흐름을 재공품 공정의 차변에서 원가요소별로 파악한 것이다. [도표 3-22]에서 재공품-혼합공정 차변의 투입측면은 당기에 추가된 생산활동만을 기록하였으며, 대변의 산출측면은 비워 두었다는 사실에도 주목하여야 한다.

도표 3-22 ▌ 선입선출법에 따라 완성품 환산단위로 파악한 ㈜성림의 재공품 – 혼합공정

재공품-혼합공정, 완성품 환산단위, 재료원가		재공품-혼합공정, 완성품 환산단위, 가공원가	
재료원가의 완성품 환산단위		가공원가의 완성품 환산단위	
(1) 재공품 기초재고에 추가		(1) 재공품 기초재고에 추가	
(100,000×0%)	0	(100,000×30%)	30,000
(2)-1 당기에 투입하여 완성		(2)-1 당기에 투입하여 완성	
(600,000×100%)	600,000	(600,000×100%)	600,000
(2)-2 당기에 투입하여 미완성		(2)-2 당기에 투입하여 미완성	
(200,000×100%)	200,000	(200,000×60%)	120,000
재료원가의 완성품 환산단위 합계	800,000	가공원가의 완성품 환산단위 합계	750,000

3단계: 선입선출법의 가정에 따라 단위당 원가를 계산한다

1단계와 2단계에서는 선입선출법의 가정에 따라 ㈜성림의 혼합공정을 물리적 수량과 완성품 환산단위의 흐름으로 파악하였다. 3단계에서는 ㈜성림의 혼합공정에 투입된 단위당 재료원가를 계산하기로 하자. [도표 3-23]은 ㈜성림의 혼합공정에 새롭게 투입된 재료원가와 가공원가를 금액으로 파악한 것이다. 따라서 재공품계정의 차변에 기록된 원가요소별 투입금액이 표시되어 있으며, 재공품계정의 대변은 아직 비워진 채로 남아 있다. 그 이유는 재공품계정의 대변, 즉 산출측면의 재료원가와 가공원가 금액은 아직 모르고 있기 때문이다.

도표 3-23 ▌ 공정에 새롭게 투입된 원가로 파악한 ㈜성림의 재공품 – 혼합공정

재공품 – 혼합공정, 금액, 재료원가		재공품 – 혼합공정, 금액, 가공원가	
재료원가		가공원가	
(1)+(2) 당기에 새롭게		(1)+(2) 당기에 새롭게	
투입된 총재료원가	₩400,000,000	**투입**된 총가공원가	₩170,000,000
총재료원가	₩400,000,000	총가공원가	₩170,000,000

여기서 투입된 원가는 자세하게 구분하지 않고 있다. 즉, 재공품 기초재고에 추가로 투입된 원가, 당기에 새롭게 투입하여 완성된 수량에 투입된 원가, 재공품 기말재고에 투입된 원가로 세분하지 않고 단지 5월 중에 투입된 총원가만을 원가요소별로 파악하고 있다. 세분된 원가는 다음 단계에서 파악할 것이다.

선입선출법의 가정에 따라 제품의 단위당 재료원가와 가공원가를 계산할 때에는 당기에 투입된 원가를 당기의 생산활동만으로 계산한 완성품 환산단위로 나누어 계산한다. [도표 3-24]는 재료원가와 가공원가의 원가요소별로 단위당 원가를 계산하는 과정을 설명하고 있다.

도표 3-24 | 선입선출법에 따른 단위당 재료원가와 단위당 가공원가의 계산

총재료원가 ([도표 3-23])	₩400,000,000	총가공원가 ([도표 3-23])	₩170,000,000
재료원가의 완성품 환산단위 ([도표 3-22])	800,000	가공원가의 완성품 환산단위 ([도표 3-22])	750,000
= 단위당 재료원가	= ₩500	= 단위당 가공원가	= ₩227(반올림)

단위당 원가는 단위당 재료원가와 단위당 가공원가를 합하여 계산한다.

단위당 재료원가	+	단위당 가공원가	=	단위당 원가
₩500	+	₩227	=	₩727

4단계: 선입선출법에 따른 원가조정표를 작성한다

3단계에서 파악한 단위당 원가를 이용하여 ㈜성림의 ① 혼합공정에서 완성되어 냉장포장공정으로 대체된 수량과 ② 5월말 현재 혼합공정의 재공품 기말재고로 남아 있는 수량의 원가를 파악해 보자. 이 두 항목은 ㈜성림의 재공품-혼합공정 대변의 산출측면에 기록된다. [도표 3-25]에서는 ㈜성림의 재공품-혼합공정을 투입한 원가의 측면에서 파악한 결과이며, 여기서 ㈜성림의 재공품-혼합공정의 대변, 즉 산출측면은 아직 비어 있다.

도표 3-25 | 투입원가만을 기록한 ㈜성림의 재공품 - 혼합공정

재공품 - 혼합공정			
투입원가:		산출원가:	
(1) 과거에 투입된 원가(기초재고)	₩ 85,000,000		?
(2) 당기에 투입된 원가	570,000,000		?
총투입원가	₩655,000,000		?

[도표 3-25]에서 재공품 기초재고, 즉 과거에 투입된 원가는 재료원가 ₩50,000,000과 가공원가 ₩35,000,000을 더한 ₩85,000,000이다. 당기에 투입된 원가는 재료원가 ₩400,000,000과 가공원가 ₩170,000,000을 더한 ₩570,000,000이다. 따라서 총투입원가는 과거에 투입된 원가 ₩85,000,000과 당기에 투입된 원가 ₩570,000,000을 합한

₩655,000,000이 된다. 이제 [도표 3-25]에서 선입선출법의 가정에 따라 재공품-혼합공정의 대변, 즉 산출원가를 파악하면 원가조정표를 작성할 수 있게 된다.

산출원가는 2단계와 3단계에서 파악한 원가요소별 완성품 환산단위와 단위당 원가를 이용하여 ① 5월 1일 현재 미완성인 재공품 기초재고로 남아 있었으나 당기에 추가로 투입된 생산활동에 의하여 완성된 수량, ② 5월에 혼합공정에 새롭게 투입되어 완성된 수량, 그리고 ③ 5월에 새롭게 공정에 투입하였으나 5월말 현재 미완성인 채로 남아 있는 수량의 원가를 계산하여 구할 수 있다. 세 종류의 수량에 대해서는 앞의 [도표 3-25]에 요약되어 있다.

① 5월 1일 현재 미완성인 재공품 기초재고로 남아 있었으나 당기에 추가로 투입된 생산활동에 의하여 완성된 수량의 원가는 재공품 기초재고의 원가와 추가로 투입된 원가를 합하여 계산한다. 재공품 기초재고에서 완성된 제품의 원가는 다음 [도표 3-26]과 같이 계산할 수 있다.

도표 3-26 ▌재공품 기초재고에서 완성된 제품의 원가

	물리적 수량	제조원가요소		
		재료원가	가공원가	합 계
5월 1일의 원가	100,000	₩50,000,000	₩35,000,000	₩85,000,000
5월에 추가로 투입된 원가*	0	0	6,810,000	6,810,000
합계	100,000	₩50,000,000	₩41,810,000	₩91,810,000

*추가로 투입된 원가는 완성품 환산단위 30,000단위에 대한 가공원가(30,000×₩227)이다.

② 5월에 혼합공정에 새롭게 투입되어 완성된 수량은 600,000단위([도표 3-21] 참조)이며, 앞의 3단계에서 계산한 단위당 원가를 곱하면 다음 [도표 3-27]과 같이 600,000단위의 원가를 구할 수 있다.

도표 3-27 ▌당기에 새롭게 투입되어 완성된 제품의 원가

	물리적 수량	완성품 환산단위	단위당 원가	원가합계
재료원가	600,000	600,000	₩500	₩300,000,000
가공원가	600,000	600,000	227	135,950,000
합계			₩727	₩435,950,000

③ 5월말 현재 혼합공정의 재공품 기말재고로 남아 있는 수량은 200,000단위이며, 전부 당기에 투입되었으나 미완성인 채로 공정에 남아 있는 수량이다. 재공품 기말재고의 원가는 각 원가요소별 완성품 환산단위에 단위당 원가를 곱하여 다음 [도표 3-28]과 같이 구할 수 있다.

도표 3-28 ▌ 당기에 새롭게 투입되어 미완성인 재공품 기말재고의 원가

	물리적 수량	완성품 환산단위	단위당 원가	원가합계
재료원가	200,000	200,000	₩500	₩100,000,000
가공원가	200,000	120,000	227	27,240,000
합계				₩127,240,000

선입선출법에 의한 ㈜성림의 원가조정표는 위 ①, ②와 ③의 원가를 체계적으로 정리한 것이며 [도표 3-29]와 같다. [도표 3-29]에서 볼 수 있듯이 산출원가의 총액은 ₩655,000,000이며, 이 금액은 [도표 3-25]의 투입원가 총액 ₩655,000,000과 일치한다.

도표 3-29 ▌ 선입선출법에 의한 ㈜성림의 원가조정표 – 혼합공정

혼합공정
원가조정표
5/1 ~ 5/31

산출원가		
완성된 제품의 원가		
재공품 기초재고(5/1)		₩85,000,000
재공품 기초재고에 추가된 원가		
가공원가(30,000×₩227)		6,810,000
완성된 재공품 기초재고의 원가		91,810,000
5월에 투입되어 완성된 제품의 원가(600,000×₩727)		435,950,000
완성되어 다음 공정으로 대체된 제품의 원가		₩527,760,000
재공품 기말재고(5/31)		
재료원가(200,000×₩500)	₩100,000,000	
가공원가(120,000×₩227)	27,240,000	127,240,000
총산출원가		₩655,000,000

이제 [도표 3-25]에서 비워 두었던 재공품–혼합공정의 산출측면을 채워 넣을 수 있다.

[도표 3-30]은 [도표 3-25]의 재공품-혼합공정을 완성한 것이다.

도표 3-30 ㈜성림의 재공품 – 혼합공정

재공품-혼합공정			
투입원가:		산출원가:	
(1) 과거에 투입된 원가(기초재고)	₩ 85,000,000	(1) 완성된 제품의 원가	₩527,760,000
(2) 당기에 투입된 원가	570,000,000	(2) 미완성품의 원가(기말재고)	127,240,000
총투입원가	₩655,000,000	총산출원가	₩655,000,000

제조원가보고서의 작성

선입선출법의 가정에 따라 ㈜성림의 혼합공정에 대한 물리적 수량의 흐름, 완성품 환산단위의 흐름, 단위원가 및 총산출원가를 4단계에 걸쳐 모두 파악하였다. 1단계에서 4단계까지 파악한 정보를 체계적으로 요약하여 보고하면 선입선출법에 의한 제조원가보고서가 완성된다.

도표 3-31 선입선출법에 의한 ㈜성림의 제조원가보고서

제조원가보고서
5월 1일 ~ 5월 31일

	물리적 수량	당기생산활동의 완성품 환산단위 재료원가	 가공원가	
수량	1단계			
투입수량				
재공품 기초재고(5/1)	100,000			
당기에 새롭게 투입된 수량	800,000			
총수량	900,000			
산출수량		2단계		
완성된 후 대체된 수량				
기초재공품을 추가 가공하여 완성	100,000	–	30,000	(100,000×30%)
당기에 투입하고 완성	600,000	600,000	600,000	
재공품 기말재고(5/31)	200,000	200,000	120,000	(200,000×60%)
총수량	900,000	800,000	750,000	

원가				
단위당 원가	3단계	재료원가	가공원가	합계
당기투입원가(재공품 기초재고의 원가 제외)		₩400,000,000	₩170,000,000	₩570,000,000
완성품 환산단위		800,000	750,000	
단위당 원가		₩500	₩227	₩727
총투입원가				
재공품 기초재고(5/1)				₩85,000,000
당기에 새롭게 투입된 수량				570,000,000
총원가				₩655,000,000
원가조정표	4단계			
총산출원가				
완성된 후 대체된 수량				
재공품 기초재고(5/31)의 원가				₩85,000,000
재공품 기초재고에 추가 투입한 원가				
재료원가(0×₩500)		₩ –		
가공원가(30,000×₩227)			₩6,810,000	6,810,000
완성된 재공품 기초재고의 원가 합계				91,810,000
당기에 투입하고 완성된 수량		300,000,000	135,950,000	435,950,000
완성된 후 대체된 수량의 총원가				527,760,000
제공품 기말재고(5/31)		100,000,000	27,240,000	127,240,000
총원가				₩655,000,000

가중평균법과 선입선출법의 비교

가중평균법을 이용하여 환성품 환산단위를 계산하면 간단하고 이해하기 쉬우며 적용하기도 쉽다. 기간에 따라 제조원가의 변화가 심하지 않으면 가중평균법과 선입선출법을 적용한 결과는 유사하다. 특히, 최근에 재고를 효과적으로 통제하기 위하여 많은 기업들이 적시(JIT: Just-in-Time)재고관리기법을 적용하고 있는데, 이 기업들은 어차피 많은 재고를 보유하지 않기 때문에 재고의 영향이 크지 않다. 그러므로 가중평균법을 적용한 결과와 선입선출법을 적용한 결과는 크게 다르지 않다.

이론적으로는 선입선출법이 가중평균법보다 우월하다. 그 이유는 선입선출법이 당기에 발생한 원가만을 이용하여 원가의 성과를 측정하기 때문이다. 그러므로, 선입선출법이 제공하는 당기의 원가정보를 이용하면, 보다 현재의 시장상황에 적절한 가격전략을 수립할 수 있다. 반면에 가중평균법은 과거에 투입된 원가를 포함하여 원가의 성과를 측정하기 때문에, 성과평가의 측면에서 선입선출법보다 정교하다고 할 수 없다. 선입선출법은 관리자들의 당기 성과와 책임에 관한 정보를 제공하는 반면, 가중평균법은 과거와 현재의 평균적인 성과와 책임에 관한 정보를 제공한다.

원가계산시스템의 적용

많은 기업들이 공정별원가계산시스템과 개별원가계산시스템을 혼합하여 사용하기도 한다. 운용원가계산(operations costing)이라고 불리는 이 원가계산시스템은 표준화된 방법을 이용하여 제품을 제조한다고 가정한다는 점에서 공정별원가계산시스템과 유사하다. 이와 반면에, 최종 제품은 개별적 특징을 갖고 있어 개별원가계산시스템을 사용하도록 유도하고 있다.

예를 들어, 현대차와 같은 자동차 생산업체를 생각해 보자. 승용차 모델인 쏘나타가 생산될 때, 모든 제품은 표준적인 조립절차에 따라 동일한 조립라인을 거치게 된다. 그러나 구체적인 조립내용은 각각의 승용차에 장착되는 시트의 재질, 오디오 시스템의 종류 등 다양한 선택에 따라 달라진다. 시리얼이나 아이스크림을 제조하는 경우도 마찬가지다. 색깔과 향료 등에 따라 다양한 조합을 만들어 낼 수 있다. 이와 같은 기업들의 경우에 공정별원가계산시스템과 개별원가계산시스템 중 하나의 시스템만을 선택하여 전적으로 적용한다면 생산현장의 작업 내용과 원가계산시스템이 서로 어울리지 않게 된다.

기업은 원가-효익분석(cost-benefit analysis)을 하여, 적합한 원가계산시스템을 선택할 수도 있다. 개별원가계산시스템의 경우, 생산 제품의 원가에 관하여 상대적으로 자세한 정보를 얻을 수 있다. 각 생산작업마다 독특한 특징이 있는 경우에는 개별원가계산시스템이 더욱 정확한 정보를 제공한다. 정확한 정보를 이용한다면, 원가의 통제와 판매가격의 결정과 같은 의사결정에서 우위를 확보할 수 있다. 그러나, 개별원가계산시스템은 공정별원가계산시스템에 비하여 상대적으로 많은 시간과 비용이 필요하다.

이와 반면에, 공정별원가계산시스템은 제품의 평균원가만으로도 충분히 원가를 통제할 수 있는 기업에서 많이 사용하고 있다. 예를 들면, 동일한 컴퓨터 칩을 대량으로 제조하는 반도체 제조기업의 경우 공정별원가계산시스템이 최적의 원가계산시스템일 것이다.

이처럼 어떠한 원가계산시스템이 자사의 생산공정에 가장 잘 어울리는가를 판단하기 위해서는 각 원가계산시스템의 특징을 비교하여야 하며, 이 과정에서 원가-효익분석을 실시하여야 한다.

학습목표의 요약

Cost & Management Accounting

1. **공정별원가계산시스템을 사용하는 기업을 파악한다.** 유사한 제품을 연속하여 대량으로 생산하는 기업은 공정별원가계산시스템을 사용한다. 생산공정이 가동되기 시작하면 최종 제품이 생산될 때까지 공정은 계속 진행된다. 최종 제품은 서로 유사하기 때문에 구분하지 않는다.

2. **개별원가계산시스템과 공정별원가계산시스템의 유사점과 차이점을 설명한다.** 개별원가계산시스템과 공정별원가계산시스템은 다음과 같은 점에서 유사하다. 첫째, 두 가지 원가계산시스템이 수집하는 원가가 같다. 즉, 직접재료원가, 직접노무원가 및 제조간접원가에 관한 자료를 수집한다. 둘째, 원가를 수집하기 위한 계정이 같다. 즉, 원재료재고, 노무원가 및 제조간접원가계정을 사용한다. 셋째, 원가를 배부하는 계정이 같다. 즉, 재공품, 제품 및 매출원가의 세 계정에 원가를 배부한다. 두 종류의 원가계산시스템이 다른 점도 있다. 첫째, 공정별원가계산시스템은 각 부문 또는 제조공정별로 다른 계정을 사용하는 데 반해 개별원가계산시스템은 각 작업마다 하나의 재공품계정만을 사용한다. 둘째, 공정별원가계산시스템은 원가를 각 공정별 제조원가보고서에 요약한다. 이와 반면에 개별원가계산시스템은 개별작업의 원가를 개별원가계산서에 요약한다. 셋째, 공정별원가계산은 총원가를 기간 말에 계산하는데, 개별원가계산시스템은 작업이 완성될 때 해당 작업의 총원가를 계산한다. 넷째, 공정별원가계산시스템은 회계기간 동안의 총제조원가를 생산량으로 나누어 단위당 원가를 계산한다. 그러나 개별원가계산시스템은 작업의 총원가를 생산량으로 나누어 단위당 원가를 계산한다.

3. **공정별원가계산시스템에서 원가의 흐름을 설명한다.** 공정별 원가계산시스템은 원재료, 노무원가 및 제조간접원가 등 제조원가를 부문별 또는 제조공정별 재공품계정에 배부한다. 한 공정에서 일부 완성된 중간제품이 후속공정으로 넘겨져 가공되면, 이에 따른 제조원가도 후속공정으로 대체된다. 최종 완성된 제품의 원가는 제품계정으로 배부된다. 마지막으로 제품이 고객에게 판매되는 시점에 제품의 원가는 매출원가로 기록된다.

4. **공정별원가계산시스템에서 제조원가를 배부하기 위한 분개를 기입한다.** 원재료원가, 노무원가 및 제조간접원가를 배부하기 위한 분개는 "원재료재고", "공장노무원가" 및 "제조간접원가"계정의 대변과 각 부문별 "재공품"계정의 차변에 기입한다. 한 부문에서 후속부문으로 넘겨진 중간제품의 원가를 기록하기 위한 분개는 앞공정의 "재공품"계정 대변에 기록하

고 후속공정의 "재공품"계정 차변에 기록한다. 최종 제품이 완성되면 "제품"계정의 차변과 마지막 제조공정의 "재공품"계정 대변에 기록한다. 제품의 판매는 제품계정의 대변과 "매출원가"계정의 차변에 기록한다.

5 **완성품 환산단위를 계산한다.** 완성품 환산단위는 일정한 기간의 작업량을 최종 완성된 제품의 수량으로 측정하는 도구이다. 이 측정치는 완성된 제품의 단위당 원가를 계산하기 위하여 이용된다. 일반적으로 제조공정에서 완성되어 제품창고로 옮겨진 수량과 재공품 기말재고의 환산단위를 합하여 총완성품 환산단위를 결정한다.

6 **제조원가보고서를 작성하기 위한 4단계를 설명한다.** 제조원가보고서를 작성하기 위한 4단계는 다음과 같다. ① 물리적 수량의 흐름을 파악한다. ② 완성품 환산단위를 계산한다. ③ 완성품 환산단위당 제조원가를 계산한다. ④ 투입측면의 총원가와 산출측면의 총원가가 일치하는지 확인한다.

7 **제조원가보고서를 작성한다.** 제조원가보고서는 제조공정의 원가와 수량에 관한 자료를 포함하여야 한다. 보고서는 ① 물리적 수량, ② 완성품 환산단위의 계산, ③ 단위당 원가, 그리고 ④ 투입원가와 산출원가의 일치 확인의 네 부분으로 구성되어 있다.

용어해설

Cost & Management Accounting

- 가공원가(Conversion Costs) 노무원가와 제조간접원가의 합계
- 가중평균법(Weigted Average Method) 완성품 환산단위의 원가를 계산할 때 완성된 제품과 기말에 아직 가공 중인 미완성 제품의 완성도를 함께 고려하여 계산하는 방법
- 공정별원가계산시스템(Process Costing Systems) 연속된 생산공정에서 유사한 제품을 대량으로 생산하는 기업에서 사용하는 원가계산시스템
- 단위당 생산원가(Unit Production Costs) 완성품 환산단위로 표시된 단위당 원가
- 물리적 수량(Physical Units) 완성도에 관계없이 회계기간 중에 제조공정을 거쳐가는 실제 수량
- 선입선출법(First-in, First-out Method) 당기에 투입된 원가와 당기에 이루어진 생산작업에 초점을 맞추어 원가를 계산하는 방법. 공정에 먼저 투입되면 먼저 완성된다고 가정한다.
- 원가조정표(Cost Reconciliation Schedule) 제조공정의 총투입원가와 총산출원가를 비교하는 명세서
- 완성품 환산단위(Equivalent Units of Production) 회계기간 중에 이루어진 작업을 최종 완성된 제품의 환산량으로 측정한 계량적 측정치
- 운용원가계산(Operations Costing) 공정별원가계산시스템과 개별원가계산시스템의 특징이 결합된 원가계산시스템. 제품은 표준화된 공정에서 고객의 요구에 맞추어 생산된다.
- 제조원가보고서(Production Cost Report) 제조부문의 생산량과 원가에 관한 자료를 보고하는 관리자용 내부보고서
- 총산출원가(Total Costs Accounted for) 회계기간 중 완성된 제품의 원가와 기말에 아직 가공 중인 미완성 제품의 원가의 합
- 총투입원가(Total Costs to Be Accounted for) 회계기간 중 제조작업에 투입된 제품의 원가와 기초에 아직 가공 중인 미완성 제품의 원가의 합

연습문제

Cost & Management Accounting

종합자습문제

※ ㈜성림은 플라스틱 바구니를 생산하는 제조기업이다. 생산공정은 가열공정과 성형공정으로 구성되어 있다. 모든 원재료는 가열공정을 시작할 때 투입되며, ㈜성림은 가중평균법을 이용하여 완성품환산단위를 계산한다.

7월 1일 현재 가열공정에는 1,000개의 바구니가 70% 완성된 채 가공 중이었다. 7월 중에는 12,000개의 바구니를 새로 가공하기 시작하였다. 7월 31일에는 2,000개의 바구니가 60% 완성된 채로 남아 있었다.

가열공정에 관한 자료를 다음과 같이 추가로 수집하였다.

재공품재고(7/1):		7월 중에 발생한 원가	
재료원가	₩640,000	재료원가	₩3,000,000
가공원가	360,000	노무원가	2,300,000
재공품의 원가(7/1)	₩1,000,000	제조간접원가	4,050,000

| 요구사항 |

(a) 가중평균법을 사용하여 ㈜성림의 7월 중 제조원가보고서를 작성하시오.

(b) 성형공정으로 대체한 제조원가에 대한 분개를 하시오.

| 해답 |

(a)

제조원가보고서
㈜성림
7월 1일 ~ 7월 31일

	물리적 수량	완성품 환산단위	
		재료원가	가공원가
수량	1단계	2단계	
투입수량			
재공품재고(7/1)	1,000		
7월 투입량	12,000		
투입수량 합계	13,000		
산출수량			
완성 후 대체수량	11,000	11,000	11,000
재공품재고(7/31)	2,000	2,000	1,200
산출수량 합계	13,000	13,000	12,200

원가

단위원가 [3단계]		재료원가	가공원가	총원가
7월에 투입된 원가	(a)	₩3,640,000*	₩6,710,000**	₩10,350,000
완성품환산단위	(b)	13,000	12,200	
단위원가((a)÷(b))		₩280	₩550	₩830
투입원가				
재공품재고(7/1)				₩1,000,000
7월 투입량				9,350,000
총원가				₩10,350,000

* 7월에 투입된 재료원가: ₩640,000 + ₩3,000,000 = ₩3,640,000

** 7월에 투입된 가공원가: ₩360,000 + ₩2,300,000 + ₩4,050,000 = ₩6,710,000

원가조정표(Cost Reconciliation Schedule) [4단계]

산출원가		
완성 후 대체(11,000×₩830)		₩9,130,000
재공품재고(7/31)		
재료원가(2,000×₩280)	₩560,000	
가공원가(1,200×₩550)	660,000	1,220,000
총원가		₩10,350,000

(b)

	차변	대변
재공품재고-성형공정	₩9,130,000	
재공품재고-가열공정		₩9,130,000
(가열공정에서 완성되어 성형공정으로 대체)		

객관식문제

※ 다음 질문에 가장 적절한 답을 고르시오(1~14).

01. 다음 중 공정별원가계산시스템의 특징이 아닌 것은?

(a) 생산작업을 일단 시작하면 제품이 완성될 때까지 작업이 연속적으로 이루어진다.
(b) 생산된 제품은 이질적이다.
(c) 연속적으로 생산되는 동질적인 제품에 초점이 맞추어져 있다.
(d) 완성된 제품에는 동일한 양의 재료, 노무 및 제조간접원가가 포함된다.

02. 다음 설명 중 옳지 않은 것은?

(a) 개별원가와 공정별원가계산시스템 모두 같은 원가요소인 직접재료, 직접노무 및 제조간접원가의 세 요소를 추적한다.
(b) 개별원가계산시스템은 하나의 재공품에만 적용되지만, 공정별원가계산시스템은 복수의 재공품에 적용한다.
(c) 개별원가계산과 공정별원가계산시스템은 같은 방식으로 제조원가를 수집한다.
(d) 개별원가계산과 공정별원가계산시스템은 같은 방식으로 제조원가를 배분한다.

03. 공정별원가계산시스템에서 원가의 흐름으로 적절한 것은?

(a) 재공품, 매출원가, 제품의 순서이다.
(b) 제품, 재공품, 매출원가의 순서이다.
(c) 제품, 매출원가, 재공품의 순서이다.
(d) 재공품, 제품, 매출원가의 순서이다.

04. 원재료의 원가를 배분하기 위한 분개는 어떻게 기입하는가?

(a) 제품재고의 차변에 기입한다.
(b) 2개 이상의 재공품계정의 차변에 기입하는 것이 보통이다.
(c) 일반적으로 2개 이상의 재공품계정의 대변에 기입한다.
(d) 제품재고의 대변에 기입한다.

05. 공정별원가계산시스템에서 제조간접원가의 배분으로 옳은 것은?

(a) 회계기말에 제품에 배분된다.
(b) 작업이 완성될 때마다 재공품계정에 배분된다.
(c) 제조간접원가 예정배부율에 따라 각 생산부문의 재공품계정에 배분된다.
(d) 제조간접원가가 발생하는 대로 각 생산부문의 재공품계정에 배분된다.

06. 가공원가는 무엇으로 구성되어 있는가?

(a) 고정제조간접원가와 변동제조간접원가
(b) 직접노무원가와 제조간접원가
(c) 직접재료원가와 제조간접원가
(d) 직접노무원가와 간접노무원가

07. 혼합부문에서는 이번 기간 중에 20,000단위를 완성하여 후속 부문으로 대체하였으며 5,000단위의 재공품 기말재고는 재료 및 가공원가에 대해 60% 완성되었다. 1,000단위의 재공품 기초재고는 재료 및 가공원가에 대해 40% 완성되어 있다. 재료 및 가공원가의 완성품 환산단위는 얼마인가?

(a) 22,600 (b) 23,000
(c) 24,000 (d) 25,000

08. ㈜창신의 재공품 기초재고는 없었으며, 당기에 7,000단위의 생산을 시작하였다. 기말에 500단위의 기말재고가 20% 완성된 채로 남아 있다. 총투입수량은?

(a) 7,000　　(b) 7,360
(c) 7,500　　(d) 7,340

09. ㈜창신의 재공품 기초재고는 없었다. 당기에 9,000단위를 완성하여 다음 공정으로 대체하였다. 재공품 기말재고는 3,000단위이며 가공원가에 관하여 $\frac{1}{3}$ 완성되었고 재료원가에 관하여는 100% 완성되었다. 재료원가의 총액이 ₩60,000,000이라면 단위당 재료원가는?

(a) ₩5,000　　(b) ₩5,450
(c) ₩6,000　　(d) 정답 없음

10. ㈜창신의 단위당 재료원가는 ₩10,000이고 단위당 가공원가는 ₩30,000이다. 재공품 기말재고 2,500단위는 가공원가에 관하여 40% 완성되었고 재료원가에 관하여는 100% 완성되었다. 재공품 기말재고의 원가는?

(a) ₩45,000,000　　(b) ₩55,000,000
(c) ₩75,000,000　　(d) ₩100,000,000

11. 제조원가보고서에 대한 적절한 설명은 어느 것인가?

(a) 외부에 공표하는 보고서이다.
(b) 생산부문의 원가와 생산수량을 보고한다.
(c) 물리적 수량이 아닌 완성품 환산단위를 보고한다.
(d) 6개 부분으로 구성되어 있다.

12. 제조원가보고서에서 총투입수량은 무엇을 말하는가?

(a) 생산에 착수한 수량+재공품 기말재고
(b) 생산에 착수한 수량−재공품 기초재고
(c) 완성하여 다음 공정으로 대체한 수량+재공품 기초재고
(d) 생산에 착수한 수량+재공품 기초재고

13. ㈜창신정밀은 선입선출법(FIFO)을 사용한다. 재공품 기초재고는 없었으며 완성되어 다음 공정으로 대체한 수량은 9,000단위이다. 재공품 기말재고는 3,000단위이고 $\frac{1}{3}$ 완성되어 있다. 모든 직접재료는 공정의 시작과 함께 투입된다. 재료원가의 총액이 ₩60,000,000이라면, 단위당 재료원가는?

(a) ₩5,000　　(b) ₩6,000
(c) ₩6,667　　(d) 정답 없음

14. ㈜창신은 선입선출법(FIFO)을 사용한다. 단위당 재료원가는 ₩10,000이고 가공원가는 ₩30,000이다. 재공품 기말재고는 2,500단위인데 재료원가에 관하여 100%, 가공원가에 관하여 40% 완성되었다. 재공품 기말재고에 배부되어야 할 원가는?

(a) ₩45,000,000　　(b) ₩55,000,000

(c) ₩75,000,000　　(d) ₩100,000,000

주관식문제

01. ㈜창신은 당기에 3,000단위의 생산을 시작하였다. 재공품 기초재고 500단위는 재료원가에 관하여 100% 완성되었고 가공원가에 관하여는 25% 완성되었다. 재공품 기말재고 200단위는 재료원가에 관하여 100% 완성되었고 가공원가에 관하여는 20% 완성되었다. 당기에 완성된 제품의 수량을 계산하시오.

02. ㈜창신은 당기에 14,000단위를 완성하였으며 재공품 기말재고 2,000단위는 25% 완성되어 있다. 원재료는 생산을 시작하는 공정초기에 투입된다. 재공품 기초재고는 없었다. 단위당 재료원가는 ₩3,000이고 가공원가는 ₩6,000이라면 ① 완성된 제품과 ② 재공품 기말재고의 원가는 얼마인가?

03. ㈜창신의 재공품 기말재고 800단위는 재료원가에 관하여 100% 완성되었으며, 가공원가에 관하여는 40% 완성되었다. 단위당 재료원가는 ₩4,000이고 재공품 기말재고 800단위의 총원가는 ₩6,000,000이라면, 단위당 가공원가는 얼마인가?

04. ㈜창신기계는 선입선출법(FIFO)을 사용하고 있다. 당기에 생산공정에 새로 투입하고 완성시킨 수량은 2,000단위이다. 재공품 기초재고 600단위는 25% 완성되었으며, 기말재고 400단위는 20% 완성되어 있다. 완성품 계정으로 대체한 수량은 모두 얼마인가?

05. ㈜창신은 선입선출법(FIFO)을 이용하여 완성품 환산단위를 계산한다. 당기에 완성품 계정으로 대체시킨 수량은 12,000단위이고, 재공품 기말재고 2,000단위는 25% 완성되어 있다. 원재료는 생산공정의 초기에 투입되며, 재공품 기초재고는 없었다. 단위당 재료원가는 ₩3,000이고 가공원가는 ₩9,000이라면, ① 완성품과 ② 재공품 기말재고에 배부될 원가는 얼마인가?

06. ㈜창신의 4월 총재료원가는 ₩32,000,000이고, 총가공원가는 ₩54,000,000이다. 재료원가의 완성품 환산단위는 10,000단위, 가공원가의 완성품 환산단위는 12,000단위이다. 단위당 재료원가와 가공원가를 계산하시오.

07. ㈜창신의 5월 중 제조활동에 관한 자료는 다음과 같다. 완성 후 대체된 수량 40,000단위, 재료원가는 100% 완성되었으며, 가공원가에 관하여 40% 완성된 재공품 기말재고 5,000단위, 단위당 재료원가는 ₩4,000이고, 가공원가는 ₩9,000이라면 완성품과 재공품 기말재고에 배부될 원가는 얼마인가?

08. ㈜창신정밀의 제련공정에 관한 11월의 자료는 다음과 같다.

- 재공품 기초재고: 2,000단위(재료원가 100% 완성, 가공원가 20% 완성)
- 완성품: 8,000단위
- 재공품 기말재고: 5,000단위(재료원가 100% 완성, 가공원가 40% 완성)

11월의 재료원가와 가공원가에 관한 완성품 환산단위를 계산하시오.

09. ㈜창신의 9월 중 생산활동에 관한 자료는 다음과 같다.

- 재공품 기초재고: 없음.
- 9월 중 새로 생산을 시작하여 완성된 수량: 30,000단위
- 재공품 기말재고: 5,000단위(재료원가 100% 완성, 가공원가 40% 완성)

㈜창신은 완성품 환산단위를 계산하기 위하여 선입선출법을 적용하고 있다. 단위당 재료원가는 ₩8,000, 가공원가는 ₩12,000이며 배부하여야 할 총투입원가가 ₩664,000,000이라면, 완성품과 재공품 기말재고의 원가는 얼마인지 계산하시오.

10. ㈜창신의 3월 중 제조활동에 관한 자료는 다음과 같다.

- 단위당 재료원가: ₩10,000
- 단위당 가공원가: ₩8,000
- 재공품 기초재고 수량: 0
- 완성품 수량: 22,000단위
- 재공품 기말재고 수량: 2,000단위(재료원가 100% 완성, 가공원가 40% 완성)

| 요구사항 |

(a) 생산공정에 투입된 총수량을 계산하시오.
(b) 완성품 환산단위를 계산하시오.
(c) 원가조정표를 작성하시오.

11. 다음은 ㈜창신산업의 재공품계정을 요약한 것이다.

재공품 – 도색공정

5/1	기초잔액	₩3,590,000	5/31	완성 후 대체	?
5/31	재료원가	5,160,000			
5/31	노무원가	2,740,000			
5/31	제조간접원가	1,650,000			
5/31	기말잔액	?			

제조활동에 관한 자료를 살펴보니 재공품 기초재고는 400단위이고, 완성도는 30%이었다. 당기에 생산공정에 투입된 수량은 1,100단위이고, 완성된 수량은 1,200단위이다. 재공품 기초재고의 원가는 재료원가 ₩2,040,000과 가공원가 ₩1,550,000으로 구성되어 있다. 재공품 기말재고는 40% 완성되었다. 단, 재료는 공정의 초기에 모두 투입된다.

| 요구사항 |

(a) 5월의 재공품 기말재고 수량을 계산하시오.
(b) 5월의 단위당 재료원가는 얼마인가?
(c) 5월의 단위당 가공원가는 얼마인가?
(d) 5월에 완성된 제품의 총원가는 얼마인가?
(e) 5월 31일 현재 재공품재고의 원가는 얼마인가?

12. ㈜창신산업은 각 생산공정의 초기에 재료를 투입한다. 소독공정의 재공품 재고에 관한 정보는 다음과 같다.

	재공품 기초재고			재공품 기말재고	
월	수량	가공원가 완성도(%)	완성품 수량	수량	가공원가 완성도(%)
1월	0	–	7,000	2,000	60
3월	0	–	12,000	3,000	30
5월	0	–	16,000	5,000	80
7월	0	–	10,000	1,500	40

| 요구사항 |

(a) 1월과 5월의 물리적 수량을 계산하시오.
(b) 1월, 3월, 5월과 7월의 (1) 재료원가와 (2) 가공원가의 완성품 환산단위를 계산하시오.

13. ㈜창신의 5월 중 생산활동에 관한 자료는 다음과 같다.

생산활동	원가	
1. 9,000단위를 완성하였다.	재공품 기초재고	₩ 0
2. 새로 생산공정에 투입하였던 3,000단위의 재료원가 완성도는 100%이고 가공원가 완성도는 60%이다.	재료원가	45,000,000
	노무원가	16,200,000
	제조간접원가	18,900,000

모든 재료는 공정이 시작되자마자 투입한다. 가공원가는 공정의 전 과정에 걸쳐 고르게 발생한다.

| 요구사항 |

(a) (1) 재료원가와 (2) 가공원가의 완성품 환산단위를 계산하시오.
(b) 완성품의 단위당 원가를 계산하고 원가조정표를 작성하시오.

14. 다음은 ㈜창신음료의 4월 중 주조부문 생산활동을 요약한 자료이다.

원가:	
재공품(4/1)	
직접재료원가(완성도 100%)	₩100,000,000
가공원가(완성도 20%)	70,000,000
재공품의 원가(4/1)	₩170,000,000
4월 중에 발생한 원가	
직접재료원가	₩800,000,000
가공원가	362,000,000
4월의 원가 발생액	₩1,162,000,000

주조부문에서 완성된 완성품의 총수량은 14,000단위이다. 재공품 기말재고수량은 1,000단위인데 재료원가는 100%, 가공원가는 40% 완성되었다.

| 요구사항 |

(a) 4월의 (1) 재료원가와 (2) 가공원가의 완성품 환산단위를 계산하시오.

(b) 4월의 제품단위당 원가를 계산하시오.

(c) 완성품과 재공품 기말재고에 배부될 제조원가를 계산하시오.

15. 다음은 ㈜창신산업의 생산활동에 관한 자료이다.

재공품 기초재고수량	0
새롭게 생산공정에 투입된 수량	36,000
재공품 기말재고수량	6,000
재공품 기말재고의 완성도:	
가공원가	40%
재료원가	100%
원가의 발생액:	
직접재료원가	₩72,000,000
직접노무원가	81,000,000
제조간접원가	97,200,000

| 요구사항 |

(a) ㈜창신산업의 (1) 재료원가와 (2) 가공원가별 완성품 환산단위를 계산하시오.

(b) ㈜창신산업의 제품단위당 원가를 계산하시오.

(c) 완성품과 재공품 기말재고에 배부될 제조원가를 계산하시오.

16. 다음은 ㈜창신의 생산활동에 관한 자료이다.

재공품 기초재고수량	20,000
새롭게 생산공정에 투입된 수량	72,000
재공품 기말재고수량	24,000
재공품 기말재고의 완성도:	
가공원가	60%
직접재료원가	100%
원가의 발생액:	
직접재료원가	₩101,120,000
직접노무원가	164,800,000
제조간접원가	123,600,000

| 요구사항 |

(a) ㈜창신의 (1) 직접재료원가와 (2) 가공원가별 완성품 환산단위를 계산하시오.

(b) ㈜창신의 제품단위당 원가를 계산하시오.

(c) 완성품과 재공품 기말재고에 배부될 제조원가를 계산하시오.

17. 다음은 ㈜창신제조 연마공정의 9월 중 활동에 관한 자료이다. 재료는 공정이 시작될 때 모두 투입된다.

- 생산활동: 재공품 기초재고 1,600단위(완성도: 재료원가 100%, 가공원가 30%)
  9월에 새롭게 공정에 투입된 수량 18,400단위
  재공품 기말재고 5,000단위(완성도: 10%)
- 제조원가: 재공품 기초재고에 포함된 재료원가 ₩20,000,000, 가공원가 ₩43,180,000
  9월에 연마공정에 투입된 재료의 원가 ₩177,200,000, 노무원가 ₩102,680,000, 제조간접원가 ₩257,140,000

| 요구사항 |

(a) ㈜창신제조의 9월 생산활동에 대하여 (1) 재료원가와 (2) 가공원가별 완성품 환산단위를 계산하시오.

(b) ㈜창신제조가 9월에 생산한 제품의 단위당 원가를 계산하시오.

(c) 완성품과 재공품 기말재고에 배부될 제조원가를 계산하시오.

18. 다음은 ㈜태일기계의 절삭부문에서 4월 중에 발생한 원가와 생산활동에 관한 자료이다.

생산수량에 관한 자료		제조원가에 관한 자료	
새롭게 시작하여 완성한 수량	8,000단위	재공품 기초재고	₩ 0
새롭게 시작하여 4/30 현재 40% 완성된 수량	1,000단위	재료원가	45,000,000
		노무원가	14,700,000
		제조간접원가	18,900,000

원재료는 공정이 시작되자마자 전량 투입된다. 가공원가는 공정 전체에 걸쳐 고르게 발생한다. ㈜

태일기계는 선입선출법(FIFO)을 적용하여 완성품 환산단위를 계산한다.

| 요구사항 |

(a) ㈜태일기계의 4월 중 생산활동에 관한 (1) 재료원가와 (2) 가공원가의 완성품 환산단위를 계산하시오.
(b) 제품의 단위당 원가를 계산하시오.
(c) 완성품과 재공품 기말재고에 배분할 제조원가를 계산하시오.

19. ㈜태일정밀의 용접공정에서 9월에 발생한 원가 및 생산활동에 관한 자료는 다음과 같다.

생산수량에 관한 자료		제조원가에 관한 자료	
재공품 기초재고(9/1) - 20% 완성	2,000단위	재공품 기초재고	₩ 15,200,000
새롭게 시작하여 완성한 수량	11,000단위	재료원가	60,000,000
새롭게 시작하여 9/30 현재 40% 완성	1,000단위	노무 및 제조간접원가	143,000,000

㈜태일정밀은 선입선출법(FIFO)을 적용하여 완성품 환산단위를 계산한다.

| 요구사항 |

(a) ㈜태일정밀의 9월 중 생산활동에 관한 (1) 재료원가와 (2) 가공원가의 완성품 환산단위를 계산하시오.
(b) 제품의 단위당 원가를 계산하시오.
(c) 완성품과 재공품 기말재고에 배분할 제조원가를 계산하시오.

20. 다음은 ㈜태일공업의 재공품계정을 요약 표시한 것이다.

재공품-도색공정

3/1	기초잔액	₩3,680,000	3/31	완성 후 대체	?
3/31	재료원가	6,600,000			
3/31	노무원가	2,500,000			
3/31	제조간접원가	1,280,000			
3/31	기말잔액	?			

생산활동에 관한 증빙서류를 살펴보니 재공품 기초재고는 800단위이고 30% 완성되었으며, 새롭게 공정에 투입된 수량은 1,000단위, 그리고 완성 후 대체된 수량은 1,300단위이다. 재공품 기말재고는 40% 완성되었다. 재료는 도색공정의 시작과 함께 전량 투입된다. ㈜태일공업은 선입선출법(FIFO)를 적용하여 완성품 환산단위를 계산한다.

| 요구사항 |

(a) ㈜태일공업의 3월 31일 현재 재공품의 수량을 계산하시오.
(b) 3월의 단위당 재료원가를 계산하시오.
(c) 3월의 단위당 가공원가를 계산하시오.
(d) 2월에 생산에 착수하여 3월에 완성된 수량과 제조원가를 계산하시오.
(e) 3월에 생산에 착수하여 3월에 완성된 수량과 제조원가를 계산하시오.
(f) ㈜태일공업의 3월 31일 현재 재공품에 배부된 원가를 계산하시오.

실전문제

01. 다음 중 그 성격이 다른 원가계산방법은 무엇인가? [전산세무 1급, 59회]

① 개별원가계산 ② 종합원가계산
③ 공정별원가계산 ④ 조별원가계산

02. 종합원가계산을 실시하는 ㈜서울은 원재료를 공정 개시시점에서 전량 투입하고, 가공비는 전 공정을 통해 균일하게 발생한다. ㈜서울이 재공품의 평가방법으로 평균법과 선입선출법을 사용할 경우, 다음 자료를 이용하여 가공비의 당기 완성품환산량을 계산하면? [전산세무 1급, 59회]

- 기초재공품수량 400개(완성도: 50%)
- 착수량 3,500개
- 완성품수량 3,200개
- 기말재공품수량 700개(완성도: 40%)

	평균법	선입선출법		평균법	선입선출법
①	3,650개	3,330개	②	3,280개	3,480개
③	3,480개	3,280개	④	3,330개	3,650개

03. 종합원가계산방법 중 원가흐름에 대한 내용이 다른 것은 무엇인가? [전산세무 2급, 59회]

① 기초재공품 완성분과 당기착수 완성분을 구분하지 않는다.
② 환산량 단위당 원가의 배부대상이 되는 원가에서 기초재공품원가가 포함되지 않는다.
③ 완성품 원가의 계산 시 기초재공품 원가가 별도로 가산된다.
④ 당기발생원가는 당기에 수행된 작업량의 완성품환산량에만 배분한다.

04. 다음 자료를 활용하여 선입선출법에 의한 재료비와 가공비의 완성품환산량을 계산하면 얼마인가? [전산회계 1급, 59회]

- 당기완성품: 20,000개
- 기말재공품: 10,000개(완성도 40%)
- 기초재공품: 5,000개(완성도 20%)
- 당기착수량: 25,000개
- 재료는 공정초에 전량 투입되고, 가공비는 공정전반에 걸쳐 균등하게 투입된다.

① 재료비 20,000개, 가공비 23,000개 ② 재료비 22,000개, 가공비 20,000개
③ 재료비 25,000개, 가공비 23,000개 ④ 재료비 30,000개, 가공비 24,000개

05. ㈜덕산전자는 선입선출법으로 공정별 종합원가를 계산하고 있다. 재료비는 제1공정 초기에 전량 투입되고, 가공비는 공정전반에 걸쳐 균등하게 발생한다. 제1공정 가공비의 완성품환산량은 얼마인가? [전산세무 2급, 58회]

- 기초재공품수량: 900개 (80%)
- 제2공정대체수량: 6,400개
- 당기착수량: 6,200개
- 기말재공품수량: 700개(70%)

① 5,970개　② 6,070개
③ 6,170개　④ 6,270개

06. 다음의 원가자료를 이용하여 기초(기본)원가를 계산하면 얼마인가? [전산세무 1급, 59회]

- 당기총제조원가는 ₩20,000,000이다.
- 직접재료비는 당기총제조원가의 35%이다.
- 제조간접비는 직접노무비의 60%이다.

① ₩5,600,000　② ₩6,860,000
③ ₩7,140,000　④ ₩15,125,000

07. 기말재공품은 기초재공품에 비해 ₩500,000 증가하였으며, 제조과정에서 직접재료비가 차지하는 비율은 60%이다. 당기제품제조원가가 ₩1,500,000이라면, 당기총제조원가에 투입한 가공원가는 얼마인가? [전산회계 1급, 56회]

① ₩200,000　② ₩400,000
③ ₩600,000　④ ₩800,000

08. ㈜한결은 9월 중 ₩90,000의 원재료를 구입하였다. 9월의 당기총제조원가는 ₩200,000이며 전환원가가 ₩120,000이라면, 기말원재료재고는 얼마인가? 단, 9월초 원재료재고는 ₩50,000이다. [기업회계 2급, 31회]

① ₩40,000　② ₩50,000
③ ₩60,000　④ ₩70,000

09. 종합원가계산에 대한 선입선출법과 평균법에 대한 설명이다. 이 중 잘못된 것은?(단, 원재료는 공정착수시점에 전량 투입되며, 가공원가는 공정전반에 걸쳐 균등하게 투입된다고 가정한다) [전산세무 1급, 57회]

① 성과평가측면에서 유리한 방법은 선입선출법이다.
② 선입선출법에서는 기초재공품의 완성도를 고려해야 하지만, 평균법에서는 기초재공품의 완성도를 고려하지 않아도 된다.
③ 선입선출법이든 평균법이든 기말재공품의 완성도를 실제보다 높게 평가한 경우 완성품원가는 실제보다 낮게 계산된다.
④ 기말재공품의 완성도에 따라 선입선출법과 평균법의 원가배분 결과가 다르게 나타난다.

10. 종합원가계산방법 중 선입선출법의 장점으로 올바르지 않은 것은? [전산세무 2급, 57회]

① 원가통제 등에 보다 더 유용한 정보를 제공한다.
② 표준종합원가계산에 적합하다.
③ 전기와 당기원가가 혼합되므로 상대적으로 계산방법이 간편하다.
④ 실제물량흐름을 반영한다.

11. 다음의 자료에 의하여 종합원가계산에 의한 가공비의 완성품환산량을 계산하시오. 단, 가공비는 가공과정 동안 균등하게 발생한다고 가정한다. [전산세무 2급, 57회]

	수량	완성도
기초재공품	100개	25%
당기착수품	400개	
당기완성품	300개	
기말재공품	200개	50%

① 평균법: 400개 선입선출법: 375개
② 평균법: 375개 선입선출법: 375개
③ 평균법: 400개 선입선출법: 400개
④ 평균법: 375개 선입선출법: 400개

12. 종합원가계산에 대한 순서로서 맞게 배열한 것은? [전산세무 1급, 56회]

A. 단위당 원가계산	B. 완성품환산량의 계산
C. 물량의 흐름파악	D. 원가의 배분

① C−A−B−D ② C−B−D−A
③ C−D−B−A ④ C−B−A−D

13. 평균법을 이용한 종합원가계산 적용 시 완성품환산량 단위당 원가를 계산하기 위해서 아래의 어떤 금액을 완성품환산량으로 나누어야 하는가? [전산세무 2급, 56회]

① 당기발생원가 ② 당기발생원가+기초재공품원가
③ 당기발생원가−기초재공품원가 ④ 기초재공품원가

14. 개별원가계산과 종합원가계산에 대한 내용으로 틀린 것은? [전산회계 1급, 56회]

① 개별원가계산의 핵심은 제조간접비 배부에 있다.
② 종합원가계산의 핵심은 완성품환산량을 계산하는 데 있다.
③ 개별원가계산은 정확한 원가계산을 할 수 있고 시간과 비용이 절약된다.
④ 종합원가계산은 대량연속 생산형태에 적합하다.

15. 선입선출법에 의한 종합원가계산 시 완성품환산량 단위당 원가를 계산하기 위하여 사용하는 원가는? [전산세무 1급, 55회]

① 기초재공품원가+당기투입원가
② 기초재공품원가+당기투입원가−기말재공품원가
③ 당기투입원가
④ 당기투입원가−기초재공품원가

16. 다음 중 종합원가계산에 가장 적합한 업종은 어느 것인가? [전산세무 2급, 55회]

① 전투기제조업 ② 대형선박제조업
③ 전화기제조업 ④ 상가신축업

17. 다음 자료를 보고 평균법에 의한 가공비의 완성품환산량을 계산하면 얼마인가? [전산회계 1급, 55회]

- 기초재공품: 10,000단위(완성도: 60%) • 기말재공품: 20,000단위(완성도: 50%)
- 착수량: 30,000단위 • 완성품수량: 20,000단위
- 원재료는 공정초에 전량 투입되고, 가공비는 공정 전반에 걸쳐 균등하게 발생한다.

① 10,000단위 ② 20,000단위
③ 24,000단위 ④ 30,000단위

18. 당사는 종합원가계산에 의하여 원가를 계산하고 있다. 직접재료원가는 공정초기에 전액 투입되고 가공원가는 공정 전체에 걸쳐 균등하게 투입된다면 평균법에 의하여 기말재공품 직접재료원가를 계산하면 얼마인가? [전산세무 1급, 54회]

- 기초재공품: 수량 30단위, 가공도 40%, 직접재료원가 264,000원, 가공원가 ₩628,000
- 당기투입: 수량 450단위, 직접재료원가 ₩1,272,000, 가공원가 ₩2,628,000
- 기말재공품: 수량 40단위, 가공도 30%

① ₩118,000 ② ₩128,000
③ ₩138,000 ④ ₩148,000

19. 다음 중 종합원가계산에서 재료비와 가공비를 구분할 필요가 없는 경우는? [전산세무 2급, 54회]

① 재료비와 가공비의 제조과정에 투입시점이 같다.
② 제조과정에 투입되는 재료비와 가공비의 물량이 같다.
③ 제조과정에 투입되는 재료비와 가공비의 금액이 같다.
④ 재료비와 가공비의 기말잔액이 같다.

20. 다음은 종합원가계산과 개별원가계산에 대한 설명이다. 틀린 것은? [전산회계 1급, 54회]

① 재료비와 가공비의 구분이 중요한 것은 종합원가계산이다.
② 다품종 소량생산에는 종합원가계산이 적합하다.
③ 동질의 제품을 단일생산공정을 통해 대량으로 생산하는 경우는 종합원가계산이 적합하다.
④ 고객이 주문한 특정 제품의 제조를 제조부서에 지시하는 제조지시서는 개별원가계산에 적합하다.

21. 개별원가계산과 종합원가계산에 대한 설명이다. 틀린 것은? [전산세무 1급, 53회]

① 개별원가계산은 공통부문원가를 합리적으로 배분하는 것이 필요하다.
② 기초재공품이 없는 경우 종합원가계산에 의한 원가배분 시 평균법과 선입선출법은 결과가 동일하다.
③ 종합원가계산은 공정별원가계산(process costing)방식과 결합원가계산(joint costing)방식으로 나눌 수 있다.
④ 종합원가계산의 평균법과 선입선출법 중 실제 물량흐름에 보다 충실한 방법은 선입선출법이다.

22. 종합원가계산하에서, 평균법에 의한 경우 당기제품제조원가가 다음과 같다. 선입선출법을 적용하는 경우의 당기제품제조원가는 얼마인가? [전산세무 1급, 53회]

- 기초재공품: 0개
- 당기착수량: 10,000개
- 완성품: 7,000개
- 기말재공품: 3,000개(완성도 50%)
- 당기착수 재료비: ₩500,000
- 당기가공비: ₩?
- 당기제품제조원가: ₩1,050,000
- 원재료는 공정 초기에 투입되며, 가공비는 일정하게 투입된다.

① ₩1,050,000　　② ₩1,100,000
③ ₩1,150,000　　④ ₩1,200,000

23. ㈜청윤은 종합원가계산 방법을 사용하고 있으며 완성품환산량의 계산에 평균법을 사용하고 있다. ㈜청윤은 9월 중 100,000단위의 제품을 판매하였다. 원재료는 공정초에 모두 투입되고 가공비는 공정전반에 걸쳐 균등하게 발생한다. 단, 회사는 한 개의 가공부서만 보유하고 있다고 가정한다. ㈜청윤의 9월 중 가공비에 대한 완성품환산량은 얼마인가? [전산세무 2급, 53회]

- 9월 1일 재고: 재공품 없음, 완제품 35,000단위
- 9월 30일 재고: 재공품(가공비에 대한 진척도 50%) 5,000단위
  완제품 30,000단위

① 92,500단위　　② 95,000단위
③ 97,500단위　　④ 100,000단위

24. 종합원가계산을 이용하는 기업의 가공비 완성품환산량을 계산하면 얼마인가?

[전산회계 1급, 53회]

- 기초재공품: 2,000개(완성도 30%)
- 당기착수량: 8,000개
- 당기완성품: 7,000개
- 기말재공품: 3,000개(완성도 30%)
- 재료는 공정초에 전량 투입되고, 가공비는 공정 전반에 걸쳐 균등하게 투입된다.
- 원가흐름에 대한 가정으로 선입선출법을 사용하고 있다.

① 7,300개　② 7,400개
③ 7,500개　④ 8,000개

25. ㈜환상은 평균법에 의한 종합원가계산을 이용한다. 기초에 비해 기말에 재공품잔액이 증가하였다. 그러나, 기초와 기말의 재공품 물량이 동일하다면 다음 설명 중 잘못된 것은?

[전산세무 1급, 52회]

① 전년도에 비해 생산직 직원에 대한 임률이 증가하였다.
② 기초재공품 완성도에 비해 기말재공품 완성도가 더 높다.
③ 전년도에 비해 고정제조간접원가가 증가하였다.
④ 재공품 생산착수량이 전년도에 비해 증가하였다.

26. 다음은 종합원가계산에 대한 설명이다. 가장 옳지 않은 것은? [전산세무 1급, 52회]

① 동일한 제품을 연속적으로 대량생산하는 기업에서 사용하는 제품원가계산방식이다.
② 종합원가계산 시 평균법은 기초재공품 모두를 당기에 착수, 완성한 듯이 가정한다.
③ 항공기제작업, 건설업 등에 적합한 원가계산방식이다.
④ 종합원가계산은 원가를 재료비와 가공비로 구분하여 계산한다.

27. 다음 중 완성품환산량 계산에 필요한 원가흐름에 대한 가정의 서술로 올바르지 않은 것은?

[기업회계 1급, 32회]

① 선입선출법은 실제 물량흐름과 가장 가까운 원가흐름가정이다.
② 가중평균법의 경우 선입선출법에 비해 원가계산이 단순화된다.
③ 기간별 재공품의 재고변동이 큰 경우 가중평균법이 유리하다.
④ 기말재공품을 거의 발생시키지 않는 생산시스템의 경우 선입선출법과 평균법은 거의 유사한 원가정보를 제공한다.

28. 다음 자료에서 평균법에 의한 공정별 종합원가계산의 완성품환산량에 대한 설명으로 옳은 것을 모두 나열한 것은? [기업회계 1급, 32회]

---

1. 기초재공품의 완성도를 알 수 없어도 완성품환산량의 산출이 가능하다.
2. 완성품의 완성품환산량은 100%로 환산한다.
3. 기말재공품 완성도를 과다하게 산정하면 단위원가는 증가한다.
4. 기말재공품 수량 1,000단위에 완성도 80%면 실제로 완성된 제품이 800단위라는 것이다.
5. 기초재공품 완성도를 과다하게 산정하면, 기말재공품의 완성도는 과소하게 산정된다.

---

① 1, 2　　② 1, 3
③ 2, 4　　④ 2, 5

Chapter 4

활동기준 원가계산

학습목표

이 장의 학습목표는 다음과 같다.

1. 전통적 원가계산과 활동기준원가계산을 구별한다.
2. 활동기준원가계산시스템의 개발단계를 설명한다.
3. 활동기준원가계산에서 사용되는 원가집합의 식별방법에 대해 학습한다.
4. 활동기준원가계산에서 원가동인의 식별과 사용방법에 대해 알아본다.
5. 활동기준원가계산의 장·단점을 평가한다.
6. 부가가치적 활동과 비부가가치적 활동의 차이를 이해한다.
7. 활동기준원가계산에서 활동수준의 사용가치에 대해 설명한다.
8. 활동기준원가계산을 서비스산업에 적용해 본다.

요약

제4장에서는 활동기준원가계산(Activity Based Costing: ABC)에 대해 공부한다. 앞장에서 기술한 바와 같이 전통적인 원가계산시스템은 간접원가배부에 대해 여러 가지 문제점을 드러내고 있다. 원가배부 문제는 원가회계에서 해결해야 할 가장 중요한 과제이다. 배부문제에 대해 전통적인 원가계산시스템은 모든 기업을 위한 최상의 해답을 제시해 주지 못하고 있다. 부정확한 원가배부는 기업의 원가왜곡으로 이어지고, 실질적인 원가구조를 반영하지 못한 원가자료를 바탕으로 하는 의사결정은 치명적인 결과를 초래할 수 있다. 그동안 많은 기업에서는 전통적인 원가시스템의 이러한 한계점을 인식하고 운영(operations)의 개선과 의사결정을 위한 보다 정확한 원가자료를 수집하는 방법을 모색해 왔다. 그 결과 보다 강력한 새로운 관리수단 중의 하나인 활동기준원가계산시스템을 개발하게 되었다. 이 장의 주요 목적은 ABC 개념을 설명하고 예시하는 데 있다.

제4장의 구성과 내용은 다음과 같다.

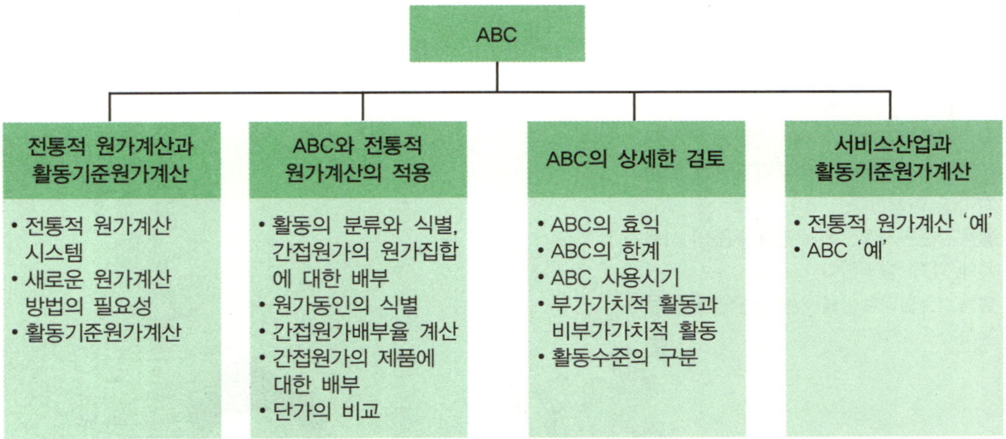

1 전통적 원가계산과 활동기준원가계산

어떤 제품이나 서비스의 정확한 원가를 결정하는 것은 아마도 불가능할 것이다. 그러나 기업들은 보다 나은 의사결정을 위해 경영자에게 가능한 한 가장 정확한 원가추정치를 제공하려고 노력하고 있다. 제품이나 서비스 원가의 가장 정확한 추정치는 생산된 제품이나 제공된 서비스에 직접적으로 원가를 추적가능할 때 발생한다. 직접재료원가와 직접노무원가는 재료반출청구서와 근무시간집계표를 통해 직접적으로 파악할 수 있다. 그러나 일반적으로 제조간접원가는 개별제품이나 서비스에 쉽게 직접적으로 추적될 수 없는 간접원가이거나 공통원가(common cost)이다. 따라서 기업들은 제품이나 서비스에 간접원가를 배부하기 위해 추정치를 사용한다.

종종 정확한 단위원가를 계산하는 데 가장 어려운 부분은 제품이나 서비스 및 작업에 배부할 적합한 간접원가의 금액을 결정하는 것이다. 제2장 개별원가계산과 제3장 공정별 원가계산에서는 공장전체 생산을 위해 1년을 단위로 공장전체 배부율을 사용하여 간접원가를 배부하였다. 이것을 간접원가 예정배부율(predetermined overhead rate)이라 한다. 개별원가계산을 위해 제조간접원가를 각 작업에 배부할 적합한 배부기준이 직접노무원가라고 가정하였다. 공정별 원가계산을 위해서는 모든 간접원가를 공정이나 부문으로 배부할 적합한 배부기준을 기계시간이라고 가정하였다.

처음 배부기준이 만들어졌을 당시 직접노무원가는 간접원가를 배부하기 위한 적당한 배부기준으로 사용될 수 있었다. 그 당시 직접노무원가와 간접원가의 발생 사이에는 높은 상관관계가 있다는 사실이 널리 받아들여졌다. 그 결과 직접노무원가가 가장 널리 사용되는 간접원가 배부기준이 되었다.

자동화가 빠르게 진행되고 있는 오늘날에도 ① 총제품원가에서 직접노무원가가 상당한 부분을 차지하거나 ② 직접노무원가와 제조원가 금액의 변동 간에 높은 상관관계가 있는 경우, 직접노무원가는 간접원가를 제품에 배부하기 위한 적합한 기준으로 사용되고 있다. [도표 4-1]은 간접원가를 배부하기 위하여 직접노무원가에 의존하는 단순화된(1단계) 전통적인 원가계산시스템을 보여주고 있다.

도표 4-1 ▌전통적인 1단계 원가계산시스템

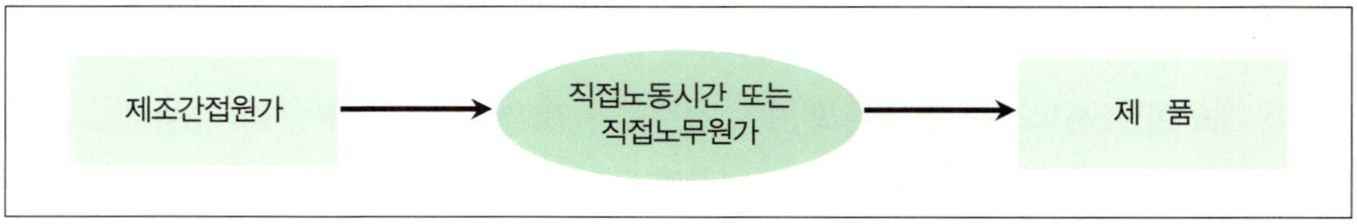

새로운 원가계산방법의 필요성

최근에 제조업자와 서비스제공자들은 급격한 기업환경의 변화를 겪고 있다. 컴퓨터화된 시스템, 기술혁신, 범세계적 경쟁, 자동화 등은 제조환경을 극적으로 변화시키고 있다. 그 결과 많은 산업에서 사용되던 직접노동의 양이 크게 감소하였고, 고가의 기계와 장비에 대한 감가상각비, 전력과 에너지, 수선, 유지 등과 관련된 간접원가의 비중은 크게 높아졌다. 직접노무원가와 간접원가 간의 상관관계가 존재하지 않는 경우, 직접노무원가를 기준으로 하는 공장전체 예정배부율(plant-wide predetermined overhead rate)을 간접원가의 배부기준으로 사용하는 것은 적합하지 않다. 노무원가와 제조간접원가 간에 상관관계가 없음에도 불구하고 노무원가를 제조간접원가 배부기준으로 사용하는 기업들은 심각한 제품원가의 왜곡을 경험하고 있을 것이다.

이러한 왜곡을 회피하기 위하여, 자동화된 제조환경에서는 간접원가를 배부하기 위해 기계시간을 배부기준으로 사용하고 있다. 만약 제조과정이 복잡하면 복수의 배부기준을 사용할 경우 보다 정확한 원가계산 결과를 얻을 수 있다. 이 경우 경영자는 복수의 배부기준 사용을 고려할 필요가 있다. 그러한 방법이 바로 활동기준원가계산(activity-based costing)이다.

활동기준원가계산

넓은 의미에서 활동기준원가계산은 간접원가를 배부하기 위한 한 가지 접근법이다. 보다 구체적으로 ABC는 간접원가를 복수의 활동원가집합(activity cost pool)에 배부한 뒤, 활동원가집합의 원가를 원가동인(cost driver)별로 제품과 서비스에 할당한다. 이것을 보다 명확히 이해하기 위해 새로운 용어를 명확하게 정의할 필요가 있다. 활동기준원가계산에서 **활동(activity)**이란 제품을 생산하거나 서비스를 제공할 때 원가를 발생시키는 어떤 사건, 행동, 거래 혹은 작업순서를 의미한다. **활동원가집합(activity cost pool)**은 명백한 여러 유형의 활동(예를 들면, 재료의 주문이나 기계작업준비)으로 인해 발생하는 간접원가이다. **원가동인(cost driver)**은 소비된 자원과 직접적인 인과관계를 가지는 어떤 요인이나 활동을 지칭한다. ABC 원가배부의 이면에 있는 논리는 간단하다. 즉, "**제품은 활동을 소비하고, 활동은 자원을 소비한다**"는 것이다.

이들 용어에 대한 정의는 ABC가 어떻게 작동되는지 자세히 보면 더욱 명백해진다. ABC는 간접원가를 2단계로 배부한다. 첫 번째 단계에서는 간접원가를 원가집합에 배부한다. 이와는 대조적으로, 전통적 원가계산시스템에서는 간접원가를 부문이나 작업에 먼저 배부한다. 간접원가집합의 예로는 재료의 주문, 작업준비, 제품조립 및 제품검수 등의 활동이 있다. 두 번째 단계에서는 활동원가집합에 배부된 간접원가를 원가동인을 사용하여 제품에 배부한다. 원가동인은 제품을 생산하거나 서비스를 제공하기 위해 수행된 개별활동의 수준을 측정한다. 예를 들면 작업준비시간, 생산가동시간, 기계시간, 선적횟수 등이 있다.

[도표 4-2]에서 알 수 있는 바와 같이 첫 단계에서는 간접원가를 각 활동원가집합에 배부한다. 단순화된 예에서는 활동원가집합을 구매, 보관, 기계작업, 감독의 네 가지로 식별하고 있다. 간접원가를 활동원가집합에 배부한 후, 각 제품에서 사용된 활동량을 기준으로 각 활동원가집합에 배부된 원가를 다시 각 제품에 할당한다. 각 제품에서 소비된 활동량이 많을수록 배부된 원가는 많아지고, 소비된 활동량이 적을수록 할당된 원가의 양은 적어진다. 즉, 각 제품이나 서비스에 배부된 간접원가의 양은 활동소비량에 비례한다.

제조과정이 복잡할수록 활동 및 원가동인의 수는 많아진다. 원가동인과 간접원가의 소비 간에 상관관계가 거의 존재하지 않는다면, 제품의 원가는 부정확해질 수밖에 없다.

[도표 4-3]은 7가지 원가집합이 있는 보다 복잡한 ABC시스템을 보여주고 있다. ㈜성림은 승용차용 리프트 잭과 대형차용 리프트 잭을 생산하고 있으며, 7가지 활동원가집합을 포함하고 있다. 기업에 따라 활동의 수는 상당히 많을 수도 있고, 상대적으로 적을 수도 있는데, 기업의 특정 부문에서 170개 이상의 활동이 있는 기업도 있다.

도표 4-2 활동 및 관련된 원가동인

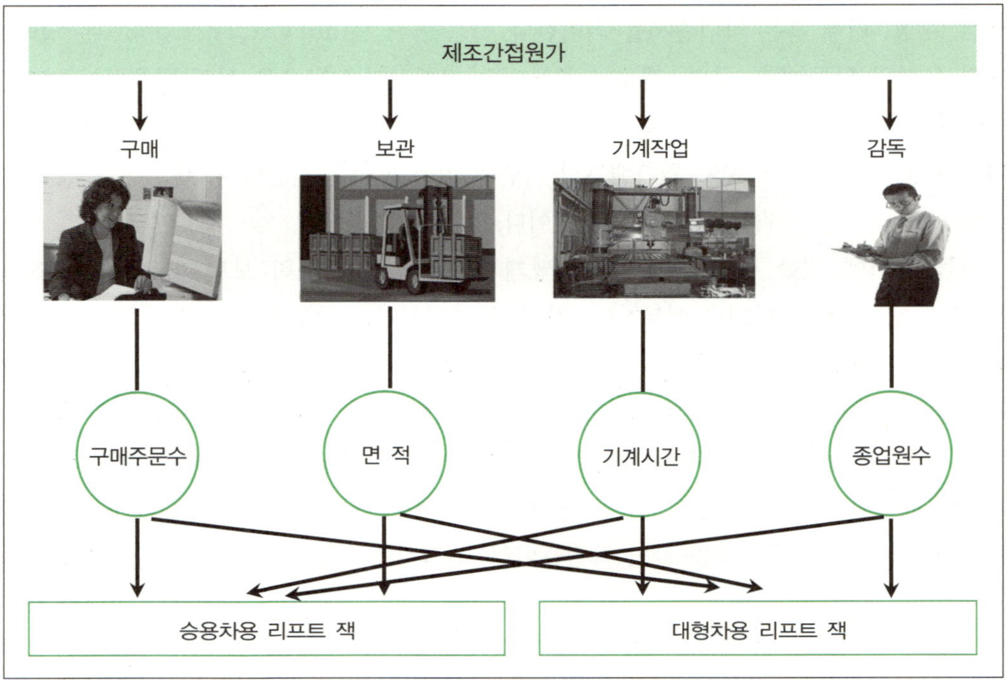

도표 4-3 ABC시스템의 설계 – ㈜성림

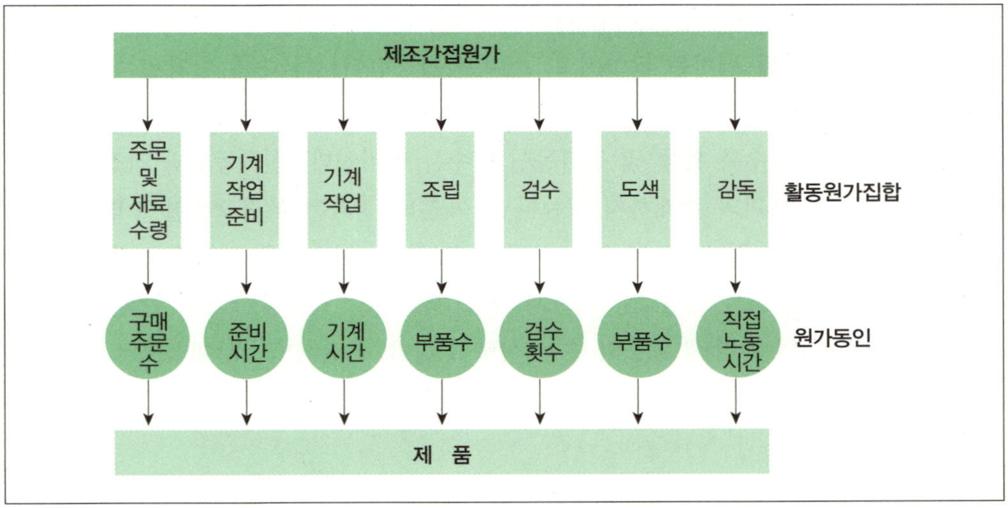

예제 4-1

다음 문장을 읽고 참인지 거짓인지 구별하시오(○ 혹은 ×로 표시).

1. ______전통적인 원가계산시스템은 복수의 배부율을 사용하여 간접원가를 배부한다.
2. ______ABC는 간접원가를 2단계로 배부한다.
3. ______직접재료원가나 직접노무원가는 제조간접원가에 비해 제품에 보다 쉽게 추적할 수 있다.
4. ______제조과정이 자동화될수록, 더욱 많은 기업들이 직접노무원가를 기준으로 제조간접원가를 배부한다.
5. ______ABC에 있어서, 활동(activity)이란 제품을 생산하거나 서비스를 제공할 때 원가를 발생시키는 어떤 사건, 행동, 거래 혹은 작업순서를 의미한다

| 정답 |

1. × 2. ○ 3. ○ 4. × 5. ○

2 활동기준원가계산

이 절에서는 ABC와 전통적 원가계산방법을 비교하는 단순한 예를 제시하고, ABC가 전통적인 간접원가배부에서 나타날 수 있는 원가왜곡을 어떻게 제거하는지를 설명하기로 한다. 이 예를 보면서 ABC가 기존의 개별원가나 공정별 원가시스템을 대신하는 것이 아니라는 사실을 이해해야 한다. ABC의 역할은 보다 정확한 원가정보를 제공하기 위해 제조간접원가를 여러 원가집합으로 분리하는 것이다. 그 결과 ABC는 기존의 원가시스템을 대체하는 것이 아니라 기존 시스템들을 보완해 주는 역할을 한다.

자동차 도난방지용 제품을 생산하는 ㈜성림정밀의 예를 들어 보자. 보급형은 연간 25,000개 정도로 대량판매되는 제품이고 고급형은 연간 5,000개 정도 소량으로 판매되는 제품이다. 보급형인 제품 A와 고급형인 제품 B에 대한 단위당 직접재료원가는 각각 ₩40,000 ₩30,000이고, 직접노무원가는 시간당 ₩12,000의 임률로 제품 단위당 1시간이 소요된다. 따라서 A, B제품의 생산에 필요한 총시간은 30,000시간(25,000+5,000)이다. 연간예상 제조간접원가는 ₩900,000,000이라고 가정하자. 전통적 원가계산시스템하에서 직접노동시간을 배부기준으로 한 간접원가 배부율은 단위당 ₩30,000(₩900,000,000÷30,000)이다. 두 제품 모두 단위당 1시간이 필요하기 때문에 전통적 원가계산시스템에서 간접원가는 시간

당 ₩30,000으로 각 제품에 배부된다.

ABC에서는 다음의 순서로 원가가 계산된다.

1. 활동을 식별·분류하고 간접원가를 원가집합에 배부한다.
2. 원가집합에 집계된 원가와 강한 상관관계가 있는 원가동인을 파악한다.
3. 활동원가배부율을 계산한다.
4. 활동원가집합에 집계된 각 활동별 원가를 활동원가동인과 활동원가배부율을 이용하여 각 원가대상에 배부한다.

활동을 식별 · 분류하고 간접원가를 원가집합에 배부(1단계)

잘 설계된 ABC시스템은 제품을 생산하거나 서비스를 제공하기 위해 수행된 활동의 분석으로부터 시작한다. 이 분석은 자원을 소비하는 모든 활동들을 확인해야 한다. 활동분석은 과업을 완성하기 위해 행해진 모든 활동을 문서화할 필요가 있다. 활동을 식별하는 것은 어렵고 많은 시간과 판단이 요구된다. 활동을 잘 파악하기 위해서는 제조간접부서 근로자들을 면담하고, 그들의 주요 업무를 기술하도록 해야 한다. 이 문서화 과정을 통해 매우 다양하고 많은 활동 리스트를 수집할 수 있게 된다.

활동 수가 많아질수록 시스템이 복잡해지고 시스템 설계를 위한 비용과 시간이 증가할 수 있지만 활동기준원가계산의 정확성은 높아진다. 적절한 활동 수를 결정하기 위해 유사한 활동들을 결합하여 활동 수를 조금씩 줄여나가면 된다. 예를 들어 원재료를 수령하고, 원재료를 분류하고, 원재료를 창고에 보관하는 3개의 활동들은 원재료처리활동이라는 하나의 활동으로 묶을 수 있을 것이다. 그러나 유사한 활동끼리 묶을 때 서로 다른 수준(단위수준, 배치수준, 제품수준, 고객수준, 설비유지수준)의 활동들을 하나로 묶어서는 안 된다. 예를 들면, 묶음(batch)으로 수행되는 활동(배치수준활동)과 단위당 수행되는 활동(단위수준활동)은 하나의 활동으로 묶여지면 안 된다. 자동차 도난방지용 제품을 생산하는 ㈜성림정밀은 기계작업준비, 기계작업, 검수 등 3가지 활동원가집합을 확인하였다.

이 시스템은 간접원가를 적당한 활동원가집합에 직접적으로 할당한다. 예를 들면, ㈜성림정밀의 기계준비와 관련된 모든 간접원가(급여, 소모품비, 감가상각비 등)는 기계작업준비 원가집합에 할당된다. [도표 4-4]는 각 원가집합에 배부된 추정간접원가와 3가지 원가집합을 보여주고 있다.

도표 4-4 ▌활동원가집합과 추정간접원가

활동원가집합	추정간접원가
기계작업준비	₩300,000,000
기계작업	500,000,000
검 수	100,000,000
	₩900,000,000

원가동인의 식별(2단계)

원가가 활동원가집합에 배부된 뒤, 각 원가집합에 대한 원가동인을 확인해야 한다. 원가동인은 제품별로 활동의 실제 소비량을 정확하게 측정해야 한다. 정확한 원가계산을 달성하기 위해서, 원가동인과 원가집합의 간접원가 실제 소비량은 높은 상관관계가 있어야 한다.

[도표 4-5]는 ㈜성림정밀이 확인한 활동원가집합과 원가동인을 보여주고 있다.

도표 4-5 ▌원가동인과 기대원가동인 사용량

활동원가집합	원가동인	기대원가동인 사용량
기계작업준비	작업준비횟수	1,500회
기계작업	기계작업시간	50,000시간
검 수	검수시간	2,000시간

원가동인과 관련이 있는 자료의 이용가능성과 이용의 용이성은 이 절에서 고려되어야 할 중요한 요소이다.

간접원가배부율의 계산(3단계)

원가대상에 간접원가를 배부하기 위해 사용될 활동원가배부율은 [도표 4-6]과 같이 계산된다. [도표 4-6]은 각 활동원가별로 원가동인을 결정하고 각 원가동인의 양을 조사한 것이다. 활동원가배부율은 각 활동별로 집계된 원가를 각 활동별 원가동인의 총량으로 나누어 다음과 같이 계산된다.

$$\text{활동기준 간접원가배부율} = \frac{\text{활동별 추정간접원가}}{\text{기대활동 사용량}}$$

㈜성림정밀은 위 식을 사용하여 각 활동별 간접원가배부율을 계산한다. 계산된 활동별 배부율은 [도표 4-6]과 같다.

도표 4-6 ▌ 활동별 배부율 계산

활동원가집합	추정간접원가	기대원가동인 사용량	활동원가배부율
기계작업준비	₩300,000,000	1,500회	₩200,000/준비횟수
기계작업	500,000,000	50,000시간	₩10,000/기계시간
검 수	100,000,000	2,000시간	₩50,000/검수시간
계	₩900,000,000		

[도표 4-6]에서 계산된 기계작업준비활동원가 ₩300,000,000은 총기계작업준비횟수인 1,500회로 나누어 기계작업준비횟수당 ₩200,000을 배부하게 된다. 이것을 활동원가배부율이라고 한다. 동일한 방법으로 기계작업활동원가 ₩500,000,000을 연간 총기계작업시간인 50,000시간으로 나누면 기계작업시간당 ₩10,000의 활동원가배부율을 계산할 수 있다. 또한 활동원가배부율은 평균원가를 나타낸다는 것을 명심해야 한다. 예를 들어, 검수활동의 시간당 평균원가는 ₩50,000이다.

[도표 4-6]의 활동원가배부율은 평균적으로 작업준비횟수당 ₩200,000, 기계시간당 ₩10,000, 검수시간당 ₩50,000의 원가를 발생시킨다는 것을 의미하며, 이 수치들은 평균을 의미한다.

간접원가의 제품에 대한 배부(4단계)

활동기준원가계산을 위한 4번째 단계는 3단계에서 계산한 각 활동원가집합별 활동원가배부율을 이용하여 제품과 고객에게 활동원가를 배부하는 단계이다. ㈜성림정밀은 두 종류의 제품 A와 B에 간접원가를 배부해야 한다.

제품 A와 제품 B의 작업준비횟수는 각각 500회, 1,000회이며 두 제품에 대한 총작업준비횟수는 1,500회이다. 제품 A와 제품 B의 기계작업시간은 각각 30,000시간, 20,000시간으로 두 제품에 대한 총기계작업시간은 50,000시간이다. 제품 A와 제품 B의 검수시간은 각각 500시간, 1,500시간으로 두 제품에 대한 검수시간은 총 2,000시간이 사용되었다.

도표 4-7 ▌각 제품별 활동사용량과 활동원가배부율

활동원가집합	배부기준	활동원가배부율	제품별 원가동인 기대 사용량 제품 A	 제품 B
기계작업준비	작업준비횟수	₩200,000	500	1,000
기계작업	기계작업시간	₩10,000	30,000	20,000
검 수	검수시간	₩50,000	500	1,500

간접원가를 각 제품에 배부하기 위해서 다음과 같이 계산한다.

제품별 간접원가배부액=(각 제품의 활동원가배부율×각 제품의 활동사용량)의 합

따라서 제품 A에 배부될 간접원가= ₩200,000×500+₩10,000×30,000+₩50,000×500
= ₩100,000,000+₩300,000,000+₩25,000,000
= ₩425,000,000

제품 B에 배부될 간접원가= ₩200,000×1,000+₩10,000×20,000+₩50,000×1,500
= ₩200,000,000+₩200,000,000+₩75,000,000
= ₩475,000,000

제품별 간접원가의 단가를 계산하면 보급형과 고급형 제품 생산량이 각각 25,000, 5,000

단위이므로 각 제품별 간접원가의 단가는 다음과 같다.

$$\text{제품 A} = \frac{₩425{,}000{,}000}{25{,}000} = ₩17{,}000 \qquad \text{제품 B} = \frac{₩475{,}000{,}000}{5{,}000} = ₩95{,}000$$

ABC하에서 제품 A와 제품 B의 단위당 제조간접원가는 각각 ₩17,000, ₩95,000이다. 전통적인 원가계산하의 단위당 제조간접원가 배부액 ₩30,000과 비교할 때, ABC는 생산량이 많은 제품 A에서 생산량이 적은 제품 B로 원가가 전가되는 것을 알 수 있다. 이러한 원가의 전가는 생산량이 적은 제품은 종종 기계작업준비나 검수와 같은 특별한 활동이 더 많이 필요하기 때문이다. 이것은 ㈜성림정밀의 경우에도 마찬가지이다. 따라서 생산량이 적은 제품은 흔히 생산량이 많은 제품보다 간접원가를 더 많이 부담할 책임이 있다. ABC를 이용하여 제조간접원가를 배부하면 통상적으로 전통적인 원가계산방법을 사용할 때보다 생산량이 적은 제품의 단위당 제조간접원가가 증가하게 된다. 따라서 직접노동시간과 같은 수량기준(volume-based)의 전통적인 원가동인을 생산량이 적은 제품의 제조간접원가 배부에 사용하는 것은 적합하지 않다.

단위원가의 비교

[도표 4-8]은 전통적 원가계산시스템하의 각 제품별 단위원가를 보여주고 있다.

도표 4-8 ▌ 전통적 원가계산하의 제품별 단위원가

	제	품
제조원가	제품 A	제품 B
직접재료원가	₩40,000	₩30,000
직접노무원가	12,000	12,000
제조간접원가	30,000*	30,000*
총단위원가	₩82,000	₩72,000

* 예정배부율×직접노동시간=₩30,000×1시간 =₩30,000

전통적인 방법과 ABC시스템하의 단가를 비교하면 다음 [도표 4-9]와 같이 큰 차이가 있다.

도표 4-9 | 단가의 비교

제조원가	보급형(제품 A)		고급형(제품 B)	
	전통적 원가계산	ABC	전통적 원가계산	ABC
직접재료원가	₩40,000	₩40,000	₩30,000	₩30,000
직접노무원가	12,000	12,000	12,000	12,000
제조간접원가	30,000	17,000	30,000	95,000
총원가(단가)	₩82,000	₩69,000	₩72,000	₩137,000
	과대계상 ₩13,000		과소계상 ₩65,000	

전통적인 원가계산방법하의 단가가 심각하게 왜곡되고 있다는 것을 보여주고 있다. 제품 A는 단위당 ₩13,000(₩82,000−₩69,000) 과대계상되고 있고, 제품 B는 단위당 ₩65,000(₩137,000−₩72,000) 과소계상되고 있다. 이러한 차이는 전적으로 ㈜성림정밀의 간접원가 배부방법으로 인해 발생하고 있다. 잘못된 배부방법으로 인해 ㈜성림정밀은 제품 A의 가격을 높게 책정하게 되어 경쟁자에게 시장을 잃게 되는 결과를 초래할 수 있다. 마찬가지로 제품 B의 경우 판매가격을 낮게 책정하여 수익성을 떨어뜨리는 결과를 초래할 수 있다.

활동기준원가계산은 미국에서 처음으로 개발되었다. John Deere사는 약 25년 전부터 ABC시스템을 사용하고 있다. 그 외에 IBM, AT&T, Hewlett−Packard, American Express 등 많은 기업들이 ABC를 채택하고 있다. 그러나 미국 이외의 다른 나라에서는 ABC를 채택한 기업이 많지 않다. ABC 채택에 따른 비용문제 때문에 다른 나라에서는 ABC의 도입에 적극적이지 않은 것 같다.

일본에서 ABC를 도입한 기업은 드물며, 제조간접원가 배부기준으로 노동시간과 같은 물량기준을 여전히 선호하고 있다. 한국에서는 일산병원을 비롯하여 몇몇 기업들이 ABC를 도입하고 있다. 일본의 경영자들은 직접노무원가의 절감이 지속적 원가절감에 필수적이라고 확신하고 있다. 일본 기업들이 직접노무원가를 제조간접원가의 배부기준으로 설정하게 됨으로써 노무원가를 더욱 면밀하게 검토하게 되었고 정확한 원가계산보다 노무원가 절감에 더 우선순위를 두고 있다.

예제 4-2

ABC의 적용

㈜성림은 7가지 원가집합을 가지고 있으며 승용차용 잭과 대형차용 잭 두 제품을 각 각 200,000대와 80,000대 생산하고 있다. 각 원가에 대한 활동원가집합과 원가동인이 파악되었으며, 활동원가집합과 원가동인 및 제품별 활동소비량은 다음과 같다.

연간 제조간접원가 자료			기대활동	제품별 기대 원가동인사용량	
활동원가집합	원가동인	추정간접원가	소비량	승용차용 잭	대형차용 잭
주문 및 수령	구매주문수	₩200,000,000	2,500	1,000	1,500
기계작업준비	준비시간	600,000,000	1,200	500	700
기계작업	기계시간	2,000,000,000	800,000	300,000	500,000
조 립	부품수	1,800,000,000	3,000,000	1,800,000	1,200,000
검 수	검수횟수	700,000,000	35,000	20,000	15,000
도 색	부품수	300,000,000	3,000,000	1,800,000	1,200,000
감 독	직접노동시간	1,200,000,000	200,000	130,000	70,000
		₩6,800,000,000			

위의 자료를 이용하여 다음 물음에 답하시오.

(a) 활동기준 원가동인별로 제조간접원가배부율을 계산하는 표를 작성하시오.
(b) 두 제품에 배부될 각 활동의 간접원가배부표를 작성하시오.
(c) 각 제품에 대한 단위당 간접원가를 계산하시오.
(d) 단위당 상대적인 제조간접원가에 대해 논평하시오.

| 정답 |

(a) 원가동인별 활동기준배부율을 계산하면 다음과 같다.

활동원가집합	추정 제조간접원가	÷	기대 활동소비량	=	활동원가 배부율
주문 및 수령	₩200,000,000		2,500		₩80,000
기계작업준비	600,000,000		1,200		₩500,000
기계작업	2,000,000,000		800,000		₩2,500
조 립	1,800,000,000		3,000,000		₩600
검 수	700,000,000		35,000		₩20,000
도 색	300,000,000		3,000,000		₩100
감 독	1,200,000,000		200,000		₩6,000
	₩6,800,000,000				

(b) ABC를 사용하여 각 활동의 간접원가를 두 제품에 배부한 결과는 다음과 같다.

	승용차용 책			대형차용 책		
활동원가집합	×		=	×		=
주문 및 수령	1,000	₩80,000	₩80,000,000	1,500	₩80,000	₩120,000,000
기계작업준비	500	₩500,000	250,000,000	700	₩500,000	350,000,000
기계작업	300,000	₩2,500	750,000,000	500,000	₩2,500	1,250,000,000
조 립	1,800,000	₩600	1,080,000,000	1,200,000	₩600	720,000,000
검 수	20,000	₩20,000	400,000,000	15,000	₩20,000	300,000,000
도 색	1,800,000	₩100	180,000,000	1,200,000	₩100	120,000,000
감 독	130,000	₩6,000	780,000,000	70,000	₩6,000	420,000,000
			₩3,520,000,000			₩3,280,000,000

(c) 단위당 제조간접원가를 계산한 결과는 다음과 같다.

	승용차용 책	대형차용 책
배부된 총원가	₩3,520,000,000	₩3,280,000,000
총생산량	200,000	80,000
단위당 제조간접원가	₩17,600	₩41,000

(d) 이 자료에 의하면 대형차용 책 80,000대에 할당된 총제조간접원가는 200,000대의 승용차용 책에 할당된 제조간접원가 금액과 거의 같다. 이러한 결과, 대형차용 책의 단위당 제조간접원가는 ₩41,000이지만 승용차용 책은 단지 ₩17,600에 지나지 않는다.

3 활동기준원가계산: 상세한 검토

활동기준원가계산이 널리 사용됨에 따라 실무적인 효익과 한계점이 명백해졌다. 이하에서는 ABC의 효익과 한계점에 대해 알아보기로 한다.

ABC의 효익

ABC의 가장 큰 장점은 정확한 원가의 계산이다. 그 이유를 설명하면 다음과 같다.

1. **ABC는 간접원가를 제품에 배부할 때 보다 많은 원가집합을 사용한다.** (부문별 원가집합에서 조차) 공정 전체의 단일 배부율과 단일 원가동인을 사용하는 대신, 보다 많은

목적적합한 활동원가집합을 사용한다. 각 제품을 생산하기 위해 사용된 원가동인을 기준으로 직접적으로 원가가 배부된다.

2. **ABC는 제조간접원가에 대한 통제를 강화해 준다.** ABC하에서, 기업은 많은 제조간접원가를 활동에 직접적으로 추적할 수 있다. 그 결과 간접원가 중에서 직접원가로 식별될 수 있는 경우도 있다. 따라서 경영자들은 이들 원가를 발생시키는 활동을 통제할 책임을 인식할 수 있게 되었다.
3. **ABC는 보다 나은 의사결정을 가능하게 해 준다.** 보다 정확한 원가계산은 제품의 목표이익 달성이 가능하도록 가격을 책정할 수 있게 해 준다. 아울러 정확한 원가자료는 제품의 부품이나 부분품에 대한 자가생산 여부와 제품라인의 폐쇄 여부를 판단하는 데 도움이 될 수 있다.

   활동기준원가계산은 간접원가의 크기를 변화시키지 않는다. 더욱이 회계기록이 보다 현실적이고 정확하다면, 경영자는 원가행태와 전반적인 수익성을 보다 잘 이해할 수 있어야 한다.

ABC의 한계

ABC가 비록 전통적인 수량기준의 원가계산시스템보다 양호한 제품원가 자료를 제공한다고는 하지만 아래와 같은 한계점을 가지고 있다.

1. **ABC시스템을 운용하는 데 비용이 많이 들 수 있다.** 다수의 활동을 식별하고 활동원가동인에 원가를 배부하는 데 비용이 많이 들게 되어, 많은 기업들이 ABC시스템의 도입을 망설이고 있다. ABC시스템은 전통적 원가계산시스템보다 훨씬 복잡하다. 따라서 ABC시스템을 도입하고자 하는 기업은 ABC시스템 도입에 따른 효익과 원가를 면밀하게 검토해야 한다. 어떤 기업은 현재의 시스템으로도 충분하기 때문에 ABC의 도입을 전혀 고려할 필요가 없을 수 있다. 만약 ABC의 원가가 효익을 초과한다면, ABC를 도입하지 말아야 한다.
2. **일부의 자의적인 배부가 계속 이루어지고 있다.** 비록 많은 간접원가들이 ABC의 복수 활동원가집합을 통해 직접적으로 원가에 할당될 수 있지만, 일부의 원가는 노동시간이나 기계시간과 같은 인위적인 수량기준 원가동인에 의해 여전히 배부가 이루어지고 있다.

언제 ABC를 사용하는가

기업이 언제 ABC를 사용해야 하는가? 다음 중 하나 이상의 현상이 나타나면 ABC를 사용할 시점이라고 생각할 수 있다.

1. 제품라인별 생산수량의 차이가 많고 제조과정이 복잡할 때
2. 제품라인의 수가 많고 다양하며, 각 제품라인에 요구되는 서비스지원 정도가 상이할 때
3. 제조간접원가가 총원가에서 차지하는 비중이 높을 때
4. 제조공정이나 제품의 수가 크게 변화할 때(예를 들면, 자동화로 인해 노동집약적 제조방식에서 자본집약적인 제조방식으로 변화할 때)
5. 생산 혹은 마케팅관리자가 기존의 원가시스템에서 제공되는 자료를 무시하고 별도의 장부를 사용하여 원가정보를 파악하고 있거나, 가격결정이나 제품관련 의사결정시 다른 자료를 이용하고 있을 때

제품 원가계산시스템을 재설계하고 새로운 시스템을 도입하는 것은 상당한 노력과 비용이 요구된다. 따라서 재무관리자는 매우 주의할 필요가 있고 원가계산시스템을 변경할 때에는 신중해야 한다. 또한 ABC시스템의 성공적인 실행 여부는 최고경영자의 전폭적인 지원을 필요로 한다.

부가가치적 활동과 비부가가치적 활동

ABC의 장점을 경험한 기업들은 활동기준원가계산의 장점을 경영에 널리 이용하고 있다. **활동기준관리(Activity-Based Management: ABM)**은 제품의 원가계산으로부터 원가를 절감하고 프로세스와 의사결정을 개선하는 데 초점을 맞춘 포괄적인 경영도구로서 ABC의 용도를 확대한 것이다. 활동기준원가계산에서 활동은 자원을 소비하고, 자원을 소비하고 있는 활동은 기업에 가치를 부가하는 활동과 그렇지 못한 활동으로 구분된다. 기업의 입장에서는 비부가가치적인 활동을 제거하고 부가가치적인 활동을 촉진하는 것이 원가를 효율적으로 관리하는 출발점이다. 따라서 ABM에서는 ABC에서 발생된 원가를 부가가치적인 활동의 원가와 비부가가치적 활동의 원가로 구분하는 것이 필요하다.

부가가치적 활동은 고객에 대한 제품이나 서비스의 가치를 높인다. 그러한 활동은 자원의

사용과 고객이 기꺼이 지불하고자 하는 관련원가를 포함하고 있다. 부가가치적 활동은 제품을 실제로 생산하거나 서비스를 수행하는 활동이다. 제조활동에서 부가가치적 활동의 예로는 공학설계, 기계가공, 조립, 도장(painting) 및 포장 등을 들 수 있다. 서비스기업에서 부가가치적 활동의 예는 외과수술, 법률서비스를 위한 법률연구 자료의 제공, 배달서비스에 의한 포장상품의 배달 등이 있다.

비부가가치적 활동은 시장가치를 증가시키지 않으면서 단지 제품이나 서비스에 소비된 원가를 증가시키거나 시간을 증가시키는 제조활동 혹은 서비스와 관련된 활동이다. 제조기업에서 비부가가치적인 활동의 예는 기계의 수선, 재고를 쌓아 두는 것, 공장 내에서 원재료, 조립품, 완제품의 이동, 건물의 수선, 점검 및 재고관리 등이 있다. 서비스기업에서 비부가가치적인 활동의 예는 예약접수, 리셉션, 장부기록, 청구서 발행, 소모품의 주문, 광고, 청소 및 컴퓨터 수리 등을 들 수 있다.

기업에서는 종종 ABC활동을 파악하기 위해 **활동흐름도(activity flow charts)**를 이용한다. [도표 4-10]은 활동흐름도를 보여주고 있다. 이 흐름도의 상단부분에는 부가가치적 활동과 비부가가치적 활동을 나타내고 있다. 흐름도의 하단에 있는 두 줄은 각 활동에서 소비된 일자를 보여주고 있다. 첫 번째 줄은 현재의 제조과정에서 각 활동에 소비된 일자를 나타낸다. 두 번째 줄에서는 관리자가 제안한 새로운 제조과정에서 소비될 것으로 기대되는 각 활동에 대한 일자를 나타낸다.

도표 4-10 ▌ 부가가치적/비부가가치적 활동의 구분

H사의 활동흐름도

	NVA	NVA	NVA	NVA	VA		NVA	NVA	VA	NVA	NVA	NVA	VA
	자재 검수	자재이 동보관	자재이 동대기	작업 준비	기계작업		검사	이동 대기	조립	검수	창고 이동	제품 보관	포장 선적
					천공	선반							
현재	1	12	2.5	1.5	2	1	0.2	6	2	0.3	0.5	14	1
제안	1	4	1.5	1.5	2	1	0.2	2	2	0.3	0.5	10	1

현재 총평균시간 = 44일

제안된 총평균시간 = 27일

제안된 총비부가가치시간 감소일 = 17일

VA = 부가가치적 활동 NVA = 비부가가치적 활동

새로운 제안에 따르면 비부가가치적 활동에 소비된 시간을 17일 줄일 수 있다. 이러한 개선은 전적으로 비부가가치적 활동인 재고의 이동, 보관, 대기시간과 같은 재고기간(inventory time)을 줄여 재고를 보다 신속하게 이동시킨 결과이다.

비부가치적인 활동이라고 붙여진 활동들이 전적으로 낭비적인 활동도 아니고 모두 제거될 수 있는 활동도 아니다. 예를 들면, 검수시간이 고객의 입장에서는 비부가가치적인 활동이지만 기업입장에서 이러한 품질관리기능을 제거할 수는 없다. 마찬가지로 이동 및 대기시간이 비부가가치적 활동이지만 완전히 제거하기란 불가능하다. 그럼에도 불구하고 관리자가 이들 활동의 비부가가치적 성격을 인식할 때 가능한 한 비부가가치적 활동을 최소화하려고 노력하게 된다. 이러한 일에 주의를 환기시키는 것이 활동기준경영이며 **지속적 개선(continuous improvement)**의 출발점이 된다.

활동수준의 분류

앞에서 언급했듯이 전통적인 원가계산시스템은 직접노동시간이나 기계시간과 같은 단위기준 원가동인을 사용하는 수량기준 원가계산방법이다. 일부의 활동원가는 변동원가적 성격을 분명하게 띠고 있어서 단일의 단위당 제품생산이나 서비스의 제공에 비례하여 원가가 발생한다. 그러나 일부 활동원가들은 단위기준 원가동인에 비례하여 발생하지 않는다. ABC시스템은 활동원가집합의 원가동인으로서 선호되는 원가동인을 식별하기 위해서 활동원가를 네 가지로 분류한다. 활동원가를 원가동인의 다양성, 인과관계 파악의 어려움 정도에 따라 분류된 활동원가수준을 원가계층(cost hierarchy)이라고 한다. 네 가지 활동원가계층은 다음과 같다.

1. **단위수준활동원가(unit-level activity cost)**: 한 단위의 제품생산이나 서비스제공에 소비된 활동에 대한 원가. 이러한 활동의 원가는 단위생산량이나 서비스에 비례하여 발생한다. 예를 들어, 기계장치에 사용된 동력비는 그 기계장치를 이용하여 생산된 제품의 수량에 비례하여 배분될 것이다.
2. **배치수준활동원가(batch-level activity cost)**: 제품이나 서비스의 개별단위가 아니라 묶음단위의 제품이나 서비스와 관련된 활동에 대하여 소비된 자원이다. 예를 들어, 어떤 제품에 맞춰 기계장치를 설치하는 활동과 관련된 원가는 묶음에 제품 1개가 포함되든 여러 개가 포함되든 동일하게 발생할 것이다. 운송활동과 관련된 원가

도 여기에 포함된다.

3. **제품수준활동원가(product-level activity cost)**: 생산량의 수량이나 배치(batch)수에 관계없이 개별제품이나 서비스를 지원하기 위하여 수행되는 활동의 원가이다. 예를 들어 제품의 디자인, 광고 등의 활동들은 제품수준활동이다.
4. **설비수준활동원가(facility-level acitivity cost)**: 특정 제품이나 서비스에 대하여 직접 추적할 수는 없지만, 전체 조직을 지원하는 활동에 소비된 원가이다. 일반적으로 이러한 원가와 배부기준 사이에는 적절한 인과관계를 찾기가 어렵다. 따라서 기업에서는 이러한 원가를 제품에 배부하지 않고 영업이익에서 직접 차감한다. 여기에는 공장난방, 임원실의 청소, 컴퓨터 네트워크 제공, 외부보고용 보고서 준비와 같은 활동들이 포함된다.

기업에서는 상이한 네 가지 활동수준으로부터 활동원가를 인식하고, 구체적인 활동원가집합과 관련된 원가동인을 인식함으로써 보다 정확한 간접원가배부가 가능하게 되었다. [도표 4-11]은 네 가지 원가계층, 활동의 유형, 원가동인의 예를 보여주고 있다.

도표 4-11 ▌활동수준의 계층

활동수준	활동유형	원가동인의 예
단위수준활동	기계관련 천공, 절단, 밀링, 프레싱 노동관련 조립, 도색, 연마, 재봉	기계시간 직접노동시간 또는 직접노무원가
배치수준활동	기계작업준비 구매주문 검수 자재취급	작업준비횟수 또는 준비시간 구매주문횟수 검수횟수 또는 검수시간 자재이동횟수
제품수준활동	제품설계 기술변경	제품설계수 변경횟수
설비수준활동	공장관리자 급여 공장 감가상각비 재산세 각종 공과금	관리대상 종업원수 면적 면적 면적

이러한 원가계층의 분류는 관리자에게 활동과 활동을 위한 자원의 소비 간의 정형화된 분석방법을 제공해 준다. 이와는 반대로 수량기준의 전통적인 원가계산은 단위수준의 원가만을 인식한다. **이러한 활동원가를 분류하는 데 실패함으로써 수량기준원가배부가 제품원가계산에서 원가왜곡을 유발하는 한 가지 이유가 되었다.**

앞에서 지적했듯이, 단위수준 원가동인으로 모든 간접원가를 배부하는 것은 경영자에게 잘못된 신호를 보낼 수 있다. 배치수준, 제품수준, 설비수준활동원가를 생산수량으로 나누는 것은 이들 원가가 생산수량에 따라 변동한다는 잘못된 인식을 줄 수 있다. **배치수준, 제품수준, 설비수준의 활동에 의해 소비된 자원은 생산수량에 따라 민감하게 변동하지 않으며,** 단위수준에서 관리자가 결코 이들 원가를 통제할 수 없다. 배치수준에서 행해진 활동의 수는 배치수가 증가하면 함께 증가한다. 마찬가지로 제품수준에서 행해진 활동의 수는 생산수량이나 배치수가 아니라 상이한 제품의 수에 달려 있다. 더욱이 설비수준의 활동원가는 제품이나 배치의 수, 생산수량과는 관련이 없다. 기업들은 배치, 제품, 설비수준의 활동을 변경함으로써 이들 수준의 원가를 통제할 수 있다.

4 서비스산업에서의 활동기준원가계산

ABC시스템이 제조업에서 시작되었지만 서비스산업에도 널리 채택되고 있다. ABC는 항공, 철도, 병원, 호텔, 은행, 보험회사, 통신회사 및 재무 서비스기업과 같은 다양한 산업에서도 유용한 도구로 사용되어 왔다. 서비스기업에서 ABC의 전반적인 목적은 제조기업과 큰 차이가 없다. 그 목적은 원가를 발생시키는 핵심활동을 식별하고, 많은 활동들이(작업, 서비스, 계약 또는 고객에 대해) 제공된 서비스를 위해 어떻게 수행되는지 추적하는 것이다.

활동, 활동원가집합 및 원가동인을 식별하는 일반적인 접근방법은 제조업과 서비스업 모두 동일하다. 또한 활동을 부가가치적 및 비부가가치적인 것으로 식별하고, 가능한 한 많은 비부가가치적 활동을 줄여 나가거나 제거하는 것은 제조업이나 서비스업이나 마찬가지로 중요하다. 서비스산업에서 활동기준원가계산시스템의 실행이 어려운 것은 간접원가 중 상당 부분이 기업이 제공하는 특정 서비스에 직접적으로 추적될 수 없는 기업 전반에 걸쳐 발생하는 원가(company-wide costs)이기 때문이다.

전통적인 원가계산과 대조되는 ABC를 서비스기업에 적용한 컨설팅회사의 예를 설명하고자 한다. 이러한 예는 업무의 일부로서 다양한 서비스를 제공하는 법률자문회사, 컨설팅회사, 건축설계회사 등에도 적용할 수 있다.

전통적 원가계산의 예

성림회계법인은 [도표 4-12]와 같은 요약 연간예산을 작성하고 있다.

도표 4-12 ▌전통적 원가계산하의 서비스기업의 요약 연간예산

성림회계법인
연간예산

매 출		₩2,000,000,000
직접노무원가	₩600,000,000	
(기대)간접원가	1,200,000,000	
총원가		1,800,000,000
영업이익		₩200,000,000

$$\frac{\text{추정간접원가}}{\text{직접노무원가}} = \text{간접원가 예정배부율}$$

$$\frac{₩1,200,000,000}{₩600,000,000} = 200\%$$

전통적 원가계산하에서 직접노무원가는 수행된 전문서비스료이며, 각 감사업무에 간접원가를 배부하기 위한 기준이다. 특정 작업에서 얻어진 이익을 결정하기 위하여 나래회계법인은 간접원가를 실제 발생 노무원가의 200% 비율로 배부한다. 예를 들면, 나래회계법인이 감사수수료를 ₩260,000,000 청구한 ㈜창신금형의 감사기간 동안 실제 발생한 노무원가가 ₩70,000,000이라고 가정하자. 전통적 원가계산하에서는 간접원가배부액이 ₩140,000,000이 된다. ㈜창신금형의 감사업무와 관련하여 발생한 영업이익은 [도표 4-13]과 같다.

도표 4-13 ▌ 전통적 원가계산하의 간접원가배부

성림회계법인
㈜창신금형 감사

매 출		₩260,000,000
(−) 직접노무원가	₩ 70,000,000	
간접원가배부액(200%×₩70,000,000)	140,000,000	210,000,000
영업이익		₩ 50,000,000

전통적 원가계산하의 이 예는 하나의 직접노무원가 항목과 하나의 간접원가배부율을 사용하고 있다.

활동기준원가계산의 예

활동기준원가계산하에서 성림회계법인은 연간 추정간접원가 ₩1,200,000,000을 여러 활동원가집합에 배부하고 있다. 나래회계법인은 각 활동의 간접원가집합을 활동단위당 사용될 기대 원가동인수로 나누어 원가동인 단위당 활동기준 간접원가배부율을 계산한다. [도표 4-14]는 ABC시스템을 사용한 연간 간접원가예산을 나타내고 있다.

도표 4-14 ▌ ABC하의 서비스기업의 요약 연간예산

성림회계법인
연간 간접원가예산

활동원가집합	원가동인	추정간접원가	÷ 활동단위당 기대원가 동인 사용량	= 활동기준 간접원가 배부율
사무지원	직접전문노동시간	₩210,000,000	30,000	₩7,000
복리후생비	직접노무원가	240,000,000	₩600,000	₩400
인쇄 및 복사	페이지수	20,000,000	20,000	₩1,000
컴퓨터지원	CPU시간(분)	200,000,000	50,000	₩4,000
전화 및 우송료	없음(직접추적)	71,000,000		
법률지원	사용된 시간	129,000,000	860	₩150,000
보험(전문가 책임보험 등)	청구금액	120,000,000	₩2,000,000	₩60
채용 및 훈련	직접전문노동시간	210,000,000	30,000	₩7,000
		₩1,200,000,000		

간접원가의 일부는 직접 배부될 수 있다(전화 및 우송료 활동을 보라). 활동기준 간접원가배부율을 사용하여 ㈜창신금형 감사업무의 연간활동 사용량에 대해 원가를 계산한 결과는 [도표 4-15]에 제시되어 있다.

도표 4-15 ▌ ABC하의 서비스기업의 간접원가 배부결과

성림회계법인
㈜창신금형 감사

활동원가 집합	원가동인	원가동인의 연간사용량	활동기준 간접원가 배부율	=	원가 배부액
사무지원	직접전문노동시간	3,800	₩7,000		₩26,600,000
복리후생비	직접노무원가	₩70,000	₩400		28,000,000
인쇄 및 복사	페이지수	1,800	₩1,000		1,800,000
컴퓨터지원	CPU시간(분)	8,600	₩4,000		34,400,000
전화 및 우송료	없음(직접추적)				8,700,000
법률지원	사용된 시간	156	₩150,000		23,400,000
보험(전문가 책임보험 등)	청구금액	₩260,000	₩60		15,600,000
채용 및 훈련	직접전문노동시간	3,800	₩7,000		26,600,000
					₩165,100,000

ABC하에서 나래회계법인은 간접원가 ₩165,100,000을 ㈜창신금형의 감사업무에 할당하였다. 전통적 원가계산하의 간접원가배부액이 ₩140,000,000임을 상기하자. [도표 4-16]은

도표 4-16 ▌ 서비스기업에 있어서 두 원가계산시스템의 결과 비교

성림회계법인
㈜창신금형 감사

	전통적 원가계산		ABC	
매 출		₩260,000,000		₩260,000,000
비 용				
직접노무원가	₩ 70,000,000		₩70,000,000	
간접원가배부액	140,000,000		165,100,000	
총원가		210,000,000		235,100,000
영업이익		₩50,000,000		₩24,900,000
영업이익률		19.2%		9.6%

두 원가계산시스템하의 총원가와 영업이익을 보여주고 있다.

[도표 4-16]을 보면 전통적 원가계산하의 간접원가배부가 왜곡되어 있음을 보여주고 있다. ㈜창신금형의 감사를 수행하는 데 할당된 총원가는 ABC하의 원가보다 ₩25,100,000 만큼 과소계상되어 있다.

그로 인해 전통적인 원가계산은 경영자에게 영업이익이 ₩50,000,000이라고 잘못된 정보를 줄 수 있다. 이것은 ABC하의 영업이익 ₩24,900,000의 2배 이상에 해당하는 금액이다.

예제 4-3

㈜성림산업은 고가의 운동기구를 생산하고 있다. 회계담당자는 기존의 원가계산방식에서 ABC로 전환할 것을 제안하였다. 그러나 재무담당 부사장은 새로운 원가계산방식으로의 전환이 타당한지 확신할 수 없어서 대규모 신규 주문에 대해 두 가지 방법으로 원가를 비교·분석해 보라고 지시하였다. ㈜성림산업은 창신상사로부터 150대의 런닝머신을 주문받았다. 이 주문에 대한 관련자료는 다음과 같다.

두 시스템에 필요한 공통적인 자료

직접재료원가	₩55,500,000
직접노동시간	820시간
시간당 임률	₩18,000

전통적 시스템 관련자료

제조간접원가 예정배부율은 직접노무원가의 300%의 비율로 배부함

ABC시스템 관련자료

활동원가집합	원가동인	활동원가배부율	런닝머신 주문을 위한 기대 원가동인사용량
기계설계	설계시간	₩30,000 / 시간당	330시간
작업준비	준비횟수	₩200,000 / 회당	22회
기계작업	기계시간	₩25,000 / 시간당	732시간
조 립	하위부품수	₩8,000 / 개당	1,500개
포장 및 선적	포장·선적시간	₩15,000 / 시간당	152시간
건물점유관련	기계시간	₩6,000 / 시간당	732시간

| 요구사항 |

(a) 전통적인 원가계산시스템하의 런닝머신 주문과 관련된 총원가를 계산하시오.

(b) ABC시스템하의 런닝머신 주문과 관련된 총원가를 계산하시오.
(c) 계산된 총원가를 비교한 결과, ㈜성림산업은 어느 원가계산시스템을 채택해야 하는가?

| 정답 |

(a) 전통적인 원가계산시스템:

직접재료원가	₩55,500,000
직접노무원가(820×₩18,000)	14,760,000
제조간접원가(₩14,760,000×300%)	44,280,000
런닝머신 주문관련 총원가	114,540,000
총주문량	150대
단위당 원가	₩763,600

(b) 활동기준원가계산시스템:

직접재료원가		₩55,500,000
직접노무원가(820×₩18,000)		14,760,000
제조간접원가		
기계설계(330시간×@₩30,000)	₩9,900,000	
작업준비(22회×@₩200,000)	4,400,000	
기계작업(732시간×@₩25,000)	18,300,000	
조 립(1,500개×@₩8,000)	12,000,000	
포장 및 선적(152시간×@₩15,000)	2,280,000	
건물점유(732시간×@₩6,000)	4,392,000	51,272,000
런닝머신 주문관련 총원가		₩121,532,000
총주문량		150대
단위당 원가		₩810,213

(c) ㈜성림산업은 단위당 원가의 차이(ABC하의 단위당 원가가 더 높음) 때문에 ABC를 채택할 것으로 보인다. 더욱 중요한 것은 ABC는 단위당 원가의 원천과 발생이유에 대한 통찰력을 제공하며, 경영자가 원가를 절감하기 위해서 어느 활동을 관리해야 할 것인지 파악할 수 있게 해 준다. ABC는 ㈜성림산업에 보다 나은 원가계산방법을 제시해 주고 수익성을 더 높여줄 것이다.

5 요 약

전통적인 원가계산시스템은 직접노동시간이나 기계시간과 같은 공장전체배부율이나 부문배부율을 사용하여 제조간접원가를 제품에 배부한다. 전통적 원가계산에서는 특정 제품과 인과관계를 발견하기 어려운 원가라 하더라도 모든 제조원가를 제품에 배부하고, 각 제품이 발생시킨 원가라 하더라도 비제조원가는 제품에 배부하지 않는다. 또한 유휴조업도로 인한 원가도 제품원가계산에 포함시키고 있다. 직접노동시간이나 기계시간과 같은 단위수준의 수량기준(volume-based) 배부방법을 사용해 왔기 때문에 생산량이 많은 제품의 원가는 과대계산되고, 생산량이 적은 제품의 원가는 과소계산되는 결과를 초래하고 있다. 그 결과 경영자들의 의사결정을 그르치게 되는 잘못을 범하게 되었다.

이에 비해 활동기준원가계산은 제품이나 고객과 같은 원가대상에 의해 소비된 활동(즉, 자원)의 원가를 측정하여 원가대상에 할당한다. 활동기준원가계산의 기본적 사고는 원가대상이 활동을 야기시키고, 이 활동의 수행과정에서 자원이 소비된다는 가정에 근거하고 있다. 전통적인 원가계산시스템과 활동기준원가시스템의 차이는 간접원가의 배부와 관련이 있고, 직접재료원가와 직접노무원가의 처리방법은 두 시스템 간에 차이가 없다.

ABC시스템의 개발은 다음의 4단계로 이루어진다. ① 특정 제품의 제조에 관련된 주요 활동을 식별·분류하고, 제조간접원가를 적당한 원가집합에 배부한다. ② 원가집합에 집계된 원가와 가장 상관관계가 높은 원가동인을 찾아낸다. ③ 원가동인 단위당 간접원가 배부율을 계산한다. ④ 각 원가집합의 원가를 각 원가대상이 소비한 자원의 양에 따라 각 원가대상(제품이나 서비스)에 배부한다. ABC 장점은 제품원가계산의 정확도를 높여서 경영자가 보다 합리적인 의사결정을 가능하게 하는 데 있다. 그것은 간접원가를 배부하는 데 사용되는 원가집합의 수를 늘리고, 간접원가에 대한 원가통제를 강화함으로써 가능하다. ABC의 단점은 활동원가집합과 원가동인을 분석하고 측정하는 데 많은 비용이 든다는 것이다. 그럼에도 불구하고 원가 중 일부는 여전히 인위적인 방법으로 배부되고 있다.

용어해설

Cost & Management Accounting

- 1단계 배부(First-stage allocation) 활동기준원가계산에서 간접원가들을 활동원가집합에 배부하는 과정
- 2단계 배부(Second-stage allocation) 활동기준원가계산에서 활동원가배부율을 이용하여 제품이나 고객에 활동원가를 배부하는 과정
- 단위수준활동(Unit-level activities) 제품생산 단위당 수행되는 활동
- 배치수준활동(Batch-level activities) 몇 개의 단위가 포함되는지와는 상관없이 묶음단위로 수행되는 활동
- 비부가가치적 활동(Non-value added activity) 시장가치를 증가시키지 않으면서 제품의 원가나 서비스 제공시간을 증가시키는 활동
- 부가가치적 활동(Value-added activity) 제품이나 서비스의 가치를 증가시키는 활동
- 설비수준활동(Facility-level activities) 개별 제품이나 고객이 아닌 공장전체 설비를 유지하는 것과 관련된 활동
- 제품수준활동(Product-level activities) 제품 단위나 묶음별이 아닌 제품별로 발생하는 활동
- 활동(Activity) 조직 내에서 자원을 소비하는 구체적인 사건
- 활동기준관리(Activity Based Management: ABM) 불필요한 활동을 제거하고 지연과 결함을 방지하는 등 활동을 관리하는 것에 초점을 맞추어 접근하는 경영접근방법
- 활동기준원가계산(Activity Based Costing: ABC) 활동을 기준으로 원가를 계산하는 방법으로 경영자들에게 전략적 의사결정을 위한 원가정보를 제공함
- 활동원가동인(Activity cost driver) 활동원가시스템에서 원가배부기준이 되는 원가동인
- 활동원가집합(Activity cost pool) 단일의 활동원가동인과 관련한 유사한 활동원가들을 집계하기 위한 원가집합

연습문제

Cost & Management Accounting

종합자습문제

※ ㈜성림화학은 고품질의 도료인 유성페인트와 라텍스페인트를 생산하고 있다. 둘 다 가정용이며 흰색 톤의 페인트만 생산한다. ㈜성림화학은 흰색 바탕의 페인트를 프랜차이즈 소매점과 장식품 점포에 판매하고, 이들 점포에서는 염료를 첨가하여 고객이 원하는 색상의 페인트를 만든다.

㈜성림화학은 동일한 가공설비를 사용하여 두 가지 종류의 페인트를 생산한다. 묶음생산 사이에 용기와 가공설비를 세척하고 청소해야 한다.

회사의 전 생산공정을 분석한 후, 회계담당자와 생산관리자는 활동원가집합을 식별하고 원가집합별로 연간 간접원가예산을 다음과 같이 집계하였다.

활동원가집합	추정제조간접원가
구 매	₩ 240,000,000
가 공	1,400,000,000
포 장	580,000,000
검 사	240,000,000
보관 및 재고관리	180,000,000
설비세척 및 청소	560,000,000
연간총간접원가예산	₩ 3,200,000,000

다음과 같은 추가분석을 통해, 활동원가동인을 파악하였으며 제품과 활동별 사용량은 다음과 같다.

활동원가집합	원가동인	활동별 기대 원가동인	제품별 활동소비량	
			유성페인트	라텍스페인트
구 매	주문횟수	1,500회	800	700
가 공	가공량	1,000,000갤론	400,000	600,000
포 장	용기수	400,000개	180,000	220,000
검 사	검사횟수	4,000회	2,100	1,900
보 관	평균재고량	18,000갤론	10,400	7,600
세 척	배치수	800배치	350	450

㈜성림화학은 연간 유성페인트와 라텍스페인트의 예산 가공량을 각각 400,000갤론과 600,000갤론이 될 것으로 예상하고 있다.

| 요구사항 |

(a) 활동기준 제조간접원가배부율을 계산하는 표를 작성하시오.
(b) 각 활동별 간접원가집합의 원가를 각 제품에 배부하는 표를 작성하시오.
(c) 각 제품의 단위당 제조간접원가를 계산하시오.
(d) 활동원가집합을 부가가치적 활동과 비부가가치적 활동으로 구분하시오.

| 해답 |

(a) 활동기준 제조간접원가배부율의 계산

활동원가집합	추정제조간접원가	÷	기대활동사용량	=	활동배부율
구 매	₩240,000,000		1,500회		₩160,000/횟수
가 공	1,400,000,000		1,000,000갤론		₩1,400/갤론
포 장	580,000,000		400,000개		₩1,450/개
검 사	240,000,000		4,000회		₩60,000/횟수
보 관	180,000,000		18,000갤론		₩10,000/갤론
세 척	560,000,000		800배치		₩700,000/배치
	₩3,200,000,000				

(b) 활동기준원가집합의 각 제품별 할당

활동원가집합	유성페인트			라텍스페인트		
	활동사용량	배부율	원가배부액	활동사용량	배부율	원가배부액
구 매	800	₩160,000	₩128,000,000	700	₩160,000	₩112,000,000
가 공	400,000	₩1,400	560,000,000	600,000	₩1,400	840,000,000
포 장	180,000	₩1,450	261,000,000	220,000	₩1,450	319,000,000
검 사	2,100	₩60,000	126,000,000	1,900	₩60,000	114,000,000
보 관	10,400	₩10,000	104,000,000	7,600	₩10,000	76,000,000
세 척	350	₩700,000	245,000,000	450	₩700,000	315,000,000
총제조간접원가배부액			₩1,424,000,000			₩1,776,000,000

(c) 단위당 제조간접원가 배부액 계산

	유성페인트	라텍스페인트
총제조간접원가배부액	₩1,424,000,000	₩1,776,000,000
총생산량(갤론)	400,000	600,000
단위당 제조간접원가(갤론)	₩3,560	₩2,960

(d) 부가가치적 활동: 가공 및 포장
비부가가치적 활동: 구매, 검사, 보관, 세척

객관식문제

※ 다음 질문에 가장 적절한 답을 고르시오(1~12).

01. 활동기준원가계산은?
(a) 공정별원가계산에서만 사용될 수 있다.
(b) 생산량에 초점을 맞춘다.
(c) 제품을 생산하기 위해 수행된 활동에 초점을 맞춘다.
(d) 단일배부율만 사용한다.

02. 활동기준원가계산에 대한 적절한 내용은?
(a) JIT운영환경으로 가는 첫 단계이다.
(b) 개별원가계산에서만 사용될 수 있다.
(c) 활동원가집합과 원가동인을 식별하는 2단계 간접원가배부시스템이다.
(d) 직접노동시간을 주요 원가동인으로 사용한다.

03. 자원의 소비를 유발하는 활동을 무엇이라 하는가?
(a) JIT활동
(b) 설비수준활동
(c) 원가동인
(d) 비부가가치적 활동

04. ABC 개발의 첫 번째 단계는?
(a) 활동을 식별・분류하고 간접원가를 원가집합에 배부
(b) 간접원가를 제품에 배부
(c) 원가동인의 식별
(d) 간접원가배부율의 계산

05. 다음 중 조립원가집합에서 최선의 원가동인은?
(a) 제품라인의 수
(b) 부품의 수
(c) 주문횟수
(d) 면적의 크기

06. 기계작업준비에 대한 간접원가배부율은 준비횟수당 ₩100이다. 제품 A와 B의 작업준비횟수는 각각 80회, 60회이다. 각 제품에 배부된 간접원가는 얼마인가?
(a) 제품 A ₩8,000, 제품 B ₩8,000
(b) 제품 A ₩8,000, 제품 B ₩6,000
(c) 제품 A ₩6,000, 제품 B ₩6,000
(d) 제품 A ₩6,000, 제품 B ₩8,000

07. ㈜창신이 배부해야 할 총추정제조간접원가는 ₩1,920,000인 활동원가집합을 확인하였다. 그 활동에 대한 기대활동 총사용량은 160,000회의 검사이다. A, B, C제품에 대한 검사횟수는 각각 40,000, 30,000, 90,000회이다. 각 제품에 배부된 제조간접원가는 각각 얼마인가?

	제품 A	제품 B	제품 C
(a)	₩40,000	₩30,000	₩90,000
(b)	₩640,000	₩640,000	₩640,000
(c)	₩360,000	₩480,000	₩1,080,000
(d)	₩480,000	₩360,000	₩1,080,000

08. ABC에서 자주 언급되는 한계점은?
(a) ABC는 간접원가를 제품에 배부하는 데 사용되는 원가집합이 더 많아진다.
(b) 어떤 간접원가는 노동시간이나 기계시간과 같은 임의적인 물량기준 원가동인으로 여전히 배부되고 있다.
(c) ABC는 합리적인 의사결정에 도달하게 한다.
(d) ABC는 간접원가에 대한 통제가 줄어든다.

09. 기업이 다음의 어느 경우에 ABC의 사용을 고려해야 하는가?
(a) 간접원가가 총원가 중 적은 부분을 차지하고 있을 때
(b) 유사한 지원서비스 정도를 요구하는 제품의 수가 적을 때
(c) 직접노무원가가 총원가 중에서 차지하는 비중이 상당히 높고, 직접노동시간과 간접원가의 변동간에 상당히 높은 상관관계가 있을 때
(d) 제품라인이 수량과 제조복잡성에 있어서 상당히 다를 때

10. 제품에 대한 원가는 증가하지만 시장가치는 증가하지 않는 활동은?
(a) 부가가치적 활동
(b) 원가-효익 활동
(c) 원가동인
(d) 비부가가치적 활동

11. 다음 활동 중 부가가치적 활동은 어느 것인가?
(a) 원재료의 저장
(b) 부품의 장소 간 이동
(c) 선반에서 금속의 모양을 만드는 것
(d) 위의 모두 다

12. 난방비에 대한 적절한 설비수준의 원가동인은?
(a) 기계시간
(b) 직접재료원가
(c) 바닥면적
(d) 직접노무원가

주관식문제

01. ㈜창신은 정보검색을 위한 고속검색시스템을 판매하고 있다. 한 해 동안의 관련 자료는 다음과 같다.

	예 산	실 제
제조간접원가	₩1,000,000,000	₩950,000,000
기계시간	50,000	45,000
직접노동시간	100,000	90,000

제조간접원가는 직접노동시간을 기준으로 배부된다.

| 요구사항 |
(a) 예정배부율을 계산하시오.
(b) 한 해 동안 배부된 제조간접원가 금액을 결정하시오.
(c) 예정배부율을 계산할 때 ABC는 계산방법 측면에서 전통적인 원가계산시스템과 어떻게 다른가?

02. ㈜창신은 전통적 방법과 ABC 방법을 사용하여 한 제품라인의 제조간접원가를 분석하였다. 분석결과는 다음과 같다.

	전통적 원가계산	ABC
매 출 액	₩600,000,000	₩600,000,000
제조간접원가		
제품 RX3	₩34,000,000	₩50,000,000
제품 Y12	36,000,000	20,000,000
	₩70,000,000	₩70,000,000

| 요구사항 |

두 시스템 간의 제조간접원가 차이를 설명하시오.

03. ㈜창신은 제조과정에서 다음의 세 가지 활동을 식별하였다. 기계작업준비, 기계작업, 검수. 각 활동에 대한 연간 추정제조간접원가는 각각 ₩180,000,000, ₩325,000,000 및 ₩87,500,000이다. 각 활동에 대한 연간 추정원가동인량은 다음과 같다: 작업준비횟수 2,500회, 기계시간 25,000시간, 검수횟수 1,750회. 각 활동에 대한 간접원가배부율을 계산하시오.

04. 창신디자인은 봄과 가을용 코트 6개의 생산라인별 가격책정의 기준을 설정하기 위해 ABC시스템을 사용하고 있다. 활동원가집합에 대한 자료를 이용하여 활동기준 간접원가배부율을 계산하시오.

활동원가집합	추정제조간접원가	활동별 추정 원가동인사용량
디자인	₩450,000,000	12,000/디자이너 작업시간
재단 및 절단	4,000,000,000	160,000/기계시간
바느질과 손질	1,440,000,000	80,000/노동시간
포 장	336,000,000	32,000/완성품수량

05. 컴퓨터 칩을 생산하는 ㈜창신은 ABC를 사용하고 있다. 2012년의 각 활동원가집합에 대한 예산자료는 다음과 같다.

활동원가집합	추정제조간접원가	활동별 추정 원가동인사용량
주문 및 접수	₩90,000,000	15,000/주문횟수
에칭(etching)	480,000,000	60,000/기계시간
납 땜	1,760,000,000	440,000/노동시간

| 요구사항 |

2012년 동안 이 회사는 11,000회의 주문, 50,000 기계시간, 500,000 총노동시간을 사용하였다. 한 해 동안의 총제조간접원가배부액을 계산하시오.

06. ㈜창신은 3개의 활동원가집합과 2가지의 제품을 가지고 있다. 이 회사는 제품 BC와 제품 AD 각각 3,000단위, 1,400단위를 생산할 것으로 기대하고 있다. 활동원가집합과 각 집합에 대한 원가동인을 식별한 뒤, 활동원가집합과 원가동인에 관한 다음의 정보를 수집하였다.

연간 간접원가자료			제품당 기대활동사용량		
활동원가집합	원가동인	추정간접원가	총활동 사용량	제품 BC	제품 AD
작업준비	준비횟수	₩20,000,000	40	25	15
기계작업	기계시간	110,000,000	5,000	1,000	4,000
포 장	주문횟수	30,000,000	500	150	350

| 요구사항 |

위의 자료를 이용하여 다음 물음에 답하시오.

(a) 원가동인당 간접원가 활동배부율을 계산하는 표를 작성하시오.

(b) 각 활동의 간접원가를 두 제품에 배부하기 위한 표를 작성하시오.

(c) 각 제품별 단위당 간접원가를 계산하시오.

(d) 제품 단위당 간접원가를 비교하고 논평하시오.

07. ㈜창신물산은 표준형과 맞춤형 두 개의 가방을 생산하고 있다. 컨트롤러는 직접노무원가를 기준으로 한 공장전체 배부율을 사용하고 있다. 사장은 ABC에 대해 전해 듣고 이 시스템이 도입되면 원가계산 결과가 어떻게 달라지는지 알고 싶어 했다. 기계작업과 기계작업준비라는 두 개의 활동이 개발되었다. 기업의 운영활동과 관련된 정보는 다음과 같다.

	표준형	맞춤형
직접노무원가	₩50,000,000	₩100,000,000
기계시간	1,000	1,000
작업준비시간	100	400

총추정제조간접원가는 ₩300,000,000이다. 기계작업과 작업준비활동에 배부된 제조간접원가는 각각 ₩200,000,000과 ₩100,000,000이다.

| 요구사항 |

(a) 전통적 방법(공장전체 배부율)을 사용하여 간접원가배부율을 계산하시오.

(b) ABC를 사용하여 간접원가배부율을 계산하시오.

(c) 위의 두 방법하의 차이를 계산하시오.

08. ㈜창신은 전통적 방법과 ABC를 사용한 제품라인과 관련된 다음 활동을 분석하였다. 두 방법 모두 직접재료원가와 직접노무원가를 포함하고 있다.

제 품	매출액	총원가	
		전통적 방법	ABC
X	₩200,000,000	₩55,000,000	₩50,000,000
Y	160,000,000	50,000,000	35,000,000
Z	80,000,000	15,000,000	35,000,000

| 요구사항 |

(a) 각 제품라인에 대해 전통적 방법하에 영업이익을 계산하라.
(b) 각 제품라인에 대해 ABC의 영업이익을 계산하라.
(c) 다음의 공식을 사용하여 각 제품라인의 영업이익 차이(%)를 계산하시오.
[(영업이익(ABC) − 영업이익(전통적)] ÷ 영업이익(전통적)]
(d) 두 방법하에서 제품 X의 원가는 왜 비슷한가?

09. ㈜창신의류는 제조간접원가에 대해 ₩900,000,000의 예산을 수립하고, 직접노동시간을 사용한 공장전체 배부율을 기준으로 두 제품에 간접원가를 배부하였다. 올해 연간 추정직접노동시간은 450,000시간이다. 회사는 ABC를 도입하기로 결정하고 두 개의 활동원가집합과 두 개의 원가동인을 확인하였다. 활동원가집합은 재단활동(원가동인: 기계시간)과 디자인활동(원가동인: 작업준비시간)으로 결정하였다. 재단 및 디자인 원가집합에 할당된 금액은 각각 ₩300,000,000, ₩600,000,000이다. 이 원가집합과 관련된 추가정보는 다음과 같다.

	양모	면	계
기계시간	100,000	100,000	200,000
작업준비시간	1,000	500	1,500

| 요구사항 |

(1) ABC를 사용하여 양모와 면제품 라인에 배부된 제조간접원가 금액을 결정하시오.
(2) 전통적 방법을 사용하여 양모와 면제품 라인에 배부된 제조간접원가 금액을 결정하시오. 단, 두 제품라인 모두 동일한 직접노동시간을 사용하며, 배부기준은 직접노동시간으로 가정하시오.

10. ㈜창신공업은 승용차용 휠과 트럭용 휠 두 제품을 생산하고 있다. 두 제품라인에 배부할 원가를 결정하기 위하여 컨트롤러는 다음 정보를 집계하였다.

	승용차	트 럭
예상생산량	40,000	10,000
개당 직접노동시간	1	3

두 제품라인에 대한 총추정제조간접원가는 ₩700,000,000이다.

| 요구사항 |

(a) 직접노동시간이 배부기준으로 사용된다고 가정하고 각 제품라인에 배부될 제조간접원가를 계산하시오.

(b) 컨트롤러는 전통적인 간접원가 배부에 만족하지 못하였다. 왜냐하면 대부분의 간접원가는 트럭용 휠의 생산과 관련된 복잡성과 관련이 있기 때문이다. 따라서 컨트롤러는 이들 원가를 보다 잘 이해하기 위해 다음의 세 가지 원가집합과 관련 원가동인을 개발하였다.

활동원가집합	기대 원가동인 사용량	기대 제조간접원가
기계작업준비	1,000회	₩180,000,000
조 립	70,000시간	280,000,000
검 수	1,200회	240,000,000

세 원가집합에 대한 ABC기준의 간접원가배부율을 계산하시오.

(c) 다음 정보를 이용하여 ABC하의 각 제품라인에 배부될 원가를 계산하시오.

	제품별 원가동인의 기대사용량	
	승용차	트 럭
작업준비횟수	200	800
직접노동시간	40,000	30,000
검수횟수	100	1,100

(d) 컨트롤러의 의견은 타당한가?

11. ㈜창신창호는 주거용과 상업용 창문덮개를 판매하고 있다. 다음 정보는 올해 운영과 관련된 예산자료이다.

		상업용		주거용
매 출		₩300,000,000		₩480,000,000
직접재료원가	₩30,000,000		₩50,000,000	
직접노무원가	100,000,000		300,000,000	
제조간접원가	50,000,000	180,000,000	150,000,000	500,000,000
영업이익(손실)		₩120,000,000		(₩20,000,000)

컨트롤러는 주거용 제품라인에 관심이 있다. 컨트롤러는 주거용 창문덮개의 설치가 덜 복잡한데 왜 이익이 발생하지 않는지 그 이유를 알고 싶어 한다. 뿐만 아니라 주거용 고객은 회사 근처에 살고 있기 때문에 고객방문과 관련한 비용도 많이 발생하지 않는다. 그 결과 보다 정확한 제품원가계산시스템을 개발하기 위해 두 제품라인에 할당된 간접원가를 면밀하게 검토하기로 결정하였다. 다음의 표는 세 가지 활동원가집합과 그와 관련된 정보를 나타내고 있다.

활동원가집합	추정제조간접원가	원가동인
일정계획 및 방문	₩90,000,000	방문시간
작업준비시간	70,000,000	작업준비횟수
감 독	40,000,000	직접노무원가

제품당 추정 원가동인사용량(활동량)		
	상업용	주거용
일정계획 및 방문	1,000	500
작업준비시간	450	250

| 요구사항 |

(a) 세 원가동인에 대해 활동기준 간접원가배부율을 계산하고, 각 제품라인에 할당된 제조간접원가를 결정하시오.

(b) ABC 간접원가배부율을 사용하여 각 제품라인별 영업이익을 계산하시오.

12. ㈜창신금고는 이동형 금고와 은행용 고정형 대형금고를 제조하고 있다. 연간 예산편성과정의 일부로서 ㈜창신금고는 두 제품의 수익성을 분석하고 있다. 이 분석에는 각 제품라인에 할당될 제조간접원가 추정액이 포함된다. 간접원가와 관련된 자료는 다음과 같다.

	이동형 금고	고정형 금고
생산계획수량	200	50
제품라인별 재료이동횟수	300	200
제품라인별 구매주문횟수	450	350
제품라인별 직접노동시간수	800	1,700

| 요구사항 |

(a) 총추정제조간접원가는 ₩235,000,000이었다. 전통적 원가계산(배부기준 – 직접노동시간)하에서 각 제품별 제조간접원가는 각각 얼마인가?

(b) 추정제조간접원가 ₩235,000,000은 자재취급비 ₩150,000,000, 구매활동비 ₩85,000,000으로 구성되어 있다.

(1) ABC하에서 각 제품에 배부될 자재취급비는 각각 얼마인가?

(2) ABC하에서 각 제품에 배부될 구매활동비는 각각 얼마인가?

(c) 전통적 원가계산과 ABC하에서 각 제품 한 단위에 배부될 제조간접원가를 비교하시오.

13. ㈜창신은 다음의 2가지 제품 A와 B를 생산하고 있다. 4월 한 달 동안 제품 A와 B를 각각 50단위와 300단위 생산하였으며, 추정제조간접원가는 ₩89,500,000이다. 추정된 간접원가를 분석한 결과는 다음과 같다.

활 동	원가동인	총원가
자재취급	자재요청횟수	₩35,000,000
기계작업준비	작업준비횟수	27,500,000
품질검사	검사횟수	27,000,000
		₩89,500,000

각 제품에 대한 원가동인량은 다음과 같다.

원가동인	제품 A	제품 B	계
자재요청횟수	400	600	1,000
작업준비횟수	200	300	500
검사횟수	200	400	600

| 요구사항 |

(a) 각 활동별 간접원가배부율을 결정하시오.

(b) ABC를 사용하여 4월 한 달 동안 제조간접원가를 두 제품에 배부하시오.

실전문제

01. 활동기준원가계산에 관한 다음 설명 중에서 가장 올바르지 않은 것은? [기업회계 1급, 33회]

① 표준원가계산제도와 같이 사전원가계산제도이다.

② 배부기준의 수가 전통적인 원가계산에 비해 많다.

③ 활동이 자원을 소비하고 제품이 활동을 소비한다.

④ 기업이 수행하는 수많은 활동을 정의하고 구분하기 위한 명확한 기준이 현재까지 설정되어 있지 않아 활동기준원가계산제도의 단점으로 볼 수 있다.

02. ㈜화성아카데미는 유료 온라인강의를 하는 인터넷회사로 2014년도에 300,000명의 유료회원을 보유하고 있다. ㈜화성아카데미는 회원의 의문점이나 사용상의 문의에 응답하기 위해서 10명의 콜센터요원으로 애프터서비스센터를 운영하고 있으며, 2014년 동안 250일을 하루에 8시간씩 응답하도록 1명당 36,000원의 연봉을 지급하였다. 2014년도에는 고객수의 5%가 전화문의를 하였으며 전화문의 고객당 평균문의시간은 30분이였다. 2014년도에 응답활동시간의 미사용활동원가는 얼마인가? [기업회계 1급, 32회]

① ₩195,000　　② ₩205,000

③ ₩215,000　　④ ₩225,000

03. ㈜화성은 활동원가계산방법을 사용하고 있다. ㈜화성은 갑과 을의 두 가지 제품을 생산하고 있다. 갑제품의 연간 생산 및 판매량은 8,000단위이고 을제품은 6,000단위이다. ㈜화성은 세 가지 활동을 수행하고 있으며, 이에 관한 정보는 다음과 같다. 활동기준원가계산방법을 적용하여 갑제품의 단위당 제조간접비를 구한다면 얼마인가? [기업회계 1급, 31회]

활동집합	제조간접비	원가동인의 수	
		갑제품	을제품
활동 1	₩20,000	100	400
활동 2	₩37,000	800	200
활동 3	₩91,200	800	3,000

① ₩6.6 ② ₩5.5
③ ₩3.9 ④ ₩2.4

04. 활동기준원가계산에 관한 다음 설명 중 옳지 않은 것은? [기업회계 1급, 30회]

① 기업이 수행하는 수많은 활동을 정의하고 구분하기 위한 명확한 기준이 현재까지 설정되어 있지 않아 활동기준원가계산제도의 단점으로 볼 수 있다.
② 배부기준의 수가 전통적인 원가계산에 비해 많다.
③ 활동이 자원을 소비하고 제품이 활동을 소비한다.
④ 표준원가계산제도와 같이 사전원가계산제도이다.

05. 다음 중 활동기준원가회계의 사례에 대한 설명 중 틀린 것을 모두 나열한 것은? [기업회계 1급, 29회]

1. 생산부문에 대한 제조간접비 배부를 전통적인 배부방식에서 활동기준원가회계 방식으로 전환했더니 기업 전체의 이익에 변화가 발생했다.
2. 제조과정 중 다양한 활동에 대한 원가동인을 규명하기가 비교적 용이하여 활동기준원가회계로 전환했더니 원가관리의 효용성이 증가했다.
3. 제조간접비 중 고정원가의 비중이 점차 증가하여 활동기준원가회계로 전환했더니 제조간접비의 산정이 보다 용이했다.
4. 다품종소량생산시스템에서 활동기준원가회계를 적용했더니 원가의 산출과정이 번거로워졌다.
5. 제조간접비의 비중이 점차 낮아지는 상황에서 활동기준원가회계로의 전환이 원가관리의 효용성을 향상시켰다.

① 1, 3, 5 ② 1, 3, 4
③ 2, 3, 4 ④ 2, 3, 5

06. 다음 중 활동기준원가계산에서 제품수준활동으로 분류될 수 있는 활동은 무엇인가?

[기업회계 1급, 28회]

① 제품광고활동 ② 공장건물에 대한 재산세 납부활동
③ 제품생산의 기계작업활동 ④ 원재료처리활동

07. 대전마트는 할인매장을 운영하고 있는데 과일, 과자, 냉동식품의 세 가지 제품군에 대해서 활동기준으로 개별제품군의 수익성을 파악해 보고자 한다. 이 회사의 각 활동과 활동별 원가배부율이 다음과 같이 조사되었다. 냉동식품군의 수익과 원가관련 자료가 다음과 같은 경우에 냉동식품군에서 얻어지는 영업이익은 얼마인가? [기업회계 1급, 27회]

구분	내용	
활동별 원가배부율	• 주문활동: 구매주문 횟수당 ₩10,000 • 상품배달과 접수활동: 배달 횟수당 ₩8,000 • 선반진열활동: 진열시간당 ₩2,000 • 고객지원 보조활동: 판매수량당 ₩20	
수익·원가 관련자료	• 냉동식품매출액: ₩2,360,000 • 배달횟수: 90회 • 주문횟수: 30회 • 판매고객: 865명	• 매출원가: ₩480,000 • 진열시간: 183시간 • 판매수량: 15,500개

① ₩176,000 ② ₩184,000
③ ₩197,000 ④ ₩203,000

08. 활동기준원가계산과 관련된 다음 설명 중에서 적절하지 못한 것은? [기업회계 1급, 27회]

① 활동기준원가계산은 원가 중에서 제조간접비의 비중이 높은 기업에 적용할 경우 도움이 된다.
② 활동기준원가계산은 활동을 원가대상의 중심으로 삼아 활동의 원가를 계산하고 이를 토대로 하여 다른 원가를 계산하는 것을 중점적으로 다루는 원가계산시스템이다.
③ 다품종 소량생산의 제조업체가 이를 적용할 경우 도움이 된다.
④ 서비스업체에서는 활동기준원가계산을 적용하기가 어렵다.

Chapter 5

원가 - 조업도 - 이익분석

학습목표

이 장의 학습목표는 다음과 같다.

1. 원가 -조업도-이익의 관계를 파악한다.
2. 이익계획을 위해 CVP관계를 적용하는 방법을 학습한다.
3. CVP분석을 사용하여 단기의사결정방법을 학습한다.
4. CVP관계를 이용한 위험측정방법에 대해 설명한다.
5. 다품종 CVP분석방법을 설명한다.
6. CVP분석의 기본가정에 대해 설명한다.

요약

제5장에서는 원가-조업도-이익(CVP: Cost-Volume-Profit)의 관계에 대해 공부한다. CVP분석은 조업도수준, 제품의 판매가격, 단위당 변동원가 또는 고정원가의 변화에 따라 총수익, 총원가 및 영업이익이 어떻게 변동하는지를 조사하는 분석방법으로서, 경영자들이 유용하게 사용하는 단기의사결정 도구이다. 신제품이 일정한 원가구조하에서 이익을 내려면 얼마를 팔아야 하는지, 제품가격은 어떻게 책정해야 하는지, 만약 산출량이 변하면 총이익과 총원가는 어떻게 영향을 받는지, 신규사업을 확장하면 원가, 판매가격, 산출량은 어떻게 영향을 받는지를 분석할 필요가 있다. 이러한 의사결정에 CVP분석이 사용된다. 제5장의 구성과 내용은 다음과 같다.

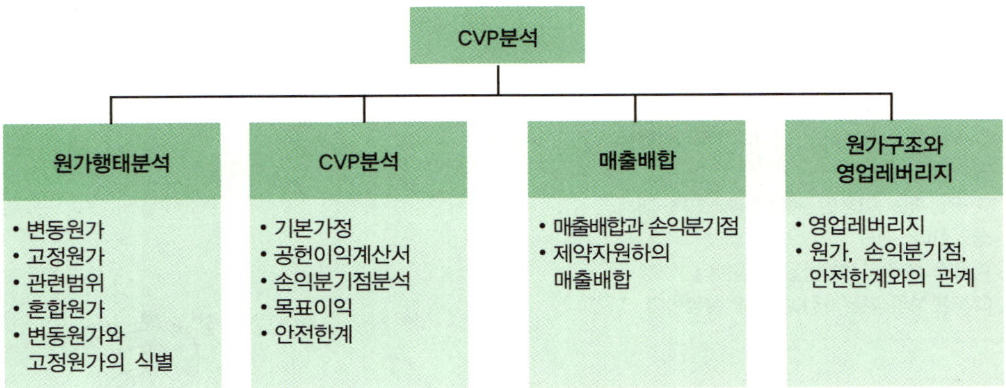

1 원가행태분석

원가행태분석(cost behavior analysis)은 특수한 원가가 조업수준의 변화에 따라 어떻게 반응하는지를 검토하는 것이다. 조업도의 변화에 따라 어떤 원가는 변동하지만 또다른 원가는 변동하지 않는다. 예를 들면 대한항공의 경우 비행거리가 길어질수록 연료비는 많이 발생한다. 그러나 동산의료원의 야간 응급실에 근무하는 직원의 급여는 치료하는 환자의 수에 관계없이 상대적으로 일정하다. 원가행태에 관한 지식은 경영자가 운영활동(operations)을 계획하고 대안(alternatives)을 결정하는 데 도움을 준다. 원가행태분석은 모든 형태의 기업에 적용할 수 있다.

원가행태분석의 출발점은 핵심기업활동(activity)을 측정하는 것이다. 활동수준(activity level) 혹은 조업수준(volume)은 소매업의 경우 매출액, 운송회사의 경우 주행거리, 호텔의 경우 객실점유율, 제조업의 경우 생산량, 무용학원의 경우 무용교습시간 등으로 나타낼 수 있다. 많은 기업들은 조업도에 대해 하나 이상의 측정기준을 사용한다. 조업도는 직접노동시간이나 생산량과 같은 물량(volume)으로 나타낼 수도 있고, 매출액과 같은 금액(sales revenue)으로 나타낼 수도 있다.

원가행태분석에서 조업수준이 유용하기 위해서는 조업수준의 변동이 원가의 변동과 관련이 있어야 한다. 기업은 조업도의 변화에 따라 원가가 어떻게 반응하는가에 따라 변동원가, 고정원가 혹은 혼합원가로 분류한다.

변동원가

변동원가(variable cost)는 조업수준의 변화에 따라 총액이 직접적 · 비례적으로 변동하는 원가를 의미하는데, 변동원가의 행태에 대해 명확한 이해가 필요하다. 단위당 변동원가는 조업도와 무관하게 일정하지만 총변동원가는 조업도에 비례한다. 만약 조업도수준이 10% 증가하면 총변동원가는 10% 증가하고, 조업수준이 25% 감소하면 총변동원가는 25% 감소한다. 변동원가에는 직접재료원가, 직접노무원가, 매출원가(제조업), 판매수수료(판매업), 연료비(운송회사) 등이 있다.

변동원가의 행태를 설명하기 위해, 개당 ₩10의 원가로 제품 2,000개를 생산하는 어느 회사의 예를 생각해 보자. 이 기업의 조업도는 제품의 생산량이다. [도표 5-1]의 (a)는 총변동원가를 나타내고 있다. 총변동원가는 생산량에 비례하는 원점을 지나는 직선의 형태를 나타낸다. 제품 2,000개를 생산하면 총원가는 ₩20,000이 되고, 10,000개를 생산하면 ₩100,000이 된다. 이런 형태의 변동원가를 순수변동원가라고 한다. [도표 5-1]의 (b)는 제품에 대한 단위당 변동원가를 나타내고 있으며, 2,000, 4,000, 10,000개를 생산할 때 단위당 변동원가는 생산량에 관계없이 항상 일정하다는 것을 알 수 있다. 노동력이 많이 필요한 신발회사나 호텔 같은 서비스를 제공하는 기업은 변동원가의 비중이 매우 높고 삼성전자, 정유회사 등 대규모 기계장치를 필요로 하는 기업은 총원가에서 차지하는 변동원가의 비중이 상대적으로 낮다.

도표 5-1 | 총변동원가와 단위당 변동원가

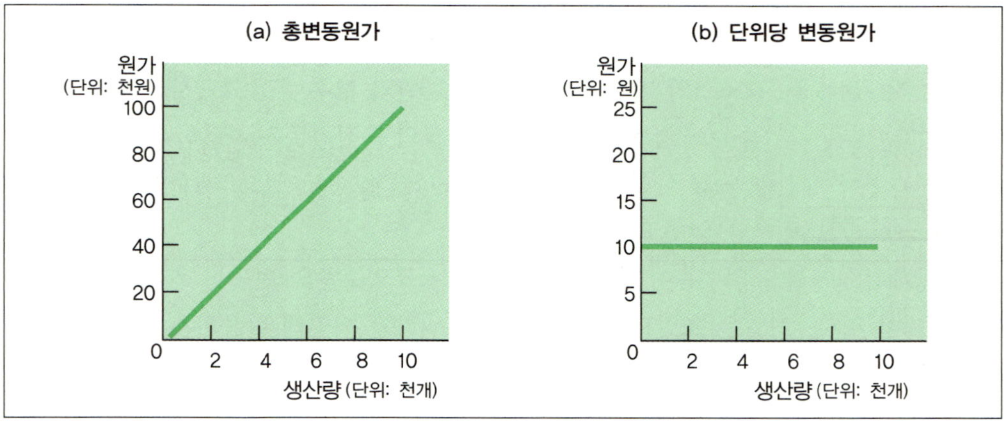

고정원가

고정원가(fixed cost)는 조업도(생산량)의 변화에 관계없이 항상 일정한 원가를 말한다. 고정원가의 예로는 재산세, 보험료, 임차료, 감독자 급여, 건물과 설비에 대한 감가상각비 등을 들 수 있다. 총고정원가는 생산량이 변해도 항상 일정하기 때문에 단위당 고정원가는 생산량과 반대로 변동한다. 즉, 생산량이 증가하면 단위당 고정원가는 감소하고, 반대로 생산량이 감소하면 단위당 고정원가는 증가한다.

고정원가의 예를 설명하기 위해 월 ₩10,000의 원가로 생산설비를 임차한 어느 회사를 생각해 보자. 생산설비에 대한 총고정원가는 [도표 5-2]의 (a)와 같이 모든 조업수준에서 일정하다. 그러나 [도표 5-2]의 (b)에서 알 수 있는 바와 같이 단위당 고정원가는 생산량이 증가하면 감소한다. 2,000단위를 생산할 때 단위당 고정원가는 ₩5(₩10,000÷2,000)이 되고, 10,000단위를 생산하면 ₩1(₩10,000÷10,000)이 된다.

많은 제조기업은 자동화로 인해 고정원가의 비중이 점점 증가하고 변동원가의 비중은 감소하고 있는 추세이다. 그 결과 감가상각비와 임차료 같은 고정원가는 증가하고 반면에 직접노무원가와 같은 변동원가는 감소하고 있다.

도표 5-2 ▌ 총고정원가와 단위당 고정원가

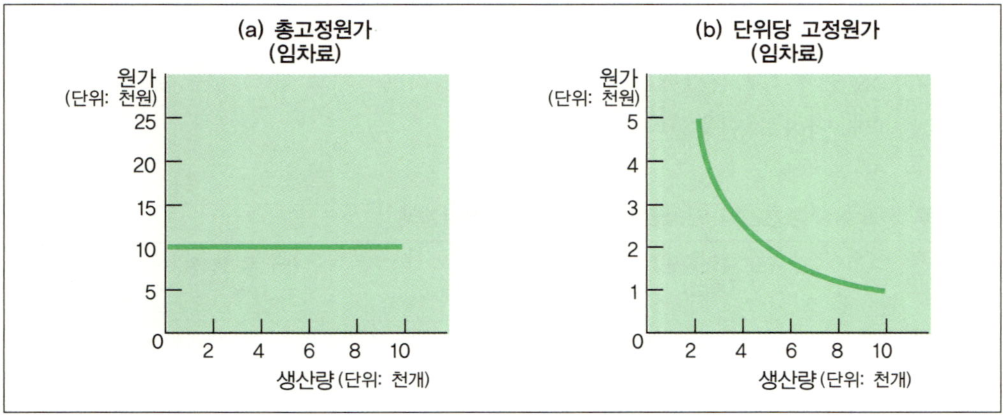

관련범위

관련범위(relevant range)는 변동 및 고정원가에 대한 가정이 유지되는 조업범위 혹은 활동범위를 말한다. 어떠한 원가가 고정적이라는 의미는 관련범위 내에서 원가가 고정되어 있다는 것을 의미하고, 어떤 원가가 변동적이라는 의미는 관련범위 내에서 조업도에 따라 변동원가가 조업도와 같은 방향으로 변동한다는 의미이다. 관련범위의 개념은 고정원가와 변동원가를 이해하는 데 매우 중요하다.

[도표 5-1]의 (a)에서 총변동원가는 전체 조업범위 내에서 직선의 형태를 보이고 있다. 만약 원가와 조업도의 관계가 직선(linear)의 형태라면 조업도가 변하면 원가는 직접적이고 비례적으로 변동한다. 예를 들면, 만약 조업수준(생산량)이 두 배가 되면 원가도 두 배가 된다. 그러나 다음과 같은 의문이 제기된다. 원가와 조업도 간의 선형관계(linear relationship)가

현실적으로 가능한가? 선형에 대한 가정이 CVP분석을 위해 유용한 자료를 만들어 낼 수 있는가?

그러나 대부분의 기업상황에서는 가능한 전체 조업범위 내에서 변동원가에 대한 선형관계는 존재하지 않는다. 극히 비정상적인 낮은 조업수준에서 원가-효율적인 것은 불가능하다. 소규모 생산은 재료에 대한 수량할인이 가능하지 않거나 전문인력을 사용할 수 없다. 이와는 반대로 비정상적으로 높은 조업상태에서는 작업자의 피로로 인한 과도한 공손(spoilage) 때문에 관리비가 급격하게 증가할 수 있다. 그 결과 실제로 변동원가와 조업수준의 변화 간의 원가행태는 [도표 5-3]의 (a)와 같이 종종 곡선(curvilinear)의 형태를 보이고 있다. 곡선부분에서는 조업도가 변하면 변동원가가 직접적・비례적으로 변동하지 않는다. 즉, 생산량이 2배 증가해도 변동원가가 정확하게 2배로 증가하는 것이 아니라 2배 이상 또는 2배 이하로 변동한다.

도표 5-3 ▌ 고정원가와 변동원가의 비선형적 원가행태

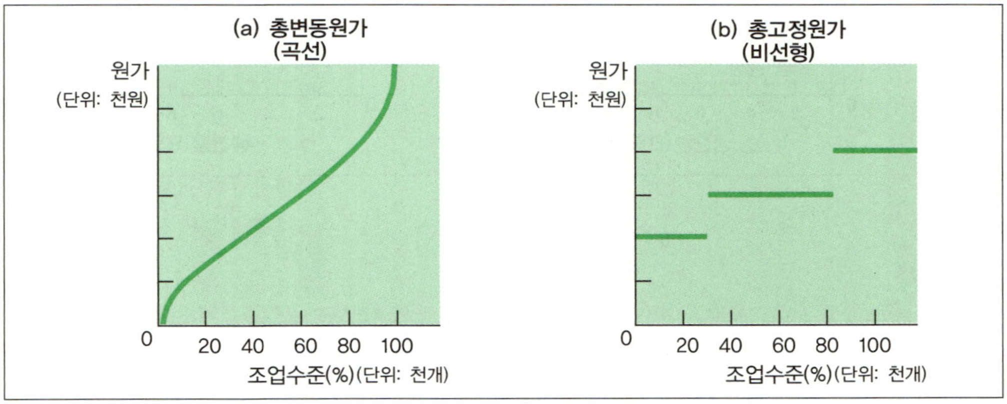

총고정원가 또한 전체 조업범위 내에서 직선관계가 아니다. 어떤 고정원가는 변하지 않지만 다른 고정원가는 경영자가 바꿀 수 있다. 예를 들면 판매원의 급여를 고정적인 월급형태에서 판매금액의 정도에 따라 상이한 인센티브 형태로 지급할 수 있다. 이러한 유형의 원가를 계단원가(step cost) 혹은 준고정원가라 부르기도 한다. [도표 5-3]의 (b)는 가능한 모든 조업수준에서 총고정원가 행태를 보여주고 있다.

기업의 조업수준이 0%이거나 100% 수준인 경우는 극히 드물다. 대부분의 기업은 40~80%의 조업수준과 같이 일정 조업범위 내에서 생산이 이루어지고 있다. 기업이 1년 동안 운영할 것으로 기대되는 범위가 조업수준의 관련범위이다. [도표 5-4]는 관련범위 내에서 변동원가와 고정원가 모두 직선의 모양을 나타내고 있다.

도표 5-4 | 관련범위 내에서 선형 원가행태

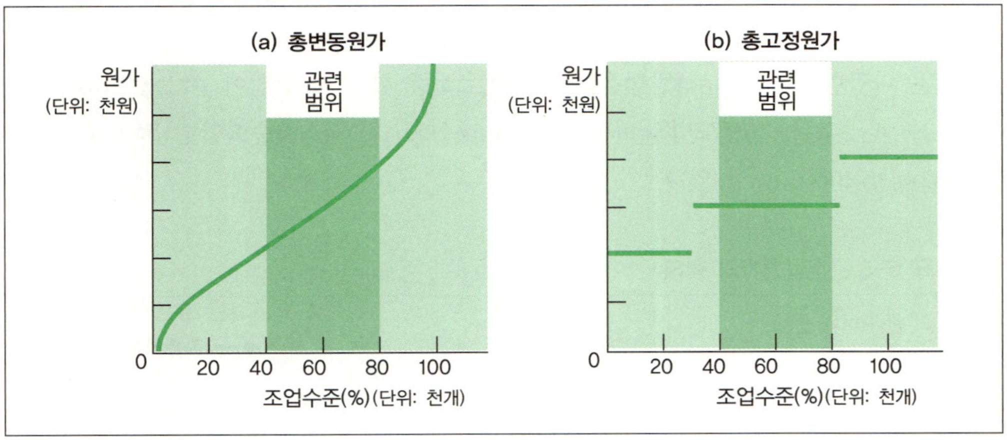

위 그림에서 알 수 있는 바와 같이 원가의 완벽한 선형관계는 비현실적이다. 그러나 원가의 선형관계 가정은 조업수준이 관련범위 내에 있는 한 CVP분석을 위해 유용한 자료를 제공해 준다.

혼합원가

혼합원가(mixed costs)는 변동원가적인 요소와 고정원가적인 요소를 모두 가지고 있는 원가이다. 혼합원가는 준변동원가(semivariable cost)라고도 한다. 따라서 혼합원가는 조업수준이 변하면 총원가는 변하지만 비례적으로 변동하지는 않는다.

이삿짐센터의 트럭임차가 좋은 예이다. 성림이삿짐센터는 보험료를 포함한 하루 동안의 고정원가가 ₩50,000, 변동원가는 주행거리 Km당 ₩5,000의 요금을 부담하는 조건으로 5톤 트럭 1대를 빌려준다고 하자. 주행거리와 관계없이 부과하는 ₩50,000은 고정원가 부분이고 주행거리에 비례해서 발생하는 요금은 변동원가 부분이다. 1일 임차료를 도표로 나타내면 [도표 5-5]와 같다. 이 경우 고정원가 요소는 서비스를 이용가능하게 하는 원가이고, 변동원가 요소는 실제로 서비스를 이용한 원가이다. 혼합원가에 대한 또 다른 예는 전기, 전화와 같은 공공요금과 관련된 원가(utility costs)이다. CVP분석을 위해 **혼합원가는 고정적 요소와 변동적 요소로 구분**해야 한다. 경영자는 혼합원가를 어떻게 분류해야 하는가? 한 가지 가능한 방법은 혼합원가가 발생할 때마다 변동원가적 요소와 고정원가적 요소로 구분하는 것이다. 그러나 시간과 원가제약 때문에 이러한 방법은 따르기 힘들다. 그 대신에 여러 조업수준에서 혼합원가 행태에 관한 자료를 수집하는 것이다.

기업은 다양한 형태의 분석방법을 사용한다. 그 중 한 가지 방법이 **고저점법(high-low method)**이다. 그 외 산포도법(scatter diagram method) 및 최소자승회귀분석법(least square regression method) 등이 있다.

도표 5-5 혼합원가의 형태

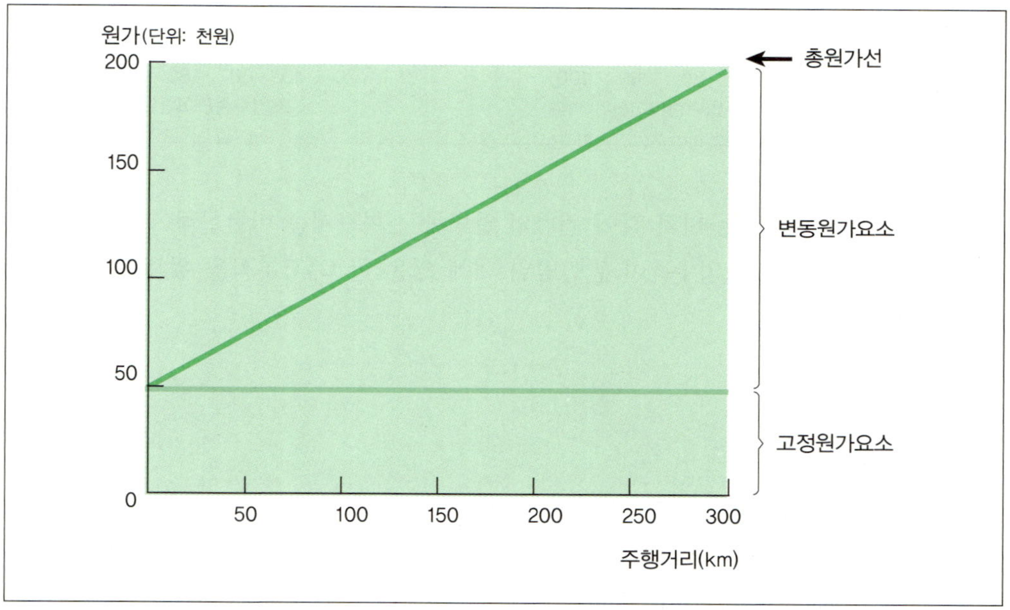

예제 5-1

㈜성림은 두 조업수준에서의 총원가에 관한 자료를 다음과 같이 보고하고 있다.

	10,000단위	20,000단위
직접재료원가	₩20,000	₩40,000
수선비	8,000	10,000
직접노무원가	17,000	34,000
간접재료원가	1,000	2,000
감가상각비	4,000	4,000
공과금	3,000	5,000
임차료	6,000	6,000

각 원가를 변동원가, 고정원가, 혼합원가로 분류하라.

| 정답 |

- 변동원가: 직접재료원가, 직접노무원가, 간접재료원가
- 고정원가: 감가상각비, 임차료
- 혼합원가: 수선비, 공과금

고저점법

고저점법(high-low method)은 관련범위 내에서 원가동인의 최고 및 최저 관찰치와 그에 상응하는 원가들만 사용하여 혼합원가를 고정적 요소, 변동적 요소로 구분하고, 이를 이용하여 원가를 추정하는 방법이다. 최고 및 최저 두 점을 사용하여 원가 추정방정식의 기울기계수(단위당 변동원가)와 상수 혹은 절편(고정원가)을 계산한다. 이때 혼합원가를 고정적 요소와 변동적 요소로 분해하기 위해 최고 조업수준과 최저 조업수준에서 발생한 총원가를 이용한다. 두 조업도수준에서 발생한 원가의 차이는 변동원가를 나타낸다. 왜냐하면 단지 변동원가 요소만 조업도의 변동에 따라 변동할 수 있기 때문이다. 다음의 [도표 5-6]의 자료를 사용하여 혼합원가를 고정원가 요소와 변동원가 요소로 분해하기로 하자.

어느 버스회사의 지난 4개월간 주행거리와 수선유지비는 다음과 같다.

도표 5-6 ▌ 주행거리와 수선유지비

월	주행거리(Km)	수선유지비
1	20,000	₩30,000,000
2	40,000	48,000,000
3	35,000	49,000,000
4	50,000	63,000,000

1. 단위당 변동원가를 결정한다.

   기울기(단위당 변동원가) =

$$\frac{\text{원가동인의 최고관찰치와 최저관찰치에 상응하는 원가의 차이}}{\text{원가동인의 최고 관찰치와 최저관찰치의 차이}}$$

$$= \frac{₩63,000,000 - ₩30,000,000}{50,000 - 20,000} = ₩1,100/\text{Km}$$

2. 상수, 즉 고정원가를 계산하기 위해서 원가동인의 최고치나 최저치 중 한 값을 사용한다. 어느 점을 사용해도 결과는 같다.

   원가추정 방정식은 $y = a + bx$ 이므로 $a = y - bx$ 이다.

   원가동인의 최고관찰치(4월 자료)를 사용하면,

   상수 $a = ₩63,000,000 - 1,100 \times 50,000 = ₩8,000,000$

   원가동인의 최저관찰치(1월 자료)를 사용하면,

   상수 $a = ₩30,000,000 - 1,100 \times 20,000 = ₩8,000,000$

   따라서 고저점에 의한 원가추정 방정식은 다음과 같다.

   수선유지비 = 고정원가 + (₩1,100 × 주행거리)

   = ₩8,000,00 + ₩1,100 × 주행거리

예를 들면 45,000Km에서 추정수선유지비는 ₩8,000,000의 고정원가와 ₩49,500,000(₩1,100 × 45,000)의 변동원가가 발생하여 총 ₩57,500,000이 된다.

고저점법은 일반적으로 분석을 위한 합리적 추정치를 만들어 낸다. 그러나 계산을 할 때 다른 측정값은 무시하기 때문에 고정원가와 변동원가를 정확하게 측정해 내지 못한다.

예제 5-2

다음은 ㈜성림의 생산량과 혼합원가를 나타내고 있다.

월	생산량	총원가
3	9,800	₩14,740,000
4	8,500	13,250,000
5	7,000	11,100,000
6	7,600	12,000,000
7	8,100	12,400,000

(a) 고저점법을 사용하여 고정원가와 단위당 변동원가를 계산하라.

$$\text{단위당 변동원가} = \frac{₩14,740,000 - ₩11,100,000}{9,800 - 7,000} = ₩1,300/\text{단위}$$

고정원가 = ₩14,740,000 − ₩12,740,000(₩1,300 × 9,800단위) = ₩2,000,000

혹은 ₩11,100,000 − ₩9,100,000(₩1,300 × 7,000) = ₩2,000,000

(b) 6,000단위를 생산할 때 총원가를 추정하라.

$y = 2,000,000 + 1,300 \times$ (생산량)에서

$y = 2,000,000 + 1,300 \times 6,000 =$ ₩9,800,000

2 CVP분석의 기초

CVP분석은 원가(cost), 조업도, 즉 생산량 혹은 판매량(volume)과 이익(profit)과의 관계를 분석하는 수단이므로 ① 단위당 판매가격, ② 단위당 변동원가, ③ 총고정원가, ④ 판매량 혹은 생산량, ⑤ 제품의 매출배합 등 다섯 가지 요소들이 이익에 어떻게 영향을 미치는지에 초점을 맞춘다. 아울러 CVP분석에 사용되는 몇 가지 핵심용어에 대한 이해가 필요하다.

기초개념

CVP분석에서 이용되는 다음의 몇 가지 핵심개념은 CVP분석을 이해하는 데 매우 중요하기 때문에 반드시 개념을 정확하게 이해할 필요가 있다.

조업도(volume)

CVP분석에서 사용되는 조업도는 생산량 혹은 판매량을 의미한다. 원래 조업도란 기업의 생산능력(capacity)을 의미하지만 CVP분석에서는 생산량 또는 판매량으로 혼용하고 있다. 왜냐하면 생산된 전량이 판매된다고 가정하기 때문에 같은 의미로 사용된다. CVP분석은 제조업뿐만 아니라 서비스업에도 적용가능하기 때문에 조업도를 매출액으로 표시하기도 한다.

공헌이익(CM: Contribution Margin)

공헌이익이란 고정원가를 회수하고 이익창출에 기여하는 이익을 말한다. 공헌이익은 기업의 잠재적 이익변동에 대한 중요한 정보를 제공하기 때문에 매우 중요한 개념이며, 다음과 나타낼 수 있다.

$$공헌이익 = 매출액 - 총변동원가$$

위와 같이 총액개념으로 표시할 수도 있지만 CVP분석에서는 단위당 판매가격에서 단위당 변동원가를 차감한 단위당 공헌이익을 계산하여 분석에 자주 이용한다. 또한, 공헌이익을 매출액으로 나눈 공헌이익률을 계산하고 그것을 CVP분석에 사용하기도 한다.

관련범위(relevant range)

관련범위는 변동 및 고정원가에 대한 가정이 유지되는 조업범위 혹은 활동범위를 말한다. 어떠한 원가가 고정이라는 의미는 관련범위 내에서 고정되어 있다는 것을 의미한다. 이 개념은 고정원가와 변동원가를 이해하는 데 매우 중요하다.

변동원가(variable cost)

총수익의 변화에 따라 비례적으로 변하는 원가를 의미하며, 변동원가의 행태에 대해 명확한 이해가 필요하다. 단위당 변동원가는 총수익과 무관하게 일정하지만 총변동원가는 조업도에 따라 비례하여 변동한다.

고정원가(fixed cost)

관련범위 내에서 혹은 총수익의 변화에 따라 변동하지 않는 원가를 의미하며, 고정원가의 행태에 대해 명확한 이해가 필요하다. 총고정원가는 조업도와 무관하게 일정하지만 단위당고정원가는 조업도의 변화에 따라 변동한다.

영업이익(operating income)

영업이익은 영업활동으로부터의 총수익(매출)에서 영업과 관련된 총비용(고정원가+변동원가)을 차감한 것이다.

손익분기점(BEP: Break Even Point)

손익분기점은 총수익과 총비용이 동일하여 이익도 손해도 발생하지 않는 조업수준, 즉 균형점을 나타낸다. 손익분기점은 손익이 갈라지는 점이라는 의미에서 붙여진 이름이다. 이 균형점보다 매출수량이 많으면 이익이 발생하고 매출수량이 균형점에 미치지 못하면 손실이 발생한다. 순익분기점은 매출액 또는 판매수량으로 표시할 수 있다.

기본가정

CVP분석은 몇 가지 가정에 기초를 두고 있다. 이러한 가정은 CVP분석이 가지는 현실적인 한계점이 되기도 한다.

1. 수량의 변동에 따른 가격의 변화는 없다. 즉, 제품이나 서비스의 가격은 조업도(판매량 또는 생산량)의 변화에 따라 변하지 않는다.
2. 모든 원가는 조업도에 따라 변하는 변동원가와 조업도의 영향을 받지 않는 고정원가로 명확하게 구분될 수 있다.

3. 원가는 선형이며, 관련범위 내에서 단위당 변동원가는 일정하고, 고정원가는 총액이 일정하다.
4. 판매가격, 단위당 변동원가 및 총고정원가는 관련범위 및 관련기간 내에서 알려져 있다.
5. 단일제품만을 취급하거나 복수제품을 생산·판매하는 경우 매출배합은 일정하다.
6. 위험요소와 화폐의 시간적 가치는 고려하지 않는다. 즉, 모든 수익과 원가들은 화폐의 시간적 가치를 고려하지 않고도 가감되거나 비교할 수 있다.
7. 생산량과 판매량은 같다. 이 가정은 생산량은 전량 판매된다는 것이며, 따라서 CVP분석에서 판매량과 생산량은 조업도라는 같은 이름으로 혼용하고 있다.

위와 같은 단순한 CVP분석의 가정이 위배되는 경우, 더욱 정교한 추정기법을 사용한다. 그러나 실무적으로 이들 가정들이 다 충족될 수는 없지만, 일정한 가정하에 CVP분석을 하더라도 매우 유용하게 사용될 수 있다. 경영자가 관련범위를 벗어날 경우, 단순히 CVP분석에만 의존하는 것은 위험할 수 있다. 그러나 이러한 경우에도 위에서 언급한 가정에 위배되지 않도록, 판매가격, 고정원가 및 매출배합의 예상 변동을 고려하여 CVP분석을 조정할 수 있다. 예를 들어, 고정원가에 영향을 미치는 의사결정이라면 고정원가의 변동을 CVP모형에 고려하면 된다.

CVP분석의 중요한 특징은 모든 원가를 변동원가와 고정원가로 구별하는 데 있다. 그러나 원가가 변동이냐 고정이냐를 결정하는 것은 의사결정의 기간에 달려 있다. 의사결정 기간을 좁히면 모든 원가가 고정원가이고, 기간을 확장하면 모든 원가는 변동원가가 된다. 따라서 원가를 변동원가와 고정원가로 구분할 때는 항상 관련범위(relevant range)와 기간의 길이(span of time), 특정 의사결정상황(decision context)을 고려해야 한다.

CVP분석에서는 몇 가지 용어의 개념을 명확히 할 필요가 있다. 첫째, 원가(cost)와 비용(expense)이라는 개념은 명확히 구분되는 것이지만 상호 교환적으로 사용되는 개념이다. 원가는 특정 목적을 달성하기 위해 소비되거나 희생된 자원의 경제적 가치이고, 비용은 이익에 대응되는 개념이지만 CVP분석에서는 같은 의미로 사용된다. 둘째, 조업도(volume)는 상황에 따라 생산량 혹은 판매량의 개념으로 사용한다. 셋째, CVP분석은 단기 의사결정 도구이다. 단기에 고정원가를 어떻게 회수하느냐가 분석의 핵심이 된다. 넷째, 영업이익은 영업활동으로부터의 총수익에서 매출원가와 영업관련 비용을 차감하여 계산하고, 순이익은 영업이익에서 영업외비용(이자 등)과 법인세를 차감하여 계산하지만 단순화를 위해 영업외비용은 없다고 간주하여 계산한다. 즉, 영업이익과 순이익은 다음과 같이 계산된다.

영업이익=영업으로부터의 총수익-매출원가와 영업관련 비용
순이익=영업이익-법인세

공헌이익계산서

공헌이익과 공헌이익률 및 CVP분석의 원리를 이해하기 위해 다음의 [도표 5-7]을 중심으로 설명해 보기로 한다. ㈜성림음향은 무선스피커를 생산·판매하고 있으며, 다음은 ㈜성림음향의 공헌이익계산서이다.

도표 5-7 ㈜성림음향의 공헌이익계산서

공헌이익계산서(㈜성림음향)
1. 1~1. 31

	총계	단위당
매출액(5,000단위)	₩500,000,000	₩100,000
변동원가	300,000,000	60,000
공헌이익	200,000,000	₩40,000
고정원가	150,000,000	
영업이익	₩50,000,000	

위 공헌이익 손익계산서에서 알 수 있는 바와 같이 공헌이익(contribution margin)은 총수익에서 총변동원가를 차감하고 남은 금액이다. 공헌이익은 최우선적으로 고정원가를 회수(₩150,000,000)하고 영업이익(₩50,000,000)을 발생시키는 데 기여하는 이익이다. 영업이익은 반드시 총수익에서 모든 변동원가와 고정원가를 차감한다는 것을 명심해야 한다. 공헌이익은 총액으로 표시하여 총공헌이익(Total Contribution Margin: TCM)으로 나타낼 수도 있고, 단위당 공헌이익(Unit Contribution Margin: UCM)으로 나타낼 수도 있다. 단위당 공헌이익은 위 표에서 알 수 있는 바와 같이 단위당 판매가격에서 단위당 변동원가를 차감하여 계산된다. 단위당 공헌이익은 고정원가를 고려하기 전에 한 단위를 판매할

경우 어느 정도의 이익창출에 기여하는지에 대한 정보를 제공한다. 따라서 의사결정자의 입장에서는 단위당 공헌이익이 총공헌이익보다 더 유용하게 사용될 수 있다.

공헌이익은 금액이 아닌 비율의 형태로 나타낼 수도 있다. 공헌이익률(Contribution Margin Ratio: CMR)이란 단위당 공헌이익을 단위당 판매가격으로 나눈 값이다.

$$\text{공헌이익률}=\frac{\text{단위당 공헌이익}}{\text{단위당 판매가격}}=\frac{₩40{,}000}{₩100{,}000}=40\%$$

공헌이익률은 총액으로 표시하여 다음과 같이 계산할 수도 있다.

$$\text{공헌이익률}=\frac{₩200{,}000{,}000}{₩500{,}000{,}000}=40\%$$

공헌이익률이 40%라는 의미는 매출이 ₩1 발생하면 고정원가를 회수하고 이익을 창출하는 데 ₩0.4씩 공헌할 수 있다는 의미이다. 이와 아울러 변동원가율(Variable Cost Ratio: VCR)에 대한 개념을 이해할 필요가 있다. 변동원가율은 다음과 같이 계산할 수 있다.

$$\text{변동원가율}=\frac{\text{총변동원가}}{\text{총매출액}}=\frac{\text{단위당 변동원가}}{\text{단위당 판매가격}}=\frac{₩300{,}000{,}000}{₩500{,}000{,}000}=\frac{₩60{,}000}{₩100{,}000}=60\%$$

변동원가율과 공헌이익률의 합은 항상 1이 된다는 것을 기억해야 한다. 위의 자료를 이용하여 다음과 같이 확인할 수 있다.

$$\text{변동원가율}+\text{공헌이익률}=60\%+40\%=1$$

이와 같은 관계는 향후 문제풀이 과정에서도 다양하게 사용될 것이다.

손익분기점분석방법

손익분기점분석은 회사가 손실이 나지 않으려면 몇 개를 판매해야 하는지와 같은 질문에 대답하기 위해 고안된 것이다. 손익분기점(Break Even Point: BEP)이란 CVP분석에서 총수익과 총비용이 일치하는 특정한 조업도수준을 나타낸다. 기업경영에서 손익분기점이 경영자에게 중요한 이유는 경영자들이 영업활동으로부터 손실이 발생하는 것을 회피하고 싶어 하고, 손익분기점은 손실을 회피하기 위해 경영자가 어느 정도의 매출을 달성해야 하는지를 알려주는 중요한 정보이기 때문이다. 손익분기점은 다음의 세 가지 방법으로 계산할 수 있다.

1. 방정식법(equation method)
2. 공헌이익법(contribution margin method)
3. 도표법(graph method)

앞에서 손익분기점은 회사의 이익이 0(zero)이 되는 판매량이라고 정의하였다. 손익분기점은 방정식법, 공헌이익법 및 도표법을 이용하여 계산할 수 있는데, 세 가지 방법 모두 결론은 동일하다.

방정식법(equation method)

방정식법은 앞에서 설명하였던 공헌이익계산서를 이용하여 다음과 같은 등식으로 바꾸어 볼 수 있다.

이익=(매출액－변동원가)－고정원가

$\pi=(pQ-vQ)-F$에서 $\pi=0$인 Q의 값을 구하면 된다. 여기서 π는 이익, p는 단위당 판매가격, v는 단위당 변동원가, F는 총고정원가, Q는 생산 또는 판매량을 나타낸다.

이 등식을 다시 정리하면 다음과 같이 나타낼 수 있는데, 이는 CVP분석에서 널리 사용된다.

매출액=변동원가+고정원가+이익

$pQ=vQ+F+\pi$. 손익분기점에서 이익은 $0(\pi=0)$이 된다. 따라서 손익분기점은

변동원가와 고정원가의 총합계가 매출액과 동일해지는 점을 찾아냄으로써 계산될 수 있다.

㈜성림음향의 경우, 손익분기점인 Q는 다음과 같이 계산될 수 있다.

매출액	=	변동원가	+	고정원가	+	이익
↓		↓		↓		↓
₩100,000 Q	=	₩60,000 Q	+	₩150,000,000	+	₩0
₩40,000 Q	=	₩150,000,000				
Q	=	₩150,000,000	÷	₩40,000		
Q	=	3,750대				

따라서 손익분기점은 3,750단위이며, 손익분기점매출액은 ₩375,000,000(3,750×₩100,000)이 된다. 공헌이익계산서를 이용하여 이 사실을 확인해 보기로 한다.

매출액(3,750단위×₩100,000)	375,000,000
변동원가(3,750단위×₩60,000)	225,000,000
공헌이익	150,000,000
고정원가	150,000,000
영업이익	0

여기서 공헌이익과 고정원가 간의 흥미로운 관계를 발견할 수 있다. 공헌이익과 고정원가가 같으면 이익은 0이 되고 공헌이익이 고정원가보다 크면 이익이 발생하고 공헌이익이 고정원가보다 작으면 손실이 발생한다.

손익분기점에서의 매출액은 손익분기점수량에 단위당 판매가격을 곱하여 계산할 수 있다

3,750대×대당 ₩100,000=₩375,000,000

손익분기점에서의 매출액은 다음과 같이 계산될 수도 있다.

$$\begin{aligned} \text{매출액} &= \text{변동원가} + \text{고정원가} + \text{이익} \\ S &= 0.6S + ₩150{,}000{,}000 + ₩0 \\ S &= 0.6S + ₩150{,}000{,}000 + ₩0 \\ 0.4S &= ₩150{,}000{,}000 \\ S &= ₩375{,}000{,}000 \end{aligned}$$

위의 분석에서는 변동원가율을 사용하여 금액으로 표시된 손익분기점을 계산하고 있다. **변동원가율(variable cost ratio)**은 매출액에 대한 변동원가의 비율이다. 이는 총변동원가를 총매출액으로 나누거나, 단위당 변동원가를 단위당 판매가격으로 나누어 계산할 수 있다.

따라서 고정원가를 공헌이익률(=1-변동원가율)로 나누어 금액으로 표시된 손익분기점을 계산하고 있다.

₩150,000,000÷공헌이익률(0.4)=₩375,000,000

공헌이익법(contribution margin method)

공헌이익법은 이미 설명한 방정식법의 속해법이라 할 수 있다. 이 접근법은 공헌이익이 고정원가를 보상한다는 점에 기초한다. 손익분기점은 총수익과 총원가가 같아지는 점의 판매량이다.

따라서 위 식에서

$pQ = vQ + F$를 만족시키는 Q를 구하면 손익분기점 매출수량이 된다.

즉, $BEP(Q) = \dfrac{F}{p-v} = \dfrac{\text{고정원가}}{\text{단위당 공헌이익}}$ 이다.

수식에 의해 손익분기점 수량을 구해 보면,

$BEP(Q) = \dfrac{F}{p-v} = \dfrac{₩150{,}000{,}000}{₩100{,}000 - ₩60{,}000} = 3{,}750$단위이다.

이 방법의 변형으로 단위당 공헌이익 대신에 공헌이익률을 사용하기도 한다. 공헌이익률을 사용하면, 결과는 손익분기점매출액이 된다.

$$\text{손익분기점 매출액 } BEP(S) = \frac{\text{고정원가}}{\text{공헌이익률}} = \frac{F}{CMR}$$

㈜성림음향의 경우, 계산 결과는 다음과 같다.

$$BEP(S) = \frac{\text{고정원가}}{\text{공헌이익률}} = \frac{F}{CMR} = \frac{₩150{,}000{,}000}{0.4} = ₩375{,}000{,}000$$

공헌이익률에 근거한 이 접근법은 회사가 복수의 제품을 판매하는 경우 회사 전체에 대한 단일 손익분기점을 계산할 때 특히 유용한 방법이다. 이에 대한 추가적인 내용은 이 장의 후반부에서 다루게 된다.

도표법(graph method)

수익, 원가, 이익 및 조업도의 관계는 수학적 함수관계로 나타낼 수 있지만 그래프 형태로도 나타낼 수 있다. CVP그래프는 다양한 조업도 범위에서 원가, 조업도 및 이익과의 관계를 조명해 볼 수 있다. ㈜성림음향의 자료를 이용하여 CVP그래프를 작성해 보기로 한다.

CVP그래프는 손익분기도표(break-even chart)라고도 하며, 조업도를 X축에, 총원가 혹은 총수익을 Y축에 나타낸다. CVP그래프 작성순서는 다음과 같다.

1. 총고정원가는 X(조업도)축에 평행선으로 나타낸다. ㈜성림음향의 경우 총고정원가는 ₩150,000,000이다.
2. 특정 조업도를 선택하고 선택한 조업수준에서의 총비용(고정원가와 변동원가의 합)을 나타내는 점을 표시한다. 따라서 총비용은 혼합원가이다. 변동원가는 판매량의 변화에 따라 변동하므로 판매수량이 0인 경우에 변동원가는 ₩0(=₩60×0)이 된다. 이 경우 총원가는 ₩150,000,000(0+150,000,000)이 된다. 무선스피커를 3,750대 판매했다면 총원가는 ₩375,000,000(=225,000,000+150,000,000)이 된다. 따라서 총비용선은 ₩150,000,000에서 시작된다. 왜냐하면 매출이 발생하지 않더라도 고정원가

₩150,000,000이 발생하기 때문이다. [도표 5-7]에서 무선스피커 3,750개의 조업도를 선택했다면 이 수준에서의 총원가는 다음과 같다.

고정원가	₩150,000,000
변동원가(무선스피커 3,750대×@₩60,000)	225,000,000
총원가	₩375,000,000

이 점과 고정원가 직선이 Y축과 만나는 점을 연결하는 선을 그린다.

3. 특정 조업도를 선택한 수준에서 총매출액을 나타내는 점을 표시한다. [도표 5-7]의 자료를 이용하여 무선스피커 3,750개의 조업도를 다시 선택하자. 이 수준에서의 매출액은 총 ₩375,000,000(무선스피커 3,750대×@₩100,000)이다. 이 점과 원점을 통과하는 선을 그리자.

도표 5-8 ▌CVP그래프

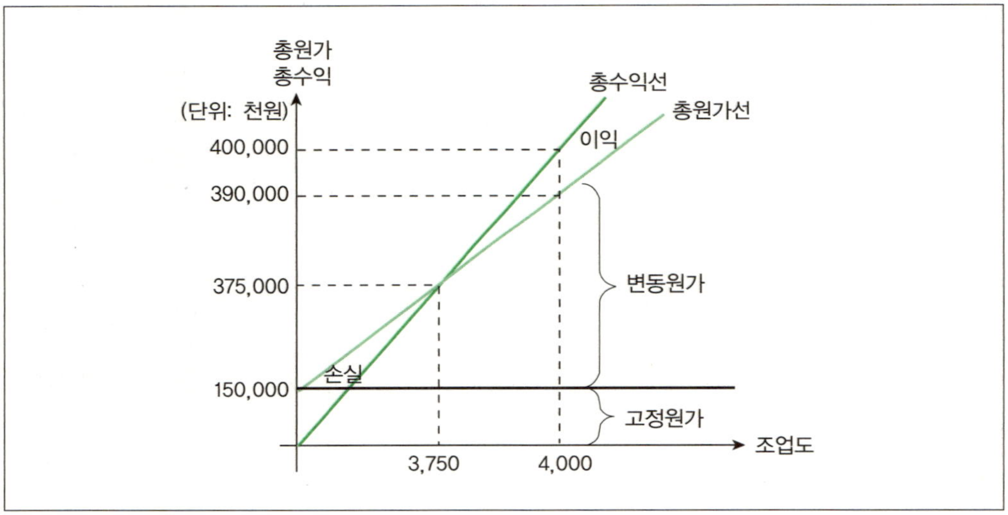

완성된 CVP그래프는 [도표 5-8]에 나타나 있다. 특정 매출수준에서의 예상손익은 총수익선(매출)과 총원가선(변동원가와 고정원가의 합계)의 차이인 수직거리에 의해 측정된다.

손익분기점은 총수익선과 총원가선이 교차하는 점이다. [도표 5-8]에서 나타나는 손익분기점인 3,750개는 앞에서 계산한 손익분기점과 일치한다.

앞에서 논의했듯이 판매량이 손익분기점에 못 미치는 경우, 회사는 손실이 발생하게 된다. 판매량이 감소함에 따라 손실(총원가선과 총수익선의 수직거리로 나타나는)이 점점 더 커진다는 점에 주목하자. 판매량이 손익분기점을 초과하는 경우 회사는 이익이 발생하게 되고, 판매량이 증가함에 따라 이익의 크기(총수익선과 총원가선의 수직거리로 나타나는)는 커진다.

기업에서 위험관리는 매우 중요하다. 기업이 받게 되는 위험수준은 세계적인 경제상황과 특정 산업의 경기 등 기업 외적인 요인과 기업 내적인 여러 요인에 의해 영향을 받는다. 기업 내적인 위험요인 중에는 기업의 조업수준과 원가구조에 의해서도 영향을 받는다. 이하에서는 안전한계(margin of safety)와 영업레버리지도(degree of operating) 등의 정보를 이용하여 위험을 관리하는 방법에 대해 설명하기로 한다.

안전한계

안전한계(margin of safety)는 예산(또는 실제) 매출액이 손익분기매출액을 초과한 금액을 의미한다. 안전한계는 매출액이 감소하더라도 손실이 발생하지 않는 매출액의 최대 감소액을 의미한다. 안전한계가 높을수록 손익분기에 미달하여 손실이 발생할 위험이 감소한다. 안전한계는 다음과 같이 계산된다.

$$안전한계 = 총예산(또는\ 실제)매출액 - 손익분기매출액$$

안전한계를 총매출액으로 나누어 비율 형태로 나타낼 수도 있다. 이를 안전한계율이라고 한다.

$$안전한계율 = \frac{안전한계}{총예산(또는\ 실제)매출액}$$

[도표 5-7]의 자료를 사용하여 ㈜성림음향의 안전한계를 계산하면 다음과 같다.

매출액(현재 무선스피커 5,000개 매출) (a)	₩500,000,000
손익분기 매출액(무선스피커 3,750대)	375,000,000
안전한계(금액) (b)	₩125,000,000
안전한계율 (b)÷(a)	25.0%

이러한 안전한계의 개념은 현재 매출수준과 회사의 현재 가격 및 원가구조에서, 매출액이 ₩125,000,000 혹은 25.0%가 감소하면 손익분기점이 된다는 것을 의미한다. 즉, 현재의 매출액에서 ₩125,000,000 또는 25%의 매출감소가 있더라도 기업은 손해를 보지 않는다는 것을 의미한다. 안전한계는 기업의 위험에 대한 완충(cushion)역할을 한다고 볼 수 있다. 따라서 안전한계값이 높을수록 기업의 위험에 대한 적응력이 강하다는 뜻으로 해석된다.

단일제품을 생산하는 기업에서는 안전한계 금액을 단위당 판매가격으로 나눔으로써 안전한계를 판매량으로 나타낼 수도 있다. 현재 5,000대를 판매한다고 가정했을 때, 안전한계 판매량은 1,250대가 된다(₩125,000,000÷단위당 ₩100,000=무선스피커 1,250개).

3 CVP분석의 적용

CVP분석은 의사결정을 위해 매우 중요하므로 경영자는 종종 내부사용 목적의 공헌이익계산서에서 의사결정과 관련된 정보를 얻고자 한다. 공헌이익계산서는 모든 비용을 변동원가와 고정원가로 구분하여 공헌이익을 계산한다. 공헌이익(contribution margin)은 매출액에서 모든 변동원가를 차감한 나머지 금액이다. 공헌이익은 총액으로 표시하거나 단위당 금액으로 나타내기도 한다. 다음의 [도표 5-9]는 ㈜성림메모리의 공헌이익계산서를 나타낸 것이다. ㈜성림메모리는 8월 한 달 동안 1,600개의 외장 메모리 장치를 개당 ₩500,000에 판매하였다.

도표 5-9 ▌ 공헌이익계산서(㈜성림메모리)

공헌이익계산서(㈜성림메모리) 8. 1 ~ 8. 31		
	총계	단위당
매출액(1,600단위)	₩800,000,000	₩500,000
변동원가	480,000,000	300,000
공헌이익	320,000,000	₩200,000
고정원가	200,000,000	
영업이익	₩120,000,000	

회사에서는 자주 상세한 공헌이익계산서를 작성한다. [도표 5-10]은 보다 상세하게 작성된 공헌이익계산서이다. 이하 CVP분석을 적용할 때 '원가'(cost)란 제품의 생산과 판매와 관련된 모든 원가(cost)와 비용(expense)을 포함하고 있다. 즉, 원가는 제조원가와 판매 및 관리비를 포함하고 있다.

도표 5-10 ▌ 공헌이익계산서(㈜성림메모리)

공헌이익계산서(㈜성림메모리) 8. 1 ~ 8. 31			
	총 계		단위당
매 출		₩800,000,000	₩500,000
변동원가			
매출원가	₩400,000,000		
판매비	60,000,000		
관리비	20,000,000		
총변동원가		480,000,000	300,000
공헌이익		320,000,000	₩200,000
고정원가			
매출원가	120,000,000		
판매비	40,000,000		
관리비	40,000,000	200,000,000	
영업이익		₩120,000,000	

예제 5-3

㈜성림은 2015년 1분기 동안 20,000단위를 판매하여 ₩800,000,000의 매출을 실현하였다. 매출과 관련된 원가 및 비용은 다음과 같다.

	변동원가	고정원가
매출원가	₩250,000,000	₩110,000,000
판매비	100,000,000	25,000,000
관리비	82,000,000	73,000,000

1. 공헌이익계산서를 작성하라.
2. 단위당 공헌이익을 계산하라.
3. 공헌이익률을 계산하라.

| 풀이 |

1. 공헌이익계산서

공헌이익계산서(㈜성림)
1. 1 ~ 3. 31

	총 계		단위당
매 출(20,000단위)		₩800,000,000	₩40,000
변동원가			
매출원가	₩250,000,000		
판매비	100,000,000		
관리비	82,000,000		
총변동원가		432,000,000	21,600
공헌이익		368,000,000	₩18,400
고정원가			
매출원가	110,000,000		
판매비	25,000,000		
관리비	73,000,000	208,000,000	
영업이익		₩160,000,000	

2. 단위당 공헌이익

₩40,000(₩800,000,000÷20,000)－₩21,600(₩432,000,000÷20,000)＝₩18,400

3. 공헌이익률

₩368,000,000÷₩800,000,000＝46%(혹은 ₩18,400÷₩40,000＝46%)

기본계산

앞에서 공부한 기본원리를 적용하여 손익분기점과 관련된 기본적인 계산과정을 연습해 보기로 한다.

손익분기점분석

손익분기점은 총수익과 총비용이 같아지는 매출수량 혹은 매출금액으로 표시할 수 있다.

[도표 5-9]에서 제시된 ㈜성림메모리의 자료를 이용하여 다음과 같이 손익분기점을 계산할 수 있다. ㈜성림메모리의 단위당 공헌이익은 ₩200,000이고 단위당 공헌이익률은 40%(₩200,000÷₩500,000)이다.

손익분기점수량=고정원가÷단위당 공헌이익
=₩200,000,000÷₩200,000=1,000단위

손익분기점매출=고정원가÷공헌이익률
=₩200,000,000÷0.40=₩500,000,000

목표이익

CVP공식은 목표이익을 달성하기 위하여 필요한 매출액을 산정하는 데에도 이용될 수 있다. ㈜성림메모리는 ₩250,000,000의 목표이익을 얻고자 한다. 이 목표를 달성하기 위해서는 몇 단위를 판매해야 하는가?

CVP공식의 첫 번째 접근법은 등식법을 이용하는 것이다. 이익이 0(zero)이 되는 판매량 대신 이익이 ₩250,000,000이 되는 판매량을 구하면 된다.

$$\text{매출액} = \text{변동원가} + \text{고정원가} + \text{이익}$$

$$₩500{,}000\,Q = ₩300{,}000\,Q + ₩200{,}000{,}000 + ₩250{,}000{,}000$$

$$₩200{,}000\,Q = ₩450{,}000{,}000$$

$$Q = ₩450{,}000{,}000 \div ₩200{,}000$$

$$Q = 2{,}250\text{단위}$$

여기서, Q = 판매량
₩500,000 = 단위당 판매가격
₩300,000 = 단위당 변동원가
₩200,000,000 = 총고정원가
₩250,000,000 = 목표이익

계산 결과 2,250단위를 판매함으로써 목표이익을 달성할 수 있는데, 이는 총매출액을 기준으로 보면 ₩1,125,000,000이다(단위당 판매가격 ₩500,000×2,250단위).

다음은 **공헌이익법**을 이용한 CVP공식에 목표이익을 고려하여 확장하는 방법이다.

$$\text{목표이익 달성을 위한 판매량} = \frac{\text{고정원가} + \text{목표이익}}{\text{단위당 공헌이익}}$$

$$= \frac{₩200,000,000 + ₩250,000,000}{₩200,000}$$

$$= 2,250\text{개}$$

이 접근법도 등식법과 결과는 동일하며, 목표이익을 달성하기 위한 매출액은 다음과 같이 계산된다.

$$\text{목표이익 달성을 위한 매출액} = \frac{\text{고정원가} + \text{목표이익}}{\text{공헌이익률}}$$

$$= \frac{₩200,000,000 + ₩250,000,000}{0.4}$$

$$= ₩1,125,000,000$$

목표순이익과 법인세 효과

지금까지 CVP분석에서 세금문제는 고려하지 않았다. 많은 기업의 경우 경영자의 전략적 계획에 포함되는 이익목표는 순이익 개념이다. 세금문제가 의사결정에 중요한 고려사항이 되기 때문에 의사결정자는 의사결정이 세후이익(after tax income)에 미치는 영향을 분석한다. 어떤 의사결정의 경우, 영업이익의 크기도 중요하지만 주주에게 지급하는 배당과 이익에 직접적인 영향을 미치는 세금문제 역시 매우 중요한 고려사항이 된다.

순이익 관점에서 보면 목표이익을 달성하기 위한 CVP계산은 목표이익이 영업이익이 아닌 순이익의 관점에서 표시되어야 한다. 먼저 **등식법**을 이용하여 이 문제를 생각해 보기로 하자.

$$\text{수익} - \text{변동원가} - \text{고정원가} = \text{목표영업이익}$$

그리고

$$\begin{aligned}\text{목표순이익} &= \text{목표영업이익} - \text{법인세} \\ &= \text{목표영업이익} - (\text{목표영업이익} \times \text{세율}) \\ &= \text{목표영업이익} \times (1 - \text{세율})\end{aligned}$$

따라서 목표영업이익 $= \dfrac{\text{목표순이익}}{1 - \text{세율}}$ 이 된다. 이것을 위 식에 대입하면 다음과 같이 나타낼 수 있다.

$$\text{수익} - \text{변동원가} - \text{고정원가} = \frac{\text{목표순이익}}{1 - \text{세율}}$$

법인세율이 40%라고 가정할 때, 목표순이익 ₩60,000,000을 달성하려면 몇 단위를 판매해야 하는지 등식법을 사용하여 구해 보자.

$$₩500{,}000\,Q - ₩300{,}000\,Q - ₩200{,}000{,}000 = \frac{₩60{,}000{,}000}{1 - 0.4}$$

$$₩200,000Q - ₩200,000,000 = ₩100,000,000$$

$$Q = ₩300,000,000 \div 200,000 = 1,500\text{단위}$$

또 다른 방법으로 **공헌이익법**을 이용할 수 있다.

$$\text{목표영업이익} = \frac{\text{목표순이익}}{1-\text{세율}}$$

목표영업이익을 달성하기 위한 판매량은 다음과 같이 계산할 수 있다.

$$\text{목표영업이익}(Q) = \frac{\text{고정원가} + \dfrac{\text{목표순이익}}{1-\text{세율}}}{\text{단위당 공헌이익}} = \frac{₩200,000,000 + \dfrac{₩60,000,000}{1-0.4}}{₩500,000 - ₩300,000}$$

$$= 1,500\text{단위}$$

[증명]

수익(₩500,000×1,500)	₩750,000,000
변동원가(₩300,000×1,500)	450,000,000
공헌이익	300,000,000
고정원가	200,000,000
영업이익	100,000,000
법인세(₩100,000,000×0.4)	40,000,000
순이익	₩60,000,000

안전한계

경영자는 수익성과 위험을 평가하기 위한 또 다른 측정치로 안전한계를 이용한다. 안전한계는 현 수준에서 어느 정도의 매출이 하락해야 기업이 손실을 보게 되는지를 알려준다. 경영자는 현재의 매출수준과 손실이 나타나는 매출액 간에 어느 정도의 여유가 있는지에 대한 정보가 필요하다. 달리 표현하면 기업이 매출감소에 따른 위험에 어느 정도 견

딜 수 있는지를 나타내는 위험에 대한 지표인 동시에 수익성을 나타내는 가늠자 역할을 하는 측정치이다. 안전한계는 앞에서 본 바와 같이 금액과 비율로 나타낼 수 있다. ㈜성림메모리의 자료를 이용하여 안전한계와 안전한계율을 구해 보자.

실제(기대)매출액－손익분기매출액＝안전한계
₩800,000,000－₩500,000,000＝₩300,000,000
안전한계÷실제(기대)매출액＝안전한계율
₩300,000,000÷₩800,000,000＝37.5%

따라서 ㈜성림메모리는 현재의 매출수준에서 ₩300,000,000 또는 37.5%의 매출하락이 있기 전까지는 손실이 발생하지 않는다.

CVP와 기업환경의 변화

CVP분석을 보다 잘 이해하기 위해서 ㈜성림메모리의 독립적인 상황을 가정해 보자. [도표 5-9]에 제시된 ㈜성림메모리의 자료를 다음과 같이 다시 이용하기로 한다.

판매단가	₩500,000
단위당 변동원가	₩300,000
총고정원가	₩200,000,000
손익분기점	₩500,000,000 혹은 1,000단위

㈜성림메모리의 회계담당자는 회사의 사장에게 앞에서 제시한 CVP 개념이 경영계획과 의사결정에 어떻게 사용될 수 있는지를 보여주고 싶었다. 회계담당자는 [도표 5-9] 자료를 이용하여 다음과 같은 단위당 분석표를 만들었다.

	단위당	매출액비율
판매가격	₩500,000	100%
변동원가	300,000	60%
공헌이익	200,000	40%

고정원가가 월 ₩200,000,000이라는 것을 기억하자. 회계담당자는 변동원가, 고정원가, 판매가격 및 매출액의 변동이 회사의 수익성에 미치는 영향을 분석하고자 한다.

판매가격의 변화

[상황] ㈜성림메모리의 경쟁업체는 판매가격을 10% 할인하는 정책을 실시하려고 한다. 이에 따라 ㈜성림메모리의 경영자는 경쟁업체와 유사한 할인정책의 실시 여부를 결정해야 한다.

10%의 판매가격 할인이 ㈜성림메모리의 손익분기점에 어떤 영향을 미치는가?

[결론] 10%의 가격할인으로 단위당 판매가격이 ₩450,000[₩500,000−(500,000×10%)]으로 하락하게 된다. 따라서 단위당 공헌이익은 ₩150,000이 된다. 고정원가의 변동이 없다면 손익분기점은 1,333단위가 된다.

$$BEP(Q) = \frac{\text{고정원가}}{\text{단위당 공헌이익}} = \frac{₩200,000,000}{₩150,000} = 1,333\text{단위}$$

만약 경쟁업체가 10%의 가격할인정책을 실시한다면, ㈜성림메모리의 월 판매수량은 333단위 증가하여야 할 것이다. 고객에 대한 10%의 가격할인 정책을 결정할 때 경영자는 그러한 정책변경으로 인한 매출액 변화와 경쟁자의 가격할인정책을 따르지 않았을 경우 발생할 수 있는 매출액 감소를 동시에 고려해야 한다.

고정원가와 변동원가의 변동

[상황] ㈜성림메모리는 경쟁업체와 경쟁하기 위해서 제품생산에 필요한 직접노무원가를 5% 절감할 수 있는 새로운 로봇 장비에 투자하려고 한다. 회사는 이 투자로 인해 총고정원가가 30% 증가하고 단위당 변동원가가 30% 감소될 것으로 추정하고 있다.

신규투자가 ㈜성림메모리의 손익분기점에 미치는 영향은 무엇인가?

[결론] 총고정원가는 ₩260,000,000[₩200,000,000+(30%×₩200,000,000)]이 되고, 단위당 변동원가는 ₩210,000[₩300,000−(30%×₩300,000)]이 된다. 새로운 손익분기점은 대략

897단위가 된다.

$$BEP(Q) = \frac{\text{고정원가}}{\text{단위당 공헌이익}} = \frac{₩260,000,000}{₩500,000 - ₩210,000} = 897\text{단위}$$

이러한 변화는 ㈜성림메모리에게 유리하다. 왜냐하면 손익분기점이 약 10%(103개) 낮아졌기 때문이다.

고정원가와 매출액의 변화

[상황] ㈜성림메모리는 현재 단위당 ₩500,000에 1,200개의 외장 메모리 장치를 팔고 있으며, 매출액은 총 ₩600,000,000이다. 판매책임자가 광고선전비 예산을 ₩50,000,000 증가시키면, 판매량이 총 1,500개가 되어 월별 매출액을 ₩150,000,000만큼 증가시킬 것이라 생각하고 있다. 광고선전비 예산증액 요구를 받아들여야 하는가?

[결론] 광고비 예산증액을 승인해야 한다. 그 이유는 다음의 분석결과에서 찾아볼 수 있다.

다음 표는 광고선전비의 변동으로 인한 재무적 영향을 보여주고 있다.

	현재 매출액	광고선전비 추가지출시 예산	차이	매출액 비율
매출액	₩600,000,000	₩750,000,000	₩150,000,000	100%
변동원가	360,000,000	450,000,000*	90,000,000	60%
공헌이익	240,000,000	300,000,000	60,000,000	40%
고정원가	200,000,000	250,000,000**	50,000,000	
영업이익	₩40,000,000	₩50,000,000	₩10,000,000	

* 1,500단위×단위당 ₩300,000=₩450,000,000

** ₩200,000,000+광고선전비 추가지출 ₩50,000,000=₩250,000,000

다른 변화가 없다면 영업이익이 ₩10,000,000만큼 증가할 것이므로, 광고선전비 예산의 증가는 승인되어야 한다. 이보다 더 간단한 방법으로 의사결정을 할 수도 있다.

[별해 1]

예상총공헌이익:	
₩750,000,000×공헌이익률 40%	₩300,000,000
현재 총공헌이익:	
₩600,000,000×공헌이익률 40%	240,000,000
공헌이익 증가	60,000,000
고정원가 변동:	
광고선전비 증가	50,000,000
영업이익 증가	₩10,000,000

이 경우에서는 고정원가와 매출액만 변하고 있기 때문에, 다음과 같이 더 간단하게 결론에 도달할 수도 있다.

[별해 2]

공헌이익 증가:	
₩150,000,000×공헌이익률 **40%**	**₩60,000,000**
고정원가 변동:	
광고선전비 증가	50,000,000
영업이익 증가	₩10,000,000

이 방법은 기존 매출액에 근거하고 있지 않다. 또한 이 두 가지 방법 모두 손익계산서를 따로 작성할 필요는 없다는 점에도 주의하자. 두 방법은 의사결정으로 인해 영향을 받게 될 수익, 원가, 조업도에 초점을 맞춰 분석하고 있다. 의사결정을 하면서 각 경우에 따라 손익계산서를 각각 작성한 다음 의사결정을 할 수도 있지만 이렇게 증분부분만 고려하는 분석방법을 증분분석(incremental analysis)이라 하고, 이 방법은 훨씬 간편하고 분석의 초점을 명확하게 할 수 있는 장점이 있다.

변동원가와 매출액의 변화

[상황] ㈜성림메모리는 현재 월 1,000개의 제품을 판매하고 있다는 점을 상기하자. 고품질의 부품 사용을 고려하고 있는데, 이로 인해 단위당 ₩20,000의 변동원가가 증가된다. 판매책임자는 고품질 부품을 사용하는 경우 월 1,200개까지 매출이 증가될 것이라 예상한다. 이 경우 고품질 부품을 사용해야 할까?

단위당 변동원가가 ₩20,000만큼 증가함으로 인해 단위당 공헌이익은 ₩200,000에서 ₩180,000으로 ₩20,000 감소할 것이다.

[결론]

고품질 부품사용으로 인한 예상 총공헌이익:	
외장 메모리 1,200개×개당 ₩180,000	₩216,000,000
현재 총공헌이익:	
외장 메모리 1,000개×개당 ₩200,000	200,000,000
총공헌이익 증가분	₩16,000,000

이 분석 결과 고품질 부품을 사용하는 것이 바람직하다. 고정원가는 변동하지 않을 것이므로, 고품질 부품사용으로 인한 공헌이익 증가만큼 영업이익도 ₩16,000,000 증가하게 되기 때문이다.

고정원가, 판매가격 및 매출액의 변화

[상황] ㈜성림메모리의 현재 월 1,000개의 제품을 판매하고 있다는 점을 다시 한번 상기하자. 매출증대를 위해 판매관리자는 판매가격을 단위당 ₩20,000 낮추고, 광고선전비 예산을 월 ₩80,000,000 증가시키려 한다. 판매관리자는 이러한 두 단계의 조치가 취해진다면, 판매수량이 50% 증가하여 월 1,500개의 제품을 판매할 수 있을 것으로 기대하고 있다. 이러한 의사결정이 타당한가? 단위당 ₩20,000의 판매가격 인하는 단위당 공헌이익이 ₩20,000만큼 감소된다는 것을 생각하자.

[결론]

판매가격 하락시 예상 총공헌이익:	
제품 1,500개×단위당 ₩180,000	₩270,000,000
현재 총공헌이익:	
제품 1,000개×단위당 ₩200,000	200,000,000
공헌이익 증가	70,000,000
고정원가 변동:	
광고선전비 증가	80,000,000
영업이익 증가 (감소)	₩(10,000,000)

위의 분석에 따르면, 가격을 낮추고 광고선전비 지출을 증가시키는 의사결정은 바람직하지 않다. 왜냐하면 이로 인해 영업이익이 ₩10,000,000 감소하기 때문이다.

변동원가, 고정원가 및 매출액의 변화

[상황] ㈜성림메모리는 현재 월 1,000개의 제품을 판매하고 있다. 판매관리자는 판매사원에게 현재와 같이 일률적으로 월 ₩6,000,0000을 지급하지 않고, 제품판매 한 개당 ₩15,000의 판매수수료를 지급할 계획을 가지고 있다. 판매관리자는 이러한 변화로 인해 매출이 20% 정도 증가하여 월 1,200개의 제품이 판매가능할 것으로 예상하고 있다. 이 의사결정은 기업에 도움이 될까?

[결론] 판매직원의 보수가 고정원가에서 변동원가로 변함에 따라, 고정원가 및 변동원가 모두에 영향을 미치게 된다. 고정원가는 ₩200,000,000에서 ₩194,000,000으로 ₩6,000,000 만큼 감소하는 반면, 단위당 변동원가는 ₩300,000에서 ₩315,000으로 ₩15,000 만큼 증가할 것이고, 단위당 공헌이익은 ₩200,000에서 ₩185,000으로 감소할 것이다.

수수료로 인한 예상 총공헌이익:	
제품 1,200개×단위당 ₩185,000	₩222,000,000
현재 총공헌이익:	
제품 1,000개×단위당 ₩200,000	200,000,000
공헌이익 증가	22,000,000
고정원가 변동:	
수수료 지급으로 회피하게 되는 고정급여	6,000,000
영업이익 증가	₩28,000,000

위의 분석 결과, 영업이익을 증가시키므로 의사결정은 타당하다고 할 수 있다.

4 매출배합

지금까지 CVP분석을 논의할 때 우리는 단일제품만 판매한다고 가정하였다. 그럼에도 불구하고 많은 기업에서는 복수의 제품을 판매하고 있다. 한 기업이 여러 가지 제품을 판매할 때 경영자는 매출배합에 대한 이해가 필요하다. 삼성전자의 프린트기와 PC의 판매비율이 80%와 20%라면 매출배합비율은 80%: 20%이다.

매출배합이 경영자에게 중요한 이유는 제품마다 공헌이익의 크기가 다를 수 있기 때문이다. CVP 개념에 대한 논의를 마무리 짓기 전에, 매출배합의 변화가 기업의 이익에 미치는 영향을 고려할 필요가 있다.

매출배합의 정의

매출배합(sales mix)이란 회사에서 판매되는 제품 간의 상대적 비율을 말한다. 매출배합의 목적은 회사의 이익을 가장 크게 하는 매출조합 또는 매출배합을 찾는 데 있다. 대부분의 기업은 많은 종류의 제품을 생산·판매하고 있으며, 이러한 제품들의 수익성에는 서로 차이가 있다. 따라서 기업의 이익은 제품들의 매출배합에 따라 상당부분 좌우된다. 만약 마진이 높은 제품 비중이 마진이 낮은 제품 비중보다 높다면, 회사의 이익규모는 훨씬 커질 것이다. 매출배합의 변동은 다양한 형태로 회사의 이익구조에 영향을 미친다. 총매출액이 증가하더라도, 높은 이익률을 가지는 품목에서 낮은 이익률을 가지는 품목으로 변화가 발생하게 되면, 총이익은 오히려 감소할 수도 있다. 반대로, 낮은 이익률을 가지는 품목에서 높은 이익률을 가지는 품목으로 변한다면 반대의 결과를 초래할 수 있다. 즉, 총매출액이 감소하더라도 총이익은 증가할 수 있다. 매출액을 늘리는 것과 수익성이 가장 높은 제품배합을 찾는 것은 별개의 문제이다.

매출배합과 손익분기분석

회사가 여러 종류의 제품을 판매한다면 손익분기분석은 더욱 복잡해진다. 그 이유는 제품별로 판매가격과 원가가 다르고, 이에 따라 공헌이익도 다르기 때문이다. 결과적으로 손익분기점은 제품의 매출배합에 의해 좌우된다.

다음 [도표 5-11]은 ㈜성림전자의 캠코더와 TV 라인에 관련된 자료이다. 단, 캠코더와 TV의 판매대수는 1,500대와 500대이다. 즉, 두 제품의 판매비율은 3 : 1이다.

도표 5-11 ㈜성림전자의 단위자료 – 매출배합

단위자료	캠코더	TV
판매단가	₩500,000	₩1,000,000
변동원가	300,000	500,000
공헌이익	₩200,000	₩500,000
배합비율(수량)	75%($\frac{1,500}{2,000}$)	25%($\frac{500}{2,000}$)
고정원가 ₩275,000,000		

기업은 모든 제품의 가중평균공헌이익(weighted-average unit contribution margin of all products)을 사용하여 다품종 제품의 손익분기수량과 손익분기점 매출을 계산할 수 있다. 가중평균공헌이익법을 이용한 손익분기점 계산절차는 다음과 같다.

1단계: 가중평균공헌이익률을 계산한다.

가중평균공헌이익 $= \Sigma CM_i P_i$

여기서 CM_i는 i제품의 공헌이익, P_i는 i제품의 판매비율을 나타낸다.

위의 예시를 이용하여 가중평균공헌이익을 구하면 다음과 같다.

가중평균공헌이익

$= \Sigma CM_i P_i =$ ₩200,000 × 0.75 + ₩500,000 × 0.25 = ₩150,000 + ₩125,000 = ₩275,000

2단계: 손익분기수량을 구한다.

$$BEP(Q) = \frac{\text{고정원가}}{\text{가중평균공헌이익}} = \frac{₩275,000,000}{275,000} = 1,000\text{대}$$

따라서 각 제품 판매량을 구할 수 있다.

캠코더 = 1,000 × 75% = 750대, TV = 1,000 × 25% = 250대

위의 자료를 이용하여 각 제품별 손익분기 매출액을 구해 보자.

도표 5-12 ㈜성림전자의 CVP분석자료

	캠코더(1,500대)	TV(500대)	계(2,000대)
매출액(@₩500,000, @₩1,000,000)	₩750,000,000	₩500,000,000	₩1,250,000,000
변동원가(@₩300,000 @₩500,000)	450,000,000	250,000,000	700,000,000
공헌이익	₩300,000,000	₩250,000,000	₩550,000,000
매출배합비율(금액)	0.60 (₩750,000,000/₩1,250,000,000)	0.40 (₩500,000,000/₩1,250,000,000)	
제품별 공헌이익률	0.4 (₩300,000,000/₩750,000,000)	0.5 (₩250,000,000/₩500,000,000)	0.44 (₩550,000,000/₩1,250,000,000)
고정원가 ₩275,000,000			

두 제품을 합한 총손익분기매출액은 다음과 같이 계산할 수 있다.

$$BEP(S) = \frac{\text{고정원가}}{\text{가중평균공헌이익률}} = \frac{₩275,000,000}{0.44} = ₩625,000,000$$

따라서 캠코더와 TV의 제품별 손익분기매출액은 각각 다음과 같다.

캠코더 = ₩625,000,000 × 0.6 = ₩375,000,000 또는 750대 × @₩500,000 = ₩375,000,000
TV = ₩625,000,000 × 0.4 = ₩250,000,000 또는 250대 × @₩1,000,000 = ₩250,000,000

제약자원하의 매출배합

앞의 논의에서는 어떤 매출배합을 가정하고 주어진 매출배합에서 손익분기점을 결정하였다. 이제 한정된 자원이 매출배합 결정에 어떻게 영향을 미치는지 논의해 보기로 한다.

모든 기업은 한정된 자원을 가지고 있다. 예를 들면, 백화점의 경우 매장의 면적, 제조기업의 경우 직접재료원가, 직접노동시간 또는 기계시간 등이 한정된 자원이 될 수 있다. 기업이 자원제약하에 있을 경우, 경영자는 이익을 극대화하기 위해 어느 제품을 생산해서 판매할 것인지를 결정해야 한다.

녹음기와 디지털카메라를 생산하는 ㈜창신전자의 예를 들어 보자. 제약자원은 기계설비로 매월 3,600시간이 사용가능하다. 관련 자료는 다음과 같다.

도표 5-13 ▌ 공헌이익과 기계시간

	녹음기	디지털카메라
단위당 공헌이익	₩200,000	₩500,000
단위당 요구기계시간	0.2	0.625

디지털카메라의 단위당 공헌이익(₩500,000)이 녹음기의 공헌이익(₩200,000)보다 많기 때문에 디지털카메라가 더 수익성이 있는 것처럼 보일 수 있다. 그러나 녹음기는 디지털카메라보다 단위당 기계시간이 적게 소요된다. 따라서 **한정된 자원의 단위당 공헌이익**, 여

기에서는 기계사용시간에 대한 단위당 공헌이익을 파악할 필요가 있다. 그것은 각 제품의 단위당 공헌이익을 각 제품에 요구되는 제약자원 단위수를 나누어 계산한다.

도표 5-14 ▌제약자원의 단위당 공헌이익

	녹음기	디지털카메라
단위당 공헌이익(a)	₩200,000	₩500,000
단위당 요구기계시간(b)	0.2	0.625
제약자원 단위당 공헌이익[(a)÷(b)]	₩1,000,000	₩800,000

계산 결과 녹음기가 제약자원 단위당 공헌이익이 더 높다는 것을 알 수 있다. 이러한 결과는 녹음기에 대한 충분한 수요가 있다면, 녹음기를 더욱 많이 생산하도록 매출배합을 바꾸거나 혹은 기계설비를 증설해야 한다는 것을 시사한다.

[도표 5-14]에서 알 수 있는 바와 같이, 디지털카메라 생산에 필요한 제약요소의 양이 녹음기를 생산할 때보다 많이 소요된다는 것을 알 수 있다. 이러한 문제를 언급한 이유는, 한정된 기계시간이 주어진 것으로 간주하고, 주어진 제약요소의 공헌이익을 극대화하고자 하였다. 그러나 남아 있는 한 가지 문제는 제약요인을 감소시키거나 제거할 수 있는가 하는 것이다. 만약 기계생산능력을 3,600시간에서 4,200시간으로 600시간을 두 제품 생산에 더 사용할 수 있다고 가정하자. 각 대안별 총공헌이익은 기계시간에 제약자원 단위당 공헌이익을 곱하여 다음의 [도표 5-15]와 같이 계산할 수 있다.

도표 5-15 ▌증분분석 – 총공헌이익의 계산

	녹음기	디지털카메라
기계시간(a)	600	600
제약자원 단위당 공헌이익(b)	₩1,000,000	₩800,000
공헌이익[(a)×(b)]	₩600,000,000	₩480,000,000

위의 분석을 통해 알 수 있는 것은 순이익을 극대화하기 위해서는 생산설비를 녹음기를 생산・판매하는 데 모두 투입해야 한다는 것을 보여 주고 있다.

생산제약은 생산에서의 병목현상이나 미숙한 기계작업자 때문에 발생할 수 있다. 이러한 문제에 대한 해결방안을 찾는 데 노력해야 할 뿐만 아니라, 기업은 생산의 일부를 아웃소싱하거나, 비부가가치적 활동을 제거하는 것과 같은 다른 해결방안을 모색해야 한다. 제약사항을 평가하는 이러한 접근방법을 **제약이론(theory of constraints)**이라 부른다. 제약이론은 기업의 목표를 달성하기 위해 제약사항을 식별하고 관리하는 데 사용되는 접근방법이다. 이 이론에 따르면, 기업은 지속적으로 제약사항들을 식별하고, 이를 제거해 나가야 한다.

5 기업의 원가구조와 영업레버리지

원가를 고정요소와 변동요소로 구분하는 것은 손익분기점을 계산하는 데 매우 중요하다. 공헌이익을 추정하는 것은 가격결정과 신규주문의 수락 여부를 결정하는 데 유용하다. 제품의 고정원가와 변동원가를 이해하는 것은 전략적인 이유로도 매우 중요하다. **원가구조**는 조직 내에서 고정원가와 변동원가의 상대적 비율을 의미한다. 이 두 가지 유형의 원가들은 서로 상충되는 측면이 있다. 예를 들어, 자동화 설비에 대한 고정원가 투자는 변동노무원가를 감소시킬 수 있다. 이 절에서는 원가구조의 선택과 관련된 문제에 대해 논의할 것이다.

높은 변동원가와 낮은 고정원가 혹은 반대로 낮은 변동원가와 높은 고정원가 중에서 어떤 원가구조가 더 나을까? 이 질문에는 정답이 없다. 다음의 예를 중심으로 원가구조의 선택과 관련된 문제를 논의해 보기로 한다.

영업레버리지의 중요성을 설명하기 위하여 [도표 5-16]의 ㈜로우캠과 ㈜하이캠 두 회사를 예로 들어 생각해 보기로 한다. 두 기업 모두 동일한 제품을 단위당 ₩8,000으로 10,000단위를 판매한다고 가정한다. 또한 두 기업 모두 ₩70,000,000의 총원가가 발생하여 ₩10,000,000의 동일한 영업이익이 발생한다. ㈜로우캠의 경우 총원가의 $\frac{3}{7}$을 고정원가가 차지하고 있지만 ㈜하이캠의 경우 총원가의 $\frac{5}{7}$가 고정원가이다. ㈜로우캠은 노동집약적인 기업인 반면, ㈜하이캠은 기계화에 많은 투자를 한 자본집약적 기업이다. 결과적으로, ㈜로우캠은 변동원가의 비중이 높고, ㈜하이캠은 고정원가의 비중이 높다.

도표 5-16 ▌ 영업레버리지(생산과 판매 10,000단위)

	㈜로우캠		㈜하이캠	
	금액	비율	금액	비율
매출액(10,000단위 @₩8,000)	₩80,000,000	100%	₩80,000,000	100%
변동원가(10,000단위 @₩4,000)	40,000,000	50%		
(10,000단위 @₩2,000)			20,000,000	25%
고정원가	30,000,000		50,000,000	
영업이익	₩10,000,000		₩10,000,000	

어떤 기업이 더 나은 원가구조인지를 판단하는 기준은 매출의 장기적인 추세, 매출수준의 연도별 변동 및 위험에 대한 경영자의 태도 등 많은 요인에 달려 있다. 만약 매출이 향후 ₩80,000,000을 초과할 것으로 예상된다면, ㈜하이캠이 더 나은 원가구조가 된다. 그 이유는 ㈜하이캠의 공헌이익률이 더 높으므로, 이익도 매출증가에 따라 더욱 급격하게 증가할 것이기 때문이다. 이를 설명하기 위하여, 고정원가의 증가 없이 각 회사의 매출이 10% 증가한다고 가정하여 보자. 새로운 손익계산서는 다음과 같을 것이다.

도표 5-17 ▌ 영업레버리지(생산과 판매 11,000단위)

	㈜로우캠		㈜하이캠	
	금액	비율	금액	비율
매출액	₩88,000,000	100%	₩88,000,000	100%
변동원가	44,000,000	50%	22,000,000	25%
공헌이익	44,000,000	50%	66,000,000	75%
고정원가	30,000,000		50,000,000	
영업이익	₩14,000,000		₩16,000,000	

두 기업 모두 매출액이 증가하였지만, ㈜하이캠의 공헌이익률이 더 높기 때문에 영업이익이 더 많이 증가한다.

만약 매출이 ₩80,000,000 아래로 떨어진다면 어떻게 될까? 이 경우 각 회사의 손익분기점과 안전한계는 얼마가 될까? 원가구조, 손익분기점, 안전한계와의 관계를 분석한 결과는 다음의 [도표 5-18]과 같다.

도표 5-18 원가, 손익분기점, 안전한계와의 관계

	㈜로우캠	㈜하이캠
고정원가	₩30,000,000	₩50,000,000
공헌이익률	÷ 0.50	÷ 0.75
손익분기매출액	₩60,000,000	₩66,666,667
현재 총매출액(a)	₩80,000,000	₩80,000,000
손익분기매출액	60,000,000	66,666,667
안전한계매출액(b)	₩20,000,000	₩13,333,333
안전한계율(b)÷(a)	25.0%	16.7%

㈜로우캠의 안전한계는 ㈜하이캠보다 크지만 공헌이익률은 더 낮다. 따라서 매출이 하락하는 경우 ㈜로우캠은 상대적으로 위험이 크지 않다. 낮은 공헌이익률로 인하여 매출이 하락하는 경우 ㈜로우캠은 ㈜하이캠만큼 급격하게 공헌이익이 감소하지는 않을 것이다. 따라서 ㈜로우캠의 이익 변동이 더 작은 것이다. 앞에서 살펴보았듯이, 이것은 매출이 증가하는 경우에는 결점이 되지만, 매출이 떨어지는 경우에는 보다 안정적인 보호장치가 된다. 그리고 ㈜로우캠의 손익분기점이 낮으므로, 손실이 발생하는 매출액 수준까지는 많은 여유가 있다.

요컨대 불확실한 상황에서 어떤 원가구조가 더 나은지는 명확하게 말할 수 없다. 두 기업의 원가구조는 장점과 단점을 가지고 있다. 높은 고정원가와 낮은 변동원가를 가진 ㈜하이캠은 매출액의 변동에 따라 영업이익도 큰 변동을 보일 것이므로, 실적이 좋은 해에는 이익이 더욱 커지고 실적이 나쁜 해에는 손실이 더욱 커질 것이다. 낮은 고정원가와 높은 변동원가를 가진 ㈜로우캠은 이익의 안정성이 높으므로 실적이 나쁜 해에는 큰 손실을 예방할 수 있지만, 실적이 좋은 해에는 낮은 영업이익을 감수해야 한다.

영업레버리지

레버리지(leverage)란 지렛대 작용 혹은 지렛대 작용원리라는 의미이다. 지렛대(lever) 원리는 작은 힘으로도 무거운 물건을 움직이게 하는 것이다. 경영에서도 이와 유사한 원리가 작동하는데 이것을 영업레버리지라고 한다. **영업레버리지(operating leverage)**는 손익분기점분석에 있어서 고정원가가 지렛대 역할을 하여 기업의 고정원가 비중이 높을수록 손익분기점은 높아지지만 일단 손익분기점을 넘어서면 손익은 확대되어 가는 현상을 나타내는 개념이다. 즉, 매출액의 변화에 대한 영업이익의 변화율, 즉 반응효과를 의미하는 개념이다. 영업레버리지가 높다면, 작은 비율의 매출 증가에도 큰 비율의 영업이익 증가를 초래한다.

영업레버리지를 설명하기 위하여, 이전의 두 기업에 대한 자료로 돌아가 보자. 우리는 매출액이 10% 증가(각 기업별로 ₩80,000,000에서 ₩88,000,000으로)하면, ㈜하이캠의 영업이익은 60% 증가(₩10,000,000에서 ₩16,000,000으로)되고, ㈜로우캠의 영업이익은 40%만 증가(₩10,000,000에서 ₩14,000,000으로)하는 것을 보았다. 이와 같이, 매출액 10% 증가에 대하여, ㈜하이캠의 이익은 ㈜로우캠보다 더 큰 비율로 증가하게 된다. 즉, ㈜하이캠은 ㈜로우캠보다 더 큰 영업레버리지를 가진다. 일정한 매출수준에서의 **영업레버리지도(Degree of Operating Leverage: DOL)**는 다음과 같은 공식으로 계산된다.

$$\text{영업레버리지도(DOL)} = \frac{\text{공헌이익}}{\text{영업이익}} = \frac{\text{공헌이익}}{\text{공헌이익} - \text{고정원가}}$$

영업레버리지도는 일정한 매출수준에서 매출액의 변화율이 영업이익에 얼마나 영향을 미치는지를 측정하는 지표의 역할을 한다. 매출액이 ₩80,000,000일 때 두 기업의 영업레버리지도를 계산해 보면 다음과 같다.

$$\text{DOL(㈜로우캠)} = \frac{₩40,000,000}{₩10,000,000} = 4, \quad \text{DOL(㈜하이캠)} = \frac{₩60,000,000}{₩10,000,000} = 6$$

㈜로우캠의 영업레버리지도는 4이므로, ㈜로우캠의 영업이익변화율은 매출액증가율에 영업레버리지도 4를 곱한 만큼 크게 변화하게 된다. ㈜하이캠의 영업이익변화율은 매출액

증가율에 6을 곱한 만큼 크게 변화하게 된다. 즉, 매출이 10%만큼 증가하게 된다면, ㈜로우캠의 영업이익은 현재 금액보다 ₩4,000,000 혹은 40%가 증가하게 될 것이라 예상할 수 있다. BEP분석에서 영업레버리지와 손익 확대효과와의 관계를 분석한 결과는 [도표 5-19]에 제시되어 있다.

도표 5-19 ▌영업레버리지와 손익 확대효과

	(1) 매출액증가율	(2) 영업레버리지도	영업이익증가율 (1)×(2)
㈜로우캠	10%	4	40%
㈜하이캠	10%	6	60%

따라서 이익증가율과 매출액변화율 및 영업레버리지의 관계는 다음과 같다.

영업이익증가율＝매출액변화율×영업레버리지도

㈜하이캠의 높은 영업레버리지도는 원인이 무엇일까? 두 기업의 유일한 차이점은 원가구조이다. 만약 두 기업의 총수익과 총비용은 동일하지만 원가구조가 다르다면, 원가구조에서 고정원가의 비율이 높은 기업이 높은 영업레버리지를 가지게 된다. 원래의 예제로 돌아가 보면, 두 회사가 ₩80,000,000의 매출액과 ₩70,000,000의 총비용을 가진 경우, ㈜로우캠은 $\frac{3}{7}$이 고정원가이지만, ㈜하이캠은 $\frac{5}{7}$가 고정원가이다. 결과적으로, ㈜하이캠의 영업레버리지도가 ㈜로우캠보다 높게 된다.

영업레버리지도가 항상 일정한 것은 아니다. 손익분기점 근처의 매출수준에서 가장 크고, 매출액과 이익이 증가할수록 감소하게 된다. [도표 5-20]은 매출수준과 영업레버리지도와의 관계를 보여주고 있다.

도표 5-20 ▌ 매출액수준과 영업레버리지도

매출액	₩60,000,000	₩70,000,000	₩80,000,000	₩160,000,000	₩240,000,000
변동원가	30,000,000	35,000,000	40,000,000	80,000,000	120,000,000
공헌이익(a)	30,000,000	35,000,000	40,000,000	80,000,000	120,000,000
고정원가	30,000,000	30,000,000	30,000,000	30,000,000	30,000,000
영업이익(b)	₩0	₩5,000,000	₩10,000,000	₩50,000,000	₩90,000,000
영업레버리지도(a)÷(b)	∞	7	4	1.60	1.33

위의 분석결과, 기업의 매출액이 손익분기점 근처일 때 영업레버리지가 가장 높고, 손익분기점에서 멀어질수록 영업레버리지도는 더욱 감소하게 되고, 손익분기점에서 영업레버리지도는 무한대로 커지게 된다(공헌이익 ₩30,000÷영업이익 ₩0=∞).

영업레버리지도는 손익계산서를 작성하지 않고서도 매출액의 다양한 변동이 이익에 어떤 영향을 미치는지를 신속하게 추정할 수 있어서 기업의 경영계획 수립에 많은 도움을 줄 수 있다. 만약 손익분기점 근처에 있는 한계기업이라면 매출액의 변동원가율에 매우 민감하여 이익이 큰 폭의 비율로 증가될 수 있어서 경영진이 매출액의 증가에 많은 노력을 해야 하는 이유를 설명해 줄 수 있다. 또한 영업레버리지도는 안전한계와 밀접한 관계가 있다. 기업의 실제 매출액이 손익분기점으로부터 멀어질수록 안전한계는 증가하지만 영업레버리지도는 낮아진다. 안전한계율과 영업레버리지도는 다음과 같이 역의 관계가 있다.

$$\text{안전한계율} = \frac{1}{\text{영업레버리지도}}$$

6 요 약

CVP분석은 원가-조업도-이익 간의 관계를 분석하는 단기 경영의사결정 도구이다. 이익이 가격, 원가 및 조업도에 따라 어떻게 반응하며, 이들 관계가 변화하면 손익분기점과 안전한계는 어떻게 변하는지와 같은 여러 가지 중요한 경영상의 질문에 대한 해결책을 제시하는 데 CVP가 사용될 수 있다.

CVP그래프는 X축에는 조업도, Y축에는 총수익과 총비용을 표시하여 이들 간의 관계를 나타내고 있다. CVP그래프는 판매량의 변화에 따라 원가와 이익이 어떻게 반응하는지를 직관적으로 살펴보는 데 유용하다.

공헌이익은 매출액에서 총변동원가를 차감하여 계산한다. 총공헌이익은 고정원가를 회수하고 이익을 창출하는 데 공헌하는 이익을 말한다. 공헌이익률은 총매출액에 대한 총공헌이익의 비율이다. 이 비율은 총매출액의 변동이 영업이익에 미치는 영향을 신속하게 추정하는 데 사용될 수 있다. 또한 손익분기점분석에 유용하게 사용된다.

손익분기점은 총수익과 총비용이 같아지는 점의 매출수량 혹은 매출액을 말한다. 손익분기점에서는 이익도 손실도 발생하지 않는다. 손익분기점은 방정식법, 공헌이익법, 도표법 등 몇 가지 방법을 사용하여 계산될 수 있다. CVP모형을 확장하여 목표이익을 달성하기 위한 매출액 수준을 계산하는 데에도 사용된다. 안전한계는 회사의 현재 매출액이 손익분기매출액을 초과하는 금액이나 수량으로, 기업의 위험에 대한 측정치로 사용된다. 안전한계나 한계율이 높다는 것은 그만큼 기업의 매출이 하락할 경우 위험에 강건하게 견디어 낼 수 있다는 의미이다. 즉, 위험에 대한 완충역할을 하는 것이 안전한계의 기능이다.

영업레버리지도는 매출액의 일정한 비율 변화가 기업의 영업이익에 미치게 될 영향을 신속하게 추정할 수 있게 한다. 영업레버리지도가 높을수록 기업의 이익에 미치는 영향은 커지게 된다. 영업레버리지도는 항상 일정한 것은 아니다. 이는 기업의 현재 매출액 수준에 의해 좌우된다.

복수의 제품을 생산하는 기업의 이익은 매출배합에 의해 영향을 받는다. 매출배합의 변화는 손익분기점, 안전한계 및 다른 중요한 요소에 영향을 미친다. 제약자원하의 복수의 제품에 대한 생산 및 판매 의사결정은 제약요소의 단위당 공헌이익이 극대화하는 방향으로 이루어져야 한다.

용어해설

Cost & Management Accounting

- 고저점법(high-low method) 혼합원가를 고정원가 요소와 변동원가 요소로 분류하기 위하여 최고/최저 조업수준에서 발생한 총원가를 사용하는 수학적 방법
- 고정원가(fixed cost) 조업수준의 변동에 관계없이 총액이 일정한 원가
- 관련범위(relevant range) 변동원가와 고정원가에 대한 가정이 유지되는 조업범위 또는 활동범위
- 공헌이익률(Contribution Margin ratio: CM ratio) 공헌이익을 매출액으로 나눈 비율
- 공헌이익법(contribution margin method) 고정원가를 단위당 공헌이익으로 나누어 손익분기 점을 계산하는 방법
- 공헌이익계산서(contribution margin income statement) 내부 목적용으로 원가를 변동원가와 고정원가로 구분하고 공헌이익을 보고하는 이익계산서 형태
- 매출배합(sales mix) 판매되는 제품들의 상대적 비율. 매출배합은 각 제품별 매출을 총매출의 비율로 나타냄으로써 계산된다.
- 방정식법(equation method) 매출액 = 변동원가+고정원가+이익이라는 등식에 근거하여 손익분기점을 계산하는 방법
- 변동원가(variable cost) 조업도의 변화에 따라 총액이 직접적이고 비례적으로 변동하는 원가
- 변동원가율(variable cost ratio) 변동원가를 매출액으로 나눈 비율
- 손익분기점(break-even point) 이익이 0(zero)이 되는 매출수준. 손익분기점은 총매출액이 총비용과 같아지는 점, 또는 총공헌이익이 총고정원가와 같아지는 점으로도 정의될 수 있다.
- 안전한계(margin of safety) 예산(혹은 실제) 매출액이 손익분기매출액을 초과하는 금액
- 원가구조(cost structure) 기업이 발생시키는 고정원가와 변동원가의 상대적 비율
- 원가-조업도-이익 그래프(cost-volume-profit graph) X축에는 조업도(판매량)를, Y축에는 고정원가, 변동원가, 총비용, 총매출액 및 이익을 표시하여 이들 간의 관계를 나타내는 그래프
- 원가행태분석 기업의 조업수준 변동에 따른 특정원가의 반응을 검토하는 것
- 영업레버리지(operating leverage) 영업이익이 판매금액의 일정한 비율의 변화에 얼마나 민감한지를 측정하는 수단
- 영업레버리지도(degree of operating leverage) 일정한 매출수준에서의 매출액 변동비율이 이익에 얼마나 영향을 미치는지 측정하는 수단. 영업레버리지도는 공헌이익을 영업이익으로 나누어 계산된다.
- 손익분기분석(cost-volume-profit analysis) 원가와 판매량의 변동이 기업의 이익에 미치는 영향을 분석
- 증분분석(incremental analysis) 의사결정에 따라 변동하는 원가와 수익에만 초점을 맞추는 분석적 접근법
- 제약이론(theory of constraints) 기업의 목표를 달성하기 위해 제약사항을 식별하고 관리하는 데 사용되는 접근방법

연습문제

종합자습문제

※ 성림스튜디오는 인화서비스를 제공하는 전문회사이다. 성림스튜디오의 2015년 공헌이익계산서는 다음과 같다.

	총액	단위당	매출액 대비 비율
매출액(12,000장×₩60)	₩720,000	₩60	100%
변동원가(12,000장×₩36)	432,000	36	60%
공헌이익	₩288,000	₩24	40%
고정원가	150,000		
영업이익	₩138,000		

경영자는 회사의 이익증가를 위해 여러모로 노력하고 있으며, 다음과 같은 항목의 분석을 요구하였다.

| 요구사항 |

(a) 공헌이익률과 변동원가율을 계산하시오.

(b) 손익분기판매수량과 손익분기매출액을 구하시오(공식 이용).

(c) 2016년의 매출액이 ₩400,000 증가할 것이라고 가정할 때 원가행태가 변하지 않는다면 영업이익은 얼마만큼 증가하겠는가? 공헌이익률을 이용하여 답하시오.

(d) 경영자는 2016년에 회사의 목표이익을 ₩180,000으로 계획하고 있다. 이를 달성하기 위해 판매해야 할 제품수량은 몇개인가?

(e) 성림스튜디오가 사진 8,000장을 인화했다면, 안전한계율과 안전한계는 얼마인가?

(f) 1) 현재 매출수준에서의 영업레버리지도를 계산하시오.

2) 영업사원의 노력으로 인해 2016년의 매출액이 8% 증가했다고 가정하고 영업레버리지도를 이용하여 영업이익증가율을 계산하시오.

| 해답 |

(a) 공헌이익률=40% 변동원가율 $= \frac{\text{단위당 변동원가}}{\text{단위당 판매가격}} = \frac{₩36}{₩60} = 60\%$

매출액 = 변동원가 + 고정원가 + 영업이익
₩60Q = ₩36Q + ₩150,000 + ₩0
₩24Q = ₩150,000
Q = ₩150,000 ÷ ₩24/장
Q = 6,250장
손익분기매출액 = 6,250 × ₩60 = ₩375,000

(b) 공헌이익법: $\frac{\text{단위당 공헌이익}}{\text{단위당 판매가격}} = \frac{₩24}{₩60} = 0.4$

방정식법:

X = 0.60X + ₩150,000 + ₩0
0.40X = ₩150,000
X = ₩150,000 ÷ 0.40
X = ₩375,000
손익분기판매량 = ₩375,000/₩60 = 6,250장

(c)

매출액 증가	₩400,000
×공헌이익률	× 40%
예상공헌이익 증가	₩160,000

고정원가는 변하지 않으므로 공헌이익이 증가한 만큼 영업이익도 ₩160,000 증가한다.

(d) 등식법:
매출액 = 변동원가 + 고정원가 + 영업이익
₩60Q = ₩36Q + ₩150,000 + ₩180,000
₩24Q = ₩330,000
Q = ₩330,000 ÷ ₩24/장
Q = 13,750장

공헌이익법: $\frac{\text{고정원가} + \text{목표이익}}{\text{단위당 공헌이익}} = \frac{₩150,000 + ₩180,000}{₩24} = 13,750\text{장}$

(e)

안전한계 = 총매출액 − 손익분기점매출액
= ₩480,000 − ₩375,000 = ₩105,000

안전한계율 = $\frac{₩105,000}{₩480,000} = 22\%$

(f)

1) $\text{영업레버리지도} = \dfrac{\text{공헌이익}}{\text{영업이익}} = \dfrac{₩288,000}{₩138,000} = 2.09$

2)

매출액증가율	8%
×영업레버리지도	× 2.09
영업이익증가율	16.72%

객관식문제

※ 다음 질문에 가장 적절한 답을 고르시오(1~15).

01. 다음 중 공헌이익계산서 형태는?
(a) 매출－변동원가＝고정원가＋순이익
(b) 매출－고정원가－변동원가－영업이익＝순이익
(c) 매출－매출원가－영업비＝순이익
(d) 매출－변동원가－고정원가＝영업이익

02. 어떤 회사의 공헌이익이 0보다 적다면, 다음 설명 중 옳은 것은?
(a) 고정원가가 단위당 변동원가보다 적다.
(b) 이익이 총비용보다 크다.
(c) 이 회사는 더 많은 양을 판매해야 한다.
(d) 단위당 판매가격이 단위당 변동원가보다 적다.

03. 다음 중 손익분기점을 바르게 설명한 것은?
(a) 총매출액과 총변동원가 및 총고정원가가 같게 되는 점이다.
(b) 공헌이익이 0인 점이다.
(c) 총변동원가와 총고정원가가 같은 점이다.
(d) 총매출액과 총고정원가가 같은 점이다.

04. 변동원가에 대한 설명으로 옳은 것은?
(a) 조업도의 변화와 함께 총원가가 직접적이고 비례적으로 변동하는 원가
(b) 모든 조업수준에서 단위당 원가는 일정하다.
(c) 위의 (a), (b) 모두 틀렸다.
(d) 위의 (a), (b) 모두 맞다.

05. ㈜창신은 제품 100,000단위를 단위당 ₩12에 판매한다. 고정원가가 ₩300,000이고 영업이익이 ₩200,000이라면 공헌이익계산서상의 변동원가는 얼마인가?

(a) ₩700,000 (b) ₩900,000
(c) ₩500,000 (d) ₩1,000,000

06. ㈜창신은 제품 200,000단위를 단위당 ₩4에 판매할 계획을 세웠다. 공헌이익률은 25%이다. 만약 이 판매수준이 손익분기점이 된다면 고정원가는 얼마인가?

(a) ₩100,000 (b) ₩160,000
(c) ₩200,000 (d) ₩300,000

07. ㈜창신의 실제 매출액이 ₩600,000이고 손익분기점 매출이 ₩420,000이라면 안전한계율은 얼마인가?

(a) 25% (b) 30%
(c) 33.3% (d) 45%

08. ㈜창신의 고정원가는 ₩180,000이고 단위당 변동원가는 ₩8.50, 목표이익은 ₩268,000이다. 단위당 ₩12에 판매한다면 목표이익을 달성하기 위해 몇 단위를 판매해야 하는가?

(a) 1,429단위 (b) 128,000단위
(c) 76,571단위 (d) 21,176단위

09. ㈜창신의 고정원가는 ₩150,000이고 단위당 변동원가는 ₩9이며, 판매가격이 단위당 ₩12이라면 손익분기점매출액은?

(a) ₩200,000 (b) ₩450,000
(c) ₩480,000 (d) ₩600,000

10. 단위당 공헌이익이 ₩15이고 1단위를 생산하는 데 3시간이 소요된다면, 제약자원의 단위당 공헌이익은 얼마인가?

(a) ₩25 (b) ₩5
(c) ₩4 (d) 답 없음

11. 영업레버리지도에 대한 적절한 설명은?

(a) 공헌이익을 영업이익으로 나누어 계산한다.
(b) 이익의 안정성에 대한 측정치를 제공한다.
(c) 기업의 손익분기점에 영향을 미친다.
(d) (a), (b), (c) 모두 옳다.

12. 영업레버리지도가 높다는 것은 무엇을 의미하는가?
(a) 고정원가에 비해 변동원가가 많다.
(b) 고정원가를 공헌이익으로 나누어 계산한다.
(c) 이익의 변동폭이 크다.
(d) 이익의 변동폭이 좁다.

13. ㈜창신의 매출이 ₩500,000일 때 영업레버리지도는 3.5이고 영업이익은 ₩200,000이다. 만약 ㈜창신의 매출이 10% 감소한다면?
(a) 영업이익 ₩70,000 감소
(b) 공헌이익 ₩7,000 감소
(c) 영업레버리지 35% 감소
(d) 영업이익 ₩175,000 감소

14. 다음 중 CVP분석에 포함되지 않는 것은?
(a) 매출배합
(b) 단위당 판매가격
(c) 단위당 고정원가
(d) 생산량 혹은 판매량

15. 전통적인 손익계산서와 공헌이익계산서의 차이는?
(a) 전통적인 손익계산서의 이익이 더 크다.
(b) 전통적 손익계산서의 이익이 더 작다.
(c) 두 이익은 항상 같다.
(d) 판매량에 따라 영업이익이 크거나 작다.

주관식문제

01. 창신산업의 조업도는 주행거리(Km)이고, 발생된 총원가는 다음과 같이 혼합원가의 형태를 보이고 있다. 고저점법을 사용하여 단위당 변동원가와 고정원가를 계산하시오.

월	주행거리(Km)	총원가
1월	8,000	₩14,150,000
2월	7,500	13,600,000
3월	8,500	15,000,000
4월	8,200	14,490,000

02. 다음은 ㈜성림과 ㈜창신의 공헌이익 손익계산서이다. 두 회사는 동일한 산업에 종사하고 있으며 매출액과 순이익은 동일하지만, 원가구조는 상이하다. 각 회사의 손익분기매출액을 계산하고, 계산결과를 해석하시오.

	㈜성림	㈜창신
매 출	₩ 150,000	₩ 150,000
매출원가	60,000	15,000
공헌이익	90,000	135,000
고정원가	50,000	95,000
순 이 익	₩ 40,000	₩ 40,000

03. ㈜태일은 이번 달에 8,000단위의 제품을 판매하여 ₩400,000 매출을 올렸다. 매출을 실현하기 위해 다음의 원가와 비용이 발생하였다.

계정	변동원가	고정원가
매출원가	₩184,000	₩70,000
판매비	40,000	30,000
관리비	16,000	40,000

| 요구사항 |

(a) 공헌이익손익계산서를 작성하시오.

(b) 단위당 공헌이익을 계산하시오.

(c) 공헌이익률을 계산하시오.

04. 다음은 ㈜태일의 한 달간의 영업결과이다. 경영자는 순이익을 증가시키기 위해 다음과 같은 실천계획을 고려하고 있다. 단위당 변동원가나 고정원가의 변동없이 판매가격만 10% 인하하고자 한다. 이번 가격인하 결정으로 인해 매출수량이 30% 증가할 것으로 확신하고 있다.
단, 판매가격이나 원가의 변동이 없다고 가정하고, 가격인하 결정으로 매출수량의 변동이 있다고 가정한다.

	총 계	단위당
매출(9,000단위)	₩450,000	₩50.00
변동원가	247,500	27.50
공헌이익	202,500	₩22.50
고정원가	150,000	
순이익	₩52,500	

| 요구사항 |

공헌이익법을 사용하여 가격인하 전과 가격인하 후의 손익분기매출수량, 손익분기매출액, 금액으로 표시된 안전한계를 계산하시오.

05. 다음은 ㈜태일의 세 가지 제품별 판매수량, 판매가격 및 변동원가를 나타내고 있다. 이 회사의 고정원가가 ₩140,000일 때 다음의 각 물음에 답하시오.

	제품 A	제품 B	제품 C	총 계
판매량	840	350	210	1,400
판매단가	₩250	₩400	₩800	
변동원가	₩195	₩288	₩416	

| 요구사항 |

(a) 세 제품에 대해 수량으로 매출배합을 나타내시오.
(b) 가중평균공헌이익을 계산하시오.
(c) 손익분기총수량을 계산하시오.
(d) 각 제품별 손익분기매출수량을 계산하시오.

06. 다음은 ㈜태일의 월별 혼합원가를 집계한 것이다. 이 자료를 이용하여 다음 물음에 답하시오.

	생산량	총원가
3월	10,000	₩18,000
4월	9,000	16,650
5월	10,500	18,750
6월	8,000	16,200
7월	9,500	17,100

| 요구사항 |

(a) 고저점법을 이용하여 변동원가 요소와 고정원가 요소를 계산하시오.
(b) ㈜태일이 8,500단위를 생산한다면, 추정총원가를 계산하시오.

07. ㈜태일의 원가담당자는 수선유지비에 대한 원가행태를 분석하기 위해 다음과 같은 월별 비용을 집계하였다.

월	총수선유지비	총기계시간
1월	₩2,400,000	300
2월	3,000,000	400
3월	3,600,000	600
4월	4,500,000	790
5월	3,200,000	500
6월	4,900,000	800

| 요구사항 |

(a) 고저점법을 사용하여 고정원가 요소와 변동원가 요소를 결정하시오.
(b) 수선유지비와 기계시간과의 관계를 도표로 나타내시오(단위는 200시간, 금액은 ₩1,000,000 단위로 표시).

08. ㈜태일은 단일제품을 생산하고 있다. 3,000단위의 제조과정에서 발생하는 원가는 다음과 같다. 공과금과 수선비는 혼합원가이고 발생된 원가 중에서 고정원가는 각각 ₩300,000, ₩200,000이다.

생산원가	금 액
직접재료원가	₩7,500,000
직접노무원가	15,000,000
공과금	1,800,000
재산세	1,000,000
간접노무원가	4,500,000
감독자 급여	1,800,000
수선비	1,100,000
감가상각비	2,400,000

| 요구사항 |

(a) 위의 원가를 변동원가, 고정원가, 혼합원가로 구분하시오.

(b) 5,000단위를 생산할 때 예상원가를 추정하시오.

09. 태일리조트는 손익분기점을 달성하려고 노력하고 있다. 리조트의 객실은 50개이고, 하루 숙박료는 ₩60,000이며, 운영비는 다음과 같다.

급 여	₩7,200,000/월
공과금	₩1,500,000/월
감가상각비	₩1,200,000/월
유지비	₩300,000/월
객실 서비스료	₩8,000/객실
기 타	₩28,000/객실

| 요구사항 |

(a) 손익분기객실수를 구하시오.

(b) 손익분기매출액을 구하시오.

10. ㈜태일전자는 생산되는 제품에 따라 TV부문과 DVD부문으로 나누어져 있다. 최근 각 부문별 영업 결과는 다음과 같다.

	TV부문	DVD부문	합 계
매출	₩600,000,000	₩400,000,000	₩1,000,000,000
변동원가	450,000,000	240,000,000	690,000,000
공헌이익	₩150,000,000	₩160,000,000	310,000,000
고정원가			124,000,000
순이익			₩186,000,000

| 요구사항 |

(a) 매출배합비율과 각 부문별 공헌이익률을 계산하시오.

(b) 가중평균공헌이익률을 계산하시오.
(c) 기업 전체의 손익분기매출액을 계산하시오.
(d) 각 부문별 손익분기매출액을 계산하시오.

11. ㈜태일의 최근 한 달간의 영업결과를 요약하면 다음과 같다.

매출 ₩300,000(5,000단위), 변동원가 ₩210,000, 고정원가 ₩70,000

경영자는 순이익을 증가시키기 위해 다음과 같은 독자적인 행동을 고려하고 있다.

(1) 총변동원가나 판매량을 변경시키지 않으면서 판매가격만 10% 인상하는 경우
(2) 변동원가를 매출액의 58%로 줄이는 경우
(3) 고정원가를 추가적으로 ₩20,000 줄이는 경우

| 요구사항 |

위의 각 대안별 순이익을 계산하시오. 어느 대안이 가장 많은 이익을 창출할 수 있을까?

12. 태일사는 다음의 3가지 제품을 생산·판매하고 있다.

	A	B	C
판매가격	₩200	₩300	₩250
직접노무원가	25	75	30
기타 변동원가	105	90	148

이 회사는 성수기에 대비한 제품재고 생산을 위해 사용가능한 노동시간은 2,000시간이다. 경영자는 어느 제품을 생산해야 할 것인지 결정하려고 한다. 시간당 임률은 ₩10이다.

| 요구사항 |

(a) 제품별 단위당 직접노동시간을 계산하시오.
(b) 직접노동시간당 공헌이익을 계산하시오.
(c) 어느 제품을 생산해야 하는가? 그 제품에 대한 총공헌이익은 얼마인가?

13. ㈜태일은 다음의 2가지 제품을 생산·판매하고 있다. 각 제품에 대한 단위별 관련자료는 다음과 같다.

	기본형	고급형
판매가격	₩40	₩52
변동원가	18	24
기계시간	0.5	0.7

| 요구사항 |

(a) 각 제품에 대한 기계시간당 공헌이익을 계산하시오.
(b) 만약 추가적으로 기계시간이 1,000시간 이용가능하다면 어느 제품을 생산해야 하는가?.
(c) 추가시간을 500시간씩 나누어 각 제품을 생산할 경우 각 제품의 총공헌이익은 얼마인가?
(d) (b)에서 결정된 제품생산에 1,000시간을 모두 투입했을 경우 총공헌이익은 얼마인가?

14. 다음은 두 회사의 공헌이익계산서이다. 이 자료를 이용하여 다음 물음에 답하시오.

	㈜태일	㈜경호
매출액	₩600,000	₩600,000
변동원가	280,000	80,000
공헌이익	320,000	520,000
고정원가	170,000	370,000
영업이익	₩150,000	₩150,000

| 요구사항 |

(a) 각 회사의 영업레버리지도를 계산하시오.

(b) 매출액이 10% 증가한다고 가정할 때 각 회사별로 영업이익은 얼마나 증가하는가?

15. ㈜태일은 자동차용 특수 플라스틱 부품을 생산·판매하는 노동집약형 기업이고 ㈜창신은 자동화 설비를 갖춘 자본집약형 기업이다. 두 회사의 관련 자료는 다음과 같다.

	㈜태일	㈜창신
매출액	₩400,000	₩400,000
변동원가	320,000	160,000
공헌이익	80,000	240,000
고정원가	20,000	180,000
영업이익	₩60,000	₩60,000

| 요구사항 |

(a) 각 기업의 영업레버리지도를 계산하시오. 어느 기업의 원가구조가 매출변동에 더욱 민감한지 결정하시오.

(b) 매출이 10% 감소했을 경우와 매출이 5% 증가했을 경우, 각 기업의 이익에 미치는 영향을 계산하시오(손익계산서는 작성하지 말 것).

16. 태일골프전문점에서는 골프용 신발, 장갑 및 골프공 위치추적기를 판매하고 있다. 각 제품의 단가 및 매출관련 자료는 다음과 같다.

	신 발	장 갑	위치추적기
판매단가	₩100,000	₩30,000	₩250,000
단위당 변동원가	60,000	10,000	200,000
단위당 공헌이익	₩40,000	₩20,000	₩50,000
매출배합	40%	50%	10%

단, 고정원가는 ₩620,000,000이다.

| 요구사항 |

(a) 회사 전체의 손익분기매출수량을 계산하시오.

(b) 각 제품별 손익분기매출수량을 계산하시오.

실전문제

01. 조업도가 변화할 때 원가가 어떻게 달라지는가에 따라 변동비, 고정비, 준변동비, 준고정비로 분류할 수 있다. 준고정비에 대한 설명으로 가장 적당한 것은? [전산세무 1급, 58회]

① 조업도와 관계없이 제품의 총원가는 항상 일정하다.
② 조업도의 증감에 따라 비례적으로 증가 또는 감소하는 성격의 원가이다.
③ 일정한 범위의 조업도 내에서는 총원가가 일정하지만, 그 범위를 벗어나면 총원가가 달라진다.
④ 조업도가 0(영)인 경우에도 일정액이 발생하고, 그 이후로부터 조업도에 따라 비례적으로 증가하는 원가를 말한다.

02. 다음 원가의 분류에 대한 설명 중 틀린 것은? [전산세무 1급, 57회]

① 원가는 특정한 원가집적대상에 추적가능한가에 따라서 직접비와 간접비로 구분할 수 있다.
② 조업도가 증가하는 경우 총고정비와 단위당 고정비는 일정하다.
③ 조업도가 증가하는 경우 총원가가 증가하지만 조업도가 0인 경우에도 일정액이 발생하는 원가를 준변동비 또는 혼합비라고 한다.
④ 매몰원가는 과거의 의사결정에 이미 사용된 원가로써 현재 또는 미래의 의사결정에 어떠한 영향도 미치지 못한다.

03. 다음은 ㈜강남의 제품 한 개에 대한 원가이다. 자료를 보고 ㈜강남의 2013년도 제품 단위당 변동제조원가를 구하시오. [전산세무 2급, 57회]

- 판매가격: ₩1,500
- 직접재료비: ₩500
- 직접노무비: ₩300(시간당 노무비는 ₩100)
- 변동제조간접비: 시간당 ₩30이 발생

① ₩800　　② ₩830
③ ₩890　　④ ₩930

04. 다음에서 설명하고 있는 원가를 원가행태에 따라 분류하고자 할 때 가장 적절한 것은? [전산회계 1급, 57회]

관련범위 내에서 조업도의 변동에 관계없이 총원가가 일정하고, 조업도가 증가함에 따라 단위당 원가는 감소한다.

① 변동원가　　② 고정원가
③ 준변동원가　　④ 준고정원가

05. 다음 중 원가에 대한 설명으로 옳지 않은 것은? [전산세무 2급, 56회]

① 조업도의 변동에 관계없이 단위당 원가는 일정하고, 총원가는 조업도의 변동에 비례하여 변하는 원가를 변동원가라고 한다.

② 직접노무비와 제조간접비를 합한 금액을 가공원가라고 한다.

③ 과거에 발생한 원가로서 의사결정에 고려되어서는 안 되는 원가를 기회원가라고 한다.

④ 특정 부문의 경영자가 원가의 발생을 관리할 수 있으며, 부문경영자의 성과평가의 기준이 되는 원가를 통제가능원가라고 한다.

06. 원가회계에 있어 고정비와 변동비에 대한 설명 중 옳은 것은? [전산회계 1급, 56회]

① 고정비는 관련범위 내에서 조업도가 증가하면 증가한다.

② 변동비는 관련범위 내에서 조업도가 증가하면 일정하다.

③ 고정비는 관련범위 내에서 조업도가 증가하면 단위당 고정비가 감소한다.

④ 변동비는 관련범위 내에서 조업도가 증가하면 단위당 변동비가 증가한다.

07. 공장에서 사용하던 화물차(취득원가 ₩3,500,000, 처분시점까지 감가상각누계액 ₩2,500,000)가 고장이 나서 매각하려고 한다. 동 화물차에 대해 ₩500,000 수선비를 투입하여 처분하면 ₩1,200,000을 받을 수 있지만, 수선하지 않고 처분하면 ₩600,000을 받을 수 있다. 이 경우에 매몰원가는 얼마인가? [전산회계 1급, 56회]

① ₩400,000 ② ₩500,000

③ ₩1,000,000 ④ ₩1,200,000

08. 다음 중 원가의 분류에 대한 설명으로 틀린 것은? [전산세무 1급, 55회]

① 두 가지 이상의 제품을 제조하는 공장의 경리직원에 대하여 급여를 지급하는 경우 이는 간접노무원가에 해당한다.

② 원가를 발생 형태에 따라 분류하는 경우에 임금과 급료 등 인간 노동력의 소비액을 노무원가라고 한다.

③ 관련범위 내에서 공장의 임차료와 같은 고정원가는 조업도가 증가하여도 단위당 고정원가는 일정하다.

④ 변동원가는 조업도가 증가함에 따라 총원가는 증가하지만 단위당 원가는 일정하다.

09. 다음 중 고정비에 대한 내용이 아닌 것은? [전산세무 2급, 55회]

① 조업도가 0이라도 일정한 비용이 발생한다.

② 조업도가 증가하거나 감소하더라도 총비용이 증가하거나 감소하지 않는다.

③ 조업도가 증가하면 조업도 단위당 비용은 감소한다.

④ 조업도가 감소하면 조업도 단위당 비용은 감소한다.

10. 원가에 대한 설명 중 가장 옳은 것은? [전산회계 1급, 55회]
① 직접재료비는 기초원가와 가공원가 모두 해당된다.
② 매몰원가는 의사결정과정에 영향을 미치는 원가를 말한다.
③ 고정원가는 조업도와 상관없이 일정하게 증가하는 원가를 말한다.
④ 직접원가란 특정한 원가집적대상에 추적할 수 있는 원가를 말한다.

11. 원가회계와 관련하여 다음 설명 중 가장 적절치 않은 것은 어느 것인가? [전산회계 1급, 55회]
① 제품원가에 고정제조간접비를 포함하는지의 여부에 따라 전부원가계산과 종합원가계산으로 구분된다.
② 제품생산의 형태에 따라 개별원가계산과 종합원가계산으로 구분된다.
③ 원가는 제품과의 관련성(추적가능성)에 따라 직접비와 간접비로 구분된다.
④ 원가는 조업도의 증감에 따라 원가총액이 변동하는 변동비와 일정한 고정비로 분류할 수 있다.

12. 다음 중 원가의 추적가능성에 따른 분류로 가장 맞는 원가개념은? [전산회계 1급, 53회]
① 고정원가와 변동원가
② 직접원가와 간접원가
③ 제품원가와 기간원가
④ 제조원가와 비제조원가

13. 다음 자료에서 기본원가(혹은 기초원가)와 가공비의 합은 얼마인가? [전산회계 1급, 52회]

• 직접재료비: ₩150,000	• 직접노무비: ₩320,000
• 간접재료비: ₩50,000	• 간접노무비: ₩80,000
• 간접경비: ₩30,000	• 광고선전비: ₩300,000

① ₩630,000　② ₩760,000
③ ₩930,000　④ ₩950,000

14. 다음 제조비용 중 직접비와 간접비의 구분에 대한 설명으로 틀린 것은? [기업회계 2급, 33회]
① 공장재산세, 기계감가상각비는 고정제조간접비로서 직접비로 분류된다.
② 재료비는 제품의 주요 부분을 구성하면서 추적가능성이 있으면 직접재료비로 분류가 가능하다.
③ 통신비, 수도광열비, 전기요금 등은 혼합비로써 회귀분석법에 의하여 고정비와 변동비로 분류되며 간접비이다.
④ 공장장, 생산이사와 같이 직접 작업에 참여하지 않는 사람의 급여는 간접노무비로 분류한다.

15. 다음은 최근 5개월간의 ㈜대전의 제조간접비 관련 원가자료이다. 고저점법을 이용하여 원가방정식을 추정하면 얼마인가? [기업회계 1급, 33회]

기간(월)	직접노동시간	전기료
1	80,000시간	₩1,900,000
2	70,000시간	₩1,750,000
3	100,000시간	₩2,210,000
4	90,000시간	₩2,080,000
5	110,000시간	₩2,350,000

① y=600,000+@₩15x ② y=700,000+@₩15x
③ y=600,000+@₩20x ④ y=700,000+@₩20x

16. 관련범위 내에서 단위당 변동원가는 어떤 행태로 설명될 수 있는가? [기업회계 1급, 33회]
① 각 생산수준에서 일정하다. ② 생산량이 증가함에 따라 감소한다.
③ 각 생산수준에서 다르다. ④ 생산량이 증가함에 따라 증가한다.

17. 대전산업은 한 종류의 휴대전화기를 제조 · 판매한다. 휴대전화기의 단위당 판매가격은 ₩80이고, 단위당 변동원가는 ₩60, 고정원가는 ₩240,000이며, 관련범위는 18,000단위이다. 다음 중 옳지 않은 것은?(단, 세금은 고려하지 않는다) [기업회계 1급, 33회]
① 휴대전화기의 단위당 공헌이익률은 25%이다.
② 매출수량이 12,000단위이면 안전한계는 0이다.
③ 제품단위당 변동원가가 ₩10 감소하면 손익분기점판매량은 4,000단위가 감소한다.
④ 고정원가가 ₩192,000으로 감소하면 공헌이익률은 20% 증가한다.

18. 다음과 같이 2종류의 제품을 판매하는 하는 경우, 총고정비는 얼마인가? [기업회계 1급, 33회]

• 제품의 손익분기점 판매수량: '갑' 2,250단위, '을' 750단위
• 제품의 단위당 판매가격 : '갑' ₩800, '을' ₩650
• 제품의 단위당 변동비 : '갑' ₩200, '을' ₩250

① ₩1,650,000 ② ₩1,550,000
③ ₩1,350,000 ④ ₩1,250,000

19. 다음 자료에 의하여 당기 발생 총고정원가를 계산하면 얼마인가? [기업회계 1급, 33회]

• 당기매출액: ₩1,500,000 • 안전한계율: 20%
• 제품 단위당 판매가격: ₩750 • 제품 단위당 변동비: ₩500

20. 관련범위 내에서 조업도의 증감에 따른 고정비와 변동비에 관한 설명 중 틀린 것은? [기업회계 2급, 32회]

① 고정비는 조업도의 증감과 관계없이 원가총액이 일정하게 발생한다.
② 변동비는 조업도의 증감에 따라 원가총액이 비례적으로 변화한다.
③ 고정비는 조업도의 증감에 불구하고 단위당 원가가 일정하다.
④ 변동비는 조업도의 증감에 불구하고 단위당 원가가 일정하다.

21. ㈜채원은 차량을 2012년 7월 1일, ₩12,000,000에 구입하였으나, 2014년 1월 겨울 동파로 인해 차량을 사용할 수 없게 되었다. 회사는 폐기물로 ₩400,000에 처분하거나 수리비용 ₩1,000,000을 들여 ₩1,500,000에 매각할 수도 있다. 이때 차량 처리에 대한 매몰원가는 얼마인가? [기업회계 2급, 32회]

① ₩400,000　　② ₩1,000,000
③ ₩1,500,000　　④ ₩12,000,000

22. 매출액은 ₩200,000, 변동원가율은 60%, 고정원가는 ₩60,000, 법인세율이 20%일 때 다음 중 틀린 것은? [기업회계 1급, 32회]

① 손익분기점매출액은 ₩150,000이다.
② 안전한계율(M/S비율)은 25%이다.
③ 영업레버리지도는 5이다.
④ 세후 당기순이익은 ₩16,000이다.

23. 대전병원의 급여를 분석해보니 의사의 급여는 월 20일 근무기준으로 지급되는데, 월 20일 이상 근무하는 경우에는 기본급에 ₩1,000,000이 추가적으로 지급된다. 이 경우 의사의 급여의 원가행태는 어느 것인가? [기업회계 1급, 31회]

① 관련원가　　② 혼합원가
③ 고정비　　④ 준고정비

24. 대전산업은 사무용 책상을 제조하여 판매하는 회사이다. 동 책상의 단위당 판매가격은 ₩200,000이며, 원가계산 결과 책상의 단위당 변동비는 ₩150,000, 총고정비는 ₩3,000,000으로 나타났다. 법인세율이 20%라고 할 때, 이 회사가 2013년도 세후 목표이익 ₩1,600,000을 달성하기 위하여 필요한 판매량은 얼마인가? [기업회계 1급, 31회]

① 60개　　② 80개
③ 100개　　④ 120개

25. 다음 자료에 의하여 고저점법으로 제조간접비를 추정할 경우, 기계시간 260시간에서 추정될 수 있는 원가로 바른 것은? [기업회계 1급, 28회]

기계시간	제조간접비	기계시간	제조간접비
1월 200시간	₩520,000	2월 220시간	₩531,000
3월 300시간	₩581,000	4월 250시간	₩543,000
5월 320시간	₩587,200	6월 270시간	₩577,000

① ₩553,600
② ₩556,600
③ ₩560,600
④ ₩570,600

Chapter 6

증분분석

학습목표

이 장의 학습목표는 다음과 같다.

1. 경영의사결정과정을 이해한다.
2. 증분분석의 개념을 설명한다.
3. 특별주문의사결정의 관련원가를 확인한다.
4. 제조 또는 구매의사결정의 관련원가를 확인한다.
5. 판매 또는 추가가공의사결정의 관련원가를 확인한다.
6. 장비의 유지 또는 교체의 관련원가를 확인한다.
7. 수익성이 없는 제품을 중단하기 위한 관련원가를 확인한다.

요약

관리회계의 중요한 목적은 의사결정과 관련된 정보를 관리자에게 제공하는 것이다. 모든 기업은 제품의 생산 및 판매를 위한 의사결정을 하여야 한다. 예를 들면, Philip Morris는 시장점유율을 높이기 위하여 판매가격을 인하하기로 결정하였다. Oral-B는 기존의 칫솔보다 더 비싼 신제품을 생산하기로 하였다. General Motors는 일부 차량의 생산을 중단하고 올즈모빌 사업부를 폐쇄하였다.

제6장에서는 경영의사결정의 과정을 설명하고 증분분석을 통한 의사결정의 방법을 익힌다.

제6장의 주요 구성과 내용은 다음과 같다.

증분분석

경영의사결정과정

- 증분분석의 개념
- 증분분석의 계산

증분분석의 유형

- 특별주문의 수락
- 제조 또는 구매
- 판매 또는 추가가공
- 장비의 유지 또는 교체
- 부문(제품)의 중단

1 경영의사결정의 과정

기업의 경영자들은 경영을 계획하고 실행·통제하는 경영관리활동을 수행하는 과정에서 여러 의사결정에 직면하게 된다. 그리고 의사결정의 결과에 따라 기업의 성과가 달라질 수 있다.

의사결정(decision making)이란 특정한 목적을 달성하기 위해 여러 가지 선택가능한 대안(alternative)들 중에서 최적의 대안을 선택하여 실행하고 평가하는 과정이다. 경영자가 이러한 의사결정을 할 때, 각 대안에 대한 **관련원가(relevant cost)** 정보 등 필요한 모든 정보를 제공받을 수 있다면 의사결정은 보다 더 쉬워질 것이다. 의사결정의 목적에 적합한 정보를 수집하여 제공하는 것이 관리회계담당자의 가장 중요한 역할 중 하나이다.

합리적인 경영의사결정은 [도표 6-1]과 같은 체계적인 과정을 거쳐서 이루어져야 한다.

도표 6-1 ▎ 경영의사결정의 과정

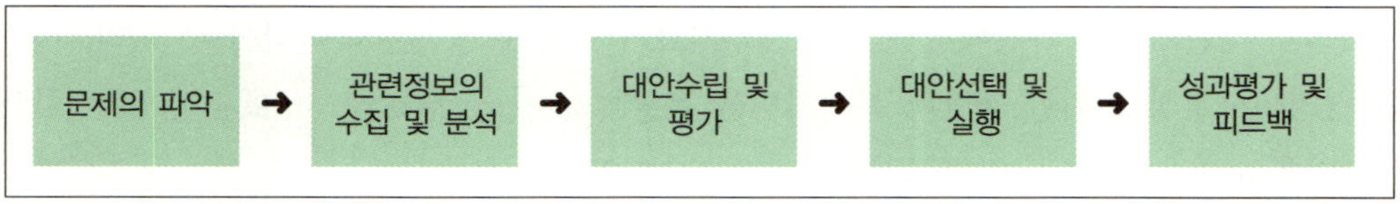

1단계: 문제에 대한 올바른 인식과 정의가 필수적이다. 그리고 의사결정 문제가 분명해지면 이익을 극대화할 것인지, 아니면 시장점유율을 확대할 것인지 또는 원가를 절감할 것인지 등과 같은 의사결정기준을 구체화하여야 한다.

2단계: 대안을 효과적으로 평가하는 데 필요한 관련정보의 수집 및 분석을 통하여 가능한 한 많은 대안들을 개발하고, 각 대안을 평가할 수 있는 기준을 마련하여야 한다. 이러한 관련정보에는 질적 정보와 양적 정보가 모두 포함된다. 일반적으로 회계정보와 관련되는 의사결정은 대부분 양적인 형태로 표현된다. 그러나 경영자가 합리적이고 타당한 의사결정을 하기 위해서는 질적(비계량) 정보도 신중히 고려되어야 한다.

3단계: 다양한 대안을 수립한 후 수집 및 분석된 관련정보를 토대로 최적의 대안을 선택하기 위해 각 대안에 대하여 미래의 결과를 예측하고 평가한다.

4단계: 대안의 평가과정을 거쳐 얻은 정보를 토대로 최적의 대안을 선택하여 실행한다. 여러 대안들 중 최적의 대안을 선택할 때 고려할 사항은 실현가능성과 문제해결에 얼마나 도움을 줄 수 있는지를 예측하는 것이다.

5단계: 대안의 실행성과를 당초 설정한 목표와 비교하여 평가하고 피드백한다. 성과평가는 의사결정과정의 적절성 여부를 사후적으로 평가하는 것이며, 평가의 결과는 반드시 피드백 과정을 거쳐야 한다. 피드백을 통해서 유사한 문제의 의사결정과정에서 효율적으로 대처할 수 있다.

증분분석의 개념

기업에서 의사결정이란 기업의 목적을 달성하기 위하여 둘 이상의 대체가능한 방법 가운데 한 가지를 효과적으로 결정하는 것을 말한다. 만약 자동차를 구입할 것인지, 임차할 것인지를 결정해야 한다고 가정하자. 임차를 하면 정기적인 임차료의 지불이 수반되지만, 구매의 경우에는 구매금액의 일부를 선지급하여야 한다. 이러한 의사결정에 따라 미래의 재무와 관련된 자료는 달라질 것이다.

따라서 대안의 선택과정에서 미래의 재무자료가 어떻게 변하는지 파악할 수 있다. 이러한 경영의사결정을 위한 계량적 분석기법을 **증분분석(incremental analysis)** 또는 차액분석(differential analysis)이라고 한다.

증분분석을 통하여 경영의사결정으로 인한 미래의 이익과 손실을 예측할 수 있다. 그러나 분석결과는 예측자료의 한계로 인한 불확실성을 내포하고 있음을 인식하여야 한다.

증분분석의 기본적인 접근방법은 다음의 예를 통해 알 수 있다.

	대안 A	대안 B	증가(감소)
수익	₩125,000	₩110,000	₩(15,000)
원가	100,000	80,000	(20,000)
순이익	₩25,000	₩30,000	₩5,000

이 예는 대안 A와 B의 비교를 통해 대안 간의 순이익을 보여주고 있다. 대안 A보다 대안 B의 증분수익은 ₩15,000이 작다. 그러나 ₩20,000의 증분원가가 절감되었다. 그러므로 대안 A보다 대안 B가 ₩5,000의 순이익을 더 가져다 줄 것이다.

그리고 증분분석에서 사용되는 세 가지 중요한 원가의 개념을 알아보자.

관련원가(relevant cost)

관련원가는 경영자가 선택하는 대안과 관련이 있다는 의미에서 특정 의사결정에 적용되는 원가로서 여러 가지 대안 간에 차이가 나는 미래의 예상원가라고 할 수 있다. 즉 대안들 간의 차이를 이끌어내는 원가를 관련원가라 한다.

증분분석에서 고려하여야 할 요인은 대안들 간의 수익과 원가의 차이이다. 대안들 간의 수익과 원가의 차이가 없다면 의사결정시 무시할 수 있다.

기회원가(opportunity cost)

기회원가(opportunity cost)는 선택한 대안을 제외한 포기한 대안 중 최선의 대안이 가져다주는 잠재적인 효익을 의미하는 용어이다.

예컨대 K대학교 경영대학에 재학 중인 박준하는 방학기간 동안 일당 ₩40,000을 받으면서 주유소 아르바이트를 하고 있다. 그런데 친구들과 함께 1박2일 일정으로 바다여행을 다녀오기로 하였다. 여기에서 1박2일의 바다여행으로 인하여 박준하가 받지 못하게 될 2일분 일당 ₩80,000은 기회원가가 될 것이다.

매몰원가(sunk cost)

매몰원가는 이미 발생된 역사적 원가로서 현재 또는 미래의 어떠한 의사결정에도 영향을 미치지 못하는 원가이다. 즉 매몰원가는 관련원가가 아니다. 이미 발생한 역사적 원가는 미래의 수익과 비용에 어떠한 영향도 미치지 못하므로 대안의 선택과 관련된 의사결정과정에서 무시되어야 한다.

2 증분분석의 유형

증분분석을 통한 의사결정의 일반적인 유형은 다음과 같다.

1. 특별주문의 수락과 거절
2. 부품 및 완제품의 제조 또는 구매
3. 판매 또는 추가가공 여부
4. 장비의 유지 또는 교체

5. 부문(제품)의 중단

이상의 각 유형별 의사결정에서 고려하여야 할 사항을 학습하도록 하자.

특별주문의 수락

기업은 종종 고객으로부터 대량구매 조건으로 정상가격보다 낮은 가격으로의 납품을 요구받는 경우가 있다. **특별주문(special order)**은 장기성 주문이 아니고 비경상적인 일회성 주문을 의미한다. 경영자는 이러한 특별주문을 수락하여야 하는지, 그리고 수락한다면 정해진 판매가격이 적절한지를 평가하여야 한다. 이때 전부원가와 주문가격을 단순히 비교하는 것은 잘못된 의사결정을 내릴 수 있는 가능성이 크다. 전부원가에는 이미 발생된 매몰원가, 특별주문의 수락 여부와 관계없이 발생하고 있는 고정원가 등의 **비관련원가(irrelevant cost)**가 포함되어 있을 수 있기 때문이다.

특별주문은 구체적 상황에 적합한 관련원가를 기초로 평가하여야 하며, 특별주문으로 인하여 증가하는 수익과 원가를 비교하여 결정하여야 한다. 경영자는 특별주문으로 인하여 증가하는 수익이 원가보다 크다면 특별주문을 수락하고 그렇지 않다면 특별주문을 거부한다.

㈜성림은 매월 분쇄기 100,000개를 생산하고 있으며, 이는 현재 조업능력의 80% 수준이다. 변동제조원가는 단위당 ₩800이며, 고정제조원가는 ₩40,000,000으로 단위당 ₩400이다. 분쇄기의 정상 판매금액은 단위당 ₩2,000이다. Mexico의 외국인 구매자로부터 분쇄기 2,000개를 단위당 ₩1,100에 주문요청을 받았다. 본건의 수락은 정상적인 판매활동에는 영향을 미치지 않을 것이며, 공장에 장비 등의 추가적인 투자 없이도 조업능력은 충분하다. 경영자는 어떤 결정을 하여야 하나?

만약 단위당 총원가 ₩1,200(₩800+₩400)에 근거하여 의사결정을 할 경우에는 단위당 판매가격 ₩1,100은 단위당 총원가 ₩1,200에 미치지 못하기 때문에 주문은 거절될 것이다.

그러나 조업능력이 충분하기 때문에 특별주문을 수락하더라도 고정원가는 증가하지 않는다.

의사결정을 위한 관련원가를 살펴보자. 첫째, 변동제조원가는 ₩1,600,000(₩800×2,000) 증가할 것이다. 둘째, 수익은 ₩2,200,000(₩1,100×2,000) 증가한다. 따라서 ㈜디에이치가 특별주문을 수락한다면 다음과 같이 ₩600,000의 순이익이 증가할 것이다.

	주문 거절	주문 수락	증가(감소)
수익	₩0	₩2,200,000	₩2,200,000
원가	0	1,600,000	1,600,000
순이익	₩0	₩600,000	₩600,000

일반적으로 특별주문은 특별주문으로부터의 증분수익이 증분원가를 초과하면 수익성이 있는 것으로 판단한다. 그러나 실제로 유휴생산능력이 존재하는지, 특별주문이 기존의 매출을 잠식하지는 않는지, 기존 제품의 판매가격을 하락시키지는 않는지에 대해 확인하는 것이 중요하다.

제조 또는 구매

일반적으로 제품이 생산완료 되기까지는 여러 제조공정을 거친다. 원재료가 제조공정에 투입되어 재공품 또는 반제품으로 생산되고, 최종 공정을 거쳐 완제품이 만들어진다. 기업은 완성된 제품을 생산하는 과정에서 필요한 부품을 자체적으로 제조(make)하거나 또는 외부의 공급자로부터 이를 구매(buy)할 수 있다.

기업이 부품을 직접 만들게 되면 제품 제조과정에서 외부의 공급자에 대한 의존도를 줄이고 보다 원활한 제조공정의 흐름을 유지할 수 있다. 또한 부품생산 과정에서 품질수준을 엄격하게 통제할 수도 있다. 그러나 기업이 중요 부품뿐만 아니라 사소한 모든 부품을 내부적으로 제조하는 것은 현실적으로 힘들며 바람직하지도 않다. 증분분석을 기초로 제조 또는 구매의사결정을 한다면 합리적인 의사결정이 가능하게 될 것이다.

㈜성림오토에서는 연간 25,000대의 오토바이 점화장치 생산에 다음과 같은 연간 제조원가가 발생된다고 가정하자.

직접재료원가	₩5,000,000
직접노무원가	7,500,000
변동제조간접원가	4,000,000
고정제조간접원가	6,000,000
총제조원가	₩22,500,000
단위당 총원가(₩22,500,000÷25,000)	₩900

㈜성림오토는 점화장치를 자체적으로 생산하는 대신에 대림상사로부터 단위당 ₩800에 점화장치를 구매할 수 있다. 언뜻 보면 외부에서 구매하는 것이 자체적으로 생산하는 데 소요되는 원가 단위당 ₩900보다 ₩100의 원가가 절감되는 것으로 보인다. 그러나 다음의 분석결과, 점화장치를 대림상사에서 구매할 경우 ㈜성림오토의 고정제조원가 중 ₩1,000,000은 감소하지만 ₩5,000,000은 그대로 발생한다. 따라서 증분분석을 위한 관련원가는 다음과 같다.

	제조	구매	증가(감소)
직접재료원가	₩5,000,000	₩0	₩(5,000,000)
직접노무원가	7,500,000	0	(7,500,000)
변동제조간접원가	4,000,000	0	(4,000,000)
고정제조간접원가	6,000,000	5,000,000	(1,000,000)
구매금액(25,000×₩800)	0	20,000,000	20,000,000
연간 총원가	₩22,500,000	₩25,000,000	₩2,500,000

㈜성림오토는 대림상사에서 점화장치를 구매할 경우 연간 ₩2,500,000의 원가가 증가하게 된다. 그 이유는 점화장치를 대림상사에서 구매하더라도 고정제조원가 ₩5,000,000을 그대로 부담하고 있기 때문이다. 따라서 ㈜성림오토는 단위당 총제조원가가 구매가격보다 ₩100이 높다 하더라도 점화장치를 자체적으로 생산하는 것이 유리하다.

기회원가

앞서 설명한 ㈜성림오토의 사례는 점화장치의 생산 이외 추가적인 생산능력이 없는 것으로 가정하였다. 만약 점화장치를 외부에서 구매하고 다른 제품을 생산할 수 있다면, 여기에서 발생될 수 있는 **기회원가(opportunity cost)**를 고려하여야 한다.

다음의 계산결과에 의하면 ㈜성림오토가 점화장치를 외부에서 구매하고 회사 내부에서는 다른 제품을 생산한다면 ₩2,800,000의 추가적인 이익이 발생할 것으로 가정하고 있다. 따라서 점화장치를 자체적으로 생산할 경우 기회원가 ₩2,800,000이 발생하므로 외부에서 구입하는 것이 더 유리할 것이다.

	제조	구매	증가(감소)
직접재료원가	₩5,000,000	₩0	₩(5,000,000)
직접노무원가	7,500,000	0	(7,500,000)
변동제조간접원가	4,000,000	0	(4,000,000)
고정제조간접원가	6,000,000	5,000,000	(1,000,000)
구매금액(25,000×₩800)	0	20,000,000	20,000,000
기회원가	2,800,000	0	(2,800,000)
연간 총원가	₩25,300,000	₩25,000,000	₩(300,000)

판매 또는 추가가공

기업에서는 생산공정 중에 있는 반제품을 판매할 수도 있고, 최종 공정을 거쳐 완성된 완제품을 판매할 수도 있다. 반제품이라 하더라도 완제품의 판매보다 더 많은 이익을 가져온다면 반제품 상태에서 판매가 이루어져야 할 것이다. 이러한 판매 또는 추가가공 여부를 결정할 때는 증분분석을 기초로 하여야 한다.

단일제품의 경우

성림가구는 테이블을 만든다고 가정하자. 공정 중에 있는 반제품 테이블의 단위당 제조원가는 ₩3,500이다. 이와 관련된 자료는 다음과 같다.

직접재료원가	₩1,500
직접노무원가	1,000
변동제조간접원가	600
고정제조간접원가	400
단위당 제조원가	₩3,500

테이블은 반제품 상태에서 단위당 ₩5,000에 판매되고 있다. 성림가구의 현재 가동률은 70% 수준으로서 생산능력의 한계는 감안하지 않아도 된다. 테이블을 추가가공하여 완제품 상태로 판매한다면 단위당 ₩6,000에 판매가능하다. 이 경우에 완성된 테이블의 직접재료원가는 ₩200 증가하고, 직접노무원가는 ₩400 증가한다. 또한 변동제조간접원가는 ₩240(직접노무원가의 60%) 증가한다. 그리고 고정제조간접원가는 증감이 없는 것으로

추정된다.

단위당 증분분석의 자료는 다음과 같다.

	판매	추가가공	증가(감소)
단위당 판매가격	₩5,000	₩6,000	₩1,000
단위당 원가			
직접재료원가	1,500	1,700	200
직접노무원가	1,000	1,400	400
변동제조간접원가	600	840	240
고정제조간접원가	400	400	0
합 계	3,500	4,340	840
단위당 이익	₩1,500	₩1,660	₩160

성림가구는 테이블을 추가가공하는 것이 더 유리하다. 추가가공으로부터의 증분수익 ₩1,000은 증분원가 ₩840보다 ₩160 크기 때문이다.

여러 제품의 경우

특정 산업에서는 단일의 원재료를 투입하여 가공한 후 다양한 완제품들을 생산한다. **결합제품(joint products)** 또는 연산품이란 동일한 원재료를 사용하여 동일한 공정에서 생산되는 두 종류 이상의 제품을 말한다.

[도표 6-2]와 같이 낙농업에서의 원유는 생산공정을 통하여 크림, 무지방 우유, 치즈, 연유 등 많은 종류의 결합제품들이 생산된다. 이와 같은 결합제품의 생산과 관련하여 개별제품으로 식별되는 시점을 **분리점(split-off point)**이라 하며, 분리점에 이르기까지 모든 결합제품을 생산하는 과정에서 발생하는 원가를 **결합원가(joint costs)**라고 한다.

결합제품은 분리점에서 판매가능한 상태가 될 수도 있고 추가가공을 거친 후에 판매할 수도 있다. 분리점 이후에 개별 결합제품을 추가로 가공하는 경우에 발생하는 개별제품의 추가 가공원가를 **분리원가(separable costs)** 또는 **추가가공원가(additional processing costs)**라고 한다.

결합원가는 분리점으로부터 산출된 제품의 추가가공 여부를 결정하는 것과는 무관하다. 일단 분리점에 도달하면 결합원가는 이미 발생하였고 회피할 수가 없다. 더구나 제품이 분리점 이후에서 추가가공 없이 처분된다 할지라도 결합공정을 통해 다른 제품을 생산하기 위한 결합원가는 이미 발생하였다. 그러므로 결합원가는 중간제품과 완성품의 공통원가이고, 개별제품에 대한 의사결정을 위한 목적으로 배부되어서는 안 된다.

경영자는 결합제품에 대하여 분리점에서 판매하거나 또는 추가가공을 거친 후 새로운 제품으로 판매할 수 있는 경우 개별 결합제품의 추가가공 여부에 대한 의사결정을 하여야 한다.

도표 6-2 ▌결합제품의 과정

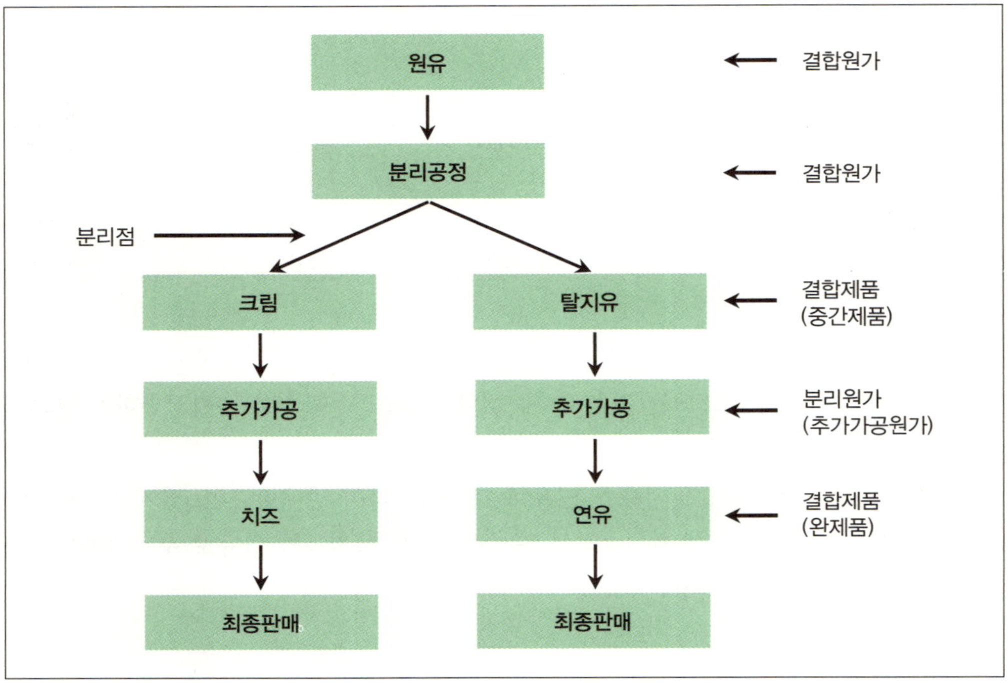

다음은 크림판매회사 ㈜성림유업의 일일 수익과 원가정보를 보여주고 있으며, 회사가 크림과 탈지유의 상태로 판매할지, 아니면 추가가공하여 치즈와 연유제품으로 판매할 것인지의 여부를 결정할 수 있는 정보를 제공하고 있다.

원가(일)		제품별 예상수익(일)	
크림에 배부된 결합원가	₩9,000	크림	₩19,000
탈지유에 배부된 결합원가	5,000	탈지유	11,000
크림을 치즈로 추가가공	10,000	치즈	27,000
탈지유를 연유로 추가가공	8,000	연유	26,000

다음은 크림의 판매 또는 치즈의 추가가공 여부를 결정하는 데 필요한 분석정보를 제공하고 있다.

	판매	추가가공	증가(감소)
수익(일)	₩19,000	₩27,000	₩8,000
원가(일)			
크림을 치즈로 추가가공	0	10,000	10,000
이익	₩19,000	₩17,000	₩(2,000)

위의 분석자료를 볼 때, ㈜성림유업에서 생산하는 크림을 추가가공하여 치즈로 판매한다면 ₩2,000의 이익이 감소되는 것을 알 수 있다. 그러므로 크림을 추가가공하지 않고 판매하는 것이 더 유리할 것이다.

다음의 분석결과와 같이 탈지유를 연유로 추가가공하여 판매한다면, 탈지유 판매보다 ₩7,000의 이익이 증가하고 있다. 따라서 ㈜성림유업은 탈지유를 연유로 추가가공하여 판매하는 것이 더 유리할 것이다.

	판매	추가가공	증가(감소)
수익(일)	₩11,000	₩26,000	₩15,000
원가(일)			
탈지유를 연유로 추가가공	0	8,000	8,000
이익	₩11,000	₩18,000	₩7,000

장비의 유지 또는 교체

경영활동을 반복하면서 노후된 장비를 계속 사용하여야 할지, 교체할 것인지를 경영자는 결정하여야 한다. 성림정공은 수명이 4년 남았고 장부가치(book value)가 ₩40,000인 장비를 보유하고 있다고 가정하였다. 경영자는 이 장비의 교체 여부를 검토하고 있다. 새로운 장비의 도입에 따른 비용은 ₩120,000로 추정되며, 이 장비의 내용연수는 4년이고 잔존가액은 없을 것으로 예상된다.

새로운 장비를 구입하는 경우 변동제조원가가 연간 ₩160,000에서 ₩125,000로 줄어들 것으로 예상되며, 기존의 장비는 폐기된다. 4년 동안의 증분분석 결과는 다음과 같다.

	유지	교체	증가(감소)
변동제조원가	₩640,000[a]	₩500,000[b]	₩(140,000)
새로운 기계도입 원가	0	120,000	120,000
합 계	₩640,000	₩620,000	₩(20,000)

a: (4년×₩160,000)
b: (4년×₩125,000)

분석결과, 장비를 교체함으로써 변동제조원가가 4년 동안 ₩140,000이 감소되어 새로운 기계도입 원가를 상쇄시키고도 오히려 ₩20,000의 원가가 절감되는 것으로 나타났다. 따라서 장비를 유지하는 것보다 교체하는 것이 회사에 더 유리하다는 것을 알 수 있다.

기존에 보유하고 있던 장비의 장부가치는 의사결정에 아무런 영향을 미치지 않는다. 장부가치는 현재 또는 미래의 의사결정에 의해 변경될 수 없는 **매몰원가(sunk cost)**이기 때문에 증분분석의 대상이 아니다. 매몰원가는 이미 발생된 역사적 원가로서 미래의 어떠한 의사결정에도 영향을 미치지 못하는 원가이다. 이미 발생한 역사적 원가는 미래의 수익과 비용에 어떠한 영향도 미치지 못하므로 대안의 선택과 관련된 의사결정과정에서 고려되지 않는다.

부문(제품)의 중단

최근 급격한 정보기술의 발달과 무한경쟁 환경으로 인해 스마트폰, 노트북, TV 등의 IT 기기 및 전자제품은 출시 후 얼마 지나지 않아 또 다른 신제품이 출시된다. 이에 따라 기업은 기존 제품라인의 유지 및 추가 또는 중단 등의 의사결정에 직면하게 된다.

여러 종류의 제품을 생산하고 판매하는 기업의 경영자는 제품별로 수익성을 지속적으로 분석하여 수익성이 없는 제품은 생산을 중단하고 제품라인에서 제거하여야 한다. 이러한 제품의 생산중단에 관한 의사결정과정은 사업부문이나 지점, 공장 등의 폐쇄 결정에도 적용할 수 있다.

경영자는 관련원가의 개념을 사용하여 제품을 계속 생산하는 경우에 얻을 수 있는 이익과 중단할 경우 상실되는 이익과 회피가능원가(avoidable costs) 및 회피불가능원가(unavoidable costs)를 비교하여 원가가 상실되는 이익보다 큰 경우에는 그 제품의 생산을 중단하는 것이 바람직하다. 그러나 생산유지로 인한 이익이 회피가능원가보다 큰 경우에는 계속해서 생산하여야 할 것이다.

성림스포츠는 테니스 라켓을 생산하여 판매하는 회사이다. 이 회사에는 Pro, Master, Champ라는 3가지 제품라인으로 구성되어 있다. Pro 및 Master 라인은 이익이 발생되고 있으나 Champ 라인은 손실을 보고 있다. 성림스포츠의 제품라인별 요약손익계산서는 다음과 같다.

구 분	Pro	Master	Champ	합 계
매출액	₩800,000	₩300,000	**₩100,000**	₩1,200,000
변동원가	520,000	210,000	**90,000**	820,000
공헌이익	280,000	90,000	**10,000**	380,000
고정원가	80,000	50,000	**30,000**	160,000
영업이익	₩200,000	₩40,000	**₩(20,000)**	₩220,000

위의 자료를 보면 Champ 라인을 중단할 경우 전체 영업이익은 ₩240,000으로 증가할 것으로 예상할 수 있다. 그러나 실제로 Champ 라인이 중단될 경우 전체 영업이익의 감소를 초래할 수도 있다. 그 이유는 Champ 라인에 할당된 고정원가를 다른 제품라인이 부담하여야 하기 때문이다. 예컨대, Champ 라인을 중단하면 부담하고 있던 고정원가 ₩30,000

은 Pro 라인이 ₩20,000을 부담하고 Master 라인이 ₩10,000을 부담한다고 가정하자. 이후 Pro 라인이 부담하는 고정원가는 ₩100,000(₩80,000+₩20,000)이며, Master 라인은 ₩60,000(₩50,000+₩10,000)의 고정원가를 부담하여야 한다. Champ 라인을 중단할 경우의 손익현황은 다음과 같다.

구 분	Pro	Master	합 계
매출액	₩800,000	₩300,000	₩1,100,000
변동원가	520,000	210,000	730,000
공헌이익	280,000	90,000	370,000
고정원가	**100,000**	**60,000**	160,000
영업이익	₩180,000	₩30,000	₩210,000

총영업이익은 ₩10,000(₩220,000−₩210,000) 감소하였다. 이러한 결과는 Champ 라인의 증분분석 결과에서도 나타난다. 손실이 발생하고 있는 부문이나 제품의 중단 의사결정을 할 경우에는 중단으로 인해 미치는 영향을 반드시 고려하여야 한다.

	유 지	중 단	증가(감소)
매출액	₩100,000	₩0	₩(100,000)
변동원가	90,000	0	90,000
공헌이익	10,000	0	(10,000)
고정원가	30,000	30,000	0
영업이익	₩(20,000)	₩(30,000)	₩(10,000)

부문 및 제품의 생산유지와 중단을 비교할 때 고정원가는 관련원가가 아니므로 변동원가만을 고려하는 경우를 흔히 볼 수 있다. 그러나 고정원가의 전액 또는 일부가 의사결정 상황에 따라 변하는 경우에는 고정원가를 고려하여야 할 것이다.

학습목표의 요약

1. **경영의사결정과정을 이해한다.** 경영의사결정과정은 다음의 순서로 이루어진다. ① 문제의 파악(문제에 대한 올바른 인식과 정의), ② 관련정보의 수집 및 분석, ③ 대안수립 및 평가, ④ 대안의 선택 및 실행, ⑤ 실행 결과의 성과평과 및 피드백

2. **증분분석의 개념을 설명한다.** 의사결정에 따라 미래의 재무와 관련된 자료는 달라질 것이다. 증분분석이란 대안의 선택과정에서 미래의 재무자료가 어떻게 변하는지 파악하는 계량적 분석기법으로 차액분석(differential analysis)이라고도 한다. 증분분석을 통하여 경영의사결정으로 인한 미래의 이익과 손실을 예측할 수 있다. 하지만 분석결과는 예측자료의 한계로 인해 불확실성을 내포하고 있다.

3. **특별주문의사결정의 관련원가를 확인한다.** 관련원가가 되기 위해서는 의사결정 대안 간에 서로 차이가 있어야 한다. 일반적으로 변동제조원가가 여기에 해당한다. 특별주문은 구체적 상황에 적합한 관련원가를 기초로 평가하여야 하며, 특별주문으로 인하여 증가하는 수익과 원가를 비교하여 결정하여야 한다. 경영자는 특별주문으로 인하여 증가하는 수익이 원가보다 크다면 특별주문을 수락하고, 그렇지 않다면 특별주문을 거부한다.

4. **제조 또는 구매의사결정의 관련원가를 확인한다.** 제조 또는 구매의사결정에서의 관련원가는 대표적으로 다음의 항목들이 고려된다. ① 변동제조원가의 절감, ② 구매비용, ③ 기회원가

5. **판매 또는 추가가공의사결정의 관련원가를 확인한다.** 경영자는 결합제품을 분리점에서 판매하거나 또는 추가가공을 거친 후 새로운 제품으로 판매할 수 있는 경우에 개별 결합제품의 추가가공 여부에 대한 의사결정을 하여야 한다. 이때 의사결정기준은 추가가공에 따라 발생되는 증분수익이 증분원가를 초과하여야 한다.

6. **장비의 유지 또는 교체의 관련원가를 확인한다.** 기존의 장비를 유지 또는 교체하는 의사결정에서의 관련원가는 변동원가와 새로운 장비의 도입비용 및 효과 등이다. 기존에 보유하고 있던 장비의 장부가치는 의사결정에 아무런 영향을 미치지 않는다. 장부가치는 현재 또는 미래의 의사결정에 의해 변경될 수 없는 매몰원가이기 때문에 증분분석의 대상이 아니다. 그러나 기존 장비의 처분가치는 고려되어야 한다.

⑦ **수익성이 없는 제품을 중단하기 위한 관련원가를 확인한다.** 수익성이 없는 부문 및 제품의 중단의사결정 시의 관련원가는 변동원가의 변화에 따른 공헌이익을 분석하여야 한다. 또한 해당 제품에 할당된 고정원가가 의사결정 상황에 따라 어떻게 변하는지를 파악하여야 한다.

용어해설

Cost & Management Accounting

- 기회원가(Opportunity cost) 선택한 대안을 제외한 포기한 대안 중 최선의 대안이 가져다주는 잠재적인 효익
- 결합원가(Joint costs) 결합제품의 생산과 관련하여 개별제품으로 식별되는 시점을 분리점(split-off point)이라 하며, 분리점에 이르기까지 모든 결합제품을 생산하는 과정에서 발생하는 원가
- 결합제품(Joint products) 동일한 원재료를 사용하여 동일한 공정에서 생산되는 두 종류 이상의 제품
- 관련원가(Relevant costs) 특정 의사결정에 적용되는 원가로서 여러 가지 대안 간에 차이가 발생하는 미래의 예상원가로 대안들 간의 차이를 이끌어내는 원가
- 매몰원가(Sunk cost) 이미 발생된 역사적 원가로서 현재 또는 미래의 어떠한 의사결정에도 영향을 미치지 못하는 원가
- 증분분석(Incremental analysis) 대안의 선택과정에서 미래의 재무자료가 어떻게 변하는지 파악할 수가 있으며, 이러한 경영의사결정을 위하여 사용되는 계량적 분석기법

연습문제

Cost & Management Accounting

종합자습문제

※ ㈜성림은 강남지역의 주택건설업자를 위하여 수납장을 생산하고 있다. 수납장 5,000개의 제조원가는 다음과 같다.

재료원가	₩500,000
노무원가	250,000
변동제조간접원가	100,000
고정제조간접원가	400,000
합 계	₩1,250,000

또한 수납장 1개를 판매할 때마다 ₩20의 판매비용이 발생된다. ㈜성림은 ㈜창신으로부터 수납장 1,000개를 1개당 ₩165에 공급하는 조건의 주문을 받았으며, 1개당 ₩5의 판매비용이 발생된다. 이 물량은 강북지역의 주택건설업자들에게 판매되므로 현재 강남지역의 판매와 충돌하지는 않으며, 회사의 생산능력은 충분하다.

| 요구사항 |

(a) 특별주문에 대한 증분분석을 하시오.

(b) ㈜성림의 특별주문 수락여부를 결정하시오.

| 풀이 |

(a)

단위당 관련원가:

재료원가	₩500,000/5,000 =	₩100
노무원가	250,000/5,000 =	50
변동제조간접원가	100,000/5,000 =	20
판매비용		5
합 계		₩175

	주문거절	주문수락	증가(감소)
수익	₩0	₩165,000	₩165,000
원가	0	175,000	175,000
순이익	0	₩(10,000)	₩(10,000)

(b) ㈜성림은 특별주문의 제안을 거부한다. 특별주문을 수락한다면 ₩10,000의 손실이 발생할 것이다. 수납장 1개당 증분원가는 ₩175으로 증분수익 ₩165보다 크기 때문이다.

객관식문제

※ 다음 질문에 가장 적절한 답을 고르시오(1~13).

01. 경영의사결정과정을 나열하였다. 순서를 바르게 나타낸 것은?

> 1. 관련정보의 수집 및 분석, 2. 대안선택 및 실행, 3. 대안수립 및 평가
> 4. 성과평가 및 피드백, 5. 문제의 파악

(a) 2, 3, 5, 1, 4
(b) 1, 3, 2, 5, 4
(c) 5, 1, 3, 2, 4
(d) 5, 1, 2, 3, 4

02. 증분분석과 관련된 내용은?
(a) 대안들 간의 차이가 없는 관련원가가 중요한 영향을 미친다.
(b) 선택된 대안에 따라 미래 재무자료의 차이를 보여준다.
(c) 미래의 이익과 손실은 예측할 수 없다.
(d) 정답 없음

03. 경영의사결정에서 경영자가 일반적으로 고려할 사항은?
(a) 양적 요소만을 고려한다.
(b) 재무정보만 참조하여야 한다.
(c) 재무 및 비재무적 정보를 고려한다.
(d) 관련원가, 기회원가, 매몰원가를 모두 고려한다.

04. ㈜창신은 다음의 사항을 고려하고 있다. 대안 간의 관련원가는 무엇인가?

	대안 A	대안 B
수익	₩50,000	₩50,000
변동원가	24,000	24,000
고정원가	12,000	15,000

(a) 수익, 변동원가, 고정원가 (b) 변동원가, 고정원가
(c) 변동원가 (d) 고정원가

05. ₩30에 판매되는 제품 Z200의 변동제조원가는 ₩14, 고정제조원가는 ₩6이다. 외국의 구매자로부터 단위당 ₩18에 3,000단위의 특별주문을 받았다. 현재의 생산능력은 주문을 충분히 수용할 수 있다. 만약 주문을 수락하면 회사의 이익은 어떻게 변하는가?

(a) 감소 ₩6,000 (b) 증가 ₩6,000
(c) 증가 ₩12,000 (d) 증가 ₩9,000

06. ₩30에 판매되는 제품 Z200의 변동제조원가는 ₩14, 고정제조원가는 ₩6이다. 외국의 구매자로부터 단위당 ₩18에 3,000단위의 특별주문을 받았다. 판매자는 판매 시 단위당 ₩5의 선적료를 부담하여야 한다. 현재의 생산능력은 주문을 충분히 수용할 수 있다. 만약 주문을 수락하면 회사의 이익은 어떻게 변하는가?

(a) 증가 ₩3,000 (b) 증가 ₩12,000
(c) 감소 ₩12,000 (d) 감소 ₩3,000

07. ㈜창신의 현재 가동률은 100%이다. 사내보다 외부로부터의 부품구매가 유리할지의 여부를 고려하고 있다. 부품을 구매하는 경우 다른 제품을 생산하여 ₩30,000의 이익을 추가적으로 얻을 수 있기 때문이다. 증분분석의 결과로 옳은 것은?

(a) ₩30,000 무시
(b) "제조"부문에 기회원가 ₩30,000 추가
(c) "구매"부문에 기회원가 ₩30,000 추가
(d) "제조"부문의 기회원가에서 ₩30,000 차감

08. 제조 또는 구매의사결정에서 관련원가에 해당하는 것은?

(a) 제조원가 (b) 구매가격
(c) 기회원가 (d) (a), (b), (c) 모두 정답

09. ㈜창신은 제품 X에 대한 제조 및 구매의사결정을 위한 증분분석을 실시하였다. 만약 제품 X를 구매할 경우, 제품 Z를 생산할 것이다. 제품 Z의 판매가격은 ₩12,000이고 제조원가는 ₩8,000이다. 증분분석에 포함될 기회원가는 얼마인가?

(a) ₩12,000　　(b) ₩8,000
(c) ₩4,000　　(d) ₩0

10. 창신산업은 조립되지 않은 중간제품을 ₩55에 판매하고 있다. 생산원가는 ₩20이다. 회사는 조립공정을 거쳐 완제품을 ₩68에 판매할 것을 검토하고 있다. 조립공정의 생산원가는 ₩12으로 추정된다. 이러한 상황의 설명으로 옳은 것은?
(a) 조립 전 판매의 순이익이 ₩12 크다.
(b) 조립 전 판매의 순이익이 ₩1 크다.
(c) 추가가공 후 판매의 순이익이 ₩13 크다.
(d) 추가가공 후 판매의 순이익이 ₩1 크다.

11. 장비의 유지 또는 교체의사결정에서 기존 장비의 장부가치와 관련되는 원가의 개념은?
(a) 기회원가　　(b) 매몰원가
(c) 증분원가　　(d) 한계비용

12. 수익성이 없는 부문이나 제품의 생산을 중단할 경우의 설명으로 옳은 것은?
(a) 순이익은 항상 증가할 것이다.
(b) 중단하면 다른 부문 및 제품으로 변동원가가 이전될 수 있다.
(c) 중단된 부문 및 제품의 고정원가가 다른 부문 및 제품으로 이전될 수 있다.
(d) 순이익은 항상 감소할 것이다.

13. ㈜창신의 특정 사업부문 관련자료이다. 만약 이 사업부문을 중단한다면 회사의 이익에 미치는 영향은? 단, 고정원가의 50%는 제거되고 나머지는 회사의 다른 사업부문에 할당된다고 가정한다.

매출액	₩200,000
변동원가	140,000
고정원가	100,000

(a) 이익 ₩120,000 증가　　(b) 이익 ₩10,000 감소
(c) 이익 ₩50,000 증가　　(d) 이익 ₩10,000 증가

주관식문제

01. ㈜창신은 두 가지 대안을 검토하고 있다. 대안 A는 수익이 ₩150,000, 원가가 ₩100,000 발생하며, 대안 B는 수익이 ₩185,000이고 원가는 ₩125,000으로 추정된다. 대안 A와 대안 B를 비교하여 수익, 원가, 이익에 대한 증분분석을 실시하시오.

02. ㈜창신은 단위당 ₩45에 판매되는 제품을 생산하고 있다. 제조원가는 단위당 ₩30(변동원가 ₩20, 고정원가 ₩10)이다. 단위당 ₩24에 30,000단위의 주문을 받았으며, 이 주문은 단위당 ₩2의 선적료를 부담하여야 한다. 회사의 생산능력은 충분하다고 가정하고 특별주문의 수락 여부를 판단하기 위한 증분분석을 실시하시오.

03. 창신산업은 완제품 생산에 소요되는 부품을 생산하고 있는데 단위당 제조원가는 ₩750(변동원가 ₩450, 고정원가 ₩300)이다. 이 부품의 외부 공급자는 단위당 ₩500에 10,000단위 공급을 제안하였다. 단, 이 제안을 수락하더라도 마스터산업의 고정원가는 감소되지 않는다. 창신산업이 제안을 수락할 경우 총원가의 절감 여부를 분석하여 결과를 제시하시오.

04. ㈜창신은 ₩6,000에 판매되는 반제품 상태의 책장을 생산하고 있다. 제조원가는 변동원가가 ₩3,500이고 고정원가가 ₩1,000이다. ㈜창신은 현재 생산가동률이 50% 밖에 되지 않아 책장을 완제품 상태로 추가가공하여 ₩7,000에 판매하는 것을 검토하고 있다. 추가가공을 하면 고정원가의 증가는 없고 변동원가가 단위당 ₩800 증가할 것이다. 반제품 상태의 판매와 추가가공 후 판매에 대한 증분분석 결과를 제시하시오.

05. ㈜창신의 공장 기계의 장부가치는 ₩90,000이며, 수명은 4년 정도 남아 있다. 새로운 기계의 도입비용은 ₩250,000이다. 이 기계의 수명은 4년이며 잔존가액은 남아 있지 않을 것이다. 새로운 기계는 연간 변동제조원가를 ₩600,000에서 ₩500,000으로 감소시켜 줄 것이다. 기존 기계의 유지 또는 교체 의사결정과 관련된 증분분석을 실시하시오.

06. 창신산업은 세 가지 모델의 골프채를 생산하고 있다. 그 중 B라인은 1년 동안 ₩200,000의 매출이 발생되었으나 ₩5,000의 손실을 초래하였다. B라인의 제조원가 중 변동원가는 ₩175,000, 고정원가는 ₩30,000이다. 만약 B라인을 중단한다면 ₩20,000의 고정원가는 계속 발생될 것이다. B라인을 유지할 것인지, 중단할 것인지를 분석하시오.

07. ㈜태일에서 ₩58에 판매되는 제품의 제조원가는 단위당 ₩35이다. 그 중 변동원가는 ₩20이다. 단위당 ₩31에 6,000단위의 주문을 받았으며, 이 주문은 단위당 ₩2의 로고 인쇄비와 선적료를 부담하여야 한다.

| 요구사항 |

회사의 생산능력은 충분하다고 가정하고 특별주문의 수락 여부를 판단하기 위한 증분분석 결과를 설명하시오.

08. ㈜태일은 부품을 제조 또는 구매할 것인지를 결정하여야 한다. 부품 600단위의 제조원가는 다음과 같다.

직접재료원가	₩30,000	변동제조간접원가	₩45,000
직접노무원가	42,000	고정제조간접원가	60,000

단위당 제조원가는 ₩295(₩177,000÷600)이나 구매가격은 ₩275이다. 만약 구매하게 되면 고정원가의 1/3이 절감될 것이다.

| 요구사항 |

(a) 부품의 제조 또는 구매의사결정을 위한 증분분석을 하시오.

(b) 만일 구매결정을 하였을 경우에는 다른 제품 생산으로 인해 ₩30,000의 추가적인 이익이 발생된다. 어떤 결정을 할 것인가?

09. ㈜태일은 중간제품의 DIY용 가구를 ₩750에 판매하고 있다. 이의 제조원가는 변동원가가 ₩390, 고정원가가 ₩100이다. ㈜태일은 추가가공을 통하여 ₩990에 판매가 가능하다. 추가가공원가는 변동원가가 ₩180, 고정원가가 ₩30 소요될 것으로 예상된다.

| 요구사항 |

중간제품 상태로 판매할 것인지, 추가가공 후 판매할 것인지를 결정하시오.

10. 태일문구는 여러 유형의 볼펜을 제조하고 있다. 1년 동안 볼펜 D라인의 매출액은 ₩500,000이고 변동원가는 ₩375,000, 고정원가는 ₩150,000 발생되었다. 따라서 D라인은 ₩25,000의 손실이 발생되었다. 만일 D라인을 중단한다면 ₩40,000의 고정원가는 계속 발생될 것이다.

| 요구사항 |

D라인을 중단할 것인지에 대한 분석결과를 설명하시오.

11. ㈜태일은 20,000개의 계산기를 제조하고 있으며 소매점들에게 단위당 ₩700에 판매하고 있다. 계산기의 제조원가는 다음과 같다.

재료원가	₩1,000,000
노무원가	3,000,000
변동제조간접원가	2,000,000
고정제조간접원가	4,000,000
합 계	₩10,000,000

㈜태일은 계산기 1개 판매 시마다 5%(₩35)의 판매수수료를 지급한다. 산경사로부터 단위당 ₩475에 5,000개의 주문을 받았다. 산경사는 계산기를 다른 나라에서 판매를 하기 때문에 현재 판매시장에는 영향을 주지 않는다. 만일 주문을 수락한다면 고정제조간접원가는 ₩4,000,000에서 ₩4,500,000으로 증가할 것이다. 그 이유는 새로운 인쇄기계를 구매해야 되기 때문이다. 판매수수료의 지급은 특별주문에는 해당되지 않는다.

| 요구사항 |

(a) 특별주문에 대한 증분분석을 하시오.

(b) ㈜태일은 특별주문을 수락할 것인가? 그 이유를 설명하시오.

12. 태일식품은 햄버거를 제조하고 있다. 공장가동률은 75%이며 2013년 1월부터 8개월 동안의 운영결과는 다음과 같다.

매출액(35,000단위)	₩4,375,000
매출원가	2,500,000
매출총이익	1,875,000
판매비와관리비	875,000
영업이익	₩1,000,000

매출원가의 70%는 변동원가이고 30%는 고정원가이다. 판매비와관리비도 70%는 변동원가, 30%가 고정원가이다. 9월에 홍콩에 있는 델리사로부터 햄버거 15,000단위를 단위당 ₩75에 주문을 받았다. 주문을 수락하면 선적료 ₩3,000이 추가로 발생되고 고정판매비와 관리비는 변동이 없다.

| 요구사항 |

(a) 특별주문에 대한 증분분석을 하시오.

(b) 태일식품은 특별주문을 수락할 것인가? 그 이유를 설명하시오.

13. ㈜태일전자는 손전등을 제조하고 있다. 현재 공장가동률은 100%이다. 변동제조간접원가는 직접노무원가의 70%이다. 단위당 직접재료원가와 직접노무원가는 각각 ₩500, ₩600이다. ㈜태일전자는 연간 30,000단위의 손전등을 생산한다.
외부 공급자로부터 손전등을 단위당 ₩1,550에 공급하겠다는 제안을 받았다. 만일 ㈜태일전자가 이 제안을 받아들일 경우 손전등 생산으로 인한 변동제조간접원가는 발생되지 않으나 고정제조간접원가 ₩4,500,000은 다른 제품에 할당될 것이다.

| 요구사항 |

(a) 제조 또는 구매결정을 위한 증분분석을 하시오.

(b) ㈜태일전자는 손전등을 구매하여야 하는가?

(c) 만일 손전등을 생산하지 않고 다른 제품을 생산하여 ₩3,500,000의 이익을 증가시킬 수 있다면 어떤 결정을 하겠는가?

14. 태일산업은 최근 가정의 화재 및 가스누출에 대해 자동으로 감지하여 그 상황을 휴대폰으로 전송하는 로봇을 제조하기 시작했다. 로봇 20,000단위 제조에 따른 원가구조는 다음과 같다.

직접재료원가(단위당 ₩40)	₩800,000
직접노무원가(단위당 ₩30)	600,000
변동제조간접원가(단위당 ₩6)	120,000
고정제조간접원가(단위당 ₩25)	500,000
합 계	₩2,020,000

외부공급자로부터 단위당 ₩90(총 ₩1,800,000)에 제조할 수 있다는 제안을 받았다.

| 요구사항 |

증분분석을 통하여 다음과 같은 독립적인 가정하에 제안의 수락 여부를 결정하시오.

(a) 외부공급자로부터 구매할 경우 고정제조간접원가 ₩300,000을 절감할 수 있다고 가정한다.

(b) 고정제조간접원가는 절감할 수 없다고 가정한다. 그러나 로봇을 외부에서 구매할 경우 다른 제품을 생산하여 ₩300,000의 이익을 추가할 수 있다.

15. ㈜태일은 세 가지 제품을 생산하고 있으며, 분리점 이전의 공통적인 결합원가는 ₩100,000이다. 각 제품은 분리점 이후의 중간제품 상태에서도 판매될 수 있고, 추가가공 후 더 높은 가격으로 판매할 수도 있다. 세 가지 제품의 원가와 판매가격 정보는 다음과 같다.

	분리점 이후의 판매가치	추가가공원가	추가가공 후 판매가치
제품 A	₩50,000	₩100,000	₩190,000
제품 B	10,000	30,000	35,000
제품 C	60,000	150,000	220,000

| 요구사항 |

(a) 분리점 이후에 모든 제품을 판매하였다면 회사의 이익은 얼마인가?

(b) 추가가공 후 모든 제품을 판매하였다면 회사의 이익은 얼마인가?

(c) 분리점 이후 판매 또는 추가가공 후 판매에 따른 증분분석을 하라.

16. 태일바이오는 세 가지 제품 유형의 의자를 생산하고 있다. 세 가지 제품에 대한 정보는 다음과 같다.

	A	B	C
매출액	₩300,000	₩500,000	₩200,000
변동원가	150,000	200,000	140,000
공헌이익	150,000	300,000	60,000
고정원가	120,000	225,000	90,000
영업이익	₩30,000	₩75,000	₩(30,000)

공통고정원가는 세 가지 제품의 판매금액을 기준으로 ₩300,000을 배부하였으며, 추가적으로

제품 A에 ₩30,000, 제품 B에 ₩75,000, 제품 C에 ₩30,000 배부되었다. 공통원가는 특정 제품 유형의 존재와 관계없이 발생될 것이다. 회사의 경영진은 이익을 증가시키기 위해서는 제품 C가 중단되어야 한다고 믿고 있다.

| 요구사항 |

제품 C의 생산 및 판매의 중단 여부를 결정하고 그 이유를 설명하시오.

실전문제

01. 다음 중 (　　)에 알맞은 원가개념에 대한 설명과 관련이 없는 것은? [기업회계 2급, 33회]

> 컴퓨터 자격증 시험에 대비하여 관련 책을 ₩100,000에 구입하여 학습하기 시작하였으나, 기업회계로 자격증 도전을 바꾸기로 하였다. 이 경우 컴퓨터 관련 책자를 구입하기 위하여 지출된 ₩100,000은 (　　)이다.

① 일정상황하에서 회수 불가능한 역사적원가
② 미래의사결정에 관련이 없는 원가
③ 재화나 용역을 현재의 용도가 아닌 차선의 용도에 사용했더라면 얻을 수 있었던 원가
④ 광산의 채굴 여부 결정 시 광업권 구입에 소요된 원가

02. 대전산업은 태풍으로 인하여 총제조원가 ₩1,000,000 상당액의 재고자산이 파손되었다. 이 재고자산에 ₩200,000을 들여 재작업을 하면 ₩900,000에 판매할 수 있고, 재작업을 하지 않으면 ₩500,000에 판매할 수 있다. 만약 재작업을 한다고 가정하면 기회비용은 얼마인가? [기업회계 1급, 33회]

① ₩200,000　　② ₩500,000
③ ₩700,000　　④ ₩900,000

03. ㈜화성은 자체제조공정에 사용되는 부품 A를 20,000단위 제조하고 있다. 부품 A의 단위당 원가는 다음과 같다. 수원회사는 ㈜화성에 이 부품을 단위당 ₩60에 20,000단위를 판매하겠다는 제의를 했다. ㈜화성은 ₩25,000의 절약을 가져올 수 있다면 이 부품을 구입하기로 했다. ㈜화성이 수원회사의 제의를 수락하면 단위당 ₩9의 고정제조간접비가 절약될 것이다. 더욱이 ㈜화성이 이 제의를 받아들임으로써 생기는 여유설비는 부품 B의 제조에 사용되어 관련원가의 절약이 기대된다. 전체적으로 ₩25,000을 절약하기 위해서는 부품 B의 제조에 여유설비를 사용함에 따라 절약되어야 할 관련원가는 얼마인가? [기업회계 1급, 33회]

직접재료비　　 : ₩6
직접노무비　　 : ₩30
변동제조간접비 : ₩12
고정제조간접비 : ₩16
₩64

---

① ₩80,000　　② ₩125,000
③ ₩85,000　　④ ₩140,000

04. 대전산업의 연간 제조능력은 30,000단위이다. 2014년 12월 31일로 종료한 회계연도의 영업결과는 다음과 같다. 2015년도에 외국의 한 업체가 회사의 제품을 단위당 ₩90에 15,000단위를 구매하겠다는 제안을 하였다. 2015년도 회사의 모든 비용은 2014년도와 동일한 형태를 보일 것으로 기대된다. 만약 2015년도에 회사가 이 제안을 받아들여 회사의 제조능력인 30,000단위를 넘지 않기 위해서 기존의 정규판매량을 축소한다면 이때 영업이익은 얼마인가?

[기업회계 1급, 33회]

- 매출액(18,000단위, @₩100): ₩1,800,000
- 변동제조 및 변동판매비: ₩990,000
- 공헌이익: ₩810,000
- 고정비: ₩495,000
- 영업이익: ₩315,000

---

05. 대전회사는 월간 30,000개까지의 단일제품을 생산할 수 있는 설비를 가지고 있다. 거래처와의 계약체결 내용에 따라 대전회사는 다음 달에 25,000개의 제품을 제조하여 판매할 예정이며, 이 경우 제품 1개당 총원가는 ₩2,500으로 예상된다. 그런데 다음 달에 5,000개의 제품을 1개당 ₩1,600에 납품해 달라는 거래처의 추가주문이 접수되었다. 이 추가주문을 접수하여 생산량을 증가시킬 경우 제품 1개당 총원가는 ₩2,300으로 감소할 것으로 예상되며, 이 주문을 수락하더라도 기존의 예상 판매량을 달성하는 데는 아무런 문제가 없을 것으로 예상된다. 대전회사가 이 추가주문을 수락한다면 영업이익에 어떤 영향을 줄 것인가? 단, 주어진 자료를 근거로 고저점법에 의한 원가함수를 추정하여 사용하며, 재고는 없는 것으로 가정한다.

[기업회계 1급, 32회]

① ₩1,500,000 증가　　② ₩2,000,000 감소
③ ₩1,500,000 감소　　④ ₩2,000,000 증가

06. 다음은 제품의 특수의사결정에 대한 설명이다. 틀린 것을 모두 나열한 것은? [기업회계 1급, 32회]

1. 제품의 특별주문에 대한 기대 공헌이익이 동 공헌이익 창출을 위하여 임차한 설비가액보다 크면 특별주문을 수락한다.
2. 필요 부품의 자가제조를 외부구입으로 전환할 경우 회피되는 고정원가는 손익 의사결정과 무관하다.
3. 특정 생산라인의 폐기를 고려할 경우에 폐기된 라인의 포기된 공헌이익이 회피가능 고정원가를 초과하면 폐기해야 한다.
4. 대량구입에 의한 할인주문은 할인된 판매가격의 합계가 총고정원가를 초과하면 이익이 발생하여 주문을 수락한다.
5. 필요 부품의 자가제조와 외부구입의 의사결정에서 대량으로 부품이 필요할수록 자가제조가 유리해진다.

① 1, 2, 3 ② 2, 3, 4
③ 3, 4, 5 ④ 1, 4, 5

07. ㈜창조는 550단위의 부품이 필요하여 일단 자가제조를 하기로 하고 원가를 산출하였다. 그러나 추가로 제품을 더 생산하여 잉여재고를 보유하기로 하였다. 그러나 잉여재고를 보유한다면 부품을 외부에서 구입하는 것이 더 유리하다는 의견이 제시되었다. 다음의 관련 자료에서 최소한 몇 단위를 초과하여 잉여재고로 형성할 때 외부구입이 유리한지 옳은 것은? [기업회계 1급, 32회]

자가제조의 경우	• 단위당 직접재료비: @₩130 • 단위당 직접노무비: @₩250 • 단위당 변동제조간접비: @₩70 • 총고정제조간접비: ₩540,000
외부구입의 경우	• 외부공급 예상업체에서 제시한 단위당 공급가액: @₩550 • 총고정제조간접비: 외부구입으로 전환하면 생산감독자 급료 ₩60,000 절감

① 50단위 ② 80단위
③ 100단위 ④ 120단위

08. ㈜화성은 계산기를 제조하여 개당 ₩2,000에 판매하고 있다. ㈜화성의 생산능력은 매기 12,000개이며, 이때 개당 생산원가는 직접재료비 ₩750, 직접노무비 ₩550, 제조간접비(변동비 75%, 회피불능고정비 25%) ₩480이다. 해외바이어가 방문하여 2,500개의 계산기를 특별주문하였다. 이 특별주문에 따른 유일한 판매비용은 운송료로 개당 ₩100이 소요된다. 현재 ㈜화성은 7,200개를 생산 · 판매하여 정상적인 판매경로를 통하여 판매하고 있다. ㈜화성이 이 특별주문과 관련하여 받아야 하는 개당 최소판매금액은 얼마인가? [기업회계 1급, 31회]

① ₩1,760 ② ₩2,000
③ ₩1,660 ④ ₩1,780

09. 자가제조와 외부구입 여부에 대한 의사결정문제와 관련된 다음 설명 중 옳은 것은? [기업회계 1급, 31회]

① 변동비만이 관련원가가 된다.
② 고정비만이 관련원가가 된다.
③ 당해 의사결정과 관계없이 계속 발생하는 고정비도 관련원가이다.
④ 당해 의사결정에 따라 회피가능한 고정비는 관련원가이다.

10. ㈜수원은 단일공정에서 세 가지 제품 A, B, C를 생산하고 있다. 생산공정에서 발생하는 결합원가는 분리점에서의 상대적 판매가치에 근거하여 배분하고 있다. 관련자료는 다음과 같다. 분리점 이후에 ₩10,000을 추가로 지출하여 제품 B 400개 전체를 가공한 다음 단위당 ₩150에 판매하는 경우, 제품 B에서 발생하는 매출총이익은 얼마인가? [기업회계 1급, 31회]

구분	A	B	C	합계
생산량	600개	400개	200개	1,200개
결합원가	₩72,000	?	?	₩120,000
분리점에서의 판매가치	?	?	₩30,000	₩200,000

11. ㈜화공의 매출원가 산정은 각 제품별 결합원가의 배분과 추가가공비에 의하여 산정한다. 다음 자료에 의하여 두 제품의 결합원가를 합계한 총결합원가로 옳은 것은? [기업회계 1급, 30회]

매출총이익	• 갑제품: ₩60,000	• 을제품: ₩50,000
매출액	• 갑제품: ₩360,000	• 을제품: ₩180,000
추가가공비 총액	• 갑제품: ₩240,000	• 을제품: ₩80,000

① ₩100,000 ② ₩110,000
③ ₩120,000 ④ ₩130,000

12. 연산품 A와 B는 결합생산된 후 각각 추가가공을 거쳐 판매된다. 다른 모든 조건은 변동사항이 없고, 연산품 A의 분리점에서의 판매가치만 증가한다면 A와 B의 매출총이익은 어떻게 변하는가?(결합원가는 분리점에서의 판매가치에 의해 배분된다고 가정) [전산세무 1급, 55회]

① A는 증가하고 B는 감소한다. ② A는 감소하고 B는 증가한다.
③ A와 B 모두 감소한다. ④ A는 증가하고 B는 변동없다.

13. ㈜시원은 음료를 자체생산할 것인지, 외주에 의한 생산을 할 것인지 고려하고 있다. 자체생산할 경우 다음의 원가행태가 나타나지만, 외주에 의한 생산인 경우 자체생산보다 고정원가를 ₩60,000 절감할 수 있으나, 제품단위당 @₩120에 구입하여야 한다. 이러한 상황에 대한 설명으로 옳은 것은? [기업회계 1급, 30회]

자체생산원가	• 고정제조간접비: ₩400,000 • 단위당 직접재료비: @₩50 • 단위당 직접노무비: @₩25 • 단위당 변동제조간접비: @₩15

① 1,800단위가 필요하면 자가생산이 유리하다.
② 2,200단위가 필요하면 외주생산이 유리하다.
③ 2,600단위가 필요하면 자가생산이 유리하다.
④ 2,800단위가 필요하면 외주생산이 유리하다.

14. 甲회사는 A제품을 단위당 ₩20에 판매하고 있는데 최근 乙회사로부터 A제품 1,000단위를 단위당 ₩15에 구입하겠다는 주문을 받았다. 甲회사의 판매비와일반관리비 중 변동비는 매출액의 20%를 지급하는 판매수수료이고 고정비는 월 ₩10,000이 발생한다. 甲회사는 추가적인 주문량을 생산 및 판매할 수 있는 유휴생산 설비를 보유하고 있다. 乙회사로부터의 주문을 수락하는 경우 甲회사의 순이익에 미치는 영향은 얼마인가? [기업회계 1급, 29회]

단위당 제조원가	• 직접재료비: ₩4 • 직접노무비: ₩5 • 변동제조간접비: ₩2 • 고정제조간접비: ₩4

① ₩3,000 증가 ② ₩1,000 감소
③ ₩1,000 증가 ④ 영향 없다.

Chapter 7

가격결정

학습목표

이 장의 학습목표는 다음과 같다.

1. 제품의 가격결정을 위하여 목표원가를 계산한다.
2. 원가가산가격결정을 통하여 판매가격을 계산한다.
3. 제공된 서비스의 원가를 결정하기 위해 노무원가와 재료원가를 사용한다.
4. 협상, 원가 및 시장기준접근법으로 이전가격을 결정한다.

요약

제품이나 서비스의 가격은 시장에서 어느 정도 경쟁력을 유지하면서 수익성이 보장될 수 있는 수준으로 결정되어야 하는데 가격결정 시 고려하여야 할 요인이 너무나 많기 때문에 적절한 가격을 효율적으로 결정하기란 상당히 어려운 일이다.

제7장에서는 가격결정 상황의 두 가지 유형을 살펴본다. 먼저 회사 외부의 고객들에게 제품의 판매나 서비스를 제공할 경우의 가격결정을 설명한다. 그리고 회사 내부의 다른 부문으로 판매를 하는 경우에도 부문관리자들은 가격결정을 하여야 한다.

제7장의 주요 구성과 내용은 다음과 같다.

가격결정

- **외부판매**
  - 목표원가계산
  - 원가가산가격결정
  - 시간과 재료에 의한 가격결정
- **내부판매**
  - 협상이전가격
  - 원가기준이전가격
  - 시장기준이전가격

1 외부판매

가격결정(pricing)은 기업이 벌어들이는 수익에 커다란 영향을 주는 중요한 경영의사결정 중의 하나이다. 기업이 이익을 추구하기 위해서는 원가보다 높은 가격에 판매하여야 한다. 따라서 원가를 알아야 어느 가격에서 얼마의 이익이 발생하는지를 알 수 있다.

어떤 제품이나 서비스의 가격결정을 위해서는 많은 요인들이 영향을 미친다. 의약품산업을 예로 들어보자. 치료에 효능이 좋은 성공적인 신제품 개발을 위해서는 장기간의 임상실험을 거치는 동안 많은 시행착오를 겪게 된다. 또한 개발완료 후에도 보유기술의 보호를 받기 위해 지적재산권의 출원과 등록에 소요되는 비용 등의 많은 연구개발비가 지출된다.

최근 아프리카의 에이즈환자 확산위기로 인해 제약업계는 에이즈치료에 사용되는 약물을 저렴한 가격으로 공급하라는 국제적 압력을 받고 있다. 예컨대 제약회사인 Brown사는 아프리카 등 후진국의 에이즈환자를 치료하기 위한 약물의 가격을 $5,600에서 $2,600로 인하하였다고 한다. 이것은 미국에서 일반적으로 에이즈환자를 치료하는 데 청구되는 치료비 $6,000와 크게 비교가 된다. 오히려 미국시장에서의 가격이 너무 높은 것이 아닌지 의구심을 갖게 한다.

제약회사는 일반적으로 신제품을 개발할 때 부담한 개발비와 불확실한 미래의 재무적 위험을 충당하기 위해 판매가격을 높게 설정한다. [도표 7-1]은 이러한 가격결정에 영향을 미칠 수 있는 여러 가지 요소를 나타내고 있다.

도표 7-1 | 가격결정요소

목표원가계산

폭스바겐, 포드, 도요타 등의 자동차 생산업체는 이미 오래전부터 글로벌 경쟁을 하고 있다. 자동차의 판매가격은 일반적으로 각 제조사별 사용연료, 배기량 등에 따라 경쟁회사의 동급차량과 비교하여 비슷한 수준에서 결정된다. 특히 자동차산업은 수요와 공급의 원리에 큰 영향을 받으며 제품과 서비스시장에 대한 제조사(maker)의 통제력이 상대적으로 약하다. 그러므로 자동차 생산업체는 이미 출시대상 차량의 판매가격을 예상할 수 있다.

자동차산업처럼 시장에서 결정되는 가격을 제조사가 수용해야 하는 경우에는 고객이 지각하는 해당 제품과 서비스의 가치, 경쟁회사의 반응 등을 고려하여 주어진 시장가격 또는 예상판매가격에 따라 목표이익을 달성하기 위한 제품의 생산원가를 결정하여야 한다. 다시 말해 원하는 이익을 제공하는 **목표원가(target cost)**를 설정하여야 한다. 다음은 시장가격과 목표이익, 목표원가의 관계를 보여준다.

시장가격－목표이익＝목표원가

시장기준가격결정은 목표가격에서 시작한다. 목표가격(target price)은 제품이나 서비스에 대하여 고객이 기꺼이 지불하려고 하는 추정가격이다. 목표가격을 결정하고 나면 목표이익을 설정하여 목표원가를 결정할 수 있다. 즉 목표가격과 목표이익의 차이는 결국 제품의 원가이다.

제품원가의 대부분은 제품설계단계에서 결정된다. 만약 생산할 제품에 대해서 회사의 시장가격과 원가에 대한 통제력이 약하다면, 수익에 영향을 미치는 주된 부분은 제품의 설계단계에 존재한다. 그 이유는 일단 제품생산이 개시되면 원가를 대폭적으로 절감시키는 것은 힘들기 때문이다. 따라서 제품을 설계하고 난 후 얼마의 원가가 투입될 것인가를 밝혀내는 것이 아니라, 먼저 목표원가를 설정하고 해당 목표원가를 달성하도록 제품을 설계하여야 한다.

원가가산가격결정

전부원가계산 원가가산가격결정

앞서 설명한 바와 같이 시장에서 경쟁적으로 판매되는 유사 및 공통적인 제품의 시장가격이 이미 결정되어 있다면, 회사는 이익을 추구하기 위한 목표원가를 설정해야 한다. 그러나 경쟁이 덜하거나 비경쟁적인 환경에서 판매되는 제품의 가격은 회사 자체적으로 결정할 수도 있다.

실제로 가격을 결정하는 의사결정은 매우 중요하다. 만약 가격이 지나치게 높게 책정될 경우 소비자들은 해당 제품을 구매하지 않을 것이며, 가격이 지나치게 낮을 경우에는 회사에서 투입된 원가를 회수하지도 못할 것이다. 이러한 상황에서 기업은 가격결정을 할 때 일반적으로 **원가가산가격결정(cost-plus pricing)** 방법을 많이 이용한다. 이 접근방법은 **목표판매가격(target selling price)**을 결정하기 위해 원가가 집계된 원가기준금액에 **이윤(markup)**을 추가하는 것이다.

이윤의 크기는 제품라인, 제품 또는 서비스에 대하여 원하는 **투자수익률(ROI = 순이익 ÷ 투자자산)**에 따라 달라진다. 즉 이윤 부분은 고정된 수치가 아니고 고객과 경쟁회사의 변화에 따라 변동될 수 있다. 적절한 이윤을 결정하기 위해서 회사는 경쟁회사와 시장상황, 정치적인 환경 등 기타 관련 요인을 고려해야 한다. 원가가산가격결정방법의 공식은 다음과 같이 나타낼 수 있다.

$$원가 + 원가 \times 이윤율 = 목표판매가격$$

㈜성림은 곧 출시할 Apple이라는 신제품의 판매가격을 결정하기 위해 다양한 자료를 수집하여 분석 중이라고 가정하자. 신제품의 생산 및 판매를 위한 단위당 변동원가는 다음과 같다.

직접재료원가	₩2,300
직접노무원가	1,700
변동제조간접원가	1,200
변동판매비와 관리비	800
단위당 변동원가	₩6,000

또한, Apple 10,000단위의 생산 및 판매에 따른 단위당 고정원가는 다음과 같다.

	총원가		예상조업도		단위당 원가
고정제조간접원가	₩28,000,000	÷	10,000	=	₩2,800
고정판매비와 관리비	24,000,000	÷	10,000	=	2,400
단위당 고정원가					₩5,200

㈜성림은 ₩100,000,000을 투자하였고, 20%의 투자수익률(ROI)을 얻을 수 있도록 신제품의 가격을 책정하기로 결정했다. 따라서 회사는 ₩20,000,000(20%×₩100,000,000)의 이익을 예상하고 있다. 단위당 목표투자수익은 ₩2,000(₩20,000,000÷10,000)이다. 위에서 제시된 단위당 원가를 고려할 때, 신제품 Apple의 판매가격을 계산하면 다음과 같다.

변동원가	₩6,000
고정원가	5,200
총원가	11,200
목표투자수익	2,000
단위당 판매가격	₩13,200

대부분의 기업들은 판매가격을 결정할 때 **이윤율(markup percentage)**을 사용한다. 단위당 ₩2,000이라는 목표투자수익을 달성하기 위해 이윤율을 계산하는 공식은 다음과 같다.

단위당 목표투자수익	÷	단위당 총원가	=	이윤율
₩2,000	÷	₩11,200	=	17.86%

원가에 17.86%의 이윤율을 사용하여 신제품 Apple의 판매가격을 다음과 같이 계산할 수 있다.

단위당 총원가	+	(단위당 총원가 × 이윤율)	=	단위당 목표판매가격
₩11,200	+	(₩11,200 × 17.86%)	=	₩13,200

㈜성림에서 출시할 신제품 Apple의 단위당 판매가격은 목표투자수익률 20%를 고려하여 ₩13,200으로 결정되어야 한다.

전부원가계산 원가가산가격결정의 한계

전부원가계산 원가가산가격결정(full-cost pricing) 방식은 계산하기가 쉽다는 큰 장점이 있다. 그러나 전부원가계산 원가가산가격결정방법은 회사가 예측하는 판매량이 모두 판매되고, 회사가 결정한 가격을 고객이 기꺼이 지불한다는 가정을 전제로 하고 있다. 그러나 소비자는 선택권이 있기 때문에 가격이 높을 경우에는 다른 경쟁회사의 제품을 구매하거나, 아예 구매하지 않을 수도 있다.

생산 및 판매량을 10,000단위 대신 8,000단위로 가정하자. 단위당 변동원가는 앞에서 설명한 자료와 동일하다. 그러나 단위당 고정원가는 판매량의 감소로 인하여 다음과 같은 변동이 있다.

	총원가	÷	예상조업도	=	단위당 원가
고정제조간접원가	₩28,000,000	÷	8,000	=	₩3,500
고정판매비와 관리비	24,000,000	÷	8,000	=	3,000
단위당 고정원가					₩6,500

판매량이 10,000단위일 경우 단위당 고정원가는 ₩5,200이었다. 그러나 8,000단위일 경우는 단위당 고정원가가 ₩6,500으로 증가하였다. ㈜성림이 원하는 20%의 투자수익률을 계산하면 단위당 ₩2,500(₩20,000,000÷8,000)이다. 판매량이 8,000단위일 때 신제품 Apple의 판매가격은 다음과 같이 계산된다.

변동원가	₩6,000
고정원가	6,500
총원가	12,500
목표투자수익	2,500
단위당 판매가격	₩15,000

단위당 판매가격이 증가한 이유는 총고정원가를 10,000단위보다 작은 8,000단위가 부담하였기 때문에 단위당 ₩5,200에서 ₩6,500으로 증가하였다. 이 경우 이윤율을 계산하면 다음과 같다.

$$20\% = \frac{₩2,500(\text{단위당 목표투자수익})}{₩12,500(\text{단위당 총원가})}$$

따라서 목표판매가격은 ₩15,000으로 계산된다.

$$₩12,500 + (₩12,500 \times 20\%) = ₩15,000$$

이처럼 전부원가계산 원가가산가격결정방법은 ㈜성림의 신제품 Apple이 예상대로 판매하는 경우에만 회사가 원하는 투자수익률을 달성할 수 있다. 실제판매량이 예상판매량보다 훨씬 작은 경우에는 판매가격을 올릴 수 없다면, ㈜성림은 손실이 발생할 수도 있다.

변동원가계산 원가가산가격결정

변동원가계산 원가가산가격결정(variable-cost pricing)은 변동원가를 기준으로 제품 또는 서비스의 판매가격을 결정한다. 변동원가는 직접재료원가, 직접노무원가, 변동제조간접원가 및 변동판매비와 관리비로 구성된다. 변동원가계산 원가가산가격결정방법은 원가행태(cost behavior)에 따른 변동원가와 고정원가의 구분을 사용하므로 가격과 원가 간의 관계를 보다 상세하게 파악할 수 있어 특별주문 수락 등의 단기의사결정에 더 유용하다.

변동원가계산 원가가산가격결정에서 첫 번째 단계는 단위당 변동원가를 집계하는 것이다. ㈜성림의 신제품 Apple의 자료를 이용하자. 단위당 변동원가는 다음과 같다.

직접재료원가	₩2,300
직접노무원가	1,700
변동제조간접원가	1,200
변동판매비와 관리비	800
단위당 변동원가	₩6,000

또한, Apple 10,000단위의 생산 및 판매에 따른 단위당 고정원가는 다음과 같다.

	총원가		예상조업도		단위당 원가
고정제조간접원가	₩28,000,000	÷	10,000	=	₩2,800
고정판매비와 관리비	24,000,000	÷	10,000	=	2,400
단위당 고정원가					₩5,200

두 번째 단계는 이윤율을 계산한다. ㈜성림은 ₩100,000,000을 투자하였고, 20%의 투자수익률(ROI)을 얻을 수 있도록 신제품의 가격을 책정하기로 결정했다. 따라서 회사는 ₩20,000,000(20%×₩100,000,000)의 이익을 낼 것으로 예상하고 있다. 단위당 목표투자수익은 ₩2,000(₩20,000,000÷10,000)이다.

단위당 목표투자수익	+	단위당 고정원가	=	이윤율	×	단위당 변동원가
₩2,000	+	(₩2,800+₩2,400)	=	이윤율	×	₩6,000

$$\text{이윤율} = \frac{₩2,000+(₩2,800+₩2,400)}{₩6,000} = 120\%$$

세 번째 단계는 목표판매가격을 결정한다. 이윤율 120%와 단위당 변동원가를 이용하여 목표판매가격을 계산하면 다음과 같다.

단위당 변동원가	+	(단위당 변동원가 × 이윤율)	=	단위당 목표판매가격
₩6,000	+	(₩6,000 × 120%)	=	₩13,200

목표가격을 ₩13,200으로 결정하면 ㈜성림에서 원하는 투자수익률 20%를 달성할 수 있다.

변동원가계산 원가가산가격결정방식에서 고정원가를 기준원가가 아닌 원가가산항목에 포함시켜 이윤율을 계산하는 이유는 고정원가를 임의적인 배부기준에 따라 제품 또는 서비스에 배분하는 경우에 발생할 수 있는 판매가격의 왜곡가능성을 방지하고자 하기 때문이다. 고정원가는 여러 제품이나 서비스에 공통적으로 발생하므로 이를 배분하여야 하지만 고정원가를 정확하게 배분한다는 것은 매우 어려운 일이며, 고정원가를 임의의 기준으로 배부하여 이를 기초로 가격결정을 하면 오류를 범할 가능성이 높다.

예제 7-1

㈜성림은 스마트패드를 생산하고 있다. 생산과 관련된 정보는 다음과 같다. 직접재료원가 ₩16,000, 직접노무원가 ₩18,000, 변동제조간접원가 ₩11,000, 고정제조간접원가 ₩10,000, 변동판매원가와 관리비 ₩6,000 그리고 고정판매비와 관리비 ₩10,000이다. 이윤율은 단위당 총원가의 45%이다. 전부원가계산 원가가산가격결정방법을 사용하여 목표판매가격을 계산하라.

| 풀이 |

직접재료원가	₩16,000
직접노무원가	18,000
변동제조간접원가	11,000
고정제조간접원가	10,000
변동판매비와 관리비	6,000
고정판매비와 관리비	10,000
단위당 총원가	₩71,000

단위당 총원가		(단위당 총원가×이윤율)		단위당 목표판매가격
₩71,000	+	(₩71,000×45%)	=	₩102,950

시간과 재료에 의한 가격결정

시간과 재료에 의한 가격결정(Time-and-material pricing)방법은 원가가산 가격결정 방법을 사용한다. 이 방법에서는 적정이익이 확보될 수 있도록 이윤이 포함된 작업시간당 노무원가와 사용될 재료원가를 결정하여야 한다. 주로 회계법인, 법률회사, 컨설팅회사, 전문수리업 등 전문직 업종의 가격결정에 많이 사용되고 있다.

성림엔지니어링은 공장용 기계장치를 전문적으로 수리하는 회사이다. 수리작업에 따른 작업시간당 노무원가와 **재료부가액(material loading charge)**의 연간 예상액은 [도표 7-2]와 같다.

도표 7-2 ▌ 노무원가 및 재료원가예산

SUNG LIM ENGINEERING
(2015년도의 예산)

	노무원가	재료부가액
기술자의 임금	₩10,350,000	–
부품관리자의 급여	–	₩1,150,000
사무실직원의 급여	2,070,000	230,000
기타간접원가(감가상각비, 재산세, 광고비, 수선비 등)	2,680,000	1,440,000
총예산	₩15,100,000	₩2,820,000

시간과 재료에 의한 가격결정방법은 다음의 세 단계를 통하여 계산된다.

1. 시간당 노무원가를 집계한다.
2. 재료부가액을 집계한다.
3. 특정 작업에 대한 청구금액을 집계한다.

1단계: 시간당 노무원가를 집계한다

가격결정을 위한 첫 번째 단계는 작업시간에 대한 노무원가를 결정하는 것이다. 작업시간당 노무원가는 직접노무원가, 시간당 목표이익 또는 투자수익률, 판매비와 관리비 등의 금액도 포함된다.

[도표 7-3]은 2015년 성림엔지니어링의 시간당 노무원가가 계산되어 있다. 예상수리시간은 5,000시간이며, 작업시간당 ₩800의 이윤을 목표로 한다.

도표 7-3 | 시간당 노무원가계산

	총노무원가	÷	총시간	=	시간당 노무원가
수리를 위한 시간과 노무원가					
기술자의 임금	₩10,350,000	÷	5,000	=	₩2,070
간접원가					
사무실직원의 급여	2,070,000	÷	5,000	=	414
기타간접원가	2,680,000	÷	5,000	=	536
합 계	₩15,100,000	÷	5,000	=	3,020
이 윤					800
작업시간당 노무원가					₩3,820

2단계: 재료부가액을 집계한다

재료부가액은 재료의 구입 이후 생산에 투입될 때까지 소요된 처리비용을 말한다. 일반적으로 재료부가액은 부품 및 재료의 총예상원가의 비율로 표시한다.

예상되는 재료부가액을 총재료원가로 나누어서 재료부가액 비율을 계산한다. [도표 7-4]는 2015년 성림엔지니어링의 재료부가액을 계산하였다.

도표 7-4 | 재료부가액 비율 계산

	재료부가액	÷	총재료원가	=	재료부가액 비율
간접원가					
부품관리자의 급여	₩1,150,000				
사무실직원의 급여	230,000				
합 계	1,380,000	÷	₩12,000,000	=	11.50%
기타간접원가	1,440,000	÷	12,000,000	=	12.00%
합 계	₩2,820,000	÷	12,000,000	=	23.50%
이 윤					20.00%
재료부가액 비율					43.50%

부품 및 재료의 송장(invoice) 금액은 ₩12,000,000이 될 것으로 추정되며, 성림엔지니어링은 재료의 송장 금액에서 20%의 이윤을 목표로 한다. 그러므로 수리작업에 소요되는 재료부가액은 재료원가의 43.50%로 계산된다. 예를 들어, 수리작업에 소요된 재료원가가 ₩10,000이라면 추가적인 재료부가액은 ₩4,350이 될 것이다.

3단계: 특정 작업에 대한 청구금액을 집계한다

특정 작업에 대한 금액은 노무원가, 재료원가, 재료부가액으로 구성된다. 예를 들어, 성림엔지니어링이 바이오가스 플랜트 설비를 수리하기 위한 세부내역을 산출하고 있다고 가정하자. 바이오가스 플랜트 설비 수리에 소요되는 작업시간은 50시간으로 추정되며, 부품과 재료원가는 ₩360,000으로 예상하고 있다. [도표 7-5]는 성림엔지니어링이 작성한 수리작업의 청구서이다.

도표 7-5 ▎수리작업 청구서

SUNG LIM ENGINEERING (수리작업 청구서)		
작업명: 바이오가스 플랜트 수리		
노무원가: 50시간 @₩3,820		₩191,000
재료원가		
부품 및 재료원가	₩360,000	
재료부가액(₩360,000 × 43.5%)	156,600	516,600
청구금액		₩707,600

[도표 7-5]의 바이오가스 플랜트 수리작업의 청구서에서 산출된 ₩707,600은 노무원가, 간접원가, 재료원가, 재료부가액에 이윤을 포함한 금액이다.

예제 7-2

㈜성림은 가전제품을 수리하는 수리점이며, 내년 한해 수리와 관련된 정보는 다음과 같다.

수리기술자의 임금	₩13,000,000
사무직원의 급여	3,000,000
기타간접원가	2,000,000

작업시간당 ₩1,000의 이윤을 남기려고 한다. 재료부가액 비율은 부품 및 재료원가의 40%이다. 내년 한해의 작업시간은 8,000시간으로 추정된다. 수리요청이 접수된 에어컨을 수리하는 데에는 4시간의 작업과 ₩5,000의 부품비가 소요된다. 이 작업에 대한 청구금액을 계산하라.

| 풀이 |

	총원가	÷	총시간	=	시간당 임금
수리기술자의 임금	₩13,000,000	÷	8,000	=	₩1,625
사무직원의 급여	3,000,000	÷	8,000	=	375
기타간접원가	2,000,000	÷	8,000	=	250
합 계	₩18,000,000	÷	8,000	=	2,250
이 윤					1,000
작업시간당 임금					₩3,250

재료원가	₩5,000
재료부가액(₩5,000×40%)	2,000
합계	₩7,000

에어컨 수리에 따른 금액

노무원가(₩3,250×4시간)	₩13,000
재료원가 및 재료부가액	7,000
청구금액	₩20,000

2 내부판매

오늘날의 글로벌 경제체제하에서는 성장이 기업의 생존에 필수적인 요소이다. 기업이 성장하면서 하부조직이 커지면 부문별로 나누어지고 각 부문 간에도 부품이나 서비스를 제공한다. 예컨대 현대자동차의 경우 엔진생산부문에서 생산된 엔진을 완성차조립부문에 제공한다. 그리고 의류회사의 경우에는 디자인부문에서 의상디자인을 한 후 봉제부문에 제공한다.

이전가격(transfer price)이란 기업 내부의 한 부문이 생산한 중간제품을 그 기업의 다른 부문으로 이전할 경우에 부과하는 가격으로서 내부(사내)대체가격이라고도 한다. 이전가격은 공급부문에서는 수익이 되고 구매부문에서는 원가가 되므로 이전가격을 높게 설정하면 공급부문의 이익이 높아지고 구매부문의 이익은 낮아진다. 즉 이전가격을 얼마로 결정하느냐에 따라서 각 부문의 성과가 달라질 수 있다. 또한 이전가격은 부문의 성과평가뿐만 아니라 제품원가계산 등의 목적에 이용되며, 특정 부문에서 생산한 중간제품을 외부에 판매하는 경우에 기업 내의 다른 부문에 이전하는 경우와 수익성을 비교 및 평가하는 데도 사용된다.

[도표 7-6]의 사례를 보면 이전가격에 대한 개념을 파악할 수 있다. 의류회사의 디자인부문에서 작업이 완료된 디자인은 외부의 고객에게 판매할 수도 있고, 봉제를 하기 위해 회사 내부의 봉제부문으로 판매될 수도 있다.

도표 7-6 | 이전가격의 사례

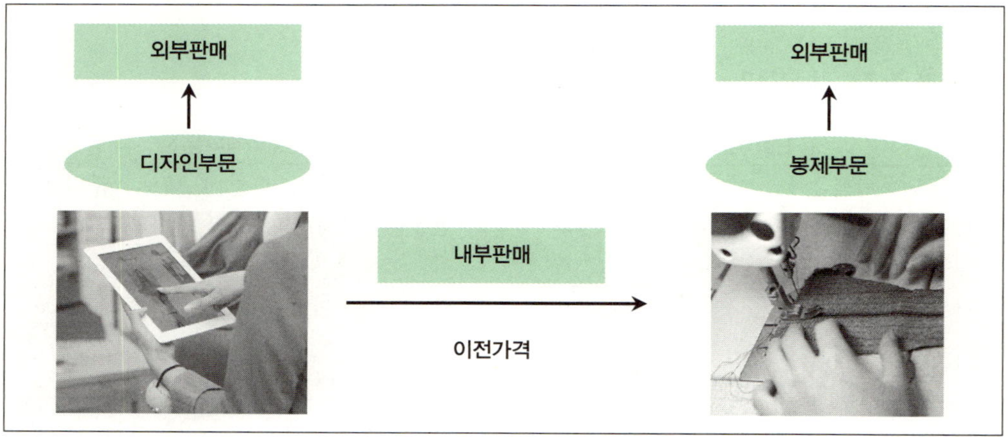

이전가격을 결정하는 방법으로는 일반적으로 다음의 세 가지가 있다.

1. 협상이전가격(negotiated transfer price)
2. 원가기준이전가격(cost-based transfer price)
3. 시장기준이전가격(market-based transfer price)

협상이전가격

협상이전가격(negotiated transfer price)은 부문관리자들의 합의를 통해 결정된다. 이전가격을 설명하기 위해 ㈜성림레포츠의 사례를 들어 보자.

최근까지 ㈜성림레포츠는 등산화 생산에 필요한 고무 밑창을 주로 생산하였다. 그러나 지난해 등산화를 직접 생산하기 위하여 본격적으로 사업을 확대하였다. 그 결과 회사는 현재 두 개의 독립적인 등산화부문과 신발밑창부문으로 구성되어 있다. 회사는 부문별로 수익성을 분석하여 그 성과를 바탕으로 각 부문의 직원과 관리자를 보상하기로 결정하였다.

신발밑창부문은 질 좋은 밑창을 생산하기 위해 연구개발활동에 집중하면서 시장의 반응을 살펴보기 위해 밑창을 외부에 판매하였다. 1년 동안 등산화부문은 신발밑창부문의 연구개발을 방해하지 않기 위해 등산화 생산에 필요한 밑창을 외부에서 구매하여 사용하였다. 그러나 경영진은 이제부터 등산화부문에 사용되는 밑창을 사내 신발밑창부문에서 제공받기를 원하고 있다.

[도표 7-7]에는 신발밑창을 외부에서 구입한 경우 등산화부문의 단위당 공헌이익과 신발밑창부문의 단위당 공헌이익이 계산되어 있다.

도표 7-7 ▌각 부문의 공헌이익

등산화부문		신발밑창부문	
등산화의 판매금액	₩9,000	밑창의 판매금액	₩1,800
변동제조원가(등산화)	3,500	변동원가(밑창)	1,100
밑창의 외부구입원가	1,700		
단위당 공헌이익	₩3,800	단위당 공헌이익	₩700
단위당 총공헌이익	₩4,500 (₩3,800 + ₩700)		

등산화부문에 대한 단위당 공헌이익이 ₩3,800이고, 신발밑창부문의 단위당 공헌이익이 ₩700임을 보여주고 있다. 따라서 단위당 총공헌이익은 ₩4,500(3,800+700)이다.

그렇다면 다음과 같은 의문을 가져볼 수 있다. "신발밑창부문에서 밑창 10,000단위를 등산화부문으로 이전할 때 공정한 이전가격은 과연 얼마인가?" 이에 대한 답변은 신발밑창부문의 여유생산능력이 있는지에 달려 있다.

여유생산능력이 없다

[도표 7-7]과 같이 신발밑창부문에서 생산하는 밑창의 판매가격은 ₩1,800이며, 단위당 공헌이익은 ₩700이다. 신발밑창부문은 외부고객에게 밑창 80,000단위를 생산하여 판매하고 있으며, 더 이상의 여유생산능력이 없다. 따라서 밑창을 등산화부문으로 공급한다면 신발밑창부문은 단위당 공헌이익 ₩700을 잃게 되므로 이에 대한 보상을 받아야 할 것이다. 이때 상실되는 공헌이익은 **기회원가**에 해당된다. 만일 신발밑창부문에서 등산화 부문으로 밑창을 이전할 경우 이러한 기회원가까지 보상되지 않으면, 신발밑창부문은 등산화부문에 밑창을 판매해서는 안 된다.

신발밑창부문이 기회원가를 감안하여 동의할 수 있는 **최저이전가격(minimum transfer price)**은 ₩1,800이다.

변동원가	+	기회원가	=	최저이전가격
₩1,100	+	₩700	=	₩1,800

그러나 등산화부문(구매자)의 입장에서는 밑창의 외부구입원가는 ₩1,700이기 때문에 더 이상의 금액은 지불할 수 없다. 따라서 이 상황에서는 내부이전거래를 할 수 없다.

생산능력이 충분하다

신발밑창부문이 추가생산능력이 있는 경우는 어떻게 될까? 예를 들어, 신발밑창부문은 80,000단위의 밑창을 생산할 수 있지만 외부시장에서는 70,000단위를 판매할 수 있다고 가정하자. 이 상황에서는 외부시장에 판매하지 못하는 10,000단위의 여유가 있기 때문에 단위당 공헌이익 ₩700을 잃지 않게 된다. 따라서 최저이전가격은 다음과 같이 ₩1,100으로 계산된다.

변동원가	+	기회원가	=	최저이전가격
₩1,100	+	₩0	=	₩1,100

이러한 경우에는 등산화부문과 신발밑창부문은 ₩1,100에서 ₩1,700의 범위 내에서 이전가격을 협상하여야 한다.

등산화부문이 밑창을 신발밑창부문으로부터 10,000단위 구입하는 경우에 이전가격이 밑창의 외부구입원가보다 낮을수록 회사 전체의 이익은 증가한다.

변동원가의 영향

최저이전가격의 계산식에서 **변동원가는 내부적으로 판매되는 단위에 따라 변동되는 원가이다**. 일부 경우에서는 내부판매의 단위당 변동원가와 외부판매의 단위당 변동원가는 다를 수도 있다. 예컨대 회사는 외부판매의 경우에 가격경쟁력을 확보하기 위하여 판매변동원가를 줄일 수 있다. 이러한 경우에는 외부판매변동원가가 내부판매변동원가보다 낮을 수도 있다.

회사내부의 특정 부문이 더 비싼 재료 또는 추가적인 작업을 특별히 요청하였을 때, 내부판매의 변동원가는 높아질 수 있다. 예를 들어, 등산화부문은 높은 이익을 가져다주는 고어텍스 등산화 5,000단위를 생산한다고 가정하자. 이 고어텍스 등산화 생산에 필요한 밑창은 밀도가 높은 고급고무를 사용하고 복잡한 돌출 디자인을 통해 만들어진다.

㈜성림레포츠는 고어텍스 등산화 밑창을 생산할 수 있는 적당한 외부 공급업체를 찾지 못했으며, 또한 그 어떤 외부 공급업체도 회사가 원하는 품질을 충족시킬 수 없다고 판단하였다. 즉 이전가격 결정을 위하여 사용되는 시장가격이 형성되어 있지 않다는 것이다. 그러나 합리적인 이전가격 결정을 위해서 최저이전가격 수식을 이용할 수 있다. 회사는 고어텍스 등산화 생산에 필요한 특수한 밑창을 면밀히 분석한 후 신발밑창부문에서 밑창의 단위당 변동원가는 ₩1,900으로 결정하였다. 신발밑창부문의 생산은 현재 100% 가동중이며 추가생산능력은 없다. 따라서 신발밑창부문에 특별주문한 밑창의 최저이전가격은 다음과 같다.

변동원가		기회원가		최저이전가격
₩1,900	+	₩700	=	₩2,600

결국 ₩2,600의 이전가격은 증가된 변동원가와 기회원가(밑창의 공헌이익)를 충당하기에 충분한 수익을 신발밑창부문에 제공한다.

협상이전가격의 요약

협상이전가격에서 판매부문은 최저이전가격을 설정하고, 구매부문은 최대이전가격을 설정한다. 이 방법은 적절한 의사결정규칙을 사용하는 경우에 두 부문의 이전가격결정을 위한 기초자료를 제공한다. 그러나 다음과 같은 경우에는 협상이전가격을 사용하기 어려울 수 있다.

1. 시장가격정보를 쉽게 얻을 수 없다.
2. 협상부문 간 신뢰의 부족은 협상의 결렬로 이어질 수 있다.
3. 원가구조가 복잡하거나 원가항목이 많이 발생되는 부문과는 협상이 어려울 수 있다.

따라서 많은 기업이 이전가격을 결정하기 위해 협상이전가격접근법보다 간단한 원가기준 및 시장기준이전가격접근법을 일반적으로 사용한다.

원가기준이전가격

원가기준이전가격(cost-based transfer price)은 이전가격을 결정하는 한 방법으로 제품이나 서비스의 생산부문으로부터 발생한 원가를 이전가격의 기준으로 삼는다. 회사가 원가기준이전가격을 사용하는 경우, 이전가격은 변동원가 또는 변동원가와 고정원가의 합계를 기준으로 한다. 또한 판매부문은 이윤을 추가할 수도 있다.

원가기준접근방법에 따라 이전가격을 결정하게 되면 때로는 적절하지 않은 이전가격을 사용하게 되어 특정 사업부문의 실적이 부당하게 평가되고 이로 인해 회사는 손실이 발생할 수도 있다. 이에 대한 설명을 위하여 ㈜성림레포츠는 신발밑창부문의 변동원가를 기준으로 이전가격을 결정한다고 가정하자. 여유생산능력이 없을 때 두 부문의 단위당 공헌이익은 다음과 같다.

도표 7-8 ▍ 원가기준이전가격

등산화부문		신발밑창부문	
등산화의 판매금액	₩9,000	밑창의 판매금액	₩1,100
변동제조원가(등산화)	3,500	변동원가(밑창)	1,100
밑창의 내부구입원가	1,100		
단위당 공헌이익	₩4,400	단위당 공헌이익	₩0
단위당 총공헌이익	₩4,400(₩4,400 + ₩0)		

등산화부문에 밑창 10,000단위의 이전에 따른 신발밑창부문의 단위당 공헌이익은 "0"이기 때문에 원가기준의 이전가격결정방법은 신발밑창부문의 입장에서는 유리하지 않다. [도표 7-7]에서 신발밑창부문은 외부고객에게 밑창을 판매할 경우의 이익이 ₩7,000,000(10,000×(₩1,800−₩1,100))이다. 반면 등산화부문은 원가기준 이전가격결정방법에 대해 적극적으로 찬성하고 있다. [도표 7-7]과 [도표 7-8]을 비교해보면 단위당 공헌이익이 ₩3,800에서 ₩4,400으로 ₩600 증가하였기 때문이다. 즉 신발밑창부문은 ₩700의 단위당 공헌이익을 잃게 되고, 등산화부문은 단위당 공헌이익이 ₩600 증가하였다. 회사 전체로 보면 ₩1,000,000(10,000×(₩700−₩600))의 이익이 감소된다.

그러나 신발밑창부문의 추가적인 생산능력이 있다면 그 결과는 달라진다. 신발밑창부문의 생산능력이 없을 경우에는 10,000단위에 대한 공헌이익이 "0"이었지만 추가적인 생산능력이 있다면 단위당 공헌이익은 ₩700을 상실하지 않는다. 등산화부문은 단위당 ₩600의 이익을 얻게 되므로 회사는 ₩6,000,000(10,000×₩600)의 이익이 증가한다. 그러나 원가기준 이전가격결정방법에서는 신발밑창부문 10,000단위에 대한 이익은 항상 "0"이다. 이러한 결과를 통해 원가기준 이전가격결정방법은 사업부문의 실제 수익성을 제대로 반영하지 못하고 있다는 것을 알 수가 있다.

이러한 단점에도 불구하고 원가기준 이전가격결정방법은 이해하기 간단하고 사용하기가 쉽기 때문에 기업에서 많이 사용되고 있으며, 제품이나 서비스의 시장가격이 불분명하거나 또는 이를 입수하기에는 비용이 너무 많이 드는 경우에 원가기준 이전가격결정방법이 많이 이용된다. 일반적으로 기업에서는 원가기준 이전가격방법을 가장 많이 사용한다.

시장기준이전가격

시장기준이전가격(market-based transfer price) 결정은 경쟁 제품 또는 서비스의 제공에 따라 기존에 형성된 시장가격(market price)에 의해 달라진다. 시장가격을 기준으로 하는 가격결정은 중간제품의 가격이 형성되는 완전경쟁시장(perfect competitive market)이 존재하며, 시장가격을 이용하기 쉬운 경우 사용하기에 적절한 방법이다. 이 방법은 객관적이고 합리적이어서 가격결정방법 중 가장 좋은 방법으로 평가되고 있다.

예컨대 원가기준 이전가격결정방법에서는 신발밑창부문이 동의하는 최저이전가격은 변동원가에서 기회원가를 더한 금액이다. 신발밑창부문의 생산능력이 충분하다고 감안할 때, 그 기회원가는 "0"이다.

그러나 시장기준 이전가격결정방법에서는 신발밑창부문은 ₩700의 단위당 공헌이익을 얻기 위해 ₩1,800의 시장가격에 제품을 판매하고 등산화부문 관리자는 ₩1,800의 이전가격에 동의한다.

신발밑창부문의 생산능력이 충분할 경우, 신발밑창부문과 등산화부문은 시장가격을 기준으로 이전가격을 합리적으로 결정한다. 그러나 이전가격을 결정할 때 신발밑창부문에서 밑창의 시장가격에 이윤을 더한 경우, 등산화부문은 시장에서 등산화를 너무 비싼 가격으로 책정하게 되어 결과적으로 회사 전체에 대한 손실을 초래할 수도 있다.

시장기준방식은 시장가격을 기준으로 내부거래를 하기 때문에 공급부문은 원가를 절감할수록 자기부문의 이익이 커지므로 부문원가절감의 동기를 부여한다.

학습목표의 요약

Cost & Management Accounting

① **제품의 가격결정을 위하여 목표원가를 계산한다.** 목표원가를 계산하기 위해서 회사는 목표판매가격을 결정한다. 목표판매가격이 결정되면 원하는 이익을 설정하여 목표원가를 결정하여야 한다. 목표가격과 원하는 이익의 차이가 제품의 목표원가이다.

② **원가가산가격결정을 통하여 판매가격을 계산한다.** 원가가산가격결정이란 손실을 피할 수 있는 최저의 가격, 즉 총원가를 판매량으로 나눈 단위당 원가에 이익을 더하여 가격을 결정하는 방법이다. 원가가산 가격결정방법의 공식은 다음과 같다.

목표 판매가격 = 원가 + (원가×이윤율)

③ **제공된 서비스의 원가를 결정하기 위해 노무원가와 재료원가를 사용한다.** 노무원가와 재료원가에 의한 가격결정방법에서는 작업시간과 재료원가를 기초로 서비스의 가격을 결정한다. 노무원가는 직접노무원가, 시간당 목표이익 또는 투자수익률(ROI), 판매비와 관리비 등의 금액이 포함된다. 재료원가는 직접재료원가 및 직접재료원가와 관련된 간접원가를 포함하며, 재료부가액은 재료의 구입 이후 생산에 투입될 때까지 소요된 처리비용을 말한다. 재료부가액은 재료원가를 기반으로 계산한다.

④ **협상, 원가 및 시장기준접근법으로 이전가격을 결정한다.** 협상가격은 부문관리자의 합의를 통해 결정된다. 원가기준접근법의 이전가격 결정은 변동원가 또는 변동원가와 고정원가의 합계를 기준으로 결정할 수 있다. 또한 이윤을 추가하여 결정될 수도 있으며 계산하기 쉽고 단순하다. 시장기준접근법의 이전가격결정은 기존의 경쟁제품 및 서비스의 시장가격을 기준으로 한다. 시장가격을 이용하기 쉬운 경우 사용하기에 적절한 방법이 될 수 있다. 이 방법은 객관적이고 합리적이어서 가격결정방법 중 가장 좋은 방법으로 평가되고 있다.

용어해설

- 목표원가(Target cost) 제품의 판매가격에서 원하는 이익을 제공할 수 있는 제품의 원가이다. 즉, 목표원가는 목표판매가격과 원하는 이익의 차이이다.
- 변동원가계산 원가가산가격결정(Variable-cost pricing) 변동원가를 기준으로 제품 또는 서비스의 판매가격을 결정한다. 원가행태(cost behavior)에 따른 변동원가와 고정원가를 구분하므로 가격과 원가 간의 관계를 보다 상세하게 파악할 수 있어 특별주문의 수락 등 단기 의사결정에 더 유용하다.
- 시간과 재료에 의한 가격결정(Time-and-material pricing) 적정이익이 확보될 수 있도록 이윤율이 적용된 작업시간당 노무원가와 사용될 재료원가를 결정하여 제품이나 서비스의 가격을 결정한다.
- 시장기준이전가격(Market-based transfer price) 해당 제품 및 서비스의 기존 시장이 형성되어 있어 파악가능한 가격대가 존재하는 경우 기존 시장의 가격대를 기준으로 이전가격을 산정한다.
- 이윤(Markup) 제품이나 서비스의 판매가격과 원가의 차이금액으로, 보통 원가에 대한 퍼센트 비율로 나타낸다.
- 이전가격(Transfer price) 조직 내의 하위사업단위(부문, 사업부)가 동일 조직의 다른 하위 사업단위에 공급한 제품이나 서비스에 대해 부과되는 가격을 말한다.
- 원가가산가격결정(Cost-plus pricing) 목표판매가격을 결정하기 위해 제품의 원가에 사전에 결정된 이윤을 가산하여 제품의 판매가격을 결정하는 방법
- 원가기준이전가격(Cost-based transfer price) 해당 제품 및 서비스 생산부문의 원가에 기초하여 이전가격을 설정한다.
- 재료부가액(Material loading charge) 재료의 구입 이후 생산에 투입될 때까지 소요된 처리비용을 말한다. 재료부가액은 부품 및 재료의 총예상원가의 비율로 표시한다.
- 협상이전가격(Negotiated transfer price) 부문 관리자의 협의에 의해 결정된 이전가격

연습문제

Cost & Management Accounting

종합자습문제

※ ㈜성림전자는 자동차 오디오 사업부문뿐만 아니라 각종 전자제품을 생산 및 판매하고 있는 사업부문도 있다. 다음의 정보는 ㈜성림전자의 자동차용 오디오 생산과 관련된 자료이다.

외부 고객에게 판매되는 오디오의 판매가격	₩49,000
단위당 변동원가	₩28,000
조업능력	200,000단위

| 요구사항 |

제품의 내부이전 또는 외부구매 시 가격이 다음과 같은 각각의 상황일 때 최저이전가격을 어떻게 결정하여야 하는지 설명하시오.

(a) ㈜성림전자는 현재 100%의 가동률을 보이고 있다. 자동차용 오디오를 내부구매를 통하여 생산할 경우 단위당 ₩4,000의 변동원가를 절감할 수 있다. 또한 외부에서 구입할 경우에는 ₩47,000에 구입할 수 있다.

(b) ㈜성림전자는 현재 주문에 대한 생산능력이 충분하다. 그러나 외부로부터 자동차용 오디오를 구입하는 데에는 단위당 ₩47,000이 소요된다.

(c) 경호산업은 추가적인 기능이 들어 있는 자동차용 오디오 15,000단위를 구입하고 싶어 한다. ㈜성림전자는 경호산업의 주문을 수락하면 단위당 변동원가가 ₩12,000 증가하는 것을 확인하였으며, 현재 회사 내의 부품재고는 없다. 이 특별주문을 수락하면 다른 고객에 대한 오디오 15,000단위의 판매를 포기하여야 할 것이다.

| 풀이 |

(a) ㈜성림전자는 생산능력 초과로 인해 기회원가(잃게 되는 공헌이익) ₩21,000(₩49,000 − ₩28,000)이 발생한다. 최저이전가격을 계산하면 다음과 같다.

최저이전가격	=	변동원가	+	기회원가
₩45,000	=	(₩28,000 − ₩4,000)	+	₩21,000

최저이전가격이 ₩45,000으로 외부구매금액 ₩47,000보다 작기 때문에 내부이전이 유리하며, 내부이전가격은 ₩45,000에서 ₩47,000 사이에서 협상되어야 한다.

(b) ㈜성림전자는 생산능력이 충분하므로 그 기회원가는 ₩0이다. 최저이전가격을 계산하면 다음과 같다.

최저이전가격	=	변동원가	+	기회원가
₩28,000	=	₩28,000	+	₩0

단위당 ₩47,000에 외부에서 구입할 수 있으며, ㈜성림전자의 생산능력은 충분하므로 회사 내 두 부문 간의 효율을 따져 이전가격을 ₩28,000에서 ₩47,000 사이에서 협상하여야 한다.

(c) ㈜성림전자는 특별주문 수락으로 인한 기회원가가 ₩21,000(₩49,000−₩28,000) 발생한다. 또한 변동원가는 ₩40,000(₩28,000+₩12,000)으로 증가한다. 최저이전가격을 계산하면 다음과 같다.

최저이전가격	=	변동원가	+	기회원가
₩61,000	=	(₩28,000+₩12,000)	+	₩21,000

객관식문제

※ 다음 질문에 가장 적절한 답을 고르시오(1~12).

01. 이익 및 가격과 관련된 목표원가의 의미를 바르게 나타낸 것은?
(a) 원가와 원하는 이익은 판매가격 결정 전에 결정되어야 한다.
(b) 원가와 판매가격은 목표이익 결정 전에 결정되어야 한다.
(c) 판매가격과 원하는 이익은 목표원가 결정 전에 결정되어야 한다.
(d) 원가는 회사의 조업능력이 최대일 때 달성될 수 있다.

02. ㈜창신은 장난감 기차에 대한 시장을 조사하고 있다. 그 결과 ₩8,000 정도에 판매할 수 있는 틈새시장이 있다고 추정하였다. 기차의 제조 및 판매에 따른 단위당 변동원가는 ₩2,500으로 예상되며, 단위당 ₩1,500의 이익을 기대하고 있다. 기차의 단위당 목표원가는 얼마인가?
(a) ₩8,000 (b) ₩4,000
(c) ₩6,500 (d) ₩2,500

03. 시장에서 경쟁적으로 판매되는 유사 및 공통적인 제품을 판매하는 기업이 주로 사용하는 가격 결정방법은 무엇인가?
(a) 시간과 재료에 의한 가격결정 (b) 변동원가에 의한 가격결정
(c) 목표원가계산 (d) 원가가산가격결정

04. 원가가산가격결정의 적절한 설명은 무엇인가?

(a) 판매가격＝변동원가＋(이윤율＋변동원가)
(b) 판매가격＝원가＋(이윤율×원가)
(c) 판매가격＝제조원가＋(이윤율＋제조원가)
(d) 판매가격＝고정원가＋(이윤율×고정원가)

05. ㈜창신은 신제품 개발을 검토하고 있다. 신제품에 대한 자료는 다음과 같다. 자료를 보고 이윤율과 판매가격을 구하면 얼마인가?

단위당 예상총원가	₩2,500
신제품 투자추정액	₩50,000,000
투자수익률	10%
예상판매수량	1,000단위

(a) 이윤율 10%, 판매가격 ₩5,500　　(b) 이윤율 200%, 판매가격 ₩7,500
(c) 이윤율 10%, 판매가격 ₩5,000　　(d) 이윤율 100%, 판매가격 ₩5,500

06. ㈜창신의 신제품 생산을 위한 자료는 다음과 같다. 이윤율을 계산하면 얼마인가?

단위당 총원가	₩3,000
단위당 투자수익	₩1,000
목표판매가격	₩4,000

(a) 125%　　(b) 75%
(c) 33.3%　　(d) 25%

07. ㈜창신서비스는 시간과 재료에 의한 가격결정방법으로 수리금액을 결정하려고 한다. 노무원가와 관련된 연간 원가를 추정하면 다음과 같다.

기술자의 임금	₩100,000,000
사무직원의 급여	₩40,000,000
기타간접원가	₩80,000,000

㈜창신서비스는 올해 수리시간을 5,000시간으로 예상하고, 작업시간당 ₩10,000의 이윤을 원한다. 사무직원의 급여와 기타간접원가는 재료부가액과 관련된 원가이다. ㈜창신서비스의 이윤을 포함한 시간당 노무원가를 계산하면 얼마인가?

(a) ₩42,000　　(b) ₩34,000
(c) ₩32,000　　(d) ₩30,000

08. 시간과 재료에 의한 가격결정방법의 적용과 가장 관련이 없는 것은?
(a) 기계수리업 (b) 법률자문서비스
(c) 자동차부품 생산업체 (d) 컨설팅제공업체

09. ㈜창신공업의 플라스틱사업부는 플라스틱 금형을 제조하여 단위당 ₩700,000에 고객에게 판매하고 있다. 금형의 단위당 변동원가는 ₩300,000이고 단위당 고정원가는 ₩100,000이다. 플라스틱사업부는 금형 10,000단위를 다른 사업부로 ₩400,000에 이전하려고 한다. 플라스틱사업부는 현재 유휴생산능력이 없다. 플라스틱사업부가 동의하는 최저이전가격은 얼마인가?
(a) ₩100,000 (b) ₩300,000
(c) ₩400,000 (d) ₩700,000

10. 플라스틱사업부는 현재 금형 10,000단위 이상의 유휴생산능력이 있으며, 그 외의 사항은 [문제 9]와 동일하다고 가정하자. 플라스틱사업부가 동의하는 최저이전가격은 얼마인가?
(a) ₩100,000 (b) ₩300,000
(c) ₩400,000 (d) ₩700,000

11. 이전가격을 결정하는 데 사용되는 가장 일반적인 방법은 무엇인가?
(a) 협상이전가격 접근법
(b) 기회원가기준이전가격 접근법
(c) 원가기준이전가격 접근법
(d) 시장기준이전가격 접근법

12. 시간과 재료에 의한 가격결정방법을 사용할 때 재료부가액 비율과 관련된 설명으로 옳은 것은?
(a) 연간 노무원가를 추정한다.
(b) 연간 부품 및 재료원가를 추정한다.
(c) 연간 간접원가를 추정한다.
(d) 연간 부품 및 재료원가, 노무원가를 추정한다.

주관식문제

01. ㈜창신이 생산하는 필터의 원가는 단위당 ₩17,000이다. 이 회사는 30%의 이윤을 원한다. 원가가산가격결정방법을 사용하여 단위당 판매가격을 결정하시오.

02. ㈜창신은 스팀다리미의 전자 스위치를 생산하고 있다. 단위당 변동원가는 ₩15,000이고, 단위당 고정원가는 ₩9,000이다. 단위당 목표투자수익은 ₩6,000이다. 단위당 총원가와 판매가격에 대한 이윤율을 계산하시오.

03. ㈜창신은 전기면도기를 생산하고 있다. 단위당 변동원가는 ₩15,000이며, 단위당 고정원가는 ₩9,000이다. 회사가 원하는 투자수익은 단위당 ₩3,000이다. 변동원가계산 가격결정을 사용하여 이윤율을 계산하시오.

04. 창신컴사는 컴퓨터 하드디스크를 생산하고 있다. 하드디스크의 제조사들은 경쟁이 치열하다. 하드디스크는 현재 시장에서 ₩45,000에 판매되고 있다. 회사는 하드디스크당 ₩14,000의 이익을 목표로 하고 있다. 회사는 어떻게 이 목표를 달성할 수 있는가?

05. 창신실업은 스키를 생산하고 있다. 단위당 원가와 관련된 정보는 다음과 같다. 직접재료원가 ₩12,000, 직접노무원가 ₩8,000, 변동제조간접원가 ₩6,000, 고정제조간접원가 ₩14,000, 변동판매비와 관리비 ₩4,000, 고정판매비와 관리비 ₩12,000이다. 단위당 총원가에 32%의 이윤율을 사용하여 목표판매가격을 계산하시오.

06. ㈜창신은 하이브리드 압축기를 생산하고 있다. 내년에 50,000단위를 생산할 것으로 예상하고 있다. 회사는 하이브리드 압축기를 생산하는 데 ₩100,000,000을 투자했다. 이 회사는 18%의 투자수익을 실현할 수 있다. 단위당 투자수익은 얼마인가?

07. 창신산업은 연간 10,000단위의 제품을 생산할 것으로 예상하고 있으며 ₩150,000,000을 투자하였다. 순이익은 ₩30,000,000이고 변동원가는 ₩110,000,000, 그리고 고정원가는 ₩10,000,000이다. 회사의 목표투자수익률은 20%이다. 전부원가접근법을 사용하여 이윤율을 계산하면 얼마인가?

08. 창신서비스에서는 기계를 수리하는 데 작업시간당 ₩45,000이 청구된다. 레이저 절단기 수리작업의 부품 및 재료원가는 ₩700,000이며, 수리시간 10.5시간이 소요될 것이다. 또한 재료부가액 비율은 40%이다. 레이저 절단기 수리작업의 청구서를 작성하시오.

09. ㈜창신의 바이오사업부는 단위당 ₩42,000에 판매하는 줄기세포를 배양하고 있다. 단위당 변동원가는 ₩19,000, 그리고 단위당 고정원가는 ₩1,000이다. 경영진은 ₩29,000에 회사 내 다른 사업부로 15,000단위의 줄기세포를 이전하려고 한다. 바이오사업부는 완전조업수준에서 운영되고 있다. 바이오사업부에서 수락할 수 있는 최저이전가격은 얼마인가?

10. [문제 9]의 정보를 사용하여 바이오사업부가 다른 사업부에 15,000단위의 줄기세포를 제공할 수 있는 능력이 충분하다고 가정하자. 바이오사업부가 수락하는 최저이전가격은 얼마인가?

11. [문제 9]의 정보를 사용하고, 변동원가가 단위당 ₩24,000으로 증가될 것이라고 가정한다. 바이오사업부가 수락하는 최저이전가격은 얼마인가?

12. ㈜태일은 참치컵밥의 생산을 고려하고 있다. 시장조사 결과 적정판매가격은 ₩3,000이며 1,000,000단위가 판매될 것으로 예상된다. 참치컵밥을 생산하기로 결정하면, 새로운 생산설비에 ₩2,000,000,000을 투자해야 한다. 회사는 20%의 투자수익을 기대하고 있다.

| 요구사항 |

참치컵밥의 단위당 목표원가를 결정하시오.

13. 태일사는 탁상시계를 생산하고 있다. 단위당 원가정보는 다음과 같다. 직접재료원가 ₩18,000, 직접노무원가 ₩9,000, 변동제조간접원가 ₩5,000, 고정제조간접원가 ₩6,000, 변동판매비와 관리비 ₩3,000, 고정판매비와 관리비 ₩7,000이다.

| 요구사항 |

단위당 총원가에서 35%의 이윤율을 사용하여 목표판매가격을 계산하시오.

14. 태일A/S의 기계수리점에 대한 자료는 다음과 같다.

수리기술자의 임금	₩120,000,000
관리직의 급여	40,000,000
간접원가	50,000,000

| 요구사항 |

작업시간당 ₩18,000의 이윤과 재료부가액은 재료 및 부품금액의 50%를 이윤으로 더한다. 회사는 내년 작업시간을 5,000시간으로 예상하고 있다. 만약 식기세척기를 수리하는 경우 작업시간은 1.5시간이 필요하며, ₩80,000의 재료원가가 소요된다. 식기세척기 수리작업에 대한 청구서를 작성하시오.

15. 태일양품의 디자인부문은 목걸이를 생산하여 단위당 ₩8,000에 고객에게 판매하고 있다. 목걸이의 단위당 변동원가는 ₩3,000이고 단위당 고정원가는 ₩1,500이다. 경영진은 ₩3,000의 가격으로 회사 내 다른 부문으로 목걸이 12,000단위를 이전하려고 한다. 또한 내부적으로 판매하여 포장비(변동원가)를 단위당 ₩250 절감할 수 있다.

| 요구사항 |

다음의 각 경우에 따른 최저이전가격은 얼마인가?

(a) 디자인부문의 유휴생산능력이 없는 경우

(b) 디자인부문의 유휴생산능력이 있는 경우

16. 태일산업은 고급 골프장비를 생산하여 판매하고 있다. 회사는 최근 골프장 코스의 길이를 측정하는 레이저 측정기를 개발하고 있다. 이 레이저 측정기는 전 세계적으로 큰 잠재시장을 가지고 있다. 따라서 레이저 측정기의 판매가격은 경쟁자들의 등장으로 ₩9,000 이상은 어려울 것으로 판단한다. 또한 ₩9,000에 100,000단위를 판매할 것으로 예상하고 있다. 회사는 레이저 측정기를 개발하기 위하여 ₩850,000,000의 투자가 필요하며, 20%의 투자수익을 원한다.

| 요구사항 |

레이저 측정기의 목표원가를 계산하시오.

17. ㈜태일전자는 레저용 자전거를 생산하고 있다. 다음의 자료는 연간 30,000단위의 자전거를 생산하는 데 관련된 원가자료이다.

	단위당	전 체
직접재료원가	₩17	
직접노무원가	8	
변동제조간접원가	11	
고정제조간접원가		₩360,000
변동판매비와 관리비	4	
고정판매비와 관리비		₩150,000

이 회사는 총원가의 40% 이윤율을 적용한다.

| 요구사항 |

(a) 단위당 총원가를 구하시오.

(b) 목표판매가격을 계산하시오.

18. ㈜태일헬스는 혈압측정기를 생산하고 있다. 다음의 자료는 혈압측정기 500,000단위를 생산하는 데 관련된 원가자료이다.

	단위당	전 체
직접재료원가	₩7	
직접노무원가	9	
변동제조간접원가	15	
고정제조간접원가		₩3,300,000
변동판매비와 관리비	14	
고정판매비와 관리비		₩1,500,000

이 회사는 25%의 투자수익을 원하고 있으며, ₩24,000,000을 자산취득에 투자하였다.

| 요구사항 |

(a) 단위당 총원가를 계산하시오.
(b) 단위당 투자수익을 계산하시오.
(c) 이윤율을 구하시오.
(d) 목표 판매가격을 구하시오.

19. ㈜태일공업은 정밀생산을 위한 산업용 로봇을 생산하고 있다. 다음은 회사의 원가와 관련된 자료이다.

	단위당	전 체
직접재료원가	₩380	
직접노무원가	290	
변동제조간접원가	72	
고정제조간접원가		₩1,800,000
변동판매비와 관리비	55	
고정판매비와 관리비		₩327,000

이 회사는 20%의 ROI를 나타내며, 자산에 투자한 금액은 ₩49,600,000이다. 연간 3,000단위의 생산을 기대하고 있다.

| 요구사항 |

(a) 고정제조간접원가 및 고정판매비와 관리비의 단위당 원가를 계산하시오.
(b) 단위당 목표투자수익을 계산하시오.
(c) 목표판매가격을 계산하시오.

20. 태일건설은 건물의 리모델링을 전문적으로 하는 회사이다. 2012년의 예산은 다음과 같다.

	노무원가	재료부가액
기술자의 임금	₩228,000	
부품관리자의 급여		₩42,500
사무실 종업원의 급여	38,000	9,000
기타 간접원가	15,200	24,000
합 계	₩281,200	₩75,500

회사는 작업시간당 ₩35의 이윤과 부품 및 재료원가의 25%를 이윤으로 원한다. 올해 부품 및 재료원가의 금액은 ₩400,000으로 추정되며, 내년의 작업시간은 7,600시간으로 예상하고 있다.

| 요구사항 |

(a) 작업시간당 노무원가의 청구금액은 얼마인가?
(b) 재료부가액 비율을 계산하시오(소수점 넷째자리에서 반올림).
(c) 경호산업은 작업시간 40시간과 부품 및 재료원가가 ₩2,500 소요될 작업에 대하여 태일건설에 견적서를 요청하였다. 태일건설의 견적서를 작성하시오.

21. 태일보안은 기업용 보안경비시스템을 설치하는 회사이다. ㈜경호는 사옥을 신축하면서 입찰공고를 하였다. 태일보안은 다음의 자료를 토대로 시간과 재료에 의한 가격결정 방법을 사용하여 입찰에 참가하려고 한다.

	노무원가	재료부가액
기술자의 임금	₩150,000	
부품관리자의 급여		₩34,000
사무실 종업원의 급여	28,000	12,000
기타 간접원가	15,000	42,000
합 계	₩193,000	₩88,000

회사는 연간 기술자의 작업시간을 6,000시간으로 예상하고 있다. 작업시간당 ₩38의 이윤과 부품 및 재료원가 100%를 이윤으로 원한다. 부품 및 재료원가는 ₩700,000으로 예상된다.

| 요구사항 |

(a) 작업시간당 노무원가는 얼마인가?(소수점 셋째자리에서 반올림)
(b) 재료부가액 비율을 계산하시오(소수점 셋째자리에서 반올림).
(c) 작업시간이 80시간, 부품 및 재료원가는 ₩40,000으로 예상되는 작업에 대한 견적서를 작성하시오.

22. 태일공업사의 모터사업부에서는 가정 및 사무용 전자기기 모터를 생산하고 있으며, 가전사업부는 믹서기와 액즙기 등을 조립하고 포장한다. 모터사업부에서는 가전사업부로 모터를 판매할 수도 있다.

생산하는 모터와 관련된 정보는 다음과 같다.

단위당 고정원가	₩5,000
단위당 변동원가	₩8,000
단위당 판매가격	₩30,000

| 요구사항 |

(a) 모터사업부는 여유생산능력이 있다고 가정한다. 가전사업부로 이전할 경우 수용가능한 최저 이전가격은 얼마인가?

(b) 모터사업부의 생산능력이 초과되었다고 가정한다. 가전사업부로 이전할 경우 수용가능한 최저 이전가격은 얼마인가?

23. ㈜태일의 전자부문은 카오디오를 생산하여 판매하고 있다. 카오디오의 가격정보는 다음과 같다. 단위당 변동원가 ₩34,000, 단위당 고정원가 ₩23,000이다. 그리고 외부고객에게 판매하는 가격은 ₩85,000이다. ㈜태일의 차량부문이 카오디오를 외부 공급자에게 구매하는 금액은 현재 ₩80,000이다.

차량부문은 품질 및 안정적인 공급을 보장받기 위해 전자부문에 카오디오를 단위당 ₩34,000에 연간 200,000단위를 주문하였다.

전자부문의 생산가동률은 이미 100% 가동 중이다. 또한 내부판매로부터 변동판매원가 ₩4,000을 절감할 수 있다.

| 요구사항 |

(a) 전자부문이 동의하는 최저이전가격은 얼마인가?

(b) 본 주문의 강제적인 이전 진행으로 인한 회사의 잠재적인 손실을 설명하시오.

실전문제

01. ㈜테크노는 2개의 사업부를 보유하고 있고, 제품의 부품 일부를 갑사업부에서 을사업부로 내부거래를 고려하고 있다. 갑사업부의 제품단위당 변동원가는 ₩600이고 동 제품을 외부에 판매하면 ₩800을 받을 수 있다. 반면 을사업부는 외부에서 동 부품을 구입하면 단위당 ₩700에 구입할 수 있다. 이러한 상황에 대한 설명으로 옳은 것을 모두 나열한 것은?

[기업회계 1급, 33회]

1. ₩600에 대체하면 을사업부가 유리하다.
2. ₩650에 대체하면 두 사업부의 이익은 동일하다
3. ₩700에 대체하면 을사업부가 유리하다.
4. ₩800에 대체하면 갑사업부는 손실이 발생한다.
5. 얼마의 가격에 내부 대체거래를 하든 회사 전체의 이익에는 변함이 없다.

① 1, 2, 5　② 1, 3, 5
③ 2, 3, 5　④ 2, 4, 5

02. ㈜대전은 A사업부에서 부품을 생산하고, B사업부에서는 동 부품을 가공하여 완제품을 생산하고 있으며 부품은 외부판매도 이루어지고 있다. A사업부에서는 부품의 가격을 ₩200에서 ₩195으로 낮추어 매출수량을 10,000개로 하는 안(案)과 그렇지 않고 8,000개를 ₩200에 판매하고 2,000개를 B사업부에서 적절한 가격으로 대체하는 안(案)이 A사업부에 동일한 이익을 가져다줄 것으로 판단하고 있다. 이때 B사업부에 제안하게 될 적절한 대체가격은 얼마인가?

[기업회계 1급, 32회]

- 부품의 판매가격: ₩200
- 완제품의 판매가격: ₩300
- 부품의 변동비: ₩120
- 부품을 완제품으로 가공하는 데 소요되는 원가: ₩150

03. 다음 중 사내대체가격을 결정하는 원칙으로 옳지 않은 것은? [기업회계 1급, 31회]

① 사업부 간 관련이 적은 경우는 보통 시장가격이 최대대체가격이 된다.
② 공급부서의 최소대체가격은 항상 변동원가이다.
③ 유휴설비가 존재하는 경우 대체거래 시 변동원가만을 고려하여 결정한다.
④ 사업부 간 경쟁이 심할 때는 시장가격이 대체가격이 된다.

04. 다음 자료에서 B사업부의 최대대체가격을 구하면 얼마인가? [기업회계 1급, 30회]

㈜화성은 A사업부와 B사업부로 구성되어 있다. A사업부는 부품을 생산하고 B사업부는 A사업부에서 생산한 부품을 가공하여 완제품을 생산한다. A사업부에서 생산할 수 있는 부품의 수는 연간 12,000개이고 외부시장에서 ₩100에 6,000개를 판매하고 있으며 부품 1개당 ₩50의 변동비가 발생한다. B사업부는 4,000개의 부품을 가지고 ₩110의 추가가공원가를 지출하여 완제품을 생산한 후 ₩200에 외부로 판매한다. B사업부는 외부공급자로부터 부품을 ₩70에 구입할 수 있다.

05. 목표원가계산(target costing)에 대한 설명으로 옳지 않은 것은? [기업회계 1급, 29회]

① 목표원가는 기업이 내부적으로 기술진이나 생산담당자들의 분석평가에 의하여 설정하는 부가가치표준과는 상이할 수 있다.
② 목표원가는 목표가격에서 목표이익을 차감하여 결정한다.
③ 목표원가계산은 표준원가계산과 마찬가지로 제조단계에서의 원가절감을 강조한다.
④ 목표원가는 외부시장환경과 경쟁업체의 대응 정도 등을 고려하여 기업이 목표로 설정한 시장점유율의 유지 또는 목표로 하는 이익을 달성하기 위하여 전략적인 차원에서 책정하는 원가이다.

06. 부품생산능력이 연간 50,000단위인 ㈜수성의 수익과 원가자료는 다음과 같다. 이 회사는 부품을 이용하여 완제품을 생산하는 공장을 보유하고 있다. 이 공장은 현재 연간 5,000단위의 부품을 단위당 ₩380에 외부에서 조달하고 있다. 회사가 생산하는 부품 전량을 외부시장에 판매할 수 있고 사내 대체 시 단위당 변동판매관리비 ₩30을 절감할 수 있다면, 회사 전체의 이익 극대화 입장에서 부품의 단위당 최소대체가격은 얼마인가? [기업회계 1급, 28회]

- 부품단위당 외부판매가격: ₩400
- 부품단위당 변동비: ₩220
- 부품단위당 고정비(연간 50,000단위 기준): ₩100

Chapter 8

예산계획

학습목표

이 장의 학습목표는 다음과 같다.

1. 예산편성의 효익을 설명한다.
2. 효과적인 예산편성을 위한 필수사항을 설명한다.
3. 종합예산을 구성하는 각 예산들을 확인한다.
4. 예산손익계산서의 작성에 필요한 자료들을 설명한다.
5. 현금예산의 주요 부분을 설명한다.
6. 비제조기업에서 예산편성의 적용가능성을 확인한다.

요약

경영관리과정에서의 예산편성은 기업의 재무적 안정을 위해서 중요하다. 여러분들이 공부시간과 용돈의 사용을 계획하는 것처럼, 가정은 수입과 지출을 예상하여 계획을 수립한다. 정부기관 역시 수익과 지출을 예상하며, 기업은 운영을 계획하고 통제하기 위해 예산을 이용한다.

제8장은 예산편성에 초점을 맞추고 있다. 경영자가 계획의 도구로 예산을 이용하는 구체적인 방법들을 설명한다. 예산편성을 통해 경영자는 채권자에게 지급가능한 수준의 현금을 보유하고, 생산에 사용할 충분한 원재료를 확보하며, 예상판매량에 따른 적정수준의 완성품을 보유할 수 있어야 한다.

제8장의 구성과 내용은 다음과 같다.

예산계획

예산편성의 기초	운영예산의 편성	재무예산의 편성	비제조기업의 예산편성
• 예산편성과 회계 • 예산편성의 효익 • 효과적 예산편성의 필수사항 • 예산기간 • 예산편성과정 • 예산편성과 인적 측면 • 예산편성과 장기계획수립 • 종합예산	• 판매예산 • 생산예산 • 판매비와관리비예산 • 예산손익계산서	• 현금예산 • 예산재무상태표	• 상품매매기업 • 서비스기업 • 비영리기업

1 예산편성의 기초

경영자의 중요한 책임 중 하나는 계획이다. 계획(planning)은 기업 전체의 목표를 설정하는 과정이며, 성공적인 조직들은 장기 및 단기의 계획을 적절히 수립한다. 또한 계획은 기업의 목표설정뿐만 아니라 목표를 달성하기 위한 방법들을 제시해 준다.

예산(budget)은 경영자의 계획을 재무적인 용어와 보고서 형태로 나타낸 것으로, 조직 전반에 걸쳐 목표와 일관된 의사소통방법을 제시하고, 성과평가의 중요한 기준이 된다. 또한, 낭비와 비효율의 제거를 통해 조직의 효율성을 촉진한다. 통제장치(control device)로서 예산의 역할은 제9장에서 살펴보기로 한다.

예산편성과 회계

회계정보는 예산편성과정에 있어 기여하는 바가 상당히 크다. 회계기록을 통해 기업은 수익, 원가 및 비용에 관한 역사적 자료들을 얻을 수 있으며, 미래 예산목표의 체계적인 수립을 가능하게 한다. 회계담당자는 경영자의 예산편성 목적을 재무적인 용어로 표현하는 역할을 수행하며, 경영자의 계획을 전달하고, 예산과 관련하여 전체 조직구성원과의 원활한 의사소통을 가능하게 해 준다. 또한 성과를 측정하고, 계획된 목표와 실제결과를 비교하는 기준을 제공하는 기간예산보고서를 작성한다. 그러나 예산과 예산의 관리는 본질적으로 회계담당자가 아닌 경영자의 책임이다.

예산편성의 효익

예산편성의 주요 효익은 다음과 같다.

1. 모든 계층의 경영자(관리자)가 미리 계획을 수립하고, 목표를 공식화한다.
2. 각 책임계층에 대한 성과를 평가하기 위한 분명한 목표를 제시한다.
3. 잠재적인 문제점들에 대한 조기경보시스템(early warning system)의 역할을 통해 경영자가 통제할 수 없는 문제가 발생하기 이전에 대처할 수 있도록 한다.
4. 조직 전체의 목표와 각 부문의 목적을 상호연관시킴으로써 기업 내의 활동을 조정하는 데 유용하다. 따라서 기업은 생산과 판매촉진을 예상매출액에 따라 조정하고 통

합할 수 있게 된다.

5. 경영자로 하여금 기업 전체의 운영 및 경제동향과 같은 기업외부의 요인들이 기업운영에 미치는 영향에 관해 더 많이 인식하도록 한다.
6. 조직 전체가 계획된 목표에 부응하도록 조직구성원들에게 동기를 부여한다.

예산은 경영자를 돕기 위한 것으로, 경영자의 관리를 대신할 수는 없으며, 예산 그 자체만으로 운영되거나 집행될 수 없다. 경영자가 신중하고 세심하게 예산을 관리할 때만 예산편성의 효익은 나타날 수 있다.

효과적인 예산편성의 필수사항

효과적인 예산의 편성은 건전한 조직구조에 따라 결정된다. 건전한 조직에서는 모든 운영측면에서의 권한과 책임이 명확하게 정의되어 있다. 연구와 분석에 기초한 예산은 기업의 성장과 수익에 기여할 수 있도록 실현가능한 목표로 설정되어야 한다. 그리고 예산프로그램의 효과는 모든 경영계층의 참여와 직접적인 관련이 있다.

채택된 예산은 성과평가를 위한 중요한 도구가 된다. 경영자는 실제결과와 예상결과의 차이가 발생하는 원인을 체계적으로, 그리고 주기적으로 검토해야만 한다. 그러나 개인이 통제할 수 없는 차이에 대해 책임을 물어서는 안 된다.

예산기간

예산기간은 반드시 1년일 필요는 없으며, 장기나 단기로 다양하게 편성될 수 있다. 예산기간은 다양한 요인들에 의해 달라질 수 있는데, 예산의 유형이나 조직의 본질, 기간별 평가의 필요성 및 일반적인 기업상황 등이 예산기간에 영향을 미친다. 예를 들면, 현금예산은 월별로 편성되는 반면, 공장확장예산은 10년마다 편성될 수 있다.

예산기간은 정상적인 기업상황에서 목표를 달성하기에 충분한 기간에 걸쳐 편성되어야 하며, 계절이나 주기적인 변동을 최소화할 수 있도록 예산기간이 조정되어야 한다. 반면, 실질적인 평가가 불가능할 정도로 지나치게 짧은 예산기간이 되지 않도록 주의한다.

가장 일반적인 예산기간은 1년으로, 종종 연간예산에는 월별 예산이나 분기별 예산이 추가되기도 한다. 상당수의 기업들은 12개월 연속예산(continuous budget)을 사용하는데, 1개월이 경과하면 예산에서 제외시키고, 다가오는 1개월을 추가하는 예산을 말한다. 연속적인 예산편성의 장점은 항상 1년의 예산이 미리 설정됨으로써 미래 경영계획이 수립되어 있다는 것이다.

예산편성과정

일반적으로 미래기간에 대한 예산의 개발은 현행 기간말로부터 수개월 전에 시작되며, 예산편성과정은 기업 각 조직단위로부터의 자료수집에서 출발한다. 과거의 성과는 흔히 미래의 예산목표를 체계화시키는 시작점이 된다.

예산은 **판매예측(sales forecast)**의 범위 내에서 개발된다. 이러한 예측은 산업 내에서의 잠재적인 매출액과 기업이 기대하는 매출액 점유율을 나타낸다. 매출액은 다양한 요인들을 고려함으로써 예측될 수 있는데, ① 일반적인 경제상황, ② 산업동향, ③ 시장연구, ④ 예상되는 광고와 판매촉진활동, ⑤ 과거의 시장점유율, ⑥ 가격변동, ⑦ 기술개발 등이 여기에 해당한다.

소규모 기업의 예산편성과정은 비공식적인 경우가 대부분이지만, 대기업의 경우에는 **예산편성위원회(budget committee)**가 예산을 조정하는 책임을 지고 있다. 예산편성위원회는 일반적으로 사장, 재무부장, 회계책임자(컨트롤러), 기업 각 주요 부문(판매, 생산 및 연구부문)의 경영관리책임자들로 구성되며, 경영자들이 그들의 예산목표와 요구사항을 정당화시킬 수 있는 심의위원회의 역할을 수행한다. 필요에 따라 예산목표의 차이는 검토를 통해 수정되고, 조정과정을 거친 후 예산은 최종적으로 예산편성위원회가 승인하며, 각 부문에 전달된다.

예산편성과 인적 측면

예산은 조직구성원의 행동에 중요한 영향을 미칠 수 있는데, 경영자가 더 높은 수준의 성과를 달성하도록 동기부여할 수도 있지만, 경영자의 새로운 노력을 막거나 도덕의식을 무너뜨릴 수도 있다. 이는 예산이 개발되고 관리되는 방법에서 그 이유를 찾을 수 있다.

예산이 개발되는 과정에서 각 경영관리계층은 예산에 참여하여야 하며, 이는 bottom-to-top

접근법으로 참여예산(participative budgeting)이라 부른다. 참여예산의 장점은, 첫째 하위계층의 관리자는 개별 부문에 대해 보다 상세한 정보를 가지고 있으므로, 더욱 정확한 예산추정치를 제공할 수 있다는 점이다. 둘째, 하위계층의 관리자가 예산편성에 참여할 경우, 예산편성의 결과를 보다 더 공정하다고 인식하게 된다. 하위계층의 관리자가 공정하고 달성가능하다고 인식하는 예산에 부합하는 목표가 주어질 때, 예산은 조직구성원들에게 긍정적인 동기부여를 할 수 있다. 반면, 하위계층의 관리자에게 예산이 공정하지 못하고 비현실적인 것으로 인식된다면, 그들은 예산목표에 대해 의욕을 상실하고, 목표를 지지하지 않게 된다. 비현실적인 예산의 위험은 반대로 최고경영자로부터 하위계층의 관리자로 개발되는 예산편성접근법에서 훨씬 크게 나타날 수 있다.

그러나 참여예산은 잠재적인 단점을 지니고 있다. 첫째, 하위계층에게 단순히 예산을 지시하고 전달하는 top-down 접근법에 비해 더 많은 시간이나 원가가 발생한다. 둘째, 참여예산은 예산슬랙을 통한 예산게임을 조장할 수도 있다. 예산슬랙(budgetary slack)이란 예산목표를 보다 쉽게 달성하기 위하여 참여자가 의도적으로 판매예산을 과소평가하거나 지출예산을 과대평가할 때 나타난다. 예산슬랙을 최소화하기 위해서는 상위계층의 경영자가 종업원들이 제시한 예산계획을 신중하게 검토하고, 철저하게 질의해야 할 필요가 있다. [도표 8-1]은 bottom-to-top 접근방법을 통한 조직 내 예산편성 자료의 이상적인 흐름을 나타내고 있다.

도표 8-1 | 하위계층에서 상위계층으로의 예산자료흐름

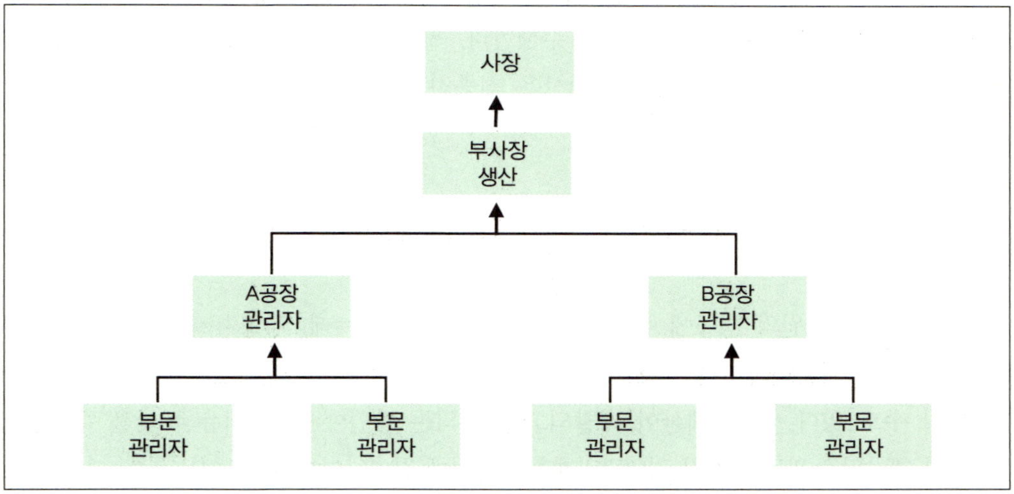

효과적인 예산이 되기 위해서는 최고경영자가 전적으로 예산을 지원해야 한다. 예산은 성과를 평가하는 중요한 기준이 되며, 제안된 목표를 달성하기 위한 긍정적인 수단으로 사용될 수 있다. 최고경영자가 비난이 아닌 조언과 지원으로 조직구성원을 대할 때 평가의 효과는 긍정적으로 나타나지만, 최고경영자가 오로지 비난을 위해서만 예산을 이용한다면 경영자는 부정적으로 반응하게 될 것이다. 예산은 성과개선을 강요하기 위한 압력수단이 되어서는 안 된다. 요컨대, 예산은 경영자의 친구가 될 수도 적이 될 수도 있다.

예산편성과 장기계획수립

예산편성과 장기계획은 분명 다르다. 중요한 차이 중 하나는 관련된 기간(time period)에 있다. 예산의 최대기간은 대개 1년이며, 예산은 월별 또는 분기별로 더 짧은 기간 작성되기도 한다. 반면, 장기계획은 최소한 5년 이상에 걸쳐 수립된다.

두 번째 중요한 차이는 강조하는 주안점이 다르다는 사실이다. 예산편성은 단기간의 구체적인 목표(연간 수익목표와 같은) 달성에 초점을 맞추지만, 장기계획(long-range planning)은 장기적인 목표를 인식하고, 목표를 달성하기 위한 전략을 선택하며, 전략을 실행하기 위한 정책과 방법을 개발한다. 장기계획을 수립하는 과정에서, 경영자는 경제적·정치적 환경의 흐름을 예상하고, 기업이 대응하는 방법을 모색한다.

마지막으로 예산편성과 장기계획은 구체적으로 제시되는 금액에서 차이를 보인다. 본 장에서 제시된 바와 같이, 예산은 금액이 매우 구체적이지만, 장기계획은 예산과 비교할 때 상세한 측면이 현저하게 떨어진다. 장기계획에서의 자료는 구체적인 성과달성을 위한 통제기준이라기보다는 장기목표를 향한 진행과정의 검토를 목적으로 하고 있다. 장기계획의 주요 목적은 장기간에 걸쳐 기업의 성과를 극대화하기 위한 최선의 전략을 개발하는 것이다.

종합예산

예산(budget)이라는 용어는 다양한 예산보고서를 기술하기 위하여 줄인 말이다. 모든 예산보고서들은 종합예산으로 통합된다. **종합예산(master budget)**은 특정 기간에 대한 행동계획을 구성하는 관련 예산들의 집합이다.

종합예산은 운영예산과 재무예산으로 구성된다. 운영예산(operating budget)은 예산 손익계산서 작성을 위한 개별예산들로, 기업의 판매담당자와 생산담당자의 목표를 설정한다. 재무예산(financial budget)은 자본지출예산, 현금예산, 그리고 예산재무상태표로 이루어지며, 예상된 영업활동을 수행하고 계획된 자본지출에 필요한 자금을 조달하기 위한 현금자원에 초점을 둔다.

[도표 8-2]는 종합예산을 구성하는 개별예산들의 편성과정을 보여준다. 기업은 먼저 판매예산을 시작으로 운영예산을 개발하며, 이후 재무예산을 편성하게 된다.

도표 8-2 | 종합예산의 구성

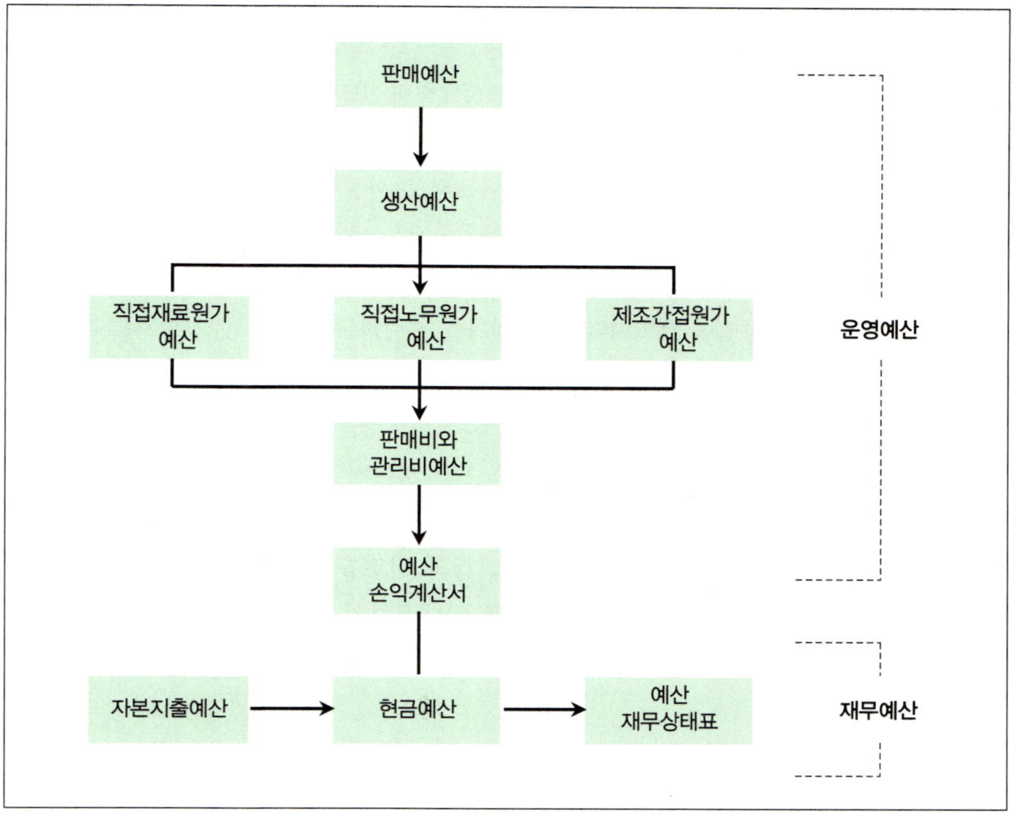

2 운영예산의 편성

운영예산의 편성을 위하여 단일종류의 주방용품을 생산하는 ㈜성림주방의 사례를 이용한다. 예산은 2016년 12월 31일을 결산일로 하며, 분기별로 작성된다. ㈜성림주방은 2015년 9월 1일 연간 예산편성을 시작하여 2015년 12월 1일에 2016년 예산을 완성한다.

판매예산

[도표 8-2]의 종합예산에서 나타낸 바와 같이, 판매예산은 예산편성과정 중 가장 먼저 작성된다. **판매예산(sales budget)**은 판매예측에 기초하며, 예산기간의 매출액 중 경영자가 예상하는 최선의 추정치를 나타낸다. 부정확한 판매예산은 순이익에 부정적인 영향을 미칠 수 있다. 예를 들면, 지나치게 기대치가 높은 낙관적인 판매예산은 낮은 가격으로 판매될 수밖에 없을 정도로 과도한 재고를 야기한다. 반면, 지나치게 보수적인 예산은 재고부족으로 인한 매출수익의 손실을 가져올 수 있다.

한때 Amazon은 e-book 독자들을 위한 Kindle의 수요를 지나치게 과소평가하였으며, 그 결과 충분한 단위의 Kindle을 생산하지 않았고, holiday shopping season이 시작되기도 전에 완전히 동이 나버렸다. 이로 인해 Amazon은 대규모의 수익창출 기회를 상실하였을 뿐만 아니라 이러한 기회는 고객들에게 Kindle의 대용품을 제공하고자 하는 잠재적 경쟁업체에게 그대로 노출되었다.

판매를 예측하는 것은 일종의 도전이라 할 수 있다. 홈팀의 성공 여부에 따라 수익이 결정되는 주요 스포츠 경기장이 직면하고 있는 예측상황을 고려해 보자. 미국의 프로농구팀 Knicks가 플레이오프에 진출했을 때, 실내경기장인 Madison Square Garden의 4월부터 6월까지의 수익은 $193,000,000였다. 그러나, 플레이오프 진출에 실패한 지난 2년간의 수익은 $133,200,000에 불과했다. 새로운 영화를 통해 창출되는 복잡한 수익원을 예측해야 하는 Hollywood 영화제작사의 상황을 보자. 영화관의 티켓판매는 전체 수익의 20%에 불과하다. 대부분의 수익은 영화의 해외판매, DVD, 주문형 비디오(VOD), 캐릭터상품의 판매, 그리고 비디오게임 등을 통해 창출되며, 이들 모두는 예측이 쉽지 않은 부분이다.

판매예산은 각 제품의 예상판매량과 단위당 예상판매가격을 곱하여 작성한다. ㈜성림주방은 1분기 판매량을 3,000단위로 예상하고, 매 분기별로 판매량이 500단위씩 증가할 것으로 기대하고 있다. [도표 8-3]은 예산연도의 분기별 판매예산을 나타내며, 단위당 판매가격은 ₩6,000이다.

일부 기업들은 예상매출액을 현금매출이나 신용매출, 그리고 지리적 여건이나 지역 또는 판매담당자에 따라 구분하기도 한다.

도표 8-3 | 판매예산

㈜성림주방
판매예산
2016년 12월 31일로 종료하는 회계연도

	분기				
	1	2	3	4	연간합계
예상판매량	3,000	3,500	4,000	4,500	15,000
단위당 판매가격	×₩6,000	×₩6,000	×₩6,000	×₩6,000	×₩6,000
총매출액	₩18,000,000	₩21,000,000	₩24,000,000	₩27,000,000	₩90,000,000

생산예산

생산예산(production budget)은 예상매출액을 달성하기 위한 생산량을 나타내며, 예산생산량은 다음과 같은 식에 의해 계산된다.

예상생산량 = 예상판매량 + 예상기말제품재고량 − 기초제품재고량

현실성있는 기말재고의 추정은 예상생산량을 계획하는 데 필수적이다. 특정 분기의 과다한 재고는 다음 분기의 생산량을 감소시키며, 종업원의 정리해고를 야기할 수 있다. 반면, 불충분한 재고는 초과근무로 인한 원가를 증가시키거나 매출액의 손실을 가져올 수 있다. ㈜성림주방은 예상매출액의 달성을 위해 다음 분기 예상판매량의 20%를 기말재고로 유지하고자 한다. 2분기의 예상판매량이 3,500단위이므로, 1분기의 예상기말제품재고량은 700단위(3,500단위×20%)가 된다. [도표 8-4]는 ㈜성림주방의 생산예산을 나타낸다.

생산예산은 각 제조원가별 예산을 편성하기 위한 기준을 제공한다.

도표 8-4 ▌ 생산예산

㈜성림주방
생산예산
2016년 12월 31일로 종료하는 회계연도

	분기				
	1	2	3	4	연간합계
예상판매량([도표 8-3])	3,000	3,500	4,000	4,500	
가산: 예산기말제품재고량[a]	700	800	900	1,000[b]	
총필요량	3,700	4,300	4,900	5,500	
차감: 기초제품재고량	600[c]	700	800	900	
예상생산량	**3,100**	**3,600**	**4,100**	**4,600**	**15,400**

a: 다음 분기 매출액의 20%
b: 2017년 1분기 매출액 5,000단위×20%
c: 2016년 1분기 예상매출액의 20%

직접재료원가예산

직접재료원가예산(direct materials budget)은 구입해야 할 직접재료의 수량과 원가로 작성되며, 직접재료구입량은 다음과 같은 식에 의해 계산된다.

직접재료구입량 = 직접재료사용량 + 예상기말직접재료재고량 − 기초직접재료재고량

기업은 직접재료구입량과 직접재료단위당 예상원가를 곱하여 구입해야 할 직접재료의 예산원가를 계산한다.

예상기말재고는 예산편성과정의 중요한 요소로, 부족한 재고는 생산의 일시적인 중단을 초래할 것이다. ㈜성림주방의 원재료 공급업자는 근거리에 위치하고 있으며, 원재료 기말재고는 다음 분기 생산사용량의 10%를 유지하고자 한다. 제품생산에 필요한 원재료는 단위당 2kg, kg당 직접재료원가는 ₩400이다. [도표 8-5]는 직접재료원가예산으로, 2016년 4분기 직접재료의 기말재고는 1,020kg으로 예상하고 있다.

도표 8-5 ▌ 직접재료원가예산

㈜성림주방
직접재료원가예산
2016년 12월 31일로 종료하는 회계연도

	분기				
	1	2	3	4	연간합계
예상생산량([도표 8-4])	3,100	3,600	4,100	4,600	
단위당 직접재료	×2	×2	×2	×2	
총직접재료사용량	6,200	7,200	8,200	9,200	
가산: 예상기말재고량(kg)[a]	720	820	920	1,020	
총필요량	6,920	8,020	9,120	10,220	
차감: 기초직접재료재고량(kg)	620[b]	720	820	920	
직접재료구입량(kg)	6,300	7,300	8,300	9,300	
kg당 원가	×₩400	×₩400	×₩400	×₩400	
총직접재료구입원가	**₩2,520,000**	**₩2,920,000**	**₩3,320,000**	**₩3,720,000**	**₩12,480,000**

a: 다음 분기 생산필요량의 10%
b: 1분기 생산사용량의 10%

직접노무원가예산

직접재료원가예산과 마찬가지로, 직접노무원가예산(direct labor budget)은 예상생산량에 필요한 직접노동시간과 직접노동시간당 원가로 작성되며, 직접노무원가예산은 다음과 같은 식에 의해 계산된다.

직접노무원가예산 = 예상생산량×단위당직접노동시간×시간당 직접노무원가

직접노동시간은 생산예산에 따라 결정되는데, ㈜성림주방은 완성품 한 단위를 생산하기 위해서 2시간의 직접노동시간이 소요되며, 직접노동시간당 예상임률은 ₩1,000이다.

도표 8-6 ▌ 직접노무원가예산

㈜성림주방
직접노무원가예산
2016년 12월 31일로 종료하는 회계연도

	분기				
	1	2	3	4	연간합계
예상생산량([도표 8-4])	3,100	3,600	4,100	4,600	
단위당 직접노동시간	×2	×2	×2	×2	
총직접노동시간	6,200	7,200	8,200	9,200	30,800
시간당 직접노무원가	×₩1,000	×₩1,000	×₩1.000	×₩1,000	
총직접노무원가	**₩6,200,000**	**₩7,200,000**	**₩8,200,000**	**₩9,200,000**	**₩30,800,000**

직접노무원가예산은 예상생산량에 필요한 노동력의 유지가 무엇보다 중요하다.

제조간접원가예산

제조간접원가예산(manufacturing overhead budget)은 예산기간 동안 발생이 예상되는 제조간접원가를 나타낸다. [도표 8-7]은 제조간접원가예산을 변동제조간접원가와 고정제조간접원가로 구분하여 보여주고 있다. ㈜성림주방의 변동제조간접원가는 생산량에 따라 달라지며, 직접노동시간을 기준으로 간접재료원가는 시간당 ₩100, 간접노무원가 ₩140, 동력비 ₩40, 수선유지비는 ₩20이 배부된다. 따라서 3,100단위를 생산하기 위해서는 6,200시간의 직접노동시간이 소요되므로, 간접재료원가의 예산은 ₩620,000(6,200시간×₩100), 간접노무원가의 예산은 ₩868,000(6,200시간×₩140)이 된다. ㈜성림주방은 수선유지비의 일부가 고정원가임을 인식하고 있으며, 고정원가로 보고된 금액은 사례를 위해 가정된 금액이다. 활동기준원가계산을 이용할 경우, 예산제조간접원가 추정액이 훨씬 더 정확해질 수 있을 것이다.

㈜성림주방은 직접노동시간을 기준으로 제조간접원가를 배부하므로, [도표 8-7]에 나타난 바와 같이 제조간접원가의 연간예정배부율은 시간당 ₩800(₩24,640,000÷30,800시간)이 된다.

도표 8-7 | 제조간접원가예산

㈜성림주방
제조간접원가예산
2016년 12월 31일로 종료하는 회계연도

	분기				
	1	2	3	4	연간합계
변동원가					
간접재료원가(₩100/시간)	₩620,000	₩720,000	₩820,000	₩920,000	₩3,080,000
간접노무원가(₩140/시간)	868,000	1,008,000	1,148,000	1,288,000	4,312,000
동력비(₩40/시간)	248,000	288,000	328,000	368,000	1,232,000
수선유지비(₩20/시간)	124,000	144,000	164,000	184,000	616,000
총변동원가	1,860,000	2,160,000	2,460,000	2,760,000	9,240,000
고정원가					
감독자급여	2,000,000	2,000,000	2,000,000	2,000,000	8,000,000
감가상각비	380,000	380,000	380,000	380,000	1,520,000
재산세 및 보험료	900,000	900,000	900,000	900,000	3,600,000
수선유지비	570,000	570,000	570,000	570,000	2,280,000
총고정원가	3,850,000	3,850,000	3,850,000	3,850,000	15,400,000
총제조간접원가	**₩5,710,000**	**₩6,010,000**	**₩6,310,000**	**₩6,610,000**	**₩24,640,000**
직접노동시간([도표 8-6])	6,200	7,200	8,200	9,200	30,800
직접노동시간당 제조간접원가배부율(₩24,640,000÷30,800시간)					₩800

판매비와관리비예산

㈜성림주방은 영업비용을 판매비와관리비라는 하나의 예산으로 통합하고, 예산기간 동안의 판매비와관리비를 예상하였다. [도표 8-8]에서 비용은 변동원가 또는 고정원가로 분류되며, 판매단위당 변동원가는 판매수수료 ₩300, 판매운임 ₩100이다. 분기별 변동원가는 판매예산([도표 8-3])에서 제시된 판매수량을 기준으로 한다. ㈜성림주방의 1분기 예상 판매량은 3,000단위이므로, 판매수수료는 ₩900,000(3,000단위×₩300), 판매운임은 ₩300,000(3,000단위×₩100)이 되며, 고정원가는 가정된 금액을 사용한다. [도표 8-8]은 ㈜성림주방의 판매비와관리비예산을 보여준다.

도표 8-8 ▌판매비와관리비예산

㈜성림주방
판매비와관리비예산
2016년 12월 31일로 종료하는 회계연도

	분기				
	1	2	3	4	연간합계
예상판매량([도표 8-3])	3,000	3,500	4,000	4,500	15,000
변동원가					
판매수수료(단위당 ₩300)	₩900,000	₩1,050,000	₩1,200,000	₩1,350,000	₩4,500,000
판매운임(단위당 ₩100)	300,000	350,000	400,000	450,000	1,500,000
총변동원가	1,200,000	1,400,000	1,600,000	1,800,000	6,000,000
고정원가					
광고선전비	500,000	500,000	500,000	500,000	2,000,000
판매원급여	1,500,000	1,500,000	1,500,000	1,500,000	6,000,000
사무원급여	750,000	750,000	750,000	750,000	3,000,000
감가상각비	100,000	100,000	100,000	100,000	400,000
재산세 및 보험료	150,000	150,000	150,000	150,000	600,000
총고정원가	3,000,000	3,000,000	3,000,000	3,000,000	12,000,000
총판매비와관리비	**₩4,200,000**	**₩4,400,000**	**₩4,600,000**	**₩4,800,000**	**₩18,000,000**

예산손익계산서

운영예산에서 가장 중요한 최종결과물은 예산손익계산서이다. 운영예산은 예산기간의 영업활동에 대한 기대수익을 보여주며, 예산손익계산서는 기업의 성과를 평가하는 기준을 제공한다.

예산손익계산서는 여러 개의 운영예산을 통해 작성되며, 매출원가를 계산하기 위해서는 가장 먼저 한 단위의 제품을 생산하는 데 소요되는 제조원가를 결정해야 한다.

도표 8-9 ㈜성림주방 제품단위당 제조원가의 계산

원가요소	도 표	제품단위당 원가 수 량	단위당 원가	총원가
직접재료원가	[8-5]	2kg	₩400	₩800
직접노무원가	[8-6]	2시간	1,000	2,000
제조간접원가	[8-7]	2시간	800	1,600
총제조원가				₩4,400

그리고 연간 총판매량과 단위당 매출원가를 곱하여 매출원가 총액을 산출하는데, ㈜성림주방의 매출원가는 ₩66,000,000(15,000단위×₩4,400)이 된다. 예산손익계산서 작성에 필요한 자료는 [도표 8-10]의 이자비용과 법인세를 제외하고는 모두 개별 운영예산을 통해 얻을 수 있으며, (1) 이자비용은 ₩10,000, (2) 법인세비용은 ₩1,200,000으로 예상한다. [도표 8-10]은 ㈜성림주방의 예산손익계산서를 나타낸다.

도표 8-10 예산손익계산서

예산손익계산서

㈜성림주방 2016. 1. 1 ~ 2016. 12. 31

매출액([도표 8-3])	₩90,000,000
매출원가(15,000×₩4,400)	66,000,000
매출총이익	24,000,000
판매비와관리비([도표 8-8])	18,000,000
영업이익	6,000,000
이자비용	10,000
법인세차감전순이익	5,990,000
법인세비용	1,200,000
순이익	₩4,790,000

3 재무예산의 편성

[도표 8-2]에서 제시된 바와 같이, 재무예산은 자본지출예산, 현금예산, 그리고 예산재무상태표로 이루어진다.

현금예산

현금예산(cash budget)은 예상되는 현금흐름을 보여준다. 현금은 기업에 있어 무엇보다 중요한 자원이므로, 재무예산에서 가장 중요하게 고려된다.

현금예산은 현금의 유입, 현금의 유출, 그리고 현금의 조달이라는 세 부분으로 나뉘며, 현금의 기초잔액과 기말잔액을 포함한다([도표 8-11]).

도표 8-11 ▌현금예산의 기본형식

현 금 예 산	
기초현금잔액	₩×××
가산: 현금유입(항목별)	×××
총현금유입	×××
차감: 현금유출(항목별)	×××
잉여(부족)현금	×××
현금조달 및 현금상환	×××
기말현금잔액	×××

현금유입은 기업의 주된 수익원을 통해 유입이 예상되는 현금을 기록하며, 현금매출이나 신용매출에 대한 현금회수액이 대부분이다. 그리고 이자수익, 배당금, 투자자산이나 설비자산, 보유주식의 처분을 통한 수익예상금액도 현금유입으로 고려한다.

현금유출은 직접재료원가, 직접노무원가, 제조간접원가 및 판매비와관리비의 지급으로 인해 예상되는 현금의 유출을 기록하며, 법인세비용, 배당금의 지급, 투자나 설비자산의 취득으로 인한 현금유출도 포함된다.

현금조달과 현금상환은 예산기간 동안 차입하거나 상환이 예상되는 현금과 이자비용을 나타내며, 기업의 현금이 부족하거나 현금잔액이 최소요구수준 이하가 될 때 필요한 부분이다.

현금예산의 자료는 순차적으로 작성되는데, 특정 기간의 기말현금잔액은 다음 기간의 기초현금잔액이 된다. 현금예산을 편성하기 위한 자료들은 다른 예산자료뿐만 아니라 경영자가 제공하는 정보들로부터 얻을 수 있다. 실무에서 연간 현금예산은 주로 월별로 작성된다.

사례를 단순화하기 위하여, ㈜성림주방은 분기별로 현금예산을 작성하며, 다음 사항을 고려하는 것으로 가정하자.

1. 2016년 1월 1일, 현금잔액은 ₩3,800,000이며, 매 분기별로 적어도 ₩1,500,000은 잔액으로 유지하고자 한다.
2. 분기별 매출액([도표 8-3]) 중 60%는 판매된 분기에 현금으로 회수되며, 40%는 다음 분기에 회수된다. 2015년 12월 31일의 매출채권 잔액은 ₩6,000,000으로, 2016년 1분기에 전액 회수될 것으로 예상한다.
3. 단기투자자산은 1분기에 현금 ₩200,000에 처분될 예정이다.
4. 직접재료원가([도표 8-5])는 구입이 이루어지는 분기에 50%를 지급하고, 나머지 50%는 다음 분기에 지급한다. 2015년 12월 31일 매입채무 잔액은 ₩1,060,000이며, 2016년 1분기에 전액 지급할 예정이다.
5. 직접노무원가([도표 8-6])는 발생되는 분기에 100% 지급한다.
6. 제조간접원가([도표 8-7])와 판매비와관리비([도표 8-8])는 감가상각비를 제외한 모든 금액을 발생한 분기에 지급할 것이다.
7. 경영자는 2분기에 트럭을 ₩1,000,000에 현금구입할 계획이다.
8. ㈜성림주방은 연간 예상법인세비용을 분기별로 동일하게 배분한다.
9. 차입금은 현금이 충분한(현금보유액이 최소요구잔액인 ₩1,500,000을 초과할 때) 분기의 초에 상환한다.

현금예산을 편성하는 경우, 고객으로부터의 회수예상액(가정 2)과 직접재료원가의 지급액(가정 4)을 계획표로 미리 작성해 보는 것이 상당히 유용하다. [도표 8-12]와 [도표 8-13]을 통해 살펴보자.

도표 8-12 ▌고객으로부터의 현금회수액

	㈜성림주방 고객으로부터의 회수예상계획			
	1분기	2분기	3분기	4분기
기초매출채권(2015. 12/31)	₩ 6,000,000			
1분기(₩18,000,000)	10,800,000	₩ 7,200,000		
2분기(₩21,000,000)		12,600,000	₩ 8,400,000	
3분기(₩24,000,000)			14,400,000	₩ 9,600,000
4분기(₩27,000,000)				16,200,000
총회수액	₩16,800,000	₩19,800,000	₩22,800,000	₩25,800,000

도표 8-13 ▌직접재료원가 지급액

	㈜성림주방 직접재료원가 지급예상계획			
	1분기	2분기	3분기	4분기
기초매입채무(2015. 12/31)	₩1,060,000			
1분기(₩2,520,000)	1,260,000	₩1,260,000		
2분기(₩2,920,000)		1,460,000	₩1,460,000	
3분기(₩3,320,000)			1,660,000	₩1,660,000
4분기(₩3,720,000)				1,860,000
총지급액	₩2,320,000	₩2,720,000	₩3,120,000	₩3,520,000

[도표 8-14]는 ㈜성림주방의 현금예산이며, 최소현금잔액인 ₩1,500,000을 유지하기 위해 2분기에는 ₩300,000의 자금조달이 필요할 것으로 예상된다. 3분기말 지급금액을 제외한 잉여현금은 ₩2,250,000이므로, 차입금에 이자비용 ₩10,000을 가산한 금액이 3분기에 상환된다.

도표 8-14 | 현금예산

㈜성림주방
현금예산
2016년 12월 31일로 종료하는 회계연도

	가정	분기 1	분기 2	분기 3	분기 4
기초현금잔액	1	₩3,800,000	₩2,550,000	₩1,500,000	₩1,940,000
가산: 현금유입					
현금회수액	2	16,800,000	19,800,000	22,800,000	25,800,000
유가증권의 처분	3	200,000	–	–	–
총회수액		17,000,000	19,800,000	22,800,000	25,800,000
총이용가능현금		20,800,000	22,350,000	24,300,000	27,740,000
차감: 현금유출					
직접재료원가	4	2,320,000	2,720,000	3,120,000	3,520,000
직접노무원가	5	6,200,000	7,200,000	8,200,000	9,200,000
제조간접원가	6	5,330,000[a]	5,630,000	5,930,000	6,230,000
판매비와관리비	6	4,100,000[b]	4,300,000	4,500,000	4,700,000
트럭의 취득	7		1,000,000	–	–
법인세비용	8	300,000	300,000	300,000	300,000
총지급액		18,250,000	21,150,000	22,050,000	23,950,000
지급액을 초과하는 잉여현금		2,550,000	1,200,000	2,250,000	3,790,000
현금조달 및 상환					
차입		–	300,000	–	–
상환(이자비용 ₩10,000 포함)	9	–	–	310,000	–
기말현금잔액		₩2,550,000	₩1,500,000	₩1,940,000	₩3,790,000

a: ₩5,710,000−감가상각비 ₩380,000
b: ₩4,200,000−감가상각비 ₩100,000

현금예산은 현금을 보다 효과적으로 관리할 수 있도록 도움을 주며, 실질적인 현금의 필요성이 제기되기 이전에 추가적인 자금조달이 가능한 시기를 경영자에게 알려 준다. 뿐만 아니라 투자나 기타의 목적에 사용가능한 여유현금 보유액에 관한 정보도 제공한다.

예산재무상태표

예산재무상태표는 예산기간말의 재무상태를 나타내며, 전기말 예산재무상태표와 당기 예산을 통해 작성된다. 2015년 12월 31일 예산재무상태표 관련자료는 다음과 같다.

유형자산	₩18,200,000	보통주자본금	₩22,500,000
감가상각누계액	2,880,000	이익잉여금	4,648,000

[도표 8-15]는 ㈜성림주방의 2016년 12월 31일 예산재무상태표이다.

도표 8-15 ▌ 예산재무상태표

예산재무상태표

㈜성림주방	2016년 12월 31일	
자산		
현금		₩ 3,790,000
매출채권		10,800,000
제품재고		4,400,000
원재료재고		408,000
유형자산	₩19,200,000	
감가상각누계액	(4,800,000)	14,400,000
자산합계		₩33,798,000
부채와 자본		
매입채무		₩ 1,860,000
보통주자본금		22,500,000
이익잉여금		9,438,000
부채와 자본합계		₩33,798,000

제시된 금액과 계산과정에 대한 설명은 다음과 같다.

- 현금: 기말현금잔액 ₩3,790,000([도표 8-14])
- 매출채권: 4분기 매출액 ₩27,000,000의 40%([도표 8-12])
- 제품재고: 예상기말재고 1,000단위([도표 8-4])×단위당 총제조원가 ₩4,400([도표 8-9])
- 원재료재고: 예상기말재고 1,020kg×단위당 원가 ₩400([도표 8-5])
- 유형자산: 2015년 12월 31일 잔액 ₩18,200,000+트럭의 취득 ₩1,000,000([도표 8-14])
- 감가상각누계액: 2015년 12월 31일 잔액 ₩2,880,000+제조간접원가(감가상각비) ₩1,520,000([도표 8-7])+판매비와관리비(감가상각비) ₩400,000([도표 8-8])
- 매입채무: 4분기 매입액 ₩3,720,000의 50%([도표 8-13])
- 보통주자본금: 기초금액과 변동없음
- 이익잉여금: 2015년 12월 31일 잔액 ₩4,648,000+순이익 ₩4,790,000([도표 8-10])

예산자료의 입력 후, ㈜성림주방은 판매예산이나 현금예산 등과 같은 다양한 예산뿐만 아니라 예산재무제표를 작성하게 된다. 경영자는 다양한 가정에 따른 민감도분석을 실시할 수 있다. 예를 들어, 매출액이 다음 분기에 10%씩 증가할 경우를 가정해 보자. 예산편성과정에서의 다른 부분에 미치는 영향은 무엇이며, 기업이 필요에 따라 조달해야 하는 자금은 어떻게 달라질 것인가? 다양한 가정들이 예산에 미치는 영향을 분석함으로써 경영자는 다양한 프로젝트와 관련한 합리적인 의사결정이 가능해질 뿐만 아니라 향후의 문제점과 사업의 기회를 예상할 수 있다.

4 비제조기업의 예산편성

예산편성은 제조기업에만 국한된 것은 아니다. 상품매매기업, 서비스기업, 그리고 비영리기업 역시 예산을 이용할 수 있다.

상품매매기업

제조기업과 마찬가지로 상품매매기업의 판매예산은 예산의 출발점이며, 종합예산 작성 시 핵심요인이 된다. 종합예산에서 상품매매기업과 제조기업의 중요한 차이는 상품매매기업은 생산예산이 아닌 구매예산을 사용하며, 생산예산은 사용하지 않는다는 사실이다.

상품구매예산(merchandise purchases budget)은 예상판매량에 필요한 상품구입원가인 예상매출원가를 나타내는데, 예상상품구입액은 다음과 같은 식으로 계산할 수 있다.

예상상품구입액 = 예상매출원가 + 예상기말상품재고액 − 기초상품재고액

㈜성림물산의 사례를 보자. 예산편성위원회는 2016년 7월의 상품구매예산을 편성하고자 한다. 7월의 예상매출액은 ₩30,000,000, 8월은 ₩32,000,000으로 추정된다. 매출원가는 매출액의 70%, 즉 7월은 ₩21,000,000(₩30,000,000×70%), 8월은 ₩22,400,000(₩32,000,000×70%)이다. ㈜성림물산이 예상하는 기말재고는 다음 달 매출원가의 30%로, 7월의 예상상품구입액은 ₩21,420,000으로 계산된다.

도 8-16 | 상품구매예산

㈜성림물산
상품구매예산
2016년 7월 31일로 종료하는 회계연도

예상매출원가(₩30,000,000×70%)	₩21,000,000
가산: 예상기말상품재고액(₩22,400,000×30%)	6,720,000
합계	27,720,000
차감: 기초상품재고액(₩21,000,000×30%)	6,300,000
7월 예상상품구입액	₩21,420,000

상품매매기업이 부문별로 세분화되어 있다면, 각 부문별로 예산을 작성한다. 예를 들면, 식료품점에서는 육류, 유제품, 그리고 농산물과 같은 각 주요 부문에 대해 판매예산과 구매예산을 편성할 수 있으며, 각 부문별 예산은 식료품점의 종합예산으로 통합된다. 직영점을 가진 소매상의 경우에는 종합예산을 직영점별로 세분화할 수 있으며, 직영점별 예산을 하나의 종합예산으로 통합할 수도 있다.

도표 8-17 | 부문별 예산

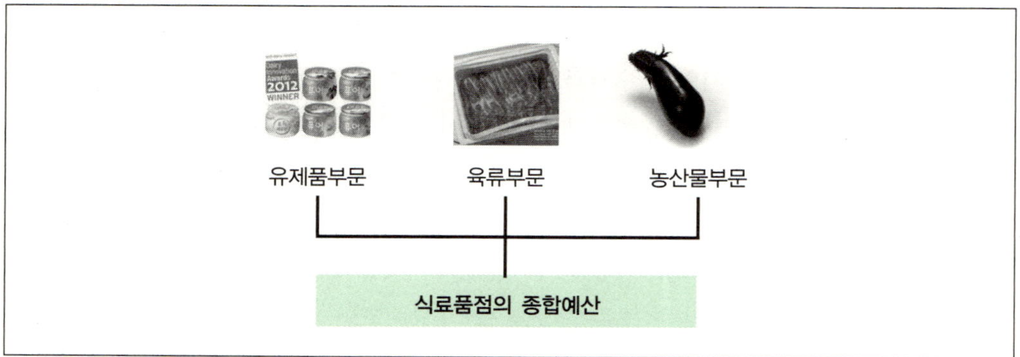

서비스기업

회계법인, 법률사무소 또는 의료서비스업과 같은 서비스기업에서는 예산편성 시 예상 서비스에 필요한 전문직 수요를 조정하는 것이 중요한 요소이다. 기업이 과잉인력을 보유하고 있다면, 노무원가가 지나치게 높게 나타나는 등의 여러 문제가 발생할 수 있다. 추가적으로 발생하는 급여로 인해 이익수준은 더 낮아지며, 업무기회의 상실로 인해 직원의 이직률이 증가하기도 한다. 반면, 서비스기업의 인력이 부족할 경우, 현재와 미래의 잠재적인 고객서비스 요구에 대응할 수 없기 때문에 수익창출의 기회를 상실할 수 있으며, 또한 과도한 업무부하로 인해 전문직 근무자들이 다른 일자리를 찾아 떠날 수도 있다.

서비스기업은 서비스수익에 관한 예산자료를 예상산출액이나 예상투입액으로부터 얻게 된다. 산출액을 기준으로 한다면, 제공된 서비스에 대해 고객에게 청구할 예상금액의 결정이 필요하다. 회계법인을 예로 들면, 감사, 세무, 컨설팅 업무에 대한 청구금액의 합이 곧 산출액이 된다. 투입액을 예산자료로 사용할 경우에는 전문직 근무자의 청구대상시간을 예상하고, 청구대상시간에 시간당 청구금액을 적용하여 예상서비스수익을 계산한다.

비영리기업

예산편성은 영리기업이든 비영리기업이든 상관없이 중요하지만, 예산편성과정은 서로 다르다. 대부분의 비영리기업은 수익과 비용기준이라기 보다는 현금흐름(수입과 지출)을 기준으로 작성되며, 예산의 출발점은 보통 수입이 아닌 지출이 된다. 비영리기업의 경영자는 예상되는 지출을 지원하기 위해 필요한 수입을 주로 검토하며, 활동지표 또한 상당히 다르게 나타난다. 대학과 같은 비영리조직은 교직원의 구성을 전업학생수나 각 학과의 예상수강 단위시간을 기준으로 구성할 수 있다.

일부 정부기관은 유권자의 투표로 예산을 승인하는 반면, 미국의 주정부나 연방정부의 경우에는 의회의 승인이 요구되기도 한다. 예산이 채택된 후에는 반드시 따라야 하며, 예산을 초과한 지출은 때로 위법사항이 된다. 정부예산에서 권한은 부문별로 주어진다. 즉, 지방자치단체의 예산은 치안 및 소방, 쓰레기 수거, 도로포장 등에 개별적인 권한을 부여한다. 정부예산의 개별권한은 관리자가 실행할 수 있는 재량적 금액을 상당히 제한할 수 있다. 시의 행정담당관이 도로포장 부문의 예산절감액을 제설작업 부문의 예산증가액을 충당하기 위해 사용할 수는 없다.

학습목표의 요약

Cost & Management Accounting

1 예산편성의 효익을 설명한다. 예산편성의 주요 효익은 다음과 같다. ① 경영자가 미리 계획을 수립하도록 한다. ② 성과평가를 위한 분명한 목표를 제시한다. ③ 잠재적인 문제점들에 대한 조기경보시스템의 역할을 수행한다. ④ 기업 내 활동의 조정을 촉진한다. ⑤ 경영자로 하여금 기업외부의 요인들에 관해 더 많이 인식하도록 한다. ⑥ 계획된 목표에 부응하도록 조직구성원들에게 동기를 부여한다.

2 효과적인 예산편성을 위한 필수사항을 설명한다. 효과적인 예산편성의 필수사항으로는 ① 건전한 조직구조, ② 연구와 분석, ③ 모든 경영계층의 지지를 들 수 있다.

3 종합예산을 구성하는 각 예산들을 확인한다. 종합예산은 ① 판매예산, ② 생산예산, ③ 직접재료원가예산, ④ 직접노무원가예산, ⑤ 제조간접원가예산, ⑥ 판매비와관리비예산, ⑦ 예산손익계산서, ⑧ 자본지출예산, ⑨ 현금예산, ⑩ 예산재무상태표로 구성된다.

4 예산손익계산서의 작성에 필요한 자료들을 설명한다. 예산손익계산서는 ① 판매예산, ② 직접재료원가, 직접노무원가 및 제조간접원가예산, 그리고 ③ 판매비와관리비예산을 이용하여 작성된다.

5 현금예산의 주요 부분을 설명한다. 현금예산은 현금유입, 현금유출 및 현금조달의 세 부분과 기초 및 기말현금잔액으로 구성된다.

6 비제조기업에서 예산편성의 적용가능성을 확인한다. 예산은 상품매매기업이 상품구매예산을 작성하기 위해 편성될 수 있다. 서비스기업의 예산편성에 있어 중요한 요소는 예상서비스에 필요한 전문직의 수요를 조정하는 것이다. 비영리조직에서 예산편성의 출발점은 보통 수입이 아닌 지출이 된다.

용어해설

- 상품구매예산(Merchandise Purchases Budget) 예상판매량에 필요한 상품구입에 따른 예상매출원가의 추정치
- 생산예산(Production Budget) 예상매출액을 달성하기 위한 생산량의 추정치
- 예산(Budget) 특정 미래기간의 경영계획을 재무적인 용어와 금액으로 나타낸 공식적인 보고서
- 예산손익계산서(Budget Income Statement) 예산기간 동안의 예상경영성과를 추정한 보고서
- 예산슬랙(Budget Slack) 예산목표를 보다 쉽게 달성하기 위하여 경영자가 의도적으로 예산수익을 과소평가하거나 예산비용을 과대평가한 금액
- 예산재무상태표(Budget Balance Sheet) 예산기간말 재무상태를 추정한 보고서
- 예산편성위원회(Budget Committee) 예산편성을 조정하기 위한 책임을 지닌 조직
- 운영예산(Operating Budget) 예산손익계산서 작성을 위한 개별예산
- 장기계획(Long-range Planning) 장기적인 목표를 달성하기 위한 전략을 선택하고, 전략을 실행하기 위한 정책과 방법을 개발하는 공식화된 과정
- 재무예산(Financial Budget) 예상된 영업활동을 수행하고 계획된 자본지출에 필요한 자금을 조달하기 위한 현금자원에 초점을 맞춘 개별예산
- 제조간접원가예산(Manufacturing Overhead Budget) 예산기간 동안 발생이 예상되는 제조간접원가의 추정치
- 종합예산(Master Budget) 특정 기간에 대한 행동계획을 구성하는 관련 예산들의 집합
- 직접노무원가예산(Direct Labor Budget) 예상생산량에 필요한 직접노동시간과 원가의 추정치
- 직접재료원가예산(Direct Materials Budget) 구입해야 할 직접재료의 수량과 원가의 추정치
- 참여예산(Participative Budgeting) 하위경영계층에서 시작하여 모든 계층의 경영자가 예산작업에 참여하는 예산접근법
- 판매비와관리비예산(Selling and Administrative Expense Budget) 예산기간 동안 예상되는 판매비와관리비의 추정치
- 판매예산(Sales Budget) 예산기간 동안의 예상매출액 추정치
- 판매예측(Sales Forecast) 산업과 기업의 예상판매율에 따른 예상매출액의 추정치
- 현금예산(Cash Budget) 예상현금흐름의 추정

연습문제

Cost & Management Accounting

종합자습문제

※ ㈜성림은 2016년 종합예산을 편성할 예정이다. 판매예산과 생산예산 관련 자료는 다음과 같다.

판매예산:

- 2016년 예상판매량 12,000단위
- 분기별 매출액과 단위당 판매가격

1분기	2분기	3분기	4분기	합 계
20%	25%	30%	25%	100%
₩5,000	₩5,000	₩5,000	₩5,500	–

- 2017년 1분기 매출은 2016년 1분기 예상판매량에 비해 10% 증가

생산예산:

- 제품의 예상기말재고는 다음 분기 예상판매량의 25%

| 요구사항 |

㈜성림의 2016년 분기별 판매예산과 생산예산을 작성하라.

| 풀 이 |

㈜성림
판매예산
2016년 12월 31일로 종료하는 회계연도

	1분기	2분기	3분기	4분기	연간합계
예상판매량	2,400	3,000	3,600	3,000	12,000
단위당 판매가격	×₩5,000	×₩5,000	×₩5,000	×₩5,500	–
매출액	₩12,000,000	₩15,000,000	₩18,000,000	₩16,500,000	₩61,500,000

㈜성림
생산예산
2016년 12월 31일로 종료하는 회계연도

	1분기	2분기	3분기	4분기	연간합계
예상판매량	2,400	3,000	3,600	3,000	12,000
가산: 예상기말제품재고	750	900	750	660[a)]	
총필요량	3,150	3,900	4,350	3,660	
차감: 예상기초제품재고	600[b)]	750	900	750	
예상생산량	2,550	3,150	3,450	2,910	12,060

a: 2017년 1분기 예상판매량 2,400 + (2,400 × 10%) = 2,640의 25%, 2,640 × 25%
b: 2016년 1분기 예상판매량의 25%, 2,400 × 25%

객관식문제

※ 다음 질문에 가장 적절한 답을 고르시오(1~15).

01. 다음 중 예산편성의 효익이 아닌 것은?
(a) 경영자가 미리 계획을 수립할 수 있다.
(b) 잠재적인 문제에 대한 조기경보시스템이 될 수 있다.
(c) 모든 책임계층에서의 징계처분을 가능하게 한다.
(d) 활동을 조정하는 데 유용하다.

02. 예산에 대한 설명으로 가장 적절한 것은?
(a) 관리회계담당자의 책임이다.
(b) 조직 전체의 목적과 부합하는 주된 의사소통방법이다.
(c) 미래기간에 대한 경영자의 계획을 나타내기 때문에 과거의 성과는 무시한다.
(d) 효율성을 촉진할 수 있지만 성과평가의 역할은 없다.

03. 효과적인 예산편성의 필수사항이 아닌 것은?
(a) top-down 예산편성
(b) 경영계층의 동의
(c) 연구와 분석
(d) 건전한 조직구조

04. 예산편성과 비교할 때 장기계획은?
(a) 금액이 구체적으로 제시된다.
(b) 기간이 더 장기이다.
(c) 강조하는 주안점이 같다.
(d) 기간이 동일하다.

05. 판매예산에 대한 설명으로 가장 적절한 것은?
(a) 생산예산으로부터 도출된다.
(b) 경영자가 예상하는 예상매출액 중 최선의 추정치이다.
(c) 종합예산의 출발점이 아니다.
(d) 신용판매에 대한 예산만 작성된다.

06. 예상생산량을 계산하기 위해 예상판매량 다음에 더해야 할 나머지 식은 어느 것인가?
(a) 예상기말상품재고량－예상기초상품재고량
(b) 예상기초제품재고량－예상기말제품재고량
(c) 예상기말직접재료재고량－예상기초직접재료재고량
(d) 예상기말제품재고량－예상기초제품재고량

07. ㈜창신은 직접재료를 kg단위로 보관하며, 생산에 필요한 직접재료는 총 9,500kg이다. 기초재고는 1,000kg, 예상기말재고는 2,200kg이라면, 직접재료의 구입량은 얼마인가?
(a) 9,400kg (b) 9,500kg
(c) 9,700kg (d) 10,700kg

08. 직접노무원가예산을 계산하는 공식에서 시간당 직접노무원가와 곱해야 하는 것은?
(a) 총예상직접노동시간 (b) 물리적 생산량
(c) 완성품환산량 (d) 정답없음

09. 다음 중 예산손익계산서 작성에 포함되지 않는 예산은?
(a) 판매예산 (b) 판매비와관리비예산
(c) 자본지출예산 (d) 직접노무원가예산

10. 예산손익계산서에 대한 설명으로 옳은 것은?
(a) 운영예산의 최종산출물이다.
(b) 재무예산의 최종산출물이다.
(c) 종합예산의 출발점이다.
(d) 현금유입과 현금유출에 달려 있다.

11. 예산재무상태표에 대한 설명으로 옳은 것은?
(a) 전기재무상태표와 당기예산을 통해 작성된다.
(b) 운영예산의 마지막에 작성된다.
(c) 현금예산의 작성에 이용된다.
(d) 위의 모두 다 옳다.

12. 현금예산의 공식은?
(a) 기초현금잔액 + 현금유입액 + 현금조달액 − 현금유출액 = 기말현금잔액
(b) 기초현금잔액 + 현금유입액 − 현금유출액 ± 현금조달 및 현금상환액 = 기말현금잔액
(c) 기초현금잔액 + 순이익 − 현금배당액 = 기말현금잔액
(d) 기초현금잔액 + 현금수익 − 현금비용 = 기말현금잔액

13. ㈜창신의 예상직접재료구입액은 1분기 ₩70,000, 2분기 ₩90,000이다. 구매액의 40%는 구입 시 현금지급되며, 잔액은 다음 분기에 지급한다. 2분기의 구입에 따른 예상현금지급액은?

(a) ₩96,000	(b) ₩78,000
(c) ₩90,000	(d) ₩72,000

14. 상품매매기업의 예산이 제조기업의 예산과 다른 이유는?
(a) 상품구매예산이 생산예산을 대신한다.
(b) 제조기업예산은 적용할 수 없다.
(c) (a), (b) 어느 것도 아니다.
(d) (a), (b) 모두 옳다.

15. 비영리조직의 예산에 대한 설명으로 적절한 것은?
(a) 영리조직과 동일한 과정으로 예산을 편성한다.
(b) 기초에 예상현금유입액을 알고 있으며, 지출에 대해서만 예산을 편성한다.
(c) 수입보다는 지출이 예산편성의 출발점이 된다.
(d) 순이익 창출을 기대하지 않으므로 예산을 무시할 수 있다.

주관식문제

01. ㈜창신은 기초재고 15,000단위를 보유하고 있으며, 예상판매량은 160,000단위이다. 경영자는 기말제품재고로 20,000단위를 예상한다면, 예상생산량은 얼마인가?

02. ㈜창신은 직접재료예산을 작성하고 있으며, 경영자는 예상구입량을 64,000단위로 결정하였다. 생산에 필요한 직접재료는 52,000단위이며, 기초직접재료재고는 7,000단위라면, 기말직접재료재고의 예상량은?

03. ㈜창신의 생산예산은 80,000단위의 생산을 예상하고 있다. 제품 한 단위를 완성하는 데 30분이 소요되며, 직접노무원가의 시간당 임률은 ₩1,600이라면, 직접노무원가예산은 얼마인가?

04. ㈜창신의 제조간접원가예산을 보면, 총변동원가는 ₩19,800,000이며, 총고정원가는 ₩16,200,000이다. 총생산량은 160,000단위로 예상한다. 제품단위당 15분이 소요되고, 직접노무원가의 시간당 임률은 ₩1,500이다. 제조간접원가배부율을 (a) 직접노무원가당 비율, (b) 직접노동시간당 금액으로 계산하시오.

05. ㈜창신의 변동판매비와관리비는 순매출액의 10%이며, 분기별 고정판매비와관리비는 ₩500,000이다. 판매예산은 예상매출액으로 1분기 ₩2,000,000, 2분기 ₩2,500,000을 제시하고 있다. 분기별 예산판매비와관리비 총액은 얼마인가?

06. ㈜창신의 제품단위당 예산원가는 직접재료원가 ₩1,000, 직접노무원가 ₩2,000, 제조간접원가는 직접노무원가의 90%이다. 예상판매량은 25,000단위이며, 단위당 ₩6,900에 판매될 것으로 예상한다. 매출총이익은 얼마인가?

07. ㈜창신의 1월 신용매출액은 ₩5,000,000이다. 과거의 경험으로 볼 때, 판매가 이루어진 달에 45%가 회수되고, 50%는 다음 달, 나머지 5%는 그 다음 달에 회수된다. 1월의 판매로 인한 1월, 2월, 3월의 현금회수액을 계산하시오.

08. ㈜창신은 분기별 예상판매량으로 1분기 10,000단위, 2분기 12,000단위, 3분기 14,000단위, 그리고 4분기 18,000단위를 예상한다. 단위당 판매가격은 ₩80으로 추정하여, 2016년 12월 31일로 종료되는 회계연도의 분기별 판매예산을 작성하시오.

09. [문제 8]에서 ㈜창신의 판매예산 자료는 주어져 있다. 경영자는 기말제품재고를 다음 분기 예상판매량의 20% 수준으로 유지하고자 한다. 2016년 상반기 6개월간의 분기별 생산예산을 작성하시오.

10. ㈜창신은 2015년 12월 31일 원재료 1,600kg을 기말재고로 보유하고 있다. 2016년 1월과 2월의 예상생산량은 각각 4,000단위와 5,500단위이다. 생산단위당 필요한 원재료는 2kg, kg당 원가는 ₩600으로 예상한다. 예상기말재고는 다음 달 재료사용량의 20%이다. 1월의 직접재료원가예산을 작성하시오.

11. ㈜창신은 1분기에 5,000단위, 2분기에 6,000단위를 생산할 예정이다. 제품완성에 1.5시간이 사용되고, 시간당 예상임률은 ₩14이다. 2016년 6월 30일까지 6개월간의 분기별 직접노무원가예산을 작성하시오.

12. ㈜창신의 2016년 1분기 변동제조간접원가는 ₩20,000, 나머지 세 분기는 매기 ₩4,000의 증가가 예상된다. 고정제조간접원가는 매 분기 ₩35,000으로 추정된다. 분기별 제조간접원가예산과 연간 예산을 작성하시오.

13. ㈜창신은 판매비와관리비예산을 변동과 고정원가 요소로 구분한다. 변동비용은 2016년 1분기 ₩25,000, 나머지 분기는 매기 ₩5,000이 증가할 것으로 예상하고 있다. 고정비용은 각 분기별로 ₩40,000이 예상될 경우, 2015년 분기별 판매비와관리비예산과 연간 예산을 작성하시오.

14. ㈜창신은 운영예산을 모두 완성하였다. 연간 판매예산은 50,000단위이며, 총매출액은 ₩2,000,000이다. 판매단위당 제조원가는 ₩22, 판매비와관리비는 ₩300,000으로 예상하고 있다. 법인세는 ₩150,000으로 추정한다. 2016년 12월 31일로 종료되는 회계연도의 예산손익계산서를 작성하라.

15. ㈜창신은 1월, 2월, 3월의 신용매출액을 ₩200,000, ₩260,000, ₩310,000으로 각각 예상하고 있다. 매출액의 70%는 판매가 이루어진 달에 회수되고, 30%는 다음 달에 회수될 것으로 예상한다. 고객으로부터의 월별 현금회수액을 계산하시오.

16. ㈜창신은 상품구매예산을 편성하고 있다. 예상매출액은 4월 ₩400,000, 5월은 ₩475,000이다. 매출원가는 매출액의 60%를 예상하고 있다. 기업의 예상기말재고는 다음 달 매출원가의 20%이다. 4월의 예상상품구입액을 계산하시오.

17. ㈜태일은 2016년 예상판매량을 1분기 18,000단위, 2분기 24,000단위, 그리고, 3분기에는 30,000단위가 될 것이라 예상하고, 단위당 판매가격은 ₩20으로 추정한다. 경영자는 다음 분기 예상판매량의 10%를 기말제품재고로 유지하고자 한다. 2016년 상반기 6개월간의 분기별 생산예산을 작성하시오.

18. ㈜태일은 2016년 종합예산을 편성하고 있다. 판매, 생산, 직접재료원가예산과 관련된 자료는 다음과 같다.

판매예산:

- 2016년 예상판매량 1,000,000단위
- 분기별 매출액과 단위당 판매가격

1분기	2분기	3분기	4분기	합 계
20%	25%	25%	30%	100%
₩40	₩40	₩40	₩45	–

- 2017년 1분기 매출은 2016년 1분기 예상판매량에 비해 10% 증가

생산예산:

- 제품의 예상기말재고는 다음 분기 예상판매량의 20% 유지

직접재료원가예산:

- 제품단위당 2kg의 원재료 사용, kg당 원가는 ₩10
- 직접재료의 예상기말재고는 다음 분기 생산사용량의 20% 유지
- 2017년 1분기 생산사용량은 500,000kg으로 예상

| 요구사항 |

판매예산, 생산예산, 직접재료원가예산을 작성하시오.

19. ㈜태일은 2016년 예산손익계산서를 작성할 예정이다. 판매예산, 생산예산, 직접재료원가예산 관련 자료는 [문제 18]을 이용하시오.
㈜태일의 제품단위당 직접노동시간은 0.3시간, 시간당 직접노무원가는 ₩14이며, 제조간접원가는 직접노동시간당 ₩20이다. 2016년 판매비와관리비예산은 ₩7,000,000이다.

| 요구사항 |

(a) 제품단위당 총예산원가를 계산하시오.
(b) 2016년 예산손익계산서를 작성하시오.

20. ㈜태일전자는 두 종류의 휴대용 계산기 XQ−103과 XQ−104를 생산・판매하고 있다. 계산기는 ₩12,000과 ₩25,000에 각각 판매된다. 치열한 경쟁으로 인해, 경영자는 6개월마다 판매예산을 수립하고 있다. 2016년 상반기 분기별 예산은 다음과 같다.

제 품	판매량	
	1분기	2분기
XQ-103	20,000	25,000
XQ-104	12,000	15,000

예상판매가격은 변동이 없다.

| 요구사항 |

2016년 6월 30일로 종료하는 회계연도의 1분기, 2분기 판매예산을 작성하시오. 제품별 판매량, 판매가격, 매출액을 분기별 금액과 6개월간의 금액으로 제시하고, 제품별 총매출액과 매출액 총액을 제시하시오.

21. ㈜태일의 예산편성위원회는 2016년 1월 1일, 2016년 6월 30일까지 6개월간의 자료에 다음과 같이 합의하였다.

- 판매량: 1분기 5,000단위, 2분기 6,000단위, 3분기 7,000단위
- 원재료 기말재고: 다음 분기 예상생산사용량의 50%
- 제품 기말재고: 다음 분기 예상판매량의 30%
- 3분기 생산량: 7,250단위

2015년 12월 31일, 원재료와 제품의 기말재고는 2016년의 생산 및 판매관련 비율과 동일하다. 제품 한 단위를 완성하는데 3kg의 원재료가 사용되며, kg당 원재료 구입가격은 ₩4,000이다.

| 요구사항 |

(a) 2016년 6월 30일까지 6개월의 분기별 생산예산을 작성하시오.
(b) 2016년 6월 30일까지 6개월의 분기별 직접재료원가예산을 작성하시오.

22. ㈜태일은 다음 생산예산을 근거로 2016년 직접노무원가예산을 작성하고 있다.

분기	생산량
1	20,000
2	25,000
3	35,000
4	30,000

단위당 필요한 직접노동시간은 1.6시간이다.

| 요구사항 |

2016년 직접노무원가예산을 작성하시오. 1, 2분기 임률은 시간당 ₩15,000이고, 3, 4분기는 ₩16,000이다.

23. ㈜태일은 2016년 제조간접원가예산을 작성할 예정이며, 관련 자료는 다음과 같다.

- 분기별 예상생산량(단위): 10,000, 12,000, 14,000, 16,000
- 직접노동시간: 단위당 1.5시간
- 직접노동시간당 변동제조간접원가:
  간접재료원가 ₩700, 간접노무원가 ₩1,200, 수선유지비 ₩500
- 분기별 고정제조간접원가:
  감독자급여 ₩35,000,000, 감가상각비 ₩16,000,000, 수선유지비 ₩12,000,000

| 요구사항 |

연간 제조간접원가예산을 분기별로 작성하시오.

24. ㈜태일은 영업비용을 예산목적상 판매비와관리비예산으로 통합한다. 2016년 상반기 6개월간의 자료는 다음과 같다.

- 매출(판매량): 1분기 20,000단위, 2분기 22,000단위
- 매출액 단위당 변동원가 비율: 판매수수료 5%, 운반비 2%, 광고선전비 3%
- 분기별 고정원가:
  판매원 급여 ₩10,000,000, 사무직 급여 ₩6,000,000, 감가상각비 ₩4,200,000,
  보험료 ₩1,500,000, 동력비 ₩800,000, 수선비 ₩600,000
- 단위당 판매가격: ₩20,000

| 요구사항 |

2016년 상반기의 분기별 판매비와관리비예산을 작성하시오.

25. ㈜태일의 2016년 예산자료는 다음과 같다.

- 매출: 30,000단위, 단위당 판매가격 ₩8,000
- 제품단위당 원가:
  직접재료원가 2kg / kg당 ₩500, 직접노무원가 3시간 / 시간당 ₩1,200,
  제조간접원가 직접노동시간당 ₩600
- 원재료 기말재고: 기초 10,000kg, 기말 15,000kg
- 판매비와관리비: ₩20,000,000
- 법인세비용: 법인세차감전순이익의 30%

| 요구사항 |

(a) 2016년 매출원가 계산과정을 순서대로 작성하시오.

(b) 2016년 예산손익계산서를 작성하시오.

26. ㈜태일은 2015년 12월 31일의 재무상태표상 현금잔액을 ₩31,000,000으로 예상하고 있다. 2016년 1분기 고객으로부터의 예정회수액은 ₩180,000,000, 직접재료원가 예정지급액은 ₩41,000,000이다. 이외에 설비자산의 처분 ₩3,500,000, 직접노무원가 ₩70,000,000, 제조간접원가 ₩35,000,000, 판매비와관리비 ₩45,000,000, 유가증권의 취득 ₩12,000,000이라는 정보가 수집되었다. ㈜거성은 각 분기말 현금잔액이 적어도 ₩25,000,000은 유지되길 기대하고 있다.

| 요구사항 |

1분기 현금예산을 작성하시오.

27. ㈜태일의 예상매출액과 예상직접재료구입액은 다음과 같다.

	예상매출액	예상직접재료구입액
1월	₩200,000,000	₩30,000,000
2월	220,000,000	35,000,000
3월	270,000,000	41,000,000

㈜태일의 매출액 중 40%는 현금매출, 60%는 신용매출이다. 신용매출액의 10%는 판매된 달에 회수되고, 50%는 다음 달, 36%는 그 다음 달에 회수되며, 4%는 회수가 불가능하다. 직접재료는 50%가 현금구입이고, 50%는 외상으로 구입한다. 외상구입액 중 40%는 구입한 달에 대금을 지급하며, 나머지 60%는 다음 달에 지급한다.

| 요구사항 |

(a) 3월 고객으로부터의 예상회수일정을 작성하시오.
(b) 3월 직접재료의 예상지급일정을 작성하시오.

28. 2016년 5월, ㈜태일의 예산편성위원회는 6월 상품구매예산의 편성을 위해 다음 자료를 수집하였다.

- 예상매출액: 6월 ₩500,000,000, 7월 ₩600,000,000
- 예상매출원가: 매출액의 70%
- 예상기말상품재고: 다음 달 매출원가의 40%
- 7월 기초재고: 예상금액과 일치

| 요구사항 |

(a) 6월의 예상상품구입액을 계산하시오.
(b) 매출총이익을 이용하여 6월의 예산손익계산서를 작성하시오.

실전문제

01. 다음 중 종합예산의 편성에 대한 설명으로 틀린 것을 모두 나열한 것은? [기업회계 1급, 27회]

1. 당기의 제품생산량이 증가할수록 판매비와관리비예산은 증가한다.
2. 기계장치의 감가상각비예산은 현금예산의 설정 시 제외된다.
3. 차기의 매출수량을 고려한 당기의 기말제품재고수량예산은 차기의 매출수량 증가가 예상될수록 당기의 기말제품재고량을 감소시키게 한다.
4. 전부원가에 의한 예산을 설정하면 재공품, 제품의 재고자산에 포함된 고정비는 재무상태표의 재고자산의 증가를 야기시킨다.
5. 적시생산시스템(JIT: Just－In－Time)은 목표제품의 제조원가를 먼저 산정하고, 재공품, 제품, 매출원가, 매출 순으로 예산을 설정하는 순차적 예산이다.

① 1, 2, 4　　② 1, 3, 5
③ 2, 3, 4　　④ 2, 3, 5

Chapter 9

예산통제와 책임회계

학습목표

이 장의 학습목표는 다음과 같다.

1. 예산통제의 개념을 설명한다.
2. 고정예산보고서의 유용성을 평가한다.
3. 변동예산의 작성과 변동예산보고서의 유용성을 설명한다.
4. 책임회계의 개념을 설명한다.
5. 원가중심점 책임보고서의 특성을 명시한다.
6. 이익중심점 책임보고서의 내용을 확인한다.
7. 투자중심점 성과평가에 이용되는 기준과 공식을 설명한다.

요약

제8장의 예산편성과는 달리, 제9장은 경영자가 기업운영을 통제하기 위해서 예산을 어떻게 활용하는지를 검토한다. 경영자는 기업환경에 따라 통제에 필요한 적정예산을 달리 사용하고자 할 것이다. 본 장에서는 경영통제의 두 가지 측면인 ① 예산통제와 ② 책임회계에 초점을 맞춘다.

제9장의 구성과 내용은 다음과 같다.

예산통제와 책임회계

예산통제의 개념	고정예산보고서	변동예산	책임회계의 개념	책임중심점의 유형
• 예산보고서 • 통제활동 • 보고시스템	• 예시 • 이용과 한계점	• 변동예산의 필요성 • 변동예산의 작성 • 변동예산 사례연구 • 변동예산보고서 • 예외에 의한 관리	• 통제가능한 수익과 원가, 통제불가능한 수익과 원가 • 책임보고시스템	• 원가중심점 • 이익중심점 • 투자중심점 • 성과평가의 원칙

1 예산통제의 개념

경영관리의 주요 기능 중 하나는 기업운영의 통제이다. 통제는 경영자가 계획된 목표의 수행 여부를 확인하는 일련의 조치들로 구성된다. 예산은 기업운영의 통제에 어떠한 도움을 주는가?

운영통제과정에서 예산을 이용할 때, 이를 **예산통제(budgetary control)**라고 한다. 통제는 예상목표와 실제결과를 비교하기 위하여 예산보고서를 통해 이루어진다. 예산보고서의 이용은 예산이 실행되는 도중에 적절한 감독이 이루어지지 않는다면 예상목표에 내재된 가치를 상당부분 상실할 수도 있다. 여러분들의 교과목 진행을 평가하기 위하여 담당교수가 중간시험을 치르는 것과 마찬가지로, 최고경영자는 예상목표 달성을 위한 부문관리자의 진행과정에 관한 기간보고서를 요구하게 된다.

예산보고서는 경영자에게 운영에 관한 피드백을 제공하며, 지급에 필요한 충분한 현금보유 여부와 같이 중요한 목표의 피드백은 일상적으로 매일 이루어질 수 있다. 그러나 연간 예상매출액의 달성, 영업비용의 적정성과 같은 목표들은 월별 예산보고서의 작성으로도 충분하므로, 예산보고서는 필요에 따라 작성시기를 조정한다. 예산보고서를 통해 경영자는 실제와 계획 간의 차이를 분석하고, 차이의 원인을 규명한다. 그리고 결과에 따라 활동을 수정하거나 계획을 조정하게 된다.

[도표 9-1]은 예산통제활동을 보여주고 있으며, [도표 9-2]는 제조기업 예산통제보고시스템의 일부이다. 예산통제는 기업이 다음과 같이 체계화된 보고시스템을 갖추고 있을 때 가장 효과적으로 이루어지게 된다.

1. 예산보고서의 명칭(판매예산 또는 제조간접원가예산)을 확인한다.
2. 보고서의 빈도(주별 보고서, 월별 보고서)를 명시한다.
3. 보고서의 목적을 구체화한다.
4. 보고서의 주요 수신인을 표시한다.

도표 9-1 예산통제활동

도표 9-2 예산통제보고시스템

보고서명	보고빈도	목 적	주요 수신인
판매(sales)	주별	목표매출액과의 일치 여부를 검토	최고경영자, 판매관리자
노무(labor)	주별	직접, 간접노무원가의 통제	생산부사장, 생산관리자
작업폐물(scrap)	일별	원재료의 효율적 사용을 검토	생산관리자
부문별 제조간접원가	월별	제조간접원가의 통제	부문관리자
판매비	월별	판매비의 통제	판매관리자
손익계산서	월별, 분기별	목표이익과의 일치 여부를 검토	최고경영자

2 고정예산보고서

종합예산은 경영자의 다음 연도 예상목표를 공식화한다. 종합예산을 구성하는 개별예산이 예산통제에 사용될 때, 개별예산은 고정적인 금액이나 측정치로 결정된다. **고정예산(static budget)**은 특정 조업도나 활동수준에 맞춰 예산을 편성하며, 활동수준이 다른 예산은 고려하지 않는다. 그로 인해, 기업은 종합예산편성에 사용된 활동수준의 예산자료만 실제결과와 비교할 수 있다.

예시

예산통제 시 고정예산의 역할을 설명하기 위하여, 제8장에서 작성된 ㈜성림주방의 자료를 이용하고자 한다. 2016년 1분기와 2분기의 예산과 실제매출액 자료는 다음과 같다.

도표 9-3 ▌ 예산과 실제 매출액

매출액	1분기	2분기	합 계
예 산	₩18,000,000	₩21,000,000	₩39,000,000
실 제	17,900,000	19,950,000	37,850,000
차 이	₩ 100,000	₩ 1,050,000	₩ 1,150,000

㈜성림주방의 1분기 판매예산보고서는 다음과 같으며, 예산금액과 실제금액의 차이는 가장 오른쪽에 보고한다.

도표 9-4 ▌ 판매예산보고서 – 1분기

판매예산보고서

㈜성림주방 2016년 3월 31일

제품라인	예 산	실 제	차 이
주방용품[1)]	₩18,000,000	₩17,900,000	₩100,000 U[2)]

1) 실무에서는 각 제품라인별로 보고서에 포함
2) 유리한(Favorable) 차이 F, 불리한(Unfavorable) 차이 U

보고서에는 실제매출액이 예산보다 ₩100,000 적은 불리한 차이의 결과를 보고하고 있다. 이러한 차이는 예상매출액의 1% 미만(₩100,000÷₩18,000,000=0.0056)으로, 불리한 차이에 대한 최고경영자의 반응은 흔히 차이의 중요성에 따라 달라진다. ㈜성림주방의 사례에서, ₩100,000의 차이는 중요하지 않으므로 경영자가 구체적인 수정행위를 하지는 않을 것이다.

[도표 9-5]는 2분기의 판매예산보고서로, 연간누적정보가 새롭게 제시되고 있다. 2분기 매출액은 예산보다 ₩1,050,000이 적으며, 이는 예상매출액의 5%(₩1,050,000÷₩21,000,000)에 해당한다. 이에 따라 최고경영자는 예산과 실제매출액 간의 차이에 관한 조사를 실시

하도록 지시할 것이다.

도표 9-5 ▌판매예산보고서 – 2분기

판매예산보고서

㈜성림주방 2016년 6월 30일

	2분기			연간누적치		
제품라인	예 산	실 제	차 이	예 산	실 제	차 이
주방용품	₩21,000,000	₩19,950,000	₩1,050,000 U	₩39,000,000	₩37,850,000	₩1,150,000 U

경영자는 매출액 부족의 원인을 판매관리자에게 질의함으로써 분석을 시작해야 하며, 수정행위나 해결방안의 필요성을 고려해야 한다. 즉, 고객에게 판매촉진을 위한 유인을 제공하거나 주방용품의 광고를 늘림으로써 매출액 증대에 박차를 가할 수 있을 것이다. 만약 경기침체로 인해 매출액이 감소한 경우라면, 경영자는 남은 기간 동안의 예상매출액과 이익목표를 수정해야 할 것이다.

이용과 한계점

종합예산 중 판매예산은 판매관리자의 성과평가에 유용함을 예시를 통해 알 수 있다. 경영자의 원가통제에 관한 성과평가에 적합한 예산은 무엇일까? 고정예산에서는 활동수준의 변동과는 상관없이 자료가 수정되거나 조정되지 않는다. 따라서, 고정예산이 경영자의 효과적인 원가통제를 평가하는 데 유용하기 위해서는 다음과 같은 조건이 전제되어야 한다.

1. 실제활동수준과 종합예산의 활동수준이 동일하거나 거의 유사해야 한다.
2. 활동수준이 변화하더라도 원가행태의 변동은 일어나지 않는다.

따라서, 고정예산보고서는 고정제조원가와 고정판매비와관리비에 적합하나, 변동원가의 통제와 관련된 경영자의 성과평가를 위한 기준으로는 적절하지 못하다는 단점을 지닌다.

3 변동예산

단일의 활동수준에 기초한 고정예산과는 달리 변동예산은 다양한 활동수준에 대하여 예산을 편성한다. **변동예산(flexible budget)**은 여러 활동수준에 맞춰 작성된 일련의 고정예산 시리즈라고 할 수 있다. 기업의 경영환경이 변화하는 경우라면 변동예산은 훨씬 더 유용하게 사용된다.

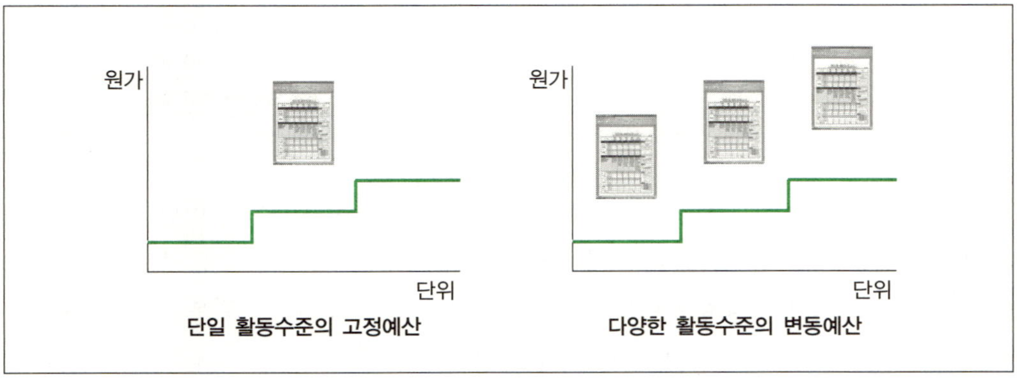

변동예산은 종합예산을 구성하는 모든 유형의 예산에 적용이 가능하다. 예를 들면, 인터불고 호텔은 60%, 80%, 100%라는 고객의 객실투숙률에 따라, 한국전력은 주택용, 상업용, 산업용 예상전력공급량에 따라 예산수익과 순이익을 예상할 수 있다. 마찬가지로 아시아나항공은 다양한 운항거리를 기준으로 예산영업비용을 추정할 수 있다. 제조간접원가의 변동예산에 관해 살펴보자.

변동예산의 필요성

여러분이 ㈜성림스틸 제련부문의 제조간접원가 책임자라고 가정하자. 2016년 제조간접원가예산은 다음 [도표 9-6]과 같이 완성품 10,000단위를 기준으로 작성되었다.

도표 9-6 | 고정예산 - 제조간접원가

㈜성림스틸
제련부문 제조간접원가예산 - 고정예산
2016년 12월 31일로 종료하는 회계연도

예상생산량	10,000단위
예산원가	
간접재료원가	₩25,000,000
간접노무원가	26,000,000
동력비	19,000,000
감가상각비	28,000,000
재산세	7,000,000
공장감독비	5,000,000
	₩110,000,000

다행스럽게도 완성품에 대한 수요의 증가로 한 해 동안 10,000단위가 아닌 12,000단위가 판매되었다. 매출액은 증가하였고, 이에 따라 수익성 역시 증가하였으므로, 부문의 관리자와 종업원들은 보너스가 인상될 것이라는 기대로 들떠 있다. 그러나, 제련부문의 실제원가와 예산원가의 비교로 인해 곤란한 상황에 직면하게 된다. 예산보고서는 [도표 9-7]과 같다.

도표 9-7 | 제조간접원가 고정예산보고서

㈜성림스틸
제조간접원가예산
2016년 12월 31일로 종료하는 회계연도

	예산	실제	차이 유리한 차이-F 불리한 차이-U	
생산량(단위)	10,000	12,000		
원가				
간접재료원가	₩25,000,000	₩29,500,000	₩4,500,000	U
간접노무원가	26,000,000	31,200,000	5,200,000	U
동력비	19,000,000	22,500,000	3,500,000	U
감가상각비	28,000,000	28,000,000	0	
재산세	7,000,000	7,000,000	0	
공장감독비	5,000,000	5,000,000	0	
	₩110,000,000	₩123,200,000	₩13,200,000	U

㈜성림스틸은 비교를 위해서 최초의 활동수준인 10,000단위를 기준으로 편성된 예산을 이용하고 있다. 보고서에 따르면 제련부문은 간접원가 6개 항목 중 3개가 예산을 크게 초과하는 것으로 나타나, 총 ₩13,200,000의 불리한 차이를 보이며, 이는 예산의 12%(₩13,200,000÷₩110,000,000)에 해당하는 금액이다. 결국 종업원들은 보너스를 받지 못해 새로운 일자리를 찾게 될 것이며, 기업의 입장으로서는 불행한 일이 아닐 수 없다. 무엇이 잘못되었으며, 어떠한 문제점이 존재하는가?

제조간접원가 예산을 주의깊게 살펴보면 문제가 있음을 알 수 있다. 예산편성 당시의 예상생산량은 12,000단위가 아닌 10,000단위였으며, 이는 성과평가를 위한 관련자료가 되지 못한다. 실제원가는 예산변동원가와 비교할 때 의미가 있다. 생산량이 증가한다면 변동원가의 예산액도 비례적으로 증가해야 한다. ㈜성림스틸의 예시에서 변동원가는 간접재료원가, 간접노무원가와 동력비이다. 10,000단위에 대한 예산자료의 분석을 통해 단위당 변동원가를 계산할 수 있다.

도표 9-8 | 단위당 변동원가

항 목	총원가	단위당 원가
간접재료원가	₩25,000,000	₩2,500
간접노무원가	26,000,000	2,600
동 력 비	19,000,000	1,900
	₩70,000,000	₩7,000

[도표 9-9]는 12,000단위에 대한 예산변동원가를 나타낸다.

도표 9-9 | 예산변동원가 – 12,000단위

항 목	계산과정	총원가
간접재료원가	₩2,500 × 12,000	₩30,000,000
간접노무원가	₩2,600 × 12,000	31,200,000
동 력 비	₩1,900 × 12,000	22,800,000
		₩84,000,000

고정원가는 활동수준이 변하더라도 총원가는 변동이 없으므로, 예산금액은 활동수준과

상관없이 동일하다. [도표 9-10]은 생산량이 12,000단위일 때의 변동예산을 근거로 작성된 예산보고서이다. [도표 9-7]과 비교해 보라.

보고서를 보면, 제련부문의 원가는 예산보다 낮으며, 유리한 차이를 나타낸다. 해고를 걱정할 필요는 없으며, 보너스의 지급이나 인상이 고려될 것이다. 생산량 12,000단위일 때의 실제원가와 예산원가의 비교만이 타당함을 분석을 통해 알 수 있으며, 변동예산이 이러한 비교를 가능하게 한다.

도표 9-10 ▌ 제조간접원가 변동예산보고서

㈜성림스틸
제조간접원가예산
2016년 12월 31일로 종료하는 회계연도

	예산	실제	차이 유리한 차이-F 불리한 차이-U	
생산량(단위)	12,000	12,000		
변동원가				
간접재료원가(₩2,500)	₩30,000,000	₩29,500,000	₩ 500,000	F
간접노무원가(₩2,600)	31,200,000	31,200,000	0	
동력비(₩1,900)	22,800,000	22,500,000		F
총변동원가	84,000,000	83,200,000	300,000	F
			800,000	
고정원가				
감가상각비	28,000,000	28,000,000	0	
재산세	7,000,000	7,000,000	0	
공장감독비	5,000,000	5,000,000	0	
총고정원가	40,000,000	40,000,000	0	
총원가	₩124,000,000	₩123,200,000	₩800,000	F

변동예산의 작성

변동예산은 종합예산을 근거로 작성되며, 변동예산의 편성절차는 다음과 같다.

1. 활동수준(조업도수준)의 지표와 활동의 관련범위를 결정한다.
2. 변동원가를 구분하고, 각 원가의 활동수준 단위당 예산변동원가를 산정한다.
3. 고정원가를 구분하고, 각 원가별 예산금액을 결정한다.
4. 관련범위 내의 각 활동수준에서 변동예산을 편성한다.

활동수준의 지표는 예산으로 편성되는 원가에 중요한 영향을 미치는 항목이 선택되어야 하는데, 제조간접원가는 대부분 제조간접원가 예정배부율 산정 시 사용되는 직접노동시간이나 기계작업시간과 같은 기준을 동일하게 사용한다. 판매비와관리비의 활동수준 지표는 매출액이나 순매출액이 된다.

활동의 증가분을 얼마로 할 것인가는 상당히 신중하게 결정되어야 한다. 직접노동시간의 관련범위가 8,000시간에서 12,000시간이라면 1,000시간씩 증가시킬 수 있으며, 변동예산은 관련범위 내에서 증가되는 직접노동시간별로 작성된다.

변동예산 – 사례연구

㈜성림공업의 사례를 살펴보자. ㈜성림공업은 최종공정인 마감부문의 제조간접원가 예산과 실제원가를 비교하기 위하여 변동예산을 이용한다. 2016년 12월 31일로 종료되는 회계연도의 종합예산을 보면, 연간 조업도는 직접노동시간을 기준으로 120,000시간이 예상되며, 제조간접원가는 다음과 같다.

도표 9-11 ▌종합예산 자료

변동원가		고정원가	
간접재료원가	₩18,000,000	감가상각비	₩18,000,000
간접노무원가	24,000,000	공장감독비	12,000,000
동 력 비	6,000,000	재 산 세	6,000,000
합 계	₩48,000,000	합 계	₩36,000,000

㈜성림공업의 변동예산은 다음 4단계의 편성절차를 거쳐 작성된다.

1단계: **활동수준의 지표와 활동의 관련범위를 결정한다.** 활동수준지표는 직접노동시간이며, 관련범위는 매월 8,000~12,000시간이다.

2단계: **변동원가를 구분하고, 각 원가의 활동수준 단위당 예산변동원가를 산정한다.** 변동원가는 세 가지 항목으로, 단위당 변동원가는 항목별 총예산원가를 종합예산편성에 사용된 직접노동시간(120,000시간)으로 나누어 계산한다.

도표 9-12 ▮ 직접노동시간당 변동원가의 계산

변동원가	계산과정	직접노동시간당 변동원가
간접재료원가	₩18,000,000÷120,000시간	₩150
간접노무원가	₩24,000,000÷120,000시간	200
동 력 비	₩ 6,000,000÷120,000시간	50
합 계		₩400

3단계: **고정원가를 구분하고, 각 원가별 예산금액을 결정한다.** 고정원가는 세 가지 항목이다. ㈜성림공업은 월별 자료를 필요로 하기 때문에, 연간 예산원가를 12개월로 나누어 이용한다. 월별로 결정된 예산고정원가는 감가상각비 ₩1,500,000, 공장감독비 ₩1,000,000, 재산세 ₩500,000이다.

4단계: **관련범위 내의 각 활동수준에서 변동예산을 편성한다.** 직접노동시간을 1,000시간씩 증가시키면서 예산을 편성한다.

[도표 9-13]은 ㈜성림공업의 변동예산이다.

도표 9-13 ▌월별 제조간접원가 변동예산

㈜성림공업
월별 제조간접원가 변동예산 – 마감부문
2016년 12월 31일로 종료하는 회계연도

활동수준					
직접노동시간	8,000	9,000	10,000	11,000	12,000
변동원가					
간접재료원가(₩150)	₩1,200,000	₩1,350,000	₩1,500,000	₩1,650,000	₩1,800,000
간접노무원가(₩200)	1,600,000	1,800,000	2,000,000	2,200,000	2,400,000
동력비(₩50)	400,000	450,000	500,000	550,000	600,000
총변동원가	3,200,000	3,600,000	4,000,000	4,400,000	4,800,000
고정원가					
감가상각비	1,500,000	1,500,000	1,500,000	1,500,000	1,500,000
재산세	1,000,000	1,000,000	1,000,000	1,000,000	1,000,000
공장감독비	500,000	500,000	500,000	500,000	500,000
총고정원가	3,000,000	3,000,000	3,000,000	3,000,000	3,000,000
총원가	₩6,200,000	6,600,000	₩7,000,000	₩7,400,000	₩7,800,000

각 활동수준별 총예산원가는 다음과 같은 식에 의해 계산된다.

고정원가 + 변동원가* = 총예산원가

* 활동단위당 총변동원가 × 활동수준

㈜성림공업의 고정원가는 ₩3,000,000이고, 직접노동시간당 총변동원가는 ₩400이다. 따라서, 직접노동시간이 9,000시간일 경우, 총예산원가는 ₩6,600,000{₩3,000,000 + (₩400 × 9,000)}이며, 8,622시간일 경우에는 ₩6,448,800{₩3,000,000 + (₩400 × 8,622)}이 된다.

총예산원가는 [도표 9-14]와 같이 그래프로 나타낼 수도 있다. 가로축은 활동수준(직접노동시간), 세로축은 원가를 나타낸다.

도표 9-14 ▌변동예산 그래프

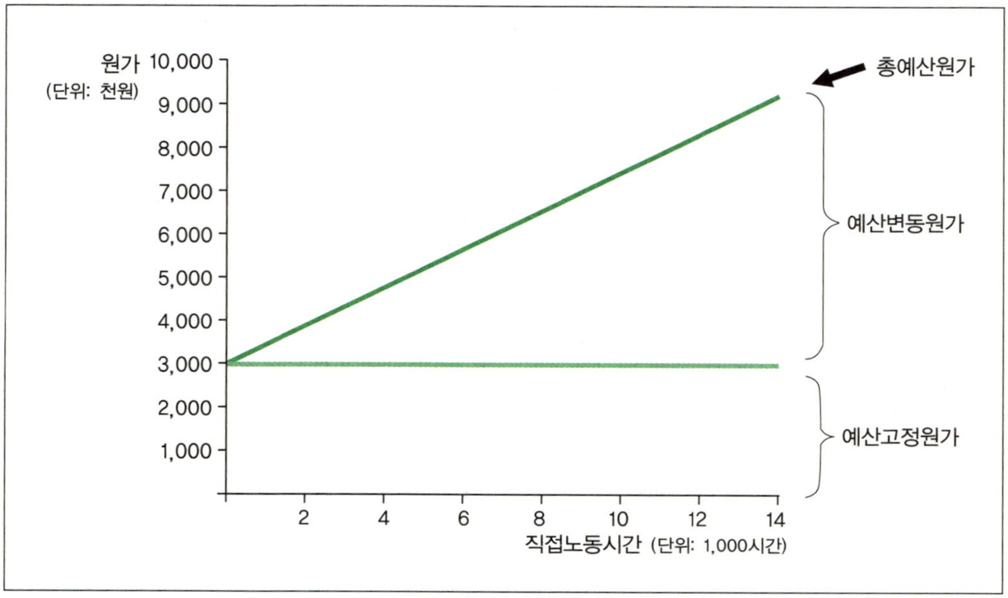

변동예산보고서

변동예산보고서는 내부보고서 중 하나로, ① 특정 활동수준(직접노동시간)에 대한 생산자료와 ② 변동 및 고정원가 자료의 두 부분으로 구성되며, 생산통제와 원가통제라는 경영자 성과를 평가하기 위한 기준을 제공한다. 또한 변동예산보고서는 생산부문과 서비스부문에 폭넓게 이용된다.

[도표 9-15]는 ㈜성림공업의 2016년 1월, 마감부문의 예산보고서이다. 1월의 작업시간은 9,000시간이므로, [도표 9-13]에서 제시된 9,000시간 변동예산을 사용하며, 실제원가는 가정된 금액이다.

도표 9-15 ▌제조간접원가 변동예산보고서

㈜성림공업
제조간접원가 변동예산보고서 – 마감부문
2016년 12월 31일

	예산	실제	차이 유리한 차이-F 불리한 차이-U	
직접노동시간	9,000시간	9,000시간		
변동원가				
간접재료원가(₩150)	₩1,350,000	₩1,400,000	₩50,000	U
간접노무원가(₩200)	1,800,000	1,700,000	100,000	F
동력비(₩50)	450,000	460,000	10,000	U
총변동원가	3,600,000	3,560,000	40,000	F
고정원가				
감가상각비	1,500,000	1,500,000	0	
재산세	1,000,000	1,000,000	0	
공장감독비	500,000	500,000	0	
총고정원가	3,000,000	3,000,000	0	
총원가	6,600,000	6,560,000	₩40,000	F

제조간접원가 통제라는 측면에서, 변동예산보고서는 마감부문 경영자의 성과를 평가하는 데 적절하게 사용될 수 있는가? 분명 믿을 만한 자료를 제공할 것이다. 실제원가와 예산원가 모두 1월에 작업된 활동수준을 기준으로 한 금액이다. 일반적으로 변동원가는 부문에 의해 직접적으로 발생하기 때문에 직접노동시간에 대한 예산액과 실제원가 간의 차이는 부문경영자의 책임사항이다.

1월 이후의 기간에도 ㈜성림공업은 변동예산보고서를 작성하게 될 것이며, 월별 예산자료는 실제활동수준에 따라 결정된다. 2월은 11,000시간, 7월은 10,000시간이 변동예산보고서 작성시 기준이 되는 활동수준이다.

변동예산은 단일의 원가동인에 따라 작성되지만, 제4장에서 설명한 활동기준원가계산 개념을 이용하면 보다 정확한 예산의 편성이 가능하다.

예외에 의한 관리

예외에 의한 관리(management by exception)는 실제결과와 예상목표의 차이에 초점을 맞춘 최고경영자의 예산보고서 검토를 의미한다. 이러한 접근법은 최고경영자가 문제영역에만 집중할 수 있도록 도움을 준다. 현재 많은 기업들은 종업원의 여비교통비를 온라인시스템을 이용하여 보고하고 있다. 뿐만 아니라 보고에 소요되는 시간을 절반으로 줄임으로써, 경영자가 신속하게 예산과의 차이를 분석할 수 있도록 한다. 그리고, 식비를 과도하게 지출하거나 사실상 발생하지 않은 원가자료의 조작으로 인해 발생하는 불필요한 비용을 감소시킬 수 있다.

예외에 의한 관리는 최고경영자가 모든 차이를 조사한다는 의미는 아니며, 효과적인 접근법이 되기 위해서는 예외를 규명하는 지침이 마련되어야 하는데, 중요성과 통제가능성이 일반적인 기준으로 사용된다.

중요성(materiality)

계량화된 지침이 없다면, 경영자는 금액과 상관없이 모든 예산차이를 조사하고자 할 것이다. 중요성은 예산으로부터의 차이를 비율로 나타낸 것이다. 경영자는 중요한 항목은 5%, 그렇지 않은 항목은 10%까지의 차이를 허용비율로 설정할 수 있으며, 명시된 비율에 따라 예산을 초과하거나 부족한 모든 차이를 조사할 것이다. 예산을 초과한 원가는 통제되지 못한 원인을, 예산에 못 미치는 원가는 수익성에 결정적인 원가의 지출이 감소하지는 않았는지 타당성을 검토할 필요가 있다. 수선유지비 예산이 ₩8,000,000으로 설정되었지만 ₩4,000,000만 지출되었다면, 향후 예기치못한 생산설비의 고장으로 이어질 수 있기 때문이다.

모든 항목에 대해 예산으로부터의 차이를 하나의 비율로 설정하고, 최소의 금액으로 규정을 보완하는 선택도 하나의 방법이다. 즉, 예외의 기준을 예산의 5%로 설정하거나 ₩1,000,000 이상으로 규정할 수도 있다.

항목의 통제가능성(controllability of the item)

경영자가 통제할 수 없는 항목보다는 통제가능한 항목에 대해 예외규정을 두는 것이 더 구속력이 있다. 사실, 통제불가능한 항목은 규정이 필요하지 않다. 재산세는 예산과 실제

금액에서 불리한 차이가 크게 나타난다고 해서 조사를 통해 규명하지는 못한다. 왜냐하면, 세율이나 자산의 평가가치가 예기치않게 증가한다는 것이 유일한 이유이기 때문이다. 경영자가 통제할 수 없다면 원인이 무엇이든 차이의 규명은 의미가 없다.

4 책임회계의 개념

예산편성과 마찬가지로, 책임회계는 관리회계의 중요한 부분이다. **책임회계(responsibility accounting)**는 일상적인 의사결정 권한을 지닌 경영자의 원가집계 및 원가보고(또는 관련 수익의 집계와 보고)와 관련된다. 책임회계하에서 경영자의 성과는 통제대상을 통해 바로 평가가 이루어진다. 다음과 같은 조건이 전제된다면, 책임회계는 모든 경영계층에서 사용할 수 있다.

1. 원가와 수익은 경영자의 책임수준과 직접적인 관련이 있다.
2. 특정 원가와 수익은 관련된 책임수준의 종업원들에 의해 통제될 수 있다.
3. 예산자료는 원가와 수익의 통제에 있어 경영자의 효율성을 평가하기 위해 개발될 수 있다.

책임회계에서는 특정의 활동을 통제하는 개인이 책임중심점이 될 수 있다. 따라서, 책임회계는 최하위 수준의 통제로부터 최고경영층으로 확장이 가능하다. 일단 책임이 주어지면, 기업은 먼저 특정 활동에 대한 개별성과의 효율성을 측정하고 보고한다. 그 다음에 조직 전체에 대한 평가를 실시한다.

책임회계는 분권화된 기업조직에서 특히 효과적이다. **분권화(decentralization)**는 조직 전반에 걸쳐 다수의 경영자(관리자)들에게 운영통제의 책임이 위임되어 있음을 의미한다. **세분화(segment)**는 때로 분권화된 조직에서의 책임영역을 규명하는 데 사용된다. 책임회계에서 기업은 경영자(관리자)의 성과를 평가하기 위해 월별, 분기별, 연간 보고서 등의 기간별로 세분화된 보고서를 작성한다.

책임회계는 효과적인 예산통제시스템의 핵심적인 부분이다. 책임회계하에서 수익과 비용의 보고는 다음 두 가지 측면에서 예산편성과 차이가 있다.

1. 통제가능한 항목과 통제불가능한 항목을 구별한다.
2. 성과평가보고서는 개별 경영자(관리자)가 통제가능한 항목만 강조하거나 포함시킨다.

책임회계는 영리기업과 비영리기업에 모두 적용가능하다. 영리기업은 순이익을 극대화하려고 하고, 비영리기업은 가능한한 효율적으로 서비스를 제공하고자 한다.

통제가능한 수익과 원가, 통제불가능한 수익과 원가

모든 원가와 수익은 기업의 특정 책임수준에서는 통제가 가능하다. 이러한 사실은 "모든 책임은 내게 있다"라는 어느 기업 CEO의 말을 강조한다. 책임회계에서 중요한 문제는 원가나 수익이 관련 책임수준에서 통제가능한가의 여부이다. 경영자(관리자)가 통제할 수 있는 원가를 **통제가능원가(controllable cost)**라고 부르며, 다음과 같은 경향을 나타낸다.

1. 광범위한 권한으로 인해 최고경영자는 모든 원가가 통제가능하다.
2. 하위경영계층으로 이동할수록 경영자(관리자)의 권한이 감소하므로, 통제가능한 원가는 줄어들게 된다. 일반적으로, 책임이 있는 경영계층에서 직접적으로 발생한 원가는 해당 계층에서 통제가 가능하다. 반면, 간접적으로 발생하여 책임계층으로 배부된 원가는 해당계층에서는 통제가 불가능하다.

책임보고시스템

책임보고시스템(responsibility reporting system)은 조직도상에 나타나는 각 책임계층의 보고서 작성과 관련된다. 예시를 위해 [도표 9-16]에서는 ㈜성림체어의 생산부문 조직도 일부를 이용한다.

책임보고시스템은 원가를 통제하는 최하위 책임계층에서 각 상위계층으로 점차 이동한다. [도표 9-17]은 계층 간의 연계를 상세히 보여준다.

㈜성림체어의 네 가지 보고서를 요약하면 다음과 같다.

1. **보고서 4**: 부문관리자에게 보고되는 대표적인 보고서. 제작부문, 조립부문 및 도색부문의 관리자에게 전달되는 보고서는 거의 유사하다.
2. **보고서 3**: 공장관리자에게 전달되는 보고서. 구미공장의 원가는 두 번째 책임계층에서 통제가능함을 보여준다. 보고서 3에는 공장관리자가 통제가능한 각 부문의 요약된 자료가 제시된다. 인천과 창원의 공장관리자에게도 유사한 보고서가 전달된다.
3. **보고서 2**: 세 번째 책임계층에서의 보고서. 생산부문 부사장의 통제가능한 원가와 이

들에게 책임이 있는 3개 지역 생산공장부문의 생산관련 요약자료가 제시된다. 판매 부문과 재무부문 부사장에게도 유사한 내용의 보고서가 전달된다.

4. **보고서 1**: 최고책임자인 사장에게 보고되는 대표적인 보고서. 본사 사무실의 통제가능원가와 비용, 부사장과 관련하여 사장이 책임져야 할 요약자료가 보고된다.

도표 9-16 ▌부분 조직도

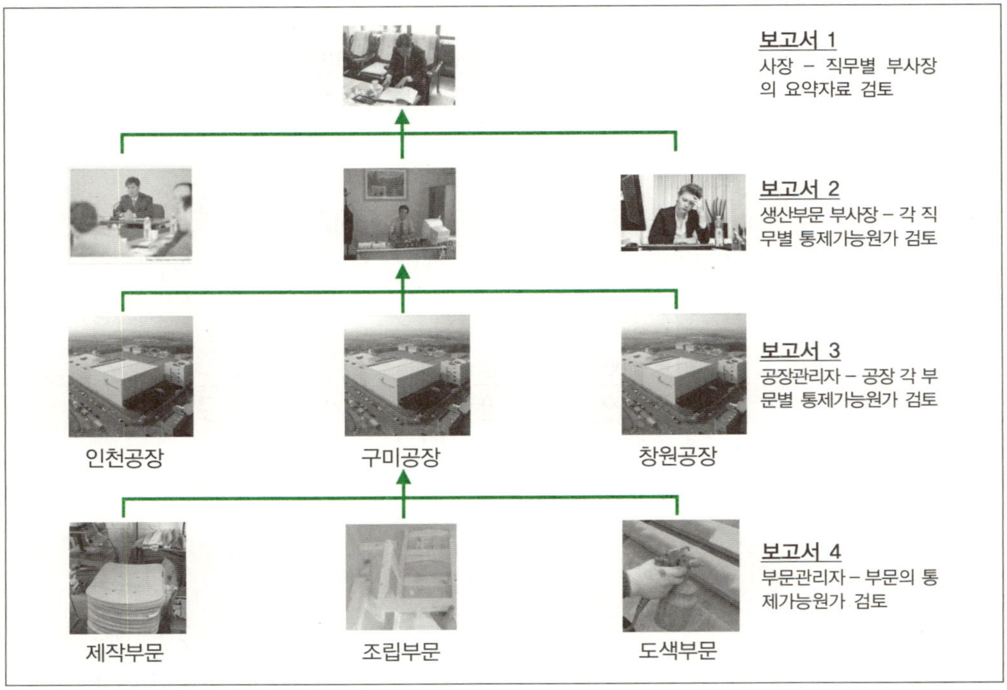

책임보고시스템은 각 책임계층의 예외에 의한 관리를 허용한다. 책임의 각 상위계층은 하위의 책임계층으로부터 상세한 보고서를 받을 수 있다. ㈜성림체어의 생산부문 부사장은 구미공장의 관리자에게 실제원가가 예산보다 ₩530,000을 초과하는 이유에 관한 보고서를 요구할 수 있다.

[도표 9-17]에서 보는 바와 같이, 이러한 유형의 보고시스템은 구미공장 관리자가 제조원가의 통제에 있어서 각 부문관리자의 효율성을 순서대로 쉽게 나열함으로써 관리자의 비교평가를 가능하도록 한다. 비교순위는 관리자들로 하여금 원가통제를 더 잘할 수 있도록 하는 유인을 제공하게 된다.

도표 9-17 ▌ 책임보고시스템

보고서 1

수신: 사장 1월

통제가능원가	예산	실제	차이	
사장	₩15,000,000	₩15,150,000	₩150,000	U
부사장				
판매	18,500,000	18,700,000	200,000	U
생산	**117,900,000**	**118,630,000**	**730,000**	U
재무	10,000,000	10,100,000	100,000	U
합계	₩161,400,000	₩162,580,000	₩1,180,000	U

보고서 1
사장은 부사장의 요약자료를 확인한다.

보고서 2

수신: 생산부사장 1월

통제가능원가	예산	실제	차이	
생산부사장	₩12,500,000	₩12,600,000	₩100,000	U
생산공장				
인천	42,000,000	41,800,000	200,000	F
구미	**30,400,000**	**30,930,000**	**530,000**	U
창원	33,000,000	33,300,000	300,000	U
합계	₩117,900,000	₩118,630,000	₩730,000	U

보고서 2
부사장은 각 공장별로 요약된 통제가능원가를 확인한다.

보고서 3

수신: 구미공장 관리자 1월

통제가능원가	예산	실제	차이	
구미공장	₩11,000,000	₩11,300,000	₩300,000	U
부문				
제작	**8,400,000**	**8,530,000**	**130,000**	U
조립	4,800,000	4,700,000	100,000	F
도색	6,200,000	6,400,000	20,000	U
합계	**₩30,400,000**	**₩30,930,000**	**₩530,000**	U

보고서 3
공장관리자는 공장의 각 부문별로 요약된 통제가능원가를 확인한다.

보고서 4

수신: 제작부문 관리자 1월

통제가능원가	예산	실제	차이	
직접재료원가	₩2,000,000	₩2,050,000	₩50,000	U
직접노무원가	4,000,000	4,100,000	100,000	U
제조간접원가	2,400,000	2,380,000	20,000	F
합계	₩8,400,000	₩8,530,000	₩130,000	U

보고서 4
부문관리자는 각 부문의 통제가능원가를 확인한다.

5 책임중심점의 유형

책임중심점은 원가중심점, 이익중심점, 투자중심점의 세 유형이 있다. 이러한 분류는 중심점의 성과에 대한 관리자의 책임 정도를 나타낸다.

원가중심점(cost center)은 수익은 창출하지 않고 원가(또는 비용)만 발생시킨다. 원가중심점의 관리자는 원가발생에 대한 책임을 지며, 원가통제력이 평가의 대상이 된다. 생산부문이나 서비스부문이 가장 일반적인 원가중심점에 속한다. 생산부문은 제품의 생산에 직접적으로 참여하고, 서비스부문은 단지 업무지원서비스만 제공한다. 현대자동차 생산공장을 예로 들면, 용접, 도색 및 조립부문은 생산부문이며, 수선유지, 구내식당 및 인사부문은 서비스부문에 해당한다.

이익중심점(profit center)은 원가(또는 비용)를 발생시키고, 수익을 창출하는 책임중심점을 말한다. 이익중심점의 관리자는 책임중심점으로 수익성을 판단해야 한다. 이익중심점의 예로는 의류나 가구, 자동차용품 등을 판매하는 개별지점 또는 은행의 지점 등이 있다.

이익중심점과 마찬가지로 **투자중심점(investment center)** 역시 원가(또는 비용)를 발생시키고 수익을 창출한다. 뿐만 아니라 투자중심점은 자산의 사용에 관한 의사결정도 가능하다. 투자중심점의 관리자는 책임중심점의 수익성과 투자수익률이 평가의 대상이 된다. 흔히 투자중심점은 자회사와 연관되기도 하는데, SK네트웍스의 경우 석유제품판매, 정보통신, 소비재사업 등 여러 사업부문을 운영하고 있다. 투자중심점의 관리자는 공장확장이나 새로운 시장으로의 진입과 같은 문제와 관련한 투자의사결정을 통제하거나 중대한 영향력을 행사할 수 있다.

원가중심점의 책임회계

원가중심점 경영자의 성과는 통제가능원가에 대한 예산목표와의 일치 정도를 기준으로 평가한다. 따라서, 원가중심점의 책임보고서는 통제가능변동원가의 실제원가와 예산을 비교하여 작성된다.

[도표 9-18]은 ㈜성림공업의 변동예산보고서([도표 9-15])를 이용한 책임보고서를 나타낸다. 마감부문 관리자는 감가상각비, 재산세, 그리고 자신의 급여 ₩600,000을 제외한 모든 제조간접원가를 통제할 수 있다고 가정한다. 공장감독비 ₩400,000(₩1,000,000−

₩600,000)은 마감부문의 감독자에게 지급되는 급여이며, 마감부문 관리자가 통제가능한 금액이다.

[도표 9-18]을 보면, 보고서에는 통제가능한 원가만 기록되고, 변동원가와 고정원가의 구별은 하지 않고 있다. 그리고, 책임보고서 역시 예외에 의한 관리 개념이 적용되고 있다. ㈜성림공업의 최고경영자는 간접노무원가의 유리한 차이 ₩100,000과 간접재료원가의 불리한 차이 ₩50,000에 대해서 보다 상세한 설명을 요구할 것이다.

도표 9-18 ▌원가중심점의 책임보고서

㈜성림공업
책임보고서 – 마감부문
2016년 12월 31일

통제가능원가	예산	실제	차이
간접재료원가	₩1,350,000	₩1,400,000	**₩50,000**
간접노무원가	1,800,000	1,700,000	**100,000**
동력비	450,000	460,000	**10,000**
공장감독비	**400,000**	**400,000**	0
	₩4,000,000	₩3,960,000	**₩40,000**

이익중심점의 책임회계

이익중심점의 성과평가를 위해서, 상위계층의 관리자는 통제가능한 수익과 비용에 대한 구체적인 자료를 요구한다. 매출액과 같은 영업수익은 해당부문의 관리자가 통제가능한 수익이다. 또한 이익중심점에서 발생하는 모든 변동원가(또는 비용)는 매출액에 따라 변동하므로 관리자가 통제가능한 원가가 된다. 그러나, 고정원가의 통제가능 여부를 결정하기 위해서는 직접고정원가와 간접고정원가의 구분이 필요하다.

직접고정원가와 간접고정원가

이익중심점에는 직접 및 간접고정원가가 모두 발생할 수 있다. **직접고정원가(direct fixed cost)**는 특정 책임중심점과 관련되며, 해당 책임중심점의 수익창출을 위해서만 발생한다. 이익중심점의 관리자가 책정하는 감독자의 급여와 종업원의 작업시간을 기록하기 위해 발생한 원가는 직접고정원가가 된다. 직접고정원가는 책임중심점에 직접 추적이 가능하므로 추적가능원가라고도 한다. 대부분의 직접고정원가는 이익중심점의 관리자가 통제가능한 원가이다.

이에 반하여, **간접고정원가(indirect fixed cost)**는 기업 전체의 영업활동에 적용되며, 여러 이익중심점의 수익을 창출하는 과정에서 발생한다. 따라서, 경영자는 이용가능한 기준을 통해 간접고정원가를 이익중심점에 배부한다. 예를 들면, 다수의 이익중심점이 사용하고 있는 건물의 재산세는 각 책임중심점이 차지하는 점유면적에 따라 배부될 수 있으며, 인사관리부문의 원가는 각 이익중심점의 종업원수에 비례하여 배부된다. 이러한 유형의 고정원가는 하나 이상의 책임중심점에 적용되므로 공통원가라고도 하며, 대부분의 간접고정원가는 이익중심점 관리자가 통제할 수 없는 통제불능원가이다.

책임보고서

이익중심점의 책임보고서는 통제가능한 수익 및 원가의 예산과 실제금액을 제시한다. 이 보고서는 제5장에서 설명된 원가-조업도-이익분석을 통한 손익계산서를 이용하여 작성된다. 보고서의 내용은 다음과 같다.

1. 통제가능고정원가를 공헌이익에서 차감한다.
2. 통제가능고정원가를 차감한 공헌이익을 **통제가능이익(controllable margin)**이라고 한다.
3. 통제불가능한 고정원가는 보고하지 않는다.

[도표 9-19]는 ㈜성림공업의 이익중심점인 판매부문의 책임보고서이다. 한 해 동안 판매부문의 간접고정원가는 ₩6,000,000이며, 이는 이익중심점의 관리자가 통제할 수 없는 부분이다.

도표 9-19 ▌이익중심점의 책임보고서

㈜성림공업
책임보고서 – 판매부문
2016년 12월 31일로 종료하는 회계연도

	예산	실제	차이	
매출액	₩120,000,000	₩115,000,000	₩5,000,000	U
변동원가				
매출원가	50,000,000	49,000,000	1,000,000	F
판매비와관리비	16,000,000	15,600,000	400,000	F
합계	66,000,000	64,600,000	1,400,000	F
공헌이익	54,000,000	50,400,000	3,600,000	U
통제가능고정원가				
매출원가	10,000,000	10,000,000	0	
판매비와관리비	8,000,000	8,000,000	0	
합계	18,000,000	18,000,000	0	
통제가능이익	**₩36,000,000**	**₩32,400,000**	**₩3,600,000**	U

통제가능이익은 관리자의 수익과 원가의 통제에 관한 성과를 측정하는 최선의 측정치가 될 수 있다. [도표 9-19]의 보고서를 보면, 경영자의 성과는 예상기대치보다 10%(₩3,600,000÷₩36,000,000)가 낮다. 이에 따라 최고경영자는 불리한 차이의 결과에 대한 원인규명을 요구할 것이다. 보고서는 판매부문이 ₩6,000,000의 고정원가는 보고하지 않음을 주목하라. 통제불가능한 원가는 이익중심점의 수익성 관련 보고서에는 포함될 수 있으나 책임보고서에는 보고할 필요가 없다.

관리자는 이익중심점 책임보고서의 월별 검토 여부를 선택가능하며, 책임보고서에는 보고시점까지의 연간 누적치가 표시되기도 한다.

투자중심점의 책임회계

앞서 설명한 바와 같이 투자중심점 경영자는 자산운용에 관한 자금투자를 통제하거나 중대한 영향력을 행사할 수 있다. 따라서, 투자중심점 경영자의 성과평가를 위한 주요 기준은 **투자수익률(ROI: return on investment)**이다. 투자수익률은 경영자의 재량에 따라 운용된 자산의 효율을 나타내기 때문에 유용한 성과측정치로 평가된다.

투자수익률(ROI)

투자중심점의 투자수익률을 계산하기 위한 공식은 다음과 같다.

$$\text{통제가능이익} \div \text{평균영업자산} = \text{투자수익률(ROI)}$$
$$1,000,000 \div 5,000,000 = 20\%$$

계산공식에서 통제가능이익과 평균영업자산은 둘 다 투자중심점의 경영자가 통제가능한 요인이다. 영업자산은 책임중심점에서 사용되고, 관리자가 통제하고 있는 유동자산과 설비자산으로 구성된다. 미래의 사용을 예상해 보유하고 있는 유휴설비자산과 토지는 비영업용자산이다. 평균영업자산은 기초와 기말의 자산원가나 장부금액을 이용하여 평가한다.

책임보고서

투자중심점 관리자의 책임범위는 성과보고서의 내용을 결정하는 중요한 영향요인이다. 투자중심점은 영업목적과는 상관없는 독립적 실체이므로, 관리자는 모든 고정원가에 대해서 통제가 가능하다. 예를 들면, 관리자는 투자중심점의 감가상각비까지도 책임이 있으므로, 투자중심점 관리자의 성과보고서에서는 이익중심점의 성과보고서보다 더 많은 통제가능고정원가를 확인할 수 있다. 그리고, 예산과 실제 투자수익률은 통제가능이익의 아래쪽에 표시된다.

㈜성림공업의 판매부문이 투자중심점이라는 가정하에 책임보고서를 살펴보자. 평균영업자산의 예산 및 실제금액은 ₩200,000,000이며, 이익중심점의 경영자가 통제불가능한 고정원가 ₩6,000,000이 투자중심점에서는 통제가능한 원가이다. [도표 9-20]은 투자중심점의 책임보고서이다.

도표 9-20 ▌투자중심점의 책임보고서

㈜성림공업
책임보고서 – 판매부문
2016년 12월 31일로 종료하는 회계연도

	예산	실제	차이	
매출액	₩120,000,000	₩115,000,000	₩5,000,000	U
변동원가				
매출원가	50,000,000	49,000,000	1,000,000	F
판매비와관리비	16,000,000	15,600,000	400,000	F
합계	66,000,000	64,600,000	1,400,000	F
공헌이익	54,000,000	50,400,000	3,600,000	U
통제가능고정원가				
매출원가	10,000,000	10,000,000	0	
판매비와관리비	8,000,000	8,000,000	0	
기타고정원가	6,000,000	6,000,000	0	
합계	24,000,000	24,000,000	0	
통제가능이익	**₩30,000,000**	**₩26,400,000**	**₩3,600,000**	U
투자수익률(ROI)	15.0%[(a)]	13.2%[(b)]	1.8%[(c)]	U
	₩30,000,000	₩26,400,000	₩3,600,000	
	₩200,000,000	₩200,000,000	₩200,000,000	

(a) $\frac{₩30,000,000}{₩200,000,000}$ (b) $\frac{₩26,400,000}{₩200,000,000}$ (c) $\frac{₩3,600,000}{₩200,000,000}$

보고서에는 ROI에 기초한 경영자의 성과가 예상기대치보다 1.8%(15.0%과 13.2%) 낮게 나타나고 있어, 최고경영자는 불리한 차이의 결과에 대한 설명을 요구할 것으로 보인다.

ROI의 결정요인

(1) 영업자산의 평가

영업자산은 취득원가, 장부금액, 평가금액 또는 시장가치로 평가될 수 있으며, 취득원가와 장부금액은 회계자료를 통해 언제든 이용가능하다.

(2) 이익측정치

이익측정치로는 통제가능이익, 영업이익 또는 순이익 모두 사용할 수 있다. 영업자산의 여러 가지 평가액 중 어떠한 평가금액이든 보고기간 동안 계속적으로 사용이 되는 한 경영자의 성과평가에 있어 신뢰성있는 자료가 될 수 있다. 그러나, 통제가능이익이 아닌 순이익의 사용은 성과평가 자료로서의 타당성을 잃게 된다.

ROI의 증대

투자중심점의 관리자는 통제가능이익의 증가나 평균영업자산의 감소를 통해 ROI를 증대시킬 수 있다. ㈜성림의 레이저부문을 예로 들어 보자. 관련자료는 다음과 같다.

매 출 액	₩200,000,000
변동원가	110,000,000
공헌이익(45%)	90,000,000
통제가능고정원가	30,000,000
통제가능이익(1)	₩ 60,000,000
평균영업자산(2)	₩500,000,000
투자수익률(1)÷(2)	12%

(1) 통제가능이익의 증가

통제가능이익은 매출액의 증가나 변동원가 또는 통제가능고정원가의 감소를 통해 증가할 수 있다.

① 매출액의 10% 증가

매출액은 ₩20,000,000(₩200,000,000×0.1) 증가하며, 공헌이익률 45%는 변화가 없다고 가정하면, 공헌이익은 ₩9,000,000(₩20,000,000×0.45)이 증가하게 된다. 통제가능고정원가는 변화가 없으므로, 통제가능이익은 공헌이익의 증가액과 동일한 금액이 증가한다. 즉, 통제가능이익은 ₩69,000,000(₩60,000,000+₩9,000,000), ROI는 13.8%가 된다.

$$ROI=\frac{\text{통제가능이익}}{\text{평균영업자산}}=\frac{₩69,000,000}{₩500,000,000}=13.8\%$$

매출액의 증가가 새로운 사업부문을 통해 이루어진 것이라면, 투자중심점과 기업에 모두 이득이 된다. 그러나, 다른 투자중심점의 희생으로 인한 매출액 증가는 기업 전체에는 도움이 되지 못한다.

② 변동원가 및 고정원가의 10% 감소

총원가는 ₩14,000,000{(₩110,000,000+₩30,000,000)×0.1%} 감소하며, 이는 통제가능이익을 동일한 금액만큼 증가시킨다. 따라서, 통제가능이익은 ₩74,000,000(₩60,000,000+₩14,000,000), ROI는 14.8%로 계산된다.

$$ROI=\frac{\text{통제가능이익}}{\text{평균영업자산}}=\frac{₩74,000,000}{₩500,000,000}=14.8\%$$

원가절감이 낭비와 비능률 요인의 제거로 인한 것이라면 분명 유리한 결과이지만, 수선유지비와 검사비 같은 필수적인 원가의 감소로 인한 수익률의 증가라면 최고경영자는 받아들이지 않을 것이다.

(2) 평균영업자산의 감소

평균영업자산의 10%인 ₩50,000,000(₩500,000,000×0.1)이 감소한다고 가정해 보자. 평균영업자산은 ₩450,000,000(₩500,000,000−₩50,000,000)이 되며, 통제가능이익은 ₩60,000,000으로 변화가 없기 때문에 ROI는 13.3%가 된다.

$$ROI=\frac{\text{통제가능이익}}{\text{평균영업자산}}=\frac{₩60,000,000}{₩450,000,000}=13.3\%$$

영업자산의 감소는 신중하게 결정되어야 한다. 과잉투자된 재고자산을 제거하고, 과도한 설비자산을 처분하기 위해서는 유용하지만, 예상필요량 이하로 재고자산을 줄이고, 반드시 필요한 설비자산을 처분하는 것은 현명하지 못한 결정이다.

성과평가의 원칙

성과평가는 책임회계의 핵심이다. 성과평가는 실제결과를 예산목표와 비교하는 경영관리의 한 기능으로, 행동원칙과 보고원칙의 두 가지와 관련이 있다.

행동원칙

인적요인은 성과평가에 있어 중요하며, 행동원칙으로는 다음과 같은 것들이 있다.

1. **책임중심점의 관리자는 책임범위 내의 예산목표를 설정하는 과정에 직접 참여하여야 한다.** 직접적인 참여가 없다면, 관리자는 최고경영자에 의해 설정된 목표를 비현실적이거나 독단적이라 생각할 수도 있다. 이는 예상목표를 달성하기 위한 관리자의 동기부여에 악영향을 미치게 된다.
2. **성과평가는 평가대상인 관리자가 통제가능한 항목에 대해서만 전적으로 이루어져야 한다.** 통제를 벗어난 문제에 대한 관리자의 비난은 평가과정의 효율성을 감소시킨다. 이는 기업 평가정책의 공정성에 대한 관리자의 부정적인 반응과 의구심을 야기시킨다.
3. **최고경영자는 평가과정을 지원해야 한다.** 평가과정은 최하위계층을 시작으로 하여 최상위계층으로 확장된다. 관리자의 성과평가를 위해 설정된 절차들이 최고경영자에 의해 무시되거나 또는 취소되고, 생략된다면 관리자는 평가과정에 대한 신뢰를 상실하게 될 것이다.
4. **평가과정은 관리자가 평가에 대응할 수 있도록 허용해야 한다.** 평가는 일방통행이 아니므로, 관리자는 자신들의 성과를 정당화시킬 수 있는 기회를 가져야 한다. 피드백이 없는 평가는 비인격적이고 비능률적이다.
5. **평가는 좋은 성과와 나쁜 성과를 모두 규명해야 한다.** 훌륭한 성과에 대한 칭찬은 관리자의 강력한 동기부여 요인이 된다. 관리자의 보상이 예상목표 달성에 대한 대가라면 더욱 그러하다.

보고원칙

책임회계하의 성과평가는 명확한 보고원칙에 따라야 한다. 이러한 원칙은 성과평가기준을 제공하는 내부보고서와 주로 관련이 있다. 성과보고는 다음과 같이 이루어져야 한다.

1. 책임중심점의 관리자가 통제가능한 자료만 포함시킨다.
2. 성과를 측정하기 위하여 정확하고 신뢰성 있는 예산자료를 제공한다.
3. 실제결과와 예산목표 간의 중요한 차이를 강조한다.
4. 평가에 초점을 맞춰야 한다.

5. 적절한 간격을 두고 작성되어야 한다.

최근 영향력 있는 주주집단은 최고경영자의 보수를 기업의 성과와 연결시키는 개선작업을 하도록 기업을 점점 더 압박하고 있다. 소프트웨어 제작업체인 Siebel사는 새로운 보상시스템을 발표하였는데, 특이한 점 중의 하나는 투자자들에게 관리자들의 목표가 연초에 공개적으로 발표된다는 것이다.

학습목표의 요약

Cost & Management Accounting

1 예산통제의 개념을 설명한다. 예산통제는 ① 실제결과를 예상목표와 비교하는 기간예산보고서를 작성하고, ② 원인을 규명하기 위해 차이를 분석하고, ③ 적절한 수정작업을 실행하며, ④ 필요에 따라 미래계획을 수정한다.

2 고정예산보고서의 유용성을 평가한다. 고정예산보고서는 예상매출액과 이익목표의 진행정도를 평가하는 데 유용하다. 또한, ① 실제활동수준이 예산과 거의 동일하거나 ② 활동이나 조업도수준에 따른 원가의 행태가 고정적일 경우, 경영자의 효율적인 원가통제를 평가하는 데 유용하다.

3 변동예산의 개발과 변동예산보고서의 유용성을 설명한다. 변동예산의 개발은 다음과 같은 절차로 이루어진다. ① 활동의 지표와 활동의 관련범위를 결정한다. ② 변동원가를 구분하고, 각 원가의 활동수준 단위당 예산변동원가를 산정한다. ③ 고정원가를 구분하고, 각 원가별 예산금액을 결정한다. ④ 관련범위 내의 각 활동수준에서 변동예산을 편성한다. 변동예산보고서는 생산통제와 원가통제라는 경영자(관리자)의 성과를 평가하기 위한 기준을 제공한다.

4 책임회계의 개념을 설명한다. 책임회계는 일상적 업무의 의사결정 권한을 지닌 경영자(관리자)의 원가집계 및 수익, 원가보고와 관련된다. 경영자(관리자)의 성과평가는 통제가능한 대상들을 통해 직접적으로 평가가 이루어진다. 책임회계에서는 통제가능한 고정원가와 통제불가능한 고정원가의 구분과 책임중심점의 세 가지 유형인 원가, 이익, 투자중심점의 식별이 가장 중요하다.

5 원가중심점 책임보고서의 특성을 명시한다. 원가중심점의 책임보고서는 실제원가를 변동예산자료와 비교한다. 보고서에는 통제가능한 원가만 기록되고, 변동원가와 고정원가의 구별은 하지 않는다.

6 이익중심점 책임보고서의 내용을 확인한다. 책임보고서는 각 이익중심점별로 공헌이익, 통제가능고정원가, 그리고 통제가능이익을 제시한다.

7 투자중심점 성과평가에 이용되는 기준과 공식을 설명한다. 투자중심점의 성과평가를 위한 주요 기준은 투자수익률(ROI)이다. 투자중심점의 ROI를 계산하는 공식은 다음과 같다.
통제가능이익÷평균영업자산

용어해설

- **간접고정원가(Indirect Fixed Cost)** 여러 이익중심점의 수익을 창출하는 과정에서 발생하는 원가
- **고정예산(Static Budget)** 특정 조업도나 활동수준에 맞춰 편성된 예산
- **변동예산(Flexible Budget)** 다양한 활동수준에 대해 편성된 예산
- **분권화(Decentralization)** 조직 전반에 걸쳐 다수의 경영자들에게 책임이 위임된 운영통제
- **세분화(Segment)** 분권화된 조직에서의 책임영역
- **예산통제(Budgetary Control)** 운영통제과정에서 예산을 이용
- **예외에 의한 관리(Management by Exception)** 실제결과와 예상목표의 모든 차이 또는 중요한 차이에 초점을 맞춘 최고경영자의 예산보고서 검토
- **원가중심점(Cost Center)** 직접적으로 수익은 창출하지 않고 원가만 발생시키는 책임중심점
- **이익중심점(Profit Center)** 원가를 발생시키고, 수익을 창출하는 책임중심점
- **잔여이익(Residual Income)** 통제가능이익에서 기업의 평균영업자산에 대한 최소투자수익을 차감한 이익
- **직접고정원가(Direct Fixed Cost)** 특정 책임중심점과 관련되며, 해당 책임중심점의 수익창출을 위해서만 발생하는 원가
- **책임보고시스템(Responsibility Reporting System)** 조직도상에 나타나는 각 책임계층의 보고서 작성시스템
- **책임회계(Responsibility Accounting)** 일상적 업무의 의사결정 권한을 지닌 경영자의 수익과 원가의 집계 및 보고와 관련된 관리회계의 일부
- **통제가능원가(Controllable Cost)** 경영자가 통제할 수 있는 원가
- **통제가능이익(Controllable Margin)** 공헌이익에서 통제가능고정원가를 차감한 금액
- **통제불능원가(Noncontrollable Cost)** 해당 경영계층에서 통제할 수 없으며, 간접적으로 발생하여 책임중심점으로 배부되는 원가
- **투자수익률(ROI: Return on Investment)** 경영자의 재량에 따라 운용된 자산의 효율성에 대한 측정치
- **투자중심점(Investment Center)** 원가를 발생시키고, 수익을 창출하며, 자산의 운용에 관한 의사결정도 책임을 지는 책임중심점

연습문제

Cost & Management Accounting

종합자습문제

※ ㈜성림은 직접노동시간을 기준으로 작성한 제조간접원가 변동예산을 이용하고 있다. 2016년 포장부문의 제조간접원가 예산은 다음과 같다. 연간 직접노동시간 300,000시간 기준

변동원가		고정원가	
간접노무원가	₩36,000,000	감 독 비	₩6,000,000
유 류 비	15,000,000	감가상각비	2,400,000
수선유지비	21,000,000	재 산 세	1,800,000
동 력 비	12,000,000	보 험 료	1,200,000
	₩84,000,000		₩11,400,000

7월 한 달 동안의 직접노동시간은 24,000시간이다. 7월에 발생한 변동원가는 간접노무원가 ₩3,020,000, 유류비 ₩1,160,000, 수선유지비 ₩1,750,000, 동력비 ₩920,000이며, 실제 발생한 고정제조간접원가는 월별 고정제조간접원가예산과 동일하다.

| 요구사항 |

㈜성림의 7월 포장부문 변동예산보고서를 작성하시오.

| 풀이 |

㈜성림
제조간접원가 변동예산보고서 – 포장부문
2016년 7월 31일

	예 산	실제원가	차 이
직접노동시간	24,000시간	24,000시간	
변동원가			
간접노무원가(₩120)	₩2,880,000	₩3,020,000	₩140,000 U
유 류 비(₩50)	1,200,000	1,160,000	40,000 F
수선유지비(₩70)	1,680,000	1,750,000	70,000 U
동 력 비(₩40)	960,000	920,000	40,000 F
총변동원가	₩6,720,000	₩6,850,000	₩130,000 U
고정원가			

감 독 비	₩500,000*	₩500,000	0
감가상각비	200,000*	200,000	0
재 산 세	150,000*	150,000	0
보 험 료	100,000*	100,000	0
총고정원가	950,000	950,000	0
	₩7,670,000	₩7,800,000	₩130,000 U

*12개월로 나눈 금액

객관식문제

※ 다음 질문에 가장 적절한 답을 고르시오(1~15).

01. 다음 중 예산통제와 관련이 없는 것은?
(a) 미래계획의 수정 (b) 차이의 분석
(c) 고정예산의 이용 (d) 실제와 예산 간의 차이를 결정

02. 예산보고서의 작성은?
(a) 매일 작성된다. (b) 주별로 작성된다.
(c) 월별로 작성된다. (d) 모두 다 옳다.

03. 제조기업에서 생산관리자가 받게 되는 보고서는?
(a) 판매보고서를 받게 될 것이다.
(b) 손익계산서를 받게 될 것이다.
(c) 작업폐물보고서를 받게 될 것이다.
(d) 선적부문의 간접원가보고서를 받게 될 것이다.

04. 고정예산에 대한 설명으로 적절한 것은?
(a) 관련범위 내 여러 활동수준에서의 예산자료를 제시한다.
(b) 단일 활동수준에서의 예산자료를 제시한다.
(c) 예산보고서를 통해 변동예산과 비교한다.
(d) 경영자 원가통제의 효율성을 측정하는 데는 결코 적합하지 않다.

05. 고정예산이 원가통제에 유용한 원가행태는?
(a) 혼합원가 (b) 고정원가
(c) 변동원가 (d) 선형원가

06. 변동예산 그래프에서 직접노동시간이 0일 때 총예산원가선은 ₩30,000에서 세로축과 교차하고, 직접노동시간이 10,000시간일 때는 총예산원가선이 ₩90,000과 교차한다. 이를 고정원가와 변동원가로 나타내면?

(a) 고정원가 ₩30,000+직접노동시간당 변동원가 ₩6
(b) 고정원가 ₩30,000+직접노동시간당 변동원가 ₩9
(c) 고정원가 ₩60,000+직접노동시간당 변동원가 ₩3
(d) 고정원가 ₩60,000+직접노동시간당 변동원가 ₩6

07. 직접노동시간이 9,000시간일 때, 간접재료원가의 변동예산은 ₩27,000이다. 직접노동시간이 9,200시간일 때 발생한 간접재료원가가 ₩28,000이라면, 변동예산보고서는 간접재료의 차이를 얼마로 보고해야 하는가?

(a) ₩1,000 불리한 차이　　(b) ₩1,000 유리한 차이
(c) ₩400 유리한 차이　　(d) ₩400 불리한 차이

08. 책임회계에서 경영자의 성과평가 대상은?

(a) 경영자가 직접적으로 통제하는 문제
(b) 경영자가 직접・간접적으로 통제하는 문제
(c) 경영자가 간접적으로 통제하는 문제
(d) 다른 경영자와 책임을 공유하는 문제

09. 책임중심점의 유형은?

(a) 원가중심점　　(b) 이익중심점
(c) 투자중심점　　(d) 위의 모두 다 해당

10. 원가중심점의 책임보고서에 대한 내용으로 적절한 것은?

(a) 변동원가와 고정원가를 구분한다.
(b) 고정예산자료를 사용한다.
(c) 통제가능한 원가와 통제불가능한 원가를 모두 포함한다.
(d) 통제가능한 원가만 포함한다.

11. 제조기업의 회계부문은?

(a) 원가중심점　　(b) 이익중심점
(c) 투자중심점　　(d) 공헌중심점(contribution center)

12. 이익중심점 경영자의 성과평가를 위해 상위경영자가 요구하는 정보는?

(a) 통제가능원가　　(b) 통제가능수익
(c) 통제가능원가와 수익　　(d) 통제가능원가와 수익, 평균영업자산

13. 공헌이익에서 통제가능고정원가를 차감한 후 이익중심점 책임보고서에 보고되는 것은?
(a) 이익중심점 이익 (b) 통제가능이익
(c) 순이익 (d) 영업이익

14. 투자수익률(ROI)의 계산공식에서 통제가능이익과 영업자산은?
(a) 통제가능영업이익 비율과 총영업자산
(b) 통제가능영업이익 금액과 평균영업자산
(c) 통제가능영업이익 금액과 총영업자산
(d) 통제가능영업이익 비율과 평균영업자산

15. 투자중심점의 경영자가 ROI를 증대시킬 수 있는 방법은?
(a) 평균영업자산의 증가 (b) 매출액의 감소
(c) 변동원가의 증가 (d) 변동원가, 통제가능고정원가의 감소

주관식문제

01. 직접노동시간이 40,000시간인 제조간접원가 고정예산의 간접노무원가는 ₩5,400,000이다. 3월 한 달 동안 45,000시간을 작업하였으며, 간접노무원가는 ₩6,500,000 발생하였다. 유리한 성과인가 또는 불리한 성과인가? 이유는 무엇인가?

02. 직접노동시간이 40,000시간인 제조간접원가 고정예산에서 고정원가인 공장보험료는 ₩650,000이다. 3월 한 달 동안의 실제직접노동시간은 50,000시간이며, 공장보험료는 ₩620,000이었다. 유리한 성과인가 또는 불리한 성과인가? 이유는 무엇인가?

03. ㈜창신은 변동예산자료를 그래프로 작성하고 있다. 직접노동시간이 0일 때 총예산원가선은 ₩25,000에서 세로축과 교차하고, 직접노동시간이 10,000시간일 때 총예산원가선은 ₩85,000과 교차한다. 고정원가와 변동원가는 어떻게 나타낼 수 있는가?

04. 변동예산 공식이 다음과 같다면, 직접노동시간이 (a) 9,000시간, (b) 12,345시간일 때의 총예산원가는 얼마인가?
고정원가 ₩4,000,000+직접노동시간당 ₩400

05. ㈜창신조경의 2016년 3월 31일로 종료되는 1분기의 매출액 자료를 보면, 정원용 기구의 예산매출액은 ₩31,000,000, 실제매출액은 ₩30,400,000이다. 1분기 고정예산보고서를 작성하시오.

06. ㈜창신조경의 1분기 자료는 [문제 5]에 제시되어 있다. 2분기의 예산매출액은 ₩38,000,000, 실제매출액은 ₩38,300,000이다. 2분기와 현재까지의 고정예산보고서를 작성하시오.

07. ㈜창신의 시간당 직접노무원가는 ₩2,000이다. 기업은 매월 직접노동시간을 10,000시간으로 예상한다. 2016년 1월의 실제직접노동시간은 10,400시간이며, 직접노무원가는 ₩20,300,000 발생하였다. (a) 고정예산보고서와 (b) 변동예산보고서를 작성하시오. 각 보고서의 유용성을 평가하시오.

08. ㈜창신의 조립부문에 대한 2015년 4월의 제조간접원가 예산과 실제 제조간접원가는 다음과 같다.

	예 산	실 제
간접재료원가	₩1,500,000	₩1,430,000
간접노무원가	2,000,000	2,060,000
동 력 비	1,000,000	1,075,000
공장감독비	500,000	500,000

모든 원가는 부문관리자가 통제가능한 원가이다. 원가중심점의 4월 책임보고서를 작성하시오.

09. ㈜창신에서 이익중심점으로 운영되는 부문의 2015년 12월 31일로 종료되는 회계연도 요약 자료는 다음과 같다.

	예 산	실 제
매 출 액	₩200,000,000	₩208,000,000
변동원가	100,000,000	105,000,000
통제가능고정원가	30,000,000	31,000,000

이익중심점의 책임보고서를 작성하시오.

10. ㈜창신에서 투자중심점으로 운영되는 부문의 2015년 12월 31일로 종료되는 회계연도 요약 자료는 다음과 같다.

	예 산	실 제
공헌이익	₩70,000,000	₩71,500,000
통제가능고정원가	30,000,000	30,900,000

연평균영업자산은 ₩200,000,000이다.

공헌이익으로 시작하는 투자중심점의 책임보고서를 작성하시오.

11. 다음은 ㈜창신의 세 투자중심점에 관한 자료이다.

	I	II	III
매 출 액	₩200,000,000	₩300,000,000	₩400,000,000
통제가능이익	120,000,000	200,000,000	320,000,000
평균영업자산	500,000,000	800,000,000	1,000,000,000

각 투자중심점의 투자수익률(ROI)을 계산하시오.

12. ㈜창신의 투자중심점 자료는 [문제 11]에 제시되어 있다. 투자중심점별로 다음 연도에 예상되는 변화는 다음과 같다.

- 투자중심점 Ⅰ: 매출액 15% 증가
- 투자중심점 Ⅱ: 원가 ₩20,000,000 감소
- 투자중심점 Ⅲ: 평균영업자산 ₩40,000,000 감소

각 투자중심점의 투자수익률(ROI)을 계산하시오. 단, 투자중심점 Ⅰ의 매출액 증가에 따른 공헌이익률은 75%로 가정하시오.

13. ㈜태일산업의 서비스부문은 2015년 결과를 다음과 같이 보고하였다.

	예 산
매 출 액	₩50,000,000
변동원가	30,000,000
통제가능고정원가	7,500,000
평균영업자산	45,000,000

부문경영자는 부문의 투자수익률을 극대화하기 위하여 다음의 각 독립적 대안을 고려하고 있다.

(1) 통제가능이익의 변화없이 평균영업자산을 ₩5,000,000 감소시킨다.
(2) 공헌이익률의 변화없이 매출액을 ₩10,000,000 증가시킨다.

| 요구사항 |

(a) 2015년 통제가능이익과 투자수익률을 계산하시오.
(b) 각 대안에 따른 통제가능이익과 투자수익률을 계산하시오.

14. ㈜태일은 직접노동시간을 기준으로 작성한 제조간접원가 변동예산을 이용하고 있다. 직접노동시간당 변동제조간접원가는 간접노무원가 ₩100, 간접재료원가 ₩50, 동력비 ₩40이다. 월별 고정제조간접원가는 공장감독비 ₩400,000, 감가상각비 ₩150,000, 그리고 재산세 ₩80,000이다. 기업은 정상적인 월별 직접노동시간을 7,000시간에서 10,000시간 사이로 예상한다.

| 요구사항 |

예상활동수준 내에서 직접노동시간이 1,000시간씩 증가하는 2012년 제조간접원가 월 변동예산을 작성하시오.

15. [문제 14]의 정보를 이용하고, 2015년 7월에 발생한 ㈜태일의 제조간접원가는 다음과 같다고 가정하라.

변동원가		고정원가	
간접노무원가	₩870,000	감 독 비	₩400,000
간접재료원가	430,000	감가상각비	150,000
동 력 비	320,000	재 산 세	80,000

| 요구사항 |

(a) 7월의 실제 직접노동시간은 9,000시간이라고 가정하여, 변동예산 성과보고서를 작성하시오.
(b) 7월의 실제 직접노동시간은 8,500시간이라고 가정하여, 변동예산 성과보고서를 작성하시오.

16. ㈜태일은 판매비를 통제하기 위한 목적으로 변동예산을 이용한다. 월별 매출액은 ₩17,000,000에서 ₩20,000,000 사이로 예상하며, 변동원가는 매출액의 일정비율로 발생한다. 즉, 판매수수료는 5%, 광고선전비 4%, 여비교통비 3%, 운반비는 매출액의 2%이다. 고정판매비로는 판매원급여 ₩3,400,000, 운송장비 감가상각비 ₩700,000, 운송장비 보험료 ₩100,000이 발생할 것이다.

| 요구사항 |

2015년 12월 31일로 종료하는 회계연도의 관련범위 내에서, 매출액이 ₩1,000,000씩 증가하는 월 변동예산을 작성하시오.

17. 2015년 3월에 발생한 ㈜태일의 실제 판매비는 다음과 같으며, 나머지 자료는 [문제 16]을 이용하라.

변동원가		고정원가	
판매수수료	₩920,000	판매원급여	₩3,400,000
광고선전비	700,000	감가상각비	700,000
여비교통비	510,000	보 험 료	100,000
운 반 비	350,000		

| 요구사항 |

(a) [문제 16]의 예산자료를 이용하여, 3월의 변동예산 성과보고서를 작성하시오. 3월의 매출액은 ₩17,000,000이며, 예상매출액과 실제매출액이 동일한 것으로 가정하라.
(b) 3월의 매출액을 ₩18,000,000으로 가정하고, 변동예산 성과보고서를 작성하시오. 예상매출액과 실제매출액은 동일하다.

18. 태일키친은 토스터 오븐 제조업체이다. 사장은 운영통제의 개선을 위해 종합예산만 사용하던 기존 방식이 아닌 변동예산의 도입을 시도하고자 한다. 다음 자료는 생산량 90,000단위, 100,000단위, 110,000단위 수준에서 이용가능한 태일키친의 예상원가이다.

변동원가		고정원가	
제조원가	단위당 ₩600	제조원가	₩15,000,000
관 리 비	단위당 ₩300	관 리 비	8,000,000
판 매 비	단위당 ₩100		

| 요구사항 |

(a) 각 생산량 90,000단위, 100,000단위, 110,000단위 수준에서의 변동예산을 작성하시오.

(b) 태일키친이 토스터 오븐을 단위당 ₩1,500에 판매한다면, 세전이익 ₩25,000,000을 달성하기 위한 판매량은 몇 단위인가?

19. ㈜태일의 2015년 1분기 제조간접원가 예산관련 자료는 다음과 같다.

변동원가		고정원가	
간접재료원가	₩1,200,000	감독자급여	₩3,600,000
간접노무원가	1,000,000	감가상각비	700,000
동 력 비	800,000	재산세 및 보험료	800,000
수선유지비	600,000	수선유지비	500,000

실제로 발생한 변동원가는 간접재료원가 ₩1,380,000, 간접노무원가 ₩960,000, 동력비 ₩870,000, 수선유지비 ₩490,000이다. 고정원가는 재산세 및 보험료 ₩820,000을 제외하고는 예산과 동일하다.

감가상각비와 재산세 및 보험료를 제외한 모든 원가는 생산부문 관리자가 통제가능한 것으로 간주된다.

| 요구사항 |

(a) 1분기의 제조간접원가 변동예산보고서를 작성하시오.

(b) 1분기의 책임보고서를 작성하시오.

20. 태일제화는 이익중심점으로 운영되는 세 부문이 있다. 각 부문의 실제 영업자료는 다음과 같다.

영업자료	여성화	남성화	아동화
공헌이익	₩24,000,000	(3)	₩18,000,000
통제가능고정원가	10,000,000	(4)	(5)
통제가능이익	(1)	₩ 9,000,000	9,600,000
매 출 액	60,000,000	45,000,000	(6)
변동원가	(2)	33,000,000	25,000,000

| 요구사항 |

(a) (1) ~ (6)의 금액을 계산하고, 계산과정을 제시하시오.

(b) (1) 2015년 6월 30일로 종료되는 자료이며, (2) 변동원가의 실제발생액이 예산을 ₩1,000,000 초과하는 부분을 제외하고 모든 자료는 예산과 동일하다는 가정하에, 여성화부문의 책임보고서를 작성하시오.

21. 태일물산의 스포츠장비부문은 이익중심점으로 운영되고 있다. 부문의 2015년 예상매출액은 ₩90,000,000이었다. 유일한 변동원가는 매출원가와 판매비와관리비이며, 변동원가예산은 매출원가 ₩44,000,000, 판매비와관리비 ₩6,000,000이다. 고정원가예산은 매출원가 ₩10,000,000, 판매비와관리비 ₩9,000,000, 통제불가능한 고정원가 ₩7,000,000이다. 실제로 발생한 원가는 다음과 같다.

매출액	₩88,000,000
매출원가	
변동원가	40,900,000
고정원가	10,500,000
판매비와관리비	
변동원가	6,100,000
고정원가	6,700,000
통제불능 고정원가	8,000,000

| 요구사항 |

(a) 2015년 스포츠장비부문의 책임보고서를 작성하시오.

(b) 부문은 투자중심점이며, 평균영업자산은 ₩100,000,000, 이익중심점에서 통제불가능한 고정원가가 투자중심점에서는 통제가능하다고 가정하고, ROI를 계산하시오.

22. ㈜태일의 투자중심점부문은 당해 연도 관련 자료를 다음과 같이 보고하였다.

매출액	₩300,000,000
변동원가	195,000,000
통제가능고정원가	60,000,000
평균영업자산	500,000,000

최고경영자는 투자중심점의 투자수익률(ROI)이 만족스럽지 않다. 이러한 이유로, 관리자에게 차기 ROI의 증대를 위한 계획안을 제출하도록 요구하였다. 부문관리자는 다음 각각의 독립적인 대안을 통해 ROI의 증대가 실현가능할 것으로 믿고 있다.

(1) 공헌이익률의 변동없이 매출액 ₩32,000,000 증가
(2) 변동원가 ₩10,000,000 감소
(3) 평균영업자산 4% 감소

| 요구사항 |

(a) 당해 연도의 투자수익률(ROI)을 계산하시오.
(b) ROI 계산공식을 이용하여, 각 대안별 ROI를 계산하시오(소수 첫째자리까지 계산).

실전문제

01. ㈜청윤은 서울사업부와 대전사업부로 구성되어 있는데 이들은 각각 투자중심점으로 운영되고 있다. 각 사업부의 당기 자료는 다음과 같다. 사업부의 잔여이익을 계산한 것으로 맞는 것은? 단, 최저필수수익률은 10%이다. [기업회계 1급, 31회]

	서울사업부	대전사업부
영업자산	₩12,000,000	₩8,000,000
매 출 액	₩25,000,000	₩15,000,000
영업이익	₩3,800,000	₩1,500,000

① 서울사업부 ₩2,060,000　　② 대전사업부 ₩2,060,000
③ 서울사업부 ₩700,000　　④ 대전사업부 ₩700,000

02. 다음 중 분권화된 조직에서의 책임회계제도, 대체가격, 투자중심점, 성과평가 등과 관련한 설명으로 옳지 않은 것은? [기업회계 1급, 29회]

① 조직의 하위부문 사이에 재화를 주고받을 경우 각 하위부문에 대한 공정한 성과평가를 하려면 공급부문의 실제원가에 근거하여 대체가격을 설정하는 것이 바람직하다.

② 이익중심점이란 수익과 비용 모두에 대하여 책임이 부여된 조직의 하위단위 또는 부문을 말한다.

③ 잔여이익이란 투자중심점이 사용하는 영업자산으로부터 당해 투자중심점이 획득하여야 하는 최소한의 이익을 초과하는 영업이익을 말한다.

④ 책임회계제도는 조직의 자원이 어느 기능을 위하여 사용되었는가보다는 누가 사용하였는가에 관심을 둔다.

03. 다음 중 책임회계제도와 관련된 설명으로 옳은 것을 모두 나열한 것은? [기업회계 1급, 27회]

1. 원가중심점은 특정 원가의 발생에만 통제책임을 지는 책임중심점으로 제조부문이 한 예가 될 수 있다.
2. 책임중심점의 성과를 평가할 때 통제가능 여부에 관계없이 관련된 모든 업무에 대해 책임을 물어야 한다.
3. 이익중심점이란 수익과 비용 모두에 대해 책임이 부여된 조직의 하위단위 또는 부문을 말한다.
4. 책임회계제도는 조직의 자원이 어느 기능을 위하여 사용되었는가보다는 어느 부문이 사용하였는가에 관심을 둔다.

① 1, 3 ② 1, 3, 4

③ 3, 4 ④ 2, 3, 4

Chapter 10

표준원가와 균형성과표

학습목표

이 장의 학습목표는 다음과 같다.

1. 표준과 예산을 구별한다.
2. 표준원가의 장점을 확인한다.

요약

기준이나 표준은 기업뿐만 아니라 일상생활에서도 피할 수 없는 현실이다. 여러분이 학교에 입학하기 위해서는 입학기준을 따라야 하며, 차량의 운행을 위해서는 정부의 배기가스 배출기준을 준수해야 한다. 레스토랑에서 판매되는 햄버거와 샐러드는 판매되기 이전에 건강기준과 영양기준량을 맞추어야 한다. 제조기업의 경우 재료원가, 노무원가, 제조간접원가의 표준이 설정되며, 이러한 원가표준은 원가를 통제하면서 제품의 품질을 향상시키기 위한 목적으로 설정된다.

제10장에서도 원가통제에 관한 내용은 계속되며, 표준원가와 균형성과표를 이용하여 성과를 평가하는 방법을 학습한다.

제10장의 구성과 내용은 다음과 같다.

표준원가와 균형성과표

- **표준의 필요성**
  - 표준과 예산의 차이
  - 표준원가의 효익
- **표준원가의 설정**
  - 이상적 표준과 정상적 표준
  - 사례연구
- **표준원가의 차이분석 및 보고**
  - 직접재료원가차이
  - 직접노무원가차이
  - 제조간접원가차이
  - 차이의 보고
  - 차이의 보고서 표시
- **균형성과표**
  - 재무적 관점
  - 고객 관점
  - 내부프로세스 관점
  - 학습 및 성장 관점

1 표준의 필요성

사업상 기준이나 표준의 적용은 흔한 일이다. 정부기관이 시행하는 기준은 규제라고도 부르며, 공정근로기준법, 고용평등법, 다수의 환경기준은 정부의 규제에 해당한다. 기업이 내부적으로 설정한 기준은 종업원의 무단결근, 윤리적 행동강령과 같은 인사문제, 제품의 품질관리기준, 재화와 서비스의 표준원가로 확대될 수 있다. 관리회계에서 **표준원가(standard cast)**는 단위당 예정원가이며, 기업의 성과측정치로 사용한다.

본 장에서는 생산활동에 초점을 맞춘다. 그러나, 여러 가지 유형의 서비스기업에서도 표준원가를 적용할 수 있음을 인식할 필요가 있다. 패스트푸드점인 맥도날드는 피클, 다진 고기, 번(burn), 기타 재료 등에 가격을 지불해야 하고, 종업원이 햄버거를 뒤집기까지 상당한 시간이 걸리는 사실도 알고 있다. 만약 빅맥(Big Macs)에 사용되는 피클에 너무 많은 금액을 지급한다거나 종업원의 준비시간이 지나치게 길어진다면, 맥도날드는 표준에서 벗어남을 인식하고 수정행동을 취하게 된다. 그리고, 대학이나 자선단체, 정부기관 등 비영리기업이나 비영리조직에서도 표준원가를 이용할 수 있다.

표준과 예산의 차이

표준과 예산은 예정원가로, 경영계획과 경영통제에 사용된다. 차이가 있다면, 표준은 단위당 금액으로, 예산은 총액으로 나타난다는 점이다. 제품단위당 직접노무원가의 표준은 ₩1,000이고, 기업이 5,000단위의 제품을 생산한다면, 직접노무원가예산은 ₩5,000,000이 된다. 표준은 제품단위당 예산원가이며, 전체 예산을 구성하는 각 원가요소와 관련이 있다.

예산과 표준에는 회계처리상의 중요한 차이가 있다. 작업이나 공정에 적용되는 제조간접원가를 제외하고 예산자료는 원가회계시스템에 기록되지 않는다. 반대로, 표준원가는 원가회계시스템에 포함될 수 있다. 또한, 기업은 재무제표에 표준원가로 재고자산을 보고할 수 있지만, 예산원가로 보고하지는 않는다.

표준원가의 효익

표준원가의 주요 효익은 다음과 같다.

1. 경영계획을 용이하게 한다.
2. 종업원이 원가에 더 민감하도록 함으로써 경제성 증대를 촉진한다.
3. 판매가격의 결정에 유용하다.
4. 원가통제를 평가하는 기준을 제공함으로써 경영통제를 용이하게 한다.
5. 예외에 의한 관리를 통해 차이를 강조하는 데 유용하다.
6. 재고자산의 원가계산을 단순화시키고, 사무비용을 절감한다.

표준원가가 신중하게 설정되고 사용된다면, 기업은 표준원가의 효익을 실현할 수 있을 것이다. 그러나, 표준원가를 단지 비난을 위한 도구로만 사용하게 되면, 경영자나 종업원에게 부정적인 영향을 미칠 수 있다. 많은 기업들은 이러한 부정적 효과를 최소화하기 위해서 표준을 달성한 이들에게 성과급을 지급한다.

2 표준원가의 설정

생산제품의 단위당 표준원가를 설정하는 것은 쉽지 않은 일이다. 이는 원가와 수량에 책임이 있는 모든 조직구성원들을 통해 가능하다. 직접재료원가의 표준을 결정하기 위해서, 경영자는 구매담당자, 생산관리자, 품질관리기사, 공장감독자들로부터 의견을 수렴한다. 직접노무원가의 표준을 설정하는 과정에서 경영자는 급여지급부서인 경리부로부터 임금지급에 관한 자료를 받게 되며, 산업공학자는 필요한 작업시간을 산정한다. 관리회계담당자는 과거 원가자료를 모으고, 활동수준에 따라 원가가 변동하는 행태를 분석하여 표준원가설정과정에 중요한 의견을 제시한다.

효과적인 원가통제를 위해서, 표준원가는 항상 현재진행형이어야 한다. 즉, 표준은 지속적으로 검토되어야 하며, 현행 표준원가가 성과측정치로 적합하지 못하다고 판단되면 표준을 변경하여야 한다. 표준의 수정이 요구되는 상황으로는 새로운 노조계약으로 인한 임률의 변동, 제품사양의 변화 또는 새로운 제조기법의 도입 등이 있다.

이상적 표준과 정상적 표준

기업은 이상적 표준과 정상적 표준 중 하나로 표준을 설정한다. **이상적 표준(ideal standards)**은 완벽한 작업조건에서 달성될 수 있는 최적의 성과수준을 나타내며, **정상적 표준(normal standards)**은 정상작업수준에서 달성가능한 효율적인 성과수준이다.

일부 경영자들은 이상적 표준이 종업원의 끊임없는 개선노력에 자극제가 될 것이라 믿고 있다. 그러나, 대부분의 경영자들은 이상적 표준이 불가능하거나 달성하기가 어렵기 때문에, 오히려 전 종업원의 사기를 떨어뜨린다는 견해를 가지고 있다. 이러한 이유로 극소수의 기업만이 이상적 표준을 사용한다.

대부분의 기업이 사용하는 표준은 정상적 수준에서 설정된다. 적절하게 설정된 정상적 표준은 엄격하지만 달성가능하여야 한다. 정상적 표준은 생산과정에서의 여유시간, 기계고장, 그리고 정상적으로 가능한 만일의 사태를 허용한다. 본 장에서 표준원가는 정상적 수준에서 설정된다고 가정하고 있다.

사례연구

제품의 표준원가는 제조원가요소인 직접재료원가, 직접노무원가, 그리고 제조간접원가로 나누고, 각 원가요소별로 표준이 설정되어야 한다. 원가요소별 표준은 표준가격과 표준수량을 통해 산출된다.

사례연구를 통해 표준원가가 설정되는 과정을 살펴보자. ㈜성림화학은 친환경세제 1,000드럼의 주문과 관련한 성과평가에 표준원가를 이용하고자 한다.

직접재료원가

직접재료원가의 **가격표준(price standard)**은 직접재료의 단위당 예정원가이다. 구매담당부서가 합리적으로 예상한 원재료원가의 예정금액에 근거하여 산출되며, 흔히 현재의 구입가격을 기준으로 한다. 가격표준에는 수령, 보관 및 처리에 따르는 부대비용까지 포함된다. ㈜성림화학의 직접재료 단위당(ℓ) 가격표준은 다음과 같다.

도표 10-1 ▌ 직접재료원가의 가격표준 설정

항 목	가 격
구입가격	₩2,700
운반비	200
수령 및 처리비용	100
직접재료의 단위당 가격표준	₩3,000

직접재료원가의 **수량표준(quantity standard)**은 한 단위의 제품을 완성하기 위해 사용되어야 하는 직접재료의 수량으로 kg, ℓ, m^2 등과 같은 물리적 측정치로 표시한다. 표준을 설정할 때 경영자는 제품생산에 사용되는 재료의 품질과 수량을 모두 고려하여야 한다. ㈜성림화학의 제품단위당 수량표준은 다음과 같다.

도표 10-2 ▌ 직접재료원가의 수량표준 설정

항 목	수 량(ℓ)
재료사용량	3.5
감손허용량	0.4
공손허용량	0.1
직접재료의 단위당 수량표준	4.0

직접재료의 단위당 표준원가는 가격표준과 수량표준을 곱하여 계산된다. ㈜성림화학의 친환경세제 드럼당 직접재료원가의 표준은 ₩12,000(₩3,000×4.0ℓ)이다.

직접노무원가

직접노무원가의 가격표준은 발생이 예상되는 직접노무의 시간당 임률이며, 현재의 임률을 기준으로 생계비상승에 따른 임금조정 등의 변화를 예상하여 설정한다. 일반적으로 가격표준은 종업원의 세금, 복리후생비 등을 포함한다. ㈜성림화학의 직접노무원가 가격표준은 다음과 같다.

도표 10-3 ▌ 직접노무원가 가격표준의 설정

항 목	가 격
시간당 임률	₩7,500
임금조정	250
세 금	750
복리후생비	1,500
직접노무의 단위당 가격표준	₩10,000

직접노무원가의 수량표준은 제품 한 단위를 완성하기 위해 필요한 시간으로, 노동집약적인 기업에선 특히 중요한 수치이다. 수량표준은 휴식시간, 청소와 작업준비, 기계고장시간 등을 고려하여 설정되어야 한다. ㈜성림화학의 직접노무원가 수량표준은 [도표 10-4]와 같다.

도표 10-4 ▌ 직접노무원가 수량표준의 설정

항 목	수량(시간)
실제작업시간	1.5
휴식 및 청소시간	0.2
작업준비 및 기계고장시간	0.3
직접노무의 단위당 수량표준	2.0

직접노무원가의 표준은 표준임률과 표준시간을 곱하여 계산된다. 친환경세제의 드럼당 직접노무원가 표준은 ₩20,000(₩10,000×2.0시간)이다.

제조간접원가

기업은 표준을 설정하기 위해 제조간접원가 **표준예정배부율(standard predetermined overhead rate)**을 이용한다. 제조간접원가 배부율은 예정제조간접원가를 예정표준조업도로 나누어 계산하는데, 조업도로는 표준직접노동시간이나 표준기계시간이 사용될 수 있다.

제4장에서 언급된 바와 같이, 많은 기업들이 제조간접원가의 배부를 위해 활동기준원가계산(ABC)를 이용하고 있다. ABC는 제조간접원가 배부에 여러 개의 활동지표를 사용하기 때문에 다른 배부방법에 비해 활동과 발생원가 간의 인과관계를 더 잘 보여준다. 따라

서, ABC의 도입은 경영의사결정에 있어 표준원가계산의 유용성을 훨씬 증가시킬 수 있다.

㈜성림화학은 활동지표로 표준직접노동시간을 사용하며, 기업의 정상조업도 수준을 고려한 친환경세제의 연간 생산량은 13,200드럼으로 예상한다. 정상조업도는 기업의 장기적인 경험을 통해 산출되는 평균조업도이다. 드럼당 소요되는 직접노동시간은 2시간이므로, 표준직접노동시간은 총 26,400시간(13,200드럼×2시간)이 된다.

직접노동시간을 기준으로 한 정상조업도가 26,400시간일 경우, 제조간접원가는 ₩132,000,000으로 예상되며, 이 금액 중 변동원가는 ₩79,200,000, 고정원가는 ₩52,800,000이다. [도표 10−5]는 ㈜성림화학의 제조간접원가 표준예정배부율의 계산내역을 보여준다.

도표 10−5 ▌ 제조간접비 예정배부율의 계산

예상제조간접원가	금 액	÷	표준직접노동시간	=	직접노동시간당 제조간접원가배부율
변동원가	₩ 79,200,000		26,400		₩3,000
고정원가	52,800,000		26,400		2,000
합 계	₩132,000,000		26,400		**₩5,000**

제품단위당 제조간접원가의 표준예정배부율은 예정배부율과 표준조업도를 곱하여 계산된다. ㈜성림화학은 조업도로 직접노동시간을 사용하므로, 친환경세제 단위당 표준제조간접원가는 ₩10,000(₩5,000×2시간)이 된다.

단위당 표준원가 총액

제품단위당 가격표준과 수량표준을 설정한 후, 기업은 표준원가 총액을 결정할 수 있다. 단위당 표준원가 총액은 표준직접재료원가, 표준직접노무원가, 표준제조간접원가의 합계액이다. ㈜성림화학의 친환경세제 드럼당 표준원가는 [도표 10−6]의 표준원가표와 같이 나타난다.

기업은 제품별로 표준원가표를 작성하며, 표준과의 차이를 계산하는 기준을 제공한다.

도표 10-6 ▌ 친환경세제의 단위당 표준원가

제품: 친환경세제　　　　단위: 드럼

제조원가 요소	수량표준	×	가격표준	=	표준원가
직접재료원가	4ℓ		₩ 3,000		₩12,000
직접노무원가	2시간		₩10,000		20,000
제조간접원가	2시간		₩ 5,000		10,000
					₩42,000

3 표준원가의 차이분석과 보고

표준원가를 경영관리에 이용할 때 중요한 하나는 표준과의 차이를 분석하는 것이다. 차이(variances)는 총실제원가와 총표준원가의 차이를 말한다.

6월에 ㈜성림화학이 친환경세제 1,000드럼을 생산하면서 발생한 원가는 다음과 같다.

직접재료원가	₩13,020,000
직접노무원가	20,580,000
변동제조간접원가	6,500,000
고정제조간접원가	4,400,000
총실제원가	₩44,500,000

기업의 6월 생산량과 단위당 표준원가를 곱하여 총표준원가를 계산하면, 친환경세제의 표준원가는 ₩42,000,000(1,000드럼×₩42,000)이며, 총원가 차이는 ₩2,500,000이다. 차이는 단위당 금액이 아닌 총액으로 표시됨을 주의하라.

실제원가	₩44,500,000
차감: 표준원가	42,000,000
총차이	₩ 2,500,000

실제원가가 표준원가를 초과하면 불리한 차이가 나타나는데, 6월은 ₩2,500,000의 불리

한 차이가 발생하였다. **불리한 차이(unfavorable variance)**는 하나 또는 그 이상의 제조원가요소를 지나치게 많이 지급했다거나 원가요소가 비능률적으로 사용되었다는 부정적인 의미를 지니고 있다.

반대로 실제원가가 표준원가보다 적으면 **유리한 차이(favorable variance)**가 발생하며, 이는 제조원가의 발생과 직접재료원가, 직접노무원가, 제조간접원가의 사용이 능률적이라는 긍정적인 의미를 지닌다.

그러나, 유리한 차이가 질이 낮은 재료의 사용으로 발생할 수 있음에 주의하여야 한다. 청첩장을 인쇄하면서 낮은 등급의 종이를 사용한다면, 이러한 결과가 나타날 수 있다. 또는 자동차 조립라인의 타이어 장착과정에서 볼트를 절반만 사용하는 경우에도 유리한 차이는 발생한다. 그러나, 차이로 인해 기업의 품질관리기준이 저해된다면, 이는 유리한 차이라고 할 수 없다.

직접재료원가 차이

1,000드럼의 친환경세제 주문을 완성하기 위해, 직접재료는 4,200ℓ를 사용하였고, 단위당 ₩3,100에 구입하였다. 따라서, ㈜성림화학의 직접재료원가 총차이(total variance)는 다음과 같이 계산된다.

실제수량×실제가격－표준수량×표준가격＝직접재료원가 총차이
$(AQ)\times(AP) - (SQ)\times(SP)$
(4,200×₩3,100) － (4,000×₩3,000)＝₩1,020,000 U

따라서, 직접재료원가는 ₩1,020,000(₩13,020,000－₩12,000,000)의 불리한 총차이가 발생한다.

총차이를 계산한 후, 총차이 중 가격과 수량으로 인해 발생한 금액을 각각 분석한다. 직접재료원가의 가격차이는 다음 식을 이용하여 계산한다.

실제수량×실제가격－실제수량×표준가격＝직접재료원가 가격차이
$(AQ)\times(AP) - (AQ)\times(SP)$
(4,200×₩3,100) － (4,200×₩3,000)＝₩420,000 U

직접재료원가의 가격차이는 ₩420,000(₩13,020,000－₩12,600,000)으로, 불리한 차이이다.

가격차이는 실제구입수량에 단위당 실제원가와 단위당 표준원가의 차이를 곱하여 계산할 수도 있는데, ㈜성림화학의 직접재료원가 가격차이는 4,200×(₩3,100－₩3,000)＝₩420,000으로 동일하게 계산된다.

직접재료원가의 수량차이는 다음 식을 이용하여 계산한다.

실제수량×표준가격－표준수량×표준가격＝직접재료원가 수량차이
(*AQ*) × (*SP*) － (*SQ*) × (*SP*)
(4,200×₩3,000) － (4,000×₩3,000)＝₩600,000 U

직접재료원가의 수량차이는 ₩600,000(₩12,600,000－₩12,000,000)으로, 불리한 차이이다.

수량차이는 가격차이와 마찬가지로 단위당 표준가격에 실제수량과 표준수량의 차이를 곱하여 ₩3,000×(4,200－4,000)＝₩600,000으로 계산할 수도 있다.

직접재료원가 총차이는 ₩1,020,000의 불리한 차이로, 다음과 같다.

직접재료원가 가격차이	₩ 420,000 U
직접재료원가 수량차이	600,000 U
총차이	₩1,020,000 U

기업은 때로 차이분석을 위하여 모형을 사용한다. 분석모형을 사용하기 위해서는, 먼저 공식을 이용하여 각 원가요소별로 금액을 계산하고, 그 다음에 차이를 분석한다. [도표 10-7]은 직접재료원가의 차이를 분석한 ㈜성림화학의 완성된 모형으로, 각 차이를 결정하는 데 편리한 구조를 제공하고 있다.

도표 10-7 ▌ 직접재료원가차이 분석모형

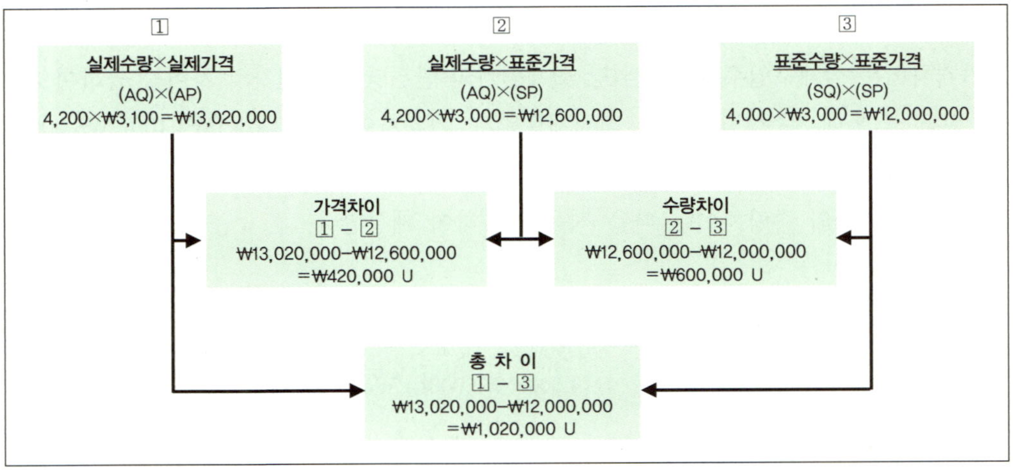

직접재료원가차이의 원인

원가차이는 내부적인 요인과 외부적인 요인 모두와 관련이 있다. 직접재료원가의 가격차이에 대한 조사는 대부분 구매부문에서 시작한다. 많은 요인들이 원재료의 가격에 영향을 미치는데, 수량할인과 현금할인, 재료의 품질, 운송방법 등이 여기에 해당한다. 표준가격의 설정 시 이러한 요인들까지도 고려가 된다면, 구매부문은 어떠한 차이가 발생을 하더라도 가격차이에 책임을 져야 한다.

그러나 가격차이가 구매부문의 통제를 벗어나는 경우도 있다. 가격은 가끔 예상보다 더 빠르게 상승할 수 있다. 게다가 OPEC 국가의 원유가격 인상 등 기업이 통제불가능한 집단행동은 불리한 차이를 야기하게 된다. 최근 미국의 크래프트푸즈(Kraft Foods)와 켈로그사(Kellogg Company)는 모두 불리한 가격차이를 경험하였는데, 이는 유제품과 밀가루제품의 가격이 예기치않게 갑자기 상승하였기 때문이다. 생산부문이 가격차이에 책임을 져야 하는 경우도 있는데, 이는 긴급주문으로 인해 기업이 더 높은 가격으로 재료를 구입할 때 발생할 수 있다.

직접재료원가의 중요한 수량차이 원인을 규명하기 위한 출발점은 생산부문이다. 만일 비숙련된 작업자, 기계의 결함 또는 부주의로 차이가 발생하였다면, 이는 생산부문의 책임이 분명하다. 그러나 구매부문이 조달한 재료가 품질이 떨어지는 하급품이었다면, 이로 인한 원가차이는 구매부문에서 책임을 져야 한다.

직접노무원가차이

직접노무원가의 차이를 결정하는 과정은 직접재료원가와 동일하다. ㈜성림화학은 친환경세제 주문을 이행하면서, 시간당 평균임률은 ₩9,800, 직접노동시간은 2,100시간이 발생하였다. 실제생산량에 허용된 표준시간은 2,000시간(1,000드럼×2시간), 시간당 표준임률은 ₩10,000이었다. 따라서, ㈜성림화학의 직접노무원가 총차이는 다음과 같이 계산된다.

> 실제시간×실제임률－표준시간×표준임률＝직접노무원가 총차이
> $(AH) \times (AR) - (SH) \times (SR)$
> (2,100×₩9,800) － (2,000×₩10,000)＝₩580,000U

직접노무원가의 총차이는 ₩580,000(₩20,580,000－₩20,000,000)으로, 불리한 차이를 보인다.

직접노무원가 가격차이는 다음 식을 이용하여 계산한다.

> 실제시간×실제임률－실제시간×표준임률＝직접노무원가 가격차이
> $(AH) \times (AR) - (AH) \times (SR)$
> (2,100×₩9,800) － (2,100×₩10,000)＝₩420,000F

직접노무원가의 가격차이는 ₩420,000(₩20,580,000－₩21,000,000)으로, 유리한 차이이다.

가격차이는 실제노동시간에 단위당 실제임률과 단위당 표준임률의 차이를 곱하여 계산할 수도 있으며, 사례에서 가격차이는 2,100×(₩10,000－₩9,800)＝₩420,000으로 계산된다.

직접노무원가의 수량차이는 다음 식을 이용하여 계산한다.

> 실제시간×표준임률－표준시간×표준임률＝직접노무원가 수량차이
> $(AH) \times (SR) - (SH) \times (SR)$
> (2,100×₩10,000) － (2,000×₩10,000)＝₩1,000,000U

수량차이는 ₩1,000,000(₩21,000,000－₩20,000,000)의 불리한 차이를 나타낸다.

단위당 표준임률에 실제시간과 표준허용시간의 차이를 곱하여 계산하여도 동일한 결과를 얻을 수 있으며, 사례에서 수량차이는 ₩10,000×(2,100−2,000)=₩1,000,000으로 계산된다.

직접노무원가 총차이는 ₩580,000의 불리한 차이로, 다음과 같다.

직접노무원가 가격차이	₩420,000 F
직접노무원가 수량차이	1,000,000 U
총차이	₩580,000 U

이러한 결과는 [도표 10−8]의 분석모형을 통해서도 나타난다.

도표 10−8 ▌직접노무원가차이 분석모형

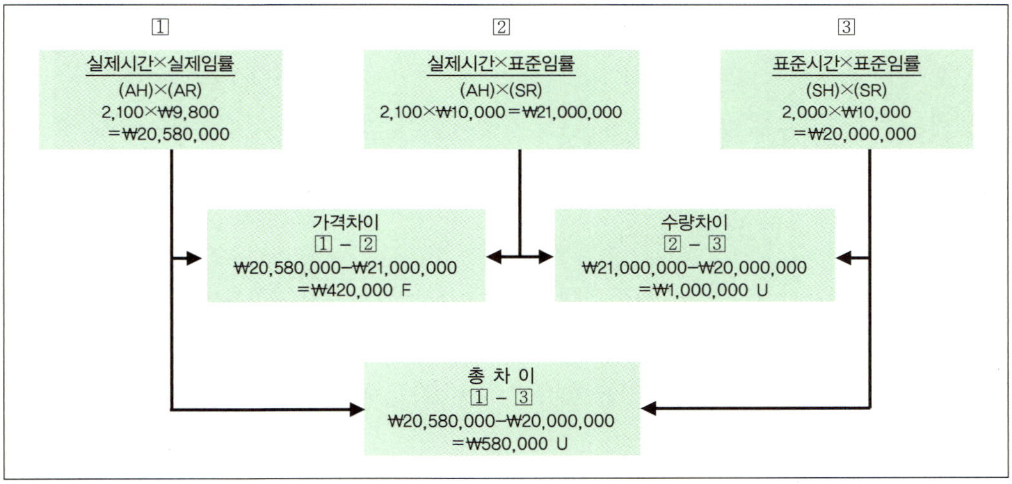

직접노무원가차이의 원인

노무원가의 가격차이는 대부분 ① 예상과 다른 임금의 지급, ② 작업자의 부절적한 배치라는 두 가지 요인으로 인한 결과라고 할 수 있다. 노동조합과의 협약에 따라 임률이 결정되는 기업이라면, 직접노무원가의 가격차이가 거의 발생하지 않아야 한다. 그러나 노조가 결성되지 않았다면 가격차이의 발생가능성은 훨씬 높아진다. 이런 경우, 가격차이는 임금변경의 권한이 있는 경영자에게 책임이 있다.

작업자의 부적절한 배치는 비숙련공의 작업에 숙련공이 작업을 하거나 또는 그 반대의 경우를 의미한다. 경험있는 작업자 대신에 경험이 없는 작업자가 배치되는 경우, 비숙련공의 낮은 임률로 인해 유리한 가격차이가 나타날 것이다. 반면, 비숙련공이 아닌 숙련공이 작업을 대신한다면 불리한 가격차이가 발생하게 된다. 일반적으로 작업자의 부적절한 배치로 발생하는 불리한 가격차이는 생산부문이 책임을 지게 된다.

직접노무원가의 수량차이는 작업자의 능률과 관련이 있다. 수량차이의 원인은 대부분 생산부문에서 찾을 수 있는데, 불리한 차이는 부족한 훈련, 작업자의 피로, 기계고장 또는 부주의 등이 원인이며, 생산부문에 책임이 있다. 그러나 질이 떨어지는 원재료로 인해 작업시간이 초과된 경우라면 책임은 생산부문의 범위를 벗어난다.

제조간접원가차이

제조간접원가 총차이는 실제제조간접원가와 생산량에 허용된 표준제조간접원가의 차이를 말한다. 사례에서, ㈜성림화학이 6월에 친환경세제 1,000드럼을 생산하기 위하여 발생한 제조간접원가는 ₩10,900,000이었다. 실제제조간접원가는 변동원가와 고정원가 요소로 구성되며, 계산은 다음과 같다.

변동제조간접원가	₩ 6,500,000
고정제조간접원가	4,400,000
실제총제조간접원가	₩10,900,000

표준원가계산시스템에서 제조간접원가 총차이는 표준허용시간에 따른 표준제조간접원가를 이용하여 결정한다. **표준허용시간(standard hours allowed)**이란 생산량을 작업하기 위해 표준에 따라 투입되어야 하는 시간을 의미한다. 친환경세제의 제조간접원가는 직접노동시간에 따라 적용된다. 친환경세제 한 드럼을 생산하는 데 2시간이 걸리므로, 1,000드럼의 주문을 이행하기 위한 표준허용시간은 2,000시간(1,000드럼×2시간)이다. 따라서, 표준허용시간인 2,000시간에 대한 예정배부율을 적용하여야 한다.

친환경세제의 예정배부율은 ₩5,000으로, 변동제조간접원가 ₩3,000과 고정제조간접원가 ₩2,000으로 구성된다. [도표 10-5]에서 보여진 바와 같이, 정상조업도 수준에서의 예상제조간접원가 ₩132,000,000을 정상조업도인 26,400 직접노동시간으로 나누어 표준예정배부율 ₩5,000(₩132,000,000÷26,400)을 계산하였다. 그리고, 표준예정배부율 ₩5,000과 표준허용시간 2,000시간을 곱하면 생산량에 허용된 표준제조간접원가가 결정된다.

실제제조간접원가	−	허용된 제조간접원가*	= 제조간접원가총차이
₩10,900,000	−	₩10,000,000	= ₩900,000 U
(₩6,500,000 + ₩4,400,000)		(₩5,000 × 2,000시간)	

*표준허용시간기준

㈜성림화학의 제조간접원가 총차이는 ₩900,000의 불리한 차이로 나타났다.

일반적으로 제조간접원가 차이는 직접재료원가나 직접노무원가처럼 가격과 수량차이를 통해 분석되고 있다. 이러한 차이계산은 고급과정에서 보다 상세하게 설명하기로 한다. 보통 가격차이는 제조간접원가 통제가능차이(overhead controllable variance)로, 수량차이는 제조간접원가 조업도차이(overhead volume variance)로 불린다.

제조간접원가차이의 원인

제조간접원가의 차이가 발생하는 이유 중 하나는 제조간접원가 항목의 과대 또는 과소지출(소비)과 관련이 있다. 예를 들면, 제조간접원가에는 허용된 표준노무원가보다 높게 지급된 간접노무원가가 포함될 수 있다. 또는 기계작동에 소비되는 전기료가 인상되었지만, 기업은 추가적인 원가를 예상하지 않을 경우도 있다. 따라서, 이러한 현상이 미래에도 지속될지의 여부를 판단하기 위해서는 어떠한 소비차이라도 조사할 필요가 있다. 그리고, 소비차이로 인한 책임은 생산부문이 지게 되는 것이 일반적이다.

제조간접원가의 차이는 제조간접원가의 비효율적인 사용으로도 나타날 수 있다. 불충분한 수선유지와 정비불량으로 인해 여러 생산기계들이 고장으로 멈추게 되면, 이는 생산의 감소를 초래하게 된다. 또한, 계획의 부재로 인해 주요 생산작업을 수행할 숙련공의 부족으로 생산공정의 원재료 흐름이 지연되기도 한다. 두 경우 모두 생산부문이 원가차이에 대한 책임을 져야 한다. 반면, 판매주문의 부족으로, 제조간접원가가 충분히 활용되지 못하는 경우도 있다. 차이의 원인이 판매주문의 부족이라면 책임은 생산부문을 벗어난다. 한때 크라이슬러(Chrysler)는 지나치게 낙관적인 판매예측 때문에 공장의 조업도 수준을 과도하게 높은 수준으로 유지함으로써 결과적으로 상당한 금액의 불리한 제조간접원가차이를 경험하기도 하였다.

차이의 보고

모든 차이는 가능한 한 빨리 해당 경영계층으로 보고되어야 한다. 경영자가 신속하게 보고를 받을수록 재빠르게 문제를 평가하고, 개선조치를 취할 수 있게 된다.

기업들마다 차이보고서의 형식과 내용, 빈도는 상당히 다양하게 나타난다. 원가통제에 중요한 책임이 있는 부문이 매주 보고서를 작성하는 것도 하나의 방법이다. 이러한 접근법하에서는 직접재료의 가격차이가 구매부서에 보고되고, 다른 모든 차이는 생산을 담당하는 생산부서에 보고된다. [도표 10-9]는 ㈜성림화학의 친환경세제 원재료에 관한 차이보고서를 보여 주고 있다. 보고서의 설명부분은 구매부문관리자와의 면담을 거친 후에 작성된다.

도표 10-9 ▌ 직접재료원가의 가격차이 보고서

㈜성림화학
주별 차이보고서 – 구매부문
2015년 6월 8일로 종료하는 주(week)

재료유형	구매수량	실제가격	표준가격	가격차이	설 명
X100	4,200ℓ	₩3,100	₩3,000	₩420,000 U	긴급주문
X142	1,200단위	2,750	2,800	60,000 F	수량할인
A85	600상자	5,200	5,100	60,000 U	기존 공급업체 파업
가격차이 합계				₩420,000 U	

차이보고서는 제9장에서 설명한 '예외에 의한 관리' 원칙을 가능하게 한다. 구매부사장은 차이보고서를 이용하여 구매부문관리자의 능률을 평가할 수 있다. 또한, 생산부사장은 각 생산부문관리자의 원가통제방법을 확인하기 위하여 생산부문 차이보고서 이용이 가능하다. 차이보고서의 활용으로 최고경영자는 **중요한 차이(significant variances)**를 찾아낸다. 중요한 차이는 몇몇 계량적 측정치를 기준으로 판단할 수 있는데, 이는 차이가 표준의 10% 이상이거나 ₩1,000,000 이상인 경우 등을 예로 들 수 있다.

차이의 보고서 표시

표준원가회계시스템에서 경영관리 목적으로 작성된 손익계산서는 매출원가를 표준원가로 보고하며, 각 원가요소별 차이가 표시된다. 불리한 차이는 매출원가를 증가시키고, 유리한 차이는 매출원가를 감소시킨다. [도표 10-10]은 표준원가로 작성된 손익계산서 양식을 보여준다. ㈜성림화학의 친환경세제 생산량과 매출액을 기준으로, 판매비와관리비는 ₩3,000,000이라 가정한다. 각각의 원가차이뿐만 아니라 순차이도 제시됨을 주목하라. ㈜성림화학의 사례에서는 표준원가와의 차이로 인해 순이익이 ₩2,500,000 감소한다.

도표 10-10 ▌ 손익계산서 – 차이의 보고

월별 손익계산서

㈜성림화학	2015년 6월 30일	
매출액		₩60,000,000
매출원가(표준)		42,000,000
매출총이익(표준)		18,000,000
차이		
직접재료원가 가격차이	₩420,000	
직접재료원가 수량차이	600,000	
직접노무원가 가격차이	(420,000)	
직접노무원가 수량차이	1,000,000	
제조간접원가 차이	900,000	
불리한 총차이		2,500,000
매출총이익(실제)		15,500,000
판매비와관리비		3,000,000
순이익		₩12,500,000

표준원가는 주주와 외부이용자를 위한 재무제표 작성에도 이용될 수 있다. 일반적으로 인정된 회계원칙에서는 실제원가와 표준원가의 차이가 중요하지 않다면 표준원가를 적용한 재고자산의 원가를 인정하고 있다. 휴렛팩커드사(Hewlett-Packard)는 재고자산을 표준원가로 보고한다. 그러나 실제원가와 표준원가의 차이가 중요하다면, 재무제표상의 재고자산과 매출원가를 실제원가로 보고하여야 한다.

변동원가계산(CVP) 형태로 작성된 손익계산서에서도 차이는 나타날 수 있는데, 이때는 제조간접원가를 변동원가와 고정원가 요소로 구분하여 차이를 분석하는 것이 필요하다.

4 균형성과표

차이분석과 투자수익률(ROI) 같은 재무적 측정치(화폐단위로 측정)는 성과평가에 유용한 도구이다. 그러나 현재 많은 기업들은 보다 나은 성과평가와 미래결과의 예측을 위해 비재무적 측정치를 추가함으로써 재무적 측정치를 보완하고 있다. 미국의 항공사인 델타(Delta), 아메리칸(American), 유나이티드(United)항공은 미래성과를 파악하고 예측하는데 중요한 측정치로 좌석점유율을 이용하고 있다. 뉴욕타임즈(New York Times)와 시카고트리뷴(Chicago Tribune) 같은 신문사들은 성과를 평가하는 또다른 측정치로 신문의 발행부수를 이용한다. 300개의 대리점을 보유한 미국 자동차딜러그룹은 종업원들의 지속적인 목표달성에 따라 경영진에게 보상을 지급한다.

대부분의 기업들은 현재 직면하고 있는 상황을 파악하는 데 있어서 재무적 측정치와 비재무적 측정치가 모두 유용하다고 인식하고 있으며, 현재 많은 기업들이 광범위한 평가접근법인 균형성과표를 이용한다. **균형성과표(balanced scorecard)**는 성과평가와 기업의 전략목표를 연결하는 통합시스템에서 재무적 측정치와 비재무적 측정치를 포함한다. 유니레버사(Unilever), 월마트(Wal-Mart)를 포함한 미국 대기업의 50% 정도는 균형성과표를 사용하고 있다.

균형성과표는 기업의 성과를 일련의 관점(perspectives)을 통해 평가한다. 일반적인 네 가지 관점은 다음과 같다.

1. **재무적 관점(financial perspective)**은 기업의 가장 전통적인 관점으로, 대부분의 기업들이 사용하는 재무적 성과측정치를 이용한다.
2. **고객 관점(customer perspective)**은 기업의 재화와 서비스를 구매하고, 사용하는 고객의 관점에서 기업이 제대로 운영되고 있는지를 평가한다. 가격, 품질, 제품혁신, 고객서비스 등에 대한 고객의 만족수준을 경쟁기업과 비교하여 측정한다.
3. **내부프로세스 관점(internal process perspective)**은 성공에 필요한 내부운영 프로세스를 평가한다. 기업의 효과적이고 효율적인 운영을 확인하기 위해 제품개발, 생

산, 납품 및 판매후 서비스를 포함한 가치사슬의 모든 주요 측면이 평가된다.

4. **학습 및 성장 관점(learning and growth perspective)**은 기업의 종업원 교육과 유지를 평가한다. 여기에는 종업원의 기술력, 종업원 만족도, 교육 프로그램, 그리고 정보제공에 관한 평가가 포함된다.

각 관점에서, 균형성과표는 전략적 목표달성에 기여할 수 있는 세부목표들을 구체화한다. [도표 10-11]은 각 관점의 구체적 목표를 보여주고 있다.

도표 10-11 ▌균형성과표 네 가지 관점의 세부목표

재무적 관점	내부프로세스 관점
• 총자산이익률 • 순이익 • 신용등급 • 주가 • 종업원 1인당 순이익	• 무결점 제품의 비율 • 재고부족률 • 작업효율성 • 낭비절감률 • 계획의 정확성
고객 관점	**학습 및 성장 관점**
• 고객의 제품추천율 • 고객유지율 • 고객요구에 대한 반응시간 • 브랜드 인지도 • 고객 1인당 서비스 비용	• 종업원 이직률 • 업무병행이 가능한 종업원수 • 윤리위반 • 교육시간 • 보고된 사건

기업의 목표와 성과평가를 연결하기 위하여 각 관점의 목표들이 서로 결합된다. 재무적 관점의 목표가 먼저 설정되면, 재무적 목표를 달성하기 위한 다른 관점의 목표가 설정된다.

예를 들어, 재무적 관점에서 투자수익률의 대표적인 측정치 ROI의 증가를 목표로 설정하였다면, 고객 관점의 목표는 고객의 제품추천율로 측정되는 고객만족도 증가가 될 수 있다. 고객의 만족도를 증가시키기 위해서는 내부 비즈니스 프로세스 관점의 목표로 제품품질의 개선이 설정될 수 있으며, 이것은 제품의 무결점률로 측정된다. 마지막으로 제품무결점률을 증가시키기 위해선 공장종업원의 이직률 감소라는 학습 및 성장 관점의 목표가 설정될 수 있다.

[도표 10-12]는 각 관점의 결합을 나타낸다.

도표 10-12 ▌ 균형성과표 관점의 결합

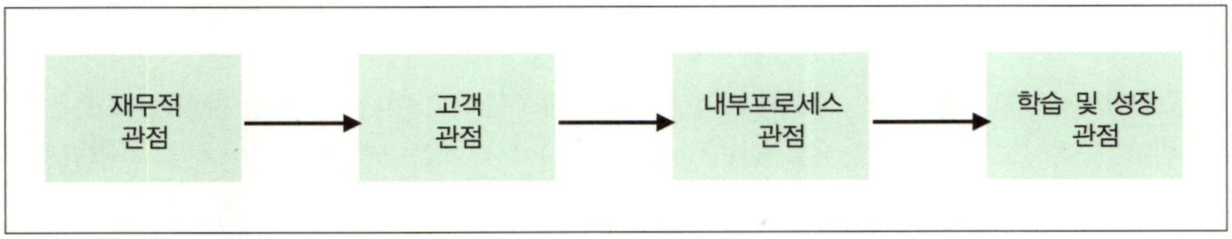

각 관점들의 결합과정은 기업이 목표를 달성하는 방법과 성과평가를 위한 측정치를 더 분명하게 인식하도록 해 준다.

요약하면, 균형성과표의 구체적 역할은 다음과 같다.

1. 재무적 측정치와 비재무적 측정치를 이용한다. 예를 들면, ROI는 재무적 측정치, 종업원 이직률은 비재무적 측정치이다.
2. 상위계층의 기업목표가 모든 하위계층으로 전달될 수 있도록 연결한다.
3. 제품의 품질과 같은 비재무적 측정치에 대해 분명하고 측정가능한 목표를 제공한다.
4. 기업의 모든 목표를 하나의 성과평가시스템으로 통합함으로써, 특정의 단일 목표에 적정하지 못한 금액이 부과되지 않도록 한다.

학습목표의 요약

Cost & Management Accounting

1 **표준과 예산을 구별한다.** 표준과 예산은 모두 예정된 원가이다. 중요한 차이는 표준은 단위당 금액이고, 예산은 총액을 나타낸다. 표준원가는 제품단위당 예산원가로 간주된다.

2 **표준원가의 장점을 확인한다.** 표준원가는 여러 가지 효익을 제공한다. ① 경영계획을 용이하게 한다. ② 경제성 증대를 촉진한다. ③ 판매가격의 결정에 유용하다. ④ 경영통제에 기여한다. ⑤ "예외에 의한 관리"를 가능하게 한다. ⑥ 재고자산의 원가계산을 단순화시키고, 사무비용을 절감한다.

3 **표준원가의 설정방법을 설명한다.** 직접재료원가의 가격표준은 원재료의 인도가격에 수령과 처리에 따른 원가를 포함하여 결정한다. 직접재료원가의 수량표준은 생산에 필요한 수량에 감손과 공손허용량을 더하여 설정한다.

직접노무원가의 가격표준은 현재의 임률과 생계비상승에 따른 임금조정 등을 예상하여 설정한다. 또한 종업원의 세금, 복리후생비도 포함한다. 직접노무원가의 수량표준은 필요한 생산시간에 휴식시간, 청소와 작업준비, 기계고장시간 등을 고려하여 설정한다.

제조간접원가는 제조간접원가 표준예정배부율을 사용한다. 이는 예정제조간접원가를 예정표준조업도로 나누어 계산하는데, 조업도로는 표준직접노동시간이나 표준기계시간이 사용된다.

4 **직접재료원가와 직접노무원가의 차이를 분석하는 식을 명시한다.**

직접재료원가의 차이를 계산하는 식은 다음과 같다.

(실제수량×실제가격)−(표준수량×표준가격)=직접재료원가 총차이

(실제수량×실제가격)−(실제수량×표준가격)=직접재료원가 가격차이

(실제수량×표준가격)−(표준수량×표준가격)=직접재료원가 수량차이

직접노무원가의 차이를 계산하는 식은 다음과 같다.

(실제시간×실제임률)−(표준시간×표준임률)=직접노무원가 총차이

(실제시간×실제임률)−(실제시간×표준임률)=직접노무원가 가격차이

(실제시간×표준임률)−(표준시간×표준임률)=직접노무원가 수량차이

⑤ **제조간접원가의 차이를 분석하는 식을 명시한다.** 제조간접원가의 총차이는 다음과 같이 계산한다.

(실제제조간접원가)−(실제산출양에 허용된 표준제조간접원가)=제조간접원가 총차이

⑥ **차이의 보고를 논의한다.** 차이는 보고서의 형태로 경영자에게 보고된다. 보고서는 중요한 차이를 강조함으로써 예외에 의한 관리를 가능하게 한다.

⑦ **표준원가계산시스템하의 손익계산서를 작성한다.** 표준원가회계시스템에서 경영관리 목적으로 작성된 손익계산서는 매출원가를 표준원가로 보고하며, 각 원가요소별 차이가 표시된다.

⑧ **성과평가를 위한 균형성과표를 설명한다.** 균형성과표는 성과평가와 기업의 전략목표를 연결하는 통합시스템으로, 재무적 측정치와 비재무적 측정치를 포함한다. 재무적, 고객, 내부프로세스, 그리고 학습 및 성장의 네 가지 관점이 있으며, 각 관점의 목표는 다른 관점의 목표와 연결시켜 설정한다.

용어해설

Cost & Management Accounting

- 고객 관점(Customer Perspective) 기업의 재화와 서비스를 구매하고, 사용하는 고객의 관점에서 기업을 평가하는 균형성과표의 관점
- 균형성과표(Balanced Scorecard) 성과평가와 기업의 전략목표를 연결하는 통합시스템으로, 재무적 측정치와 비재무적 측정치를 포함하는 접근법
- 내부프로세스 관점(Internal Process Perspective) 제품의 개발, 생산, 납품 및 판매후 서비스를 포함한 기업가치사슬의 효과와 효율성을 평가하는 균형성과표의 관점
- 노무원가 가격차이(Labor Price Variance) 생산작업의 실제시간에 실제임률을 곱한 금액과 실제시간에 표준임률을 곱한 금액의 차이
- 노무원가 수량차이(Labor Quantity Variance) 생산작업의 실제시간에 표준임률을 곱한 금액과 표준시간에 표준임률을 곱한 금액의 차이
- 노무원가 총차이(Total Labor Variance) 생산작업의 실제시간에 실제임률을 곱한 금액과 표준시간에 표준임률을 곱한 금액의 차이
- 이상적 표준(Ideal Standards) 완벽한 작업조건에서 달성될 수 있는 최적수준의 표준
- 재료원가 가격차이(Materials Price Variance) 재료의 실제수량에 실제가격을 곱한 금액과 실제수량에 표준가격을 곱한 금액의 차이
- 재료원가 수량차이(Materials Quantity Variance) 재료의 실제수량에 표준가격을 곱한 금액과 표준수량에 표준가격을 곱한 금액의 차이
- 재료원가 총차이(Total Materials Variance) 재료의 실제수량에 실제가격을 곱한 금액과 표준수량에 표준가격을 곱한 금액의 차이
- 재무적 관점(Financial Perspective) 재무적 측정치를 사용하여 기업을 평가하는 균형성과표의 관점
- 정상조업도(Normal Capacity) 기업의 장기적인 경험을 통해 산출되는 평균조업도
- 정상적 표준((Normal Standards) 정상적인 예상작업수준에서 달성가능한 효율적인 성과수준의 표준
- 제조간접원가 조업도차이(Overhead Volume Variance) 고정제조간접원가배부율 계산에 사용된 정상조업시간과 표준조업시간의 차이
- 제조간접원가 총차이(Total Overhead Variance) 실제제조간접원가와 표준허용시간을 기준으로 생산량에 허용된 표준제조간접원가의 차이
- 제조간접원가 통제가능차이(Overhead Controllable Variance) 실제발생한 제조간접원가와 표준허용시간에 대한 제조간접원가 예산의 차이
- 직접노무원가 가격표준(Direct Labor Price Standard) 직접노동으로 발생하게 되는 시간당 임률
- 직접노무원가 수량표준(Direct Labor Quantity Standard) 제품 한 단위를 완성하기 위해 필요한 시간
- 직접재료원가 가격표준(Direct Materials Price Standard) 직접재료의 단위당 예정원가
- 직접재료원가 수량표준(Direct Materials Quantity Standard) 한 단위의 제품을 완성하기 위해 사용되는 직접재료의 수량
- 차이(Variances) 총실제원가와 총표준원가의 차이

- **표준원가(Standard Costs)** 기업이 성과측정치로 사용하는 단위당 예정원가
- **표준원가회계시스템(Standard Cost Accounting System)** 표준원가로 기장하고, 차이를 계정에 인식하는 복식회계시스템
- **표준제조간접원가 예정배부율(Standard Predetermined Overhead Rate)** 예정제조간접원가를 표준예정조업도로 나누어 계산한 제조간접원가배부율
- **표준허용시간(Standard Hours Allowed)** 생산량을 작업하기 위해 표준에 따라 투입되어야 하는 시간
- **학습과 성장 관점(Learning and Growth Perspective)** 기업의 종업원 교육과 유지를 평가하는 균형성과표의 관점

연습문제

Cost & Management Accounting

종합자습문제

※ ㈜성림아로마는 솔향기라는 천연방향제를 생산하고 있다. 솔향기 한 병당 표준원가는 다음과 같다.

제조원가	수 량	×	가 격	=	원 가
	표준원가				
직접재료원가	6mℓ		₩ 900		₩ 5,400
직접노무원가	0.5시간		12,000		6,000
제조간접원가	0.5시간		4,800		2,400
					₩13,800

한 달 동안 솔향기 10,000병을 생산하면서 발생한 거래는 다음과 같다.

1. 직접재료 58,000mℓ는 mℓ당 ₩1,000에 구입하였다.
2. 모든 재료는 솔향기 10,000병을 생산하는 데 사용되었다.
3. 직접노동시간은 4,900시간이었으며, 총노무원가는 ₩56,350,000이었다.
4. 변동제조간접원가는 ₩15,000,000, 고정제조간접원가는 ₩10,400,000이 발생하였다. 정상조업도 5,200 직접노동시간을 기준으로 한 제조간접원가배부율은 ₩4,800이며, 고정제조간접원가예산은 ₩10,400,000, 변동제조간접원가예산은 ₩14,560,000이다.

| 요구사항 |

(a) 총차이, 직접재료원가차이, 직접노무원가차이를 계산하시오.
(b) 제조간접원가 총차이를 계산하시오.

| 풀이 |

(a)

	총차이
실제발생원가	
직접재료원가	₩58,000,000
직접노무원가	56,350,000
제조간접원가	25,400,000
	₩139,750,000
표준원가(10,000×₩13,800)	138,000,000

총차이				₩1,750,000 U

직접재료원가차이

총차이	=	₩58,000,000	−	₩54,000,000	=	₩4,000,000 U
		(58,000×₩1,000)		(60,000 × ₩900)		
가격차이	=	₩58,000,000	−	₩52,200,000	=	₩5,800,000 U
		(58,000×₩1,000)		(58,000 × ₩900)		
수량차이	=	₩52,200,000	−	₩54,000,000	=	₩1,800,000 F
		(58,000×₩900)		(60,000 × ₩900)		

직접노무원가차이

총차이	=	₩56,350,000	−	₩60,000,000	=	₩3,650,000 F
		(4,900×₩11,500)		(5,000×₩12,000)		
가격차이	=	₩56,350,000	−	₩58,800,000	=	₩2,450,000 F
		(4,900×₩11,500)		(4,900×₩12,000)		
수량차이	=	₩58,800,000	−	₩60,000,000	=	₩1,200,000 F
		(4,900×₩12,000)		(5,000×₩12,000)		

(b) **제조간접원가차이**

총차이	=	₩25,400,000	−	₩24,000,000	=	₩1,400,000 U
		(₩15,000,000+₩10,400,000)		(5,000×₩4,800)		

객관식문제

※ 다음 질문에 가장 적절한 답을 고르시오(1~14).

01. 표준과 예산의 차이는?

(a) 예산과 달리 표준은 재고자산의 평가에 사용될 수 없다.
(b) 예산과 달리 표준은 분개되거나 전기될 수 없다.
(c) 예산은 총액이고, 표준은 단위당 금액이다.
(d) 경영계획과 경영통제에는 예산만이 유용하게 사용될 수 있다.

02. 표준원가에 대한 내용 중 옳은 것은?

(a) 정부기관에 의해 부과된다.
(b) 기업이 성과의 측정치로 사용하는 단위당 예정원가이다.
(c) 제조기업은 사용할 수 있지만 서비스기업이나 비영리기업은 사용할 수 없다.
(d) 모두 다 옳다.

03. 표준원가의 장점에 해당되지 않는 것은?
(a) 예외에 의한 관리에 사용될 수 있다.
(b) 경영계획을 용이하게 한다.
(c) 재고자산의 원가계산을 단순화시킬 수 있다.
(d) 경영자는 고정예산을 사용해야만 한다.

04. 정상적 표준에 대한 설명으로 적절한 것은?
(a) 휴식시간, 기계고장, 작업준비시간을 허용한다.
(b) 완벽한 작업조건에서 달성될 수 있는 성과수준을 나타낸다.
(c) 경영자는 정상적 표준이 종업원의 사기를 떨어뜨린다고 믿기 때문에 거의 사용되지 않는다.
(d) 이상적 표준에 비해 비윤리적 관행이 발생할 가능성이 더 많다.

05. 표준의 설정은 어떻게 이루어지는가?
(a) 관리회계적 결정이다.
(b) 경영자의 판단에 의해 결정된다.
(c) 작업자의 판단에 의해 결정된다.
(d) 이상적인 성과수준에서 설정되는 것이 좋다.

06. 다음 공식 중 옳지 않은 것은?
(a) 직접노무원가 가격차이=(실제시간×실제임률)-(실제시간×표준임률)
(b) 제조간접원가 총차이=실제 제조간접원가-허용된 제조간접원가
(c) 직접재료원가 가격차이=(실제수량×실제가격)-(표준수량×표준가격)
(d) 직접노무원가 수량차이=(실제시간×표준임률)-(표준시간×표준임률)

07. 제품 A-100의 생산에 직접재료 6,300kg을 사용하였으며, kg당 원가는 ₩1,100이었다. 표준은 6,000kg, kg당 표준원가는 ₩1,000이다. 직접재료원가의 수량차이는?
(a) ₩330,000 불리한 차이
(b) ₩300,000 불리한 차이
(c) ₩600,000 불리한 차이
(d) ₩630,000 불리한 차이

08. 제품 Z-200의 생산에 직접노동시간은 14,800시간, 시간당 임률은 ₩8,200이었다. 표준직접노동시간은 15,000시간, 시간당 표준임률은 ₩8,000이다. 직접노무원가의 차이는?
(a) 유리한 수량차이 ₩1,600,000
(b) 불리한 수량차이 ₩1,600,000
(c) 유리한 가격차이 ₩2,960,000
(d) 불리한 가격차이 ₩3,000,000

09. 제조간접원가 총차이에 대한 설명 중 옳은 것은?
(a) 제조간접원가예산과 허용된 제조간접원가예산은 동일하다.
(b) 실제제조간접원가 총액은 변동제조간접원가, 고정제조간접원가와 기간원가로 구성된다.
(c) 실제로 작업한 표준시간이 차이계산에 사용된다.
(d) 생산량에 허용된 표준시간이 차이계산에 사용되는 측정치이다.

10. 제조간접원가 총차이를 계산하는 공식은?
(a) 실제제조간접원가에서 허용된 표준제조간접원가를 차감한다.
(b) 제조간접원가 예산에서 허용된 표준제조간접원가를 차감한다.
(c) 실제제조간접원가에서 제조간접원가 예산을 차감한다.
(d) 정답이 없다.

11. 차이보고서에 관한 설명 중 옳지 않은 것은?
(a) "예외에 의한 관리"를 용이하게 한다.
(b) 최고경영계층에만 전달되어야 한다.
(c) 가능한 한 빨리 작성되어야 한다.
(d) 기업들마다 형식과 내용, 작성 및 보고빈도는 다를 수 있다.

12. 원가통제를 평가하기 위하여 차이보고서를 이용할 때, 경영자는?
(a) 모든 차이를 검토한다.
(b) 유리한 차이만 검토한다.
(c) 불리한 차이만 검토한다.
(d) 비율이나 금액 등 예정된 계량적 측정치를 초과하는 유리한 차이와 불리한 차이를 검토한다.

13. 일반적으로 인정된 회계원칙과 관련된 내용은?
(a) 기업이 재고자산을 표준원가로 보고하도록 허용하지만, 매출원가는 실제원가로 보고하여야 한다.
(b) 기업이 매출원가를 표준원가로 보고하도록 허용하지만, 재고자산은 실제원가로 보고하여야 한다.
(c) 실제원가와 표준원가의 차이가 중요하지 않다면 기업이 재고자산과 매출원가를 표준원가로 보고하도록 허용한다.
(d) 기업이 재고자산과 매출원가를 실제원가로만 보고하도록 하며, 표준원가계산은 절대 허용하지 않는다.

14. 다음 중 균형성과표의 고객관점에서 사용되는 목표가 될 수 없는 것은?
(a) 고객의 제품추천율
(b) 고객의 유지
(c) 브랜드 인지도
(d) 주당순이익

주관식문제

01. 다음 각 식에서 빈 칸에 들어갈 내용을 채우시오.

(a) (실제수량×(1)) − (표준수량×(2)) = 직접재료원가 총차이
(b) ((3)×실제가격) − (실제수량×(4)) = 직접재료원가 가격차이
(c) (실제수량×(5)) − ((6)×표준가격) = 직접재료원가 수량차이

02. ㈜창신의 제조간접원가 표준예정배부율은 직접노동시간당 ₩800이다. 6월의 실제직접노동시간은 26,000시간이며, 표준허용시간은 27,000시간이다. 허용된 표준제조간접원가는 얼마인가?

03. ㈜창신은 표준원가와 예산을 모두 사용한다. 제품 X의 예상생산량은 연간 500,000단위이다. 총재료원가와 총노무원가는 각각 ₩120,000,000과 ₩160,000,000으로 예상된다. (a) 표준원가와 (b) 예산원가를 계산하시오.

04. 제품 한 상자의 제조와 관련하여 ㈜창신이 집계한 직접노무원가 자료는 다음과 같다. (1) 가격−시간당 임률 ₩12,000, 세금 ₩800, 복리후생비 ₩1,200 (2) 수량−실제생산시간 1.2시간, 휴식 및 청소시간 0.25시간, 작업준비 및 기계고장시간 0.15시간. 다음을 계산하시오.

(a) 시간당 표준직접노무원가
(b) 상자당 표준직접노동시간
(c) 상자당 표준직접노무원가

05. ㈜창신의 제품단위당 표준직접재료원가는 ₩1,000(2kg×₩500)이다. 7월 한 달 동안 제품 1,500단위를 생산하면서 3,200kg의 재료를 구입, 사용하였으며, 원가는 ₩1,616,000이 발생하였다. 직접재료원가의 총차이, 가격차이, 수량차이를 계산하시오.

06. ㈜창신의 생산량 단위당 표준직접노무원가는 ₩2,000(2시간× 시간당 ₩1,000)이다. 8월 한 달 동안 제품 1,000단위를 생산하였으며, 직접노동시간은 2,100시간, 시간당 원가는 ₩1,050이 발생하였다. 직접노무원가의 총차이, 가격차이, 수량차이를 계산하시오.

07. ㈜창신은 10월의 직접노동시간을 21,000시간으로 보고하였고, 이로 인해 제조간접원가 ₩11,500,000이 발생하였다. 생산량에 허용된 표준시간은 20,000시간이며, 직접노동시간당 제조간접원가 표준예정배부율은 ₩600이다. 제조간접원가 총차이를 계산하시오.

08. ㈜태일은 제품 IT-3와 관련한 표준원가 자료를 집계하였다.

- 단위당 직접재료원가: 2kg, kg당 ₩5,000
- 단위당 직접노무원가: 0.2시간, 시간당 ₩14,000
- 제조간접원가: 표준예정배부율은 직접노무원가의 125%

| 요구사항 |
제품 IT-3의 단위당 표준원가를 계산하시오.

09. 제품 K77의 직접재료원가 표준은 단위당 ₩6,000인 직접재료 2ℓ로 설정된다. 8월에 기업은 원재료 29,000ℓ를 단위당 ₩6,200에 구입하였으며, 제품 15,000단위의 생산에 사용하였다.

| 요구사항 |
직접재료원가의 총차이, 가격차이, 수량차이를 계산하시오.

10. 제품 SM500은 직접노동시간 2시간, 시간당 임률 ₩14,000으로 표준원가가 설정되어 있다. 직접노동시간당 표준예정배부율은 ₩21,000이다. 7월 한 달간 제품은 2,000단위가 생산되었으며, 실제 직접노동시간 4,100시간, 시간당 실제임률 ₩14,400, 제조간접원가는 ₩81,300,000이 발생하였다.

| 요구사항 |
(a) 직접노무원가의 총차이, 가격차이, 수량차이를 계산하시오.
(b) 제조간접원가 총차이를 계산하시오.

11. ㈜태일은 2015년 2,000단위 생산을 계획하고 있다. 제품단위당 3kg의 재료가 사용되며, kg당 재료의 원가는 ₩6,000이다. 제품단위당 직접노동시간은 0.5시간, 시간당 직접노무원가는 ₩14,000이며, 제조간접원가는 직접노무원가의 70%이다.

| 요구사항 |
(a) 2015년 직접재료원가, 직접노무원가, 제조간접원가의 예산을 계산하시오.
(b) 제품의 단위당 표준원가를 계산하시오.
(c) 기업이 표준원가를 사용할 경우, 장점은 무엇인가?

12. ㈜태일은 제품 D-5의 단위당 표준직접노무원가를 직접노동시간 4시간, 시간당 임률 ₩12,000을 기준으로 설정하고 있다. 8월에 10,000단위의 제품 D-5를 생산하면서 40,800시간을 작업하였으며, 시간당 ₩12,100의 노무원가가 발생하였다.

| 요구사항 |
(a) 직접노무원가의 총차이를 계산하시오.
(b) 직접노무원가의 가격차이와 수량차이를 계산하시오.

(c) 직접노동시간 표준은 4.2시간, 시간당 노무원가는 ₩12,250이라고 가정하고, (b)를 계산하시오.

13. 단일 제품을 생산하는 태일산업은 제품단위당 표준원가표를 다음과 같이 작성하였다.

직접재료원가	(8kg, kg당 ₩2,500)	₩20,000
직접노무원가	(3시간, 시간당 ₩12,000)	₩36,000

4월의 생산량은 230단위이며, 실제발생원가는 다음과 같다.

직접재료원가	구입 및 사용량 (1,900kg)	₩4,940,000
직접노무원가	(700시간)	₩8,120,000

| 요구사항 |

직접재료원가와 직접노무원가의 총차이, 가격차이, 수량차이를 계산하시오.

14. 다음 직접재료원가, 직접노무원가 자료는 ㈜태일의 8월 운영에 관한 것이다.

원 가		수 량	
실제임률	시간당 ₩13,000	실제발생 또는 사용시간	4,200시간
실제재료가격	톤당 ₩128,000	실제재료구입 및 사용량	1,225톤
표준임률	시간당 ₩12,000	표준사용시간	4,300시간
표준재료가격	톤당 ₩130,000	표준재료사용량	1,200톤

| 요구사항 |

(a) 직접재료원가와 직접노무원가의 총차이, 가격차이, 수량차이를 계산하시오.

(b) 위에서 계산된 불리한 차이에 대해 두 가지 가능한 설명을 하시오. 불리한 차이의 책임이 어디에 있을 수 있는지를 제시하시오.

15. ㈜태일의 제품 H 생산과 관련한 제조간접원가 자료는 다음과 같다.

• 제조간접원가 발생액(실제직접노동시간 52,000시간)	₩213,000,000
• 제조간접원가율(정상조업도 54,000 직접노동시간) (변동원가 ₩3,000, 고정원가 ₩1,000)	₩4,000
• 생산에 허용된 표준직접노동시간	51,000시간

| 요구사항 |

제조간접원가 총차이를 계산하시오.

16. ㈜태일의 5월 직접재료 구입량과 사용량은 2,300kg이며, 구입원가는 ₩10,900,000이다. 직접재료원가의 생산단위당 표준은 2kg, kg당 원가는 ₩5,000이다. 5월에는 1,070단위를 생산하였다.

| 요구사항 |

(a) 직접재료원가의 총차이, 가격차이, 수량차이를 계산하시오.

(b) ㈜태일에서는 직접노무원가의 불리한 수량차이가 발생하였다고 가정하자. (a)에서 계산된 차이와 직접노무원가의 불리한 수량차이가 발생한 원인이 될 수 있는 가상시나리오는 무엇인가?

17. ㈜태일은 다음과 같은 차이보고서를 작성하였다.

㈜태일

주별 차이보고서 – 구매부문

2015년 1월 9일로 종료하는 주(week)

재료유형	구입수량	실제가격	표준가격	가격차이	설 명
XG100	? kg	₩5,200	₩5,000	₩5,200,000 ?	가격인상
XG200	7,000ℓ	?	3,250	1,050,000 U	긴급주문
XG300	22,000상자	450	?	440,000 F	대량구매

| 요구사항 |

보고서를 완성하시오.

18. ㈜태일은 표준원가회계시스템을 사용한다. 다음은 기업이 보고한 1월의 제조원가차이에 관한 내용이다.

• 직접재료원가 가격차이	₩1,250,000 U	• 직접재료원가 수량차이	₩700,000 F
• 직접노무원가 가격차이	525,000 U	• 직접노무원가 수량차이	725,000 U
• 제조간접원가 차이	800,000 U		

제품 8,000단위가 단위당 ₩8,000에 판매되었다. 판매단위당 표준원가는 ₩6,000이며, 판매비와관리비는 월 ₩6,000,000이다.

| 요구사항 |

2015년 1월 31일로 종료되는 경영자용 월별(1월) 손익계산서를 작성하시오.

19. 다음은 성과평가와 관련된 항목들이다.

(1) 균형성과표	(2) 차이	(3) 학습 및 성장 관점
(4) 비재무적 측정치	(5) 고객 관점	(6) 내부프로세스 관점
(7) 이상적 표준	(8) 정상적 표준	

| 요구사항 |

위의 각 항목과 다음 설명을 연결하시오.

(a) 실제원가와 표준원가의 차이

(b) 예상작업조건에서 달성가능한 효율적인 성과수준
(c) 성과평가와 기업의 전략목표를 연결하는 통합시스템으로, 재무적 측정치와 비재무적 측정치를 포함하는 접근법
(d) 기업의 종업원 교육과 유지를 평가하는 균형성과표의 관점
(e) 화폐금액을 기준으로 하지 않는 평가방법
(f) 기업의 재화와 서비스를 구매하고, 사용하는 고객의 관점에서 기업을 평가하는 균형성과표의 관점
(g) 완벽한 작업조건에서 달성될 수 있는 최적의 성과수준
(h) 기업가치사슬의 효과와 효율성을 평가하는 균형성과표의 관점

실전문제

01. 다음 중 표준원가계산과 관련된 설명으로 가장 거리가 먼 것은 어느 것인가?

[전산세무 1급, 58회]

① 표준원가계산은 표준원가를 이용하여 원가계산을 하기 때문에 원가계산을 신속하게 할 수 있다.
② 표준원가계산은 예산과 실제원가를 기초로 차이를 분석하여 예외에 의한 관리를 통해 효율적인 원가통제가 가능하다.
③ 과학적이고 객관적인 표준원가를 설정하는 것이 쉽지 않고, 표준원가를 설정하는 데 시간과 비용이 많이 든다.
④ 표준원가계산제도를 채택하면 실제원가와는 관계없이 언제나 표준원가로 계산된 재고자산이 재무제표에 보고되게 된다.

02. 다양한 원가계산방법에 대한 설명이다. 잘못 설명하고 있는 것은? [전산세무 1급, 54회]

① 표준원가계산은 실제원가계산에 비하여 성과평가 면에서 우월한 방법이다.
② 정상원가계산에서 직접재료비와 직접노무비는 실제발생한 원가로 계산한다.
③ 종합원가계산은 공정별로 원가를 집계하는 특징이 있다.
④ 실제원가계산에서는 제조간접비 차이조정에 대한 회계처리가 발생하지만, 정상원가계산에서는 제조간접비 차이조정에 대한 회계처리가 발생하지 않는다.

03. 다음 표준원가계산제도와 관련된 설명 중 틀린 것은? [전산세무 1급, 52회]

① 제품의 완성량만 파악하면 표준원가를 산출할 수 있으므로 신속하게 원가정보를 제공할 수 있다.
② 기말에 원가차이를 매출원가에서 조정할 경우 불리한 차이는 매출원가에 가산하고 유리한 차이는 매출원가에서 차감한다.
③ 원가발생의 예외를 관리하여 원가통제에 적절한 원가계산방법이다.
④ 표준원가계산방법을 선택한 경우에는 실제원가와 상관없이 표준원가로 계산된 재고자산의 금액을 반드시 재무상태표 금액으로 결정하여야 한다.

04. 실제원가계산의 한계점과 거리가 먼 것은? [기업회계 2급, 33회]

① 원가계산 기말까지 실제발생액을 집계해야 하므로 원가계산이 기말까지 지체된다.
② 원가계산 기간에 따라 제품단위당 원가가 달라질 수 있다.
③ 실제로 발생한 원가를 바탕으로 제품의 단위당 원가를 계산하는 방법으로 논리적으로 이해가 어려운 방법이다.
④ 회계업무가 원가계산 기말에 과다하게 집중된다.

05. 당기에 영업을 시작한 ㈜화성은 표준원가제도를 채택하고 있으며, 2014년의 재료비와 관련된 표준원가 및 생산활동자료는 다음과 같다. ㈜화성의 2014년 직접재료비 구입가격차이와 능률차이는 각각 얼마인가? [기업회계 1급, 33회]

표준원가자료	• 제품단위당 원재료 표준투입량: 3kg	• 원재료 kg당 표준가격: ₩50
실제생산자료	• 제품생산량: 1,600개 • 원재료 구입량: 5,500kg	• 직접재료비: ₩237,150 • 원재료 구입단가: ₩51

	구입가격차이	능률차이
①	₩4,650 불리	₩6,300 유리
②	₩4,650 유리	₩6,300 불리
③	₩5,500 불리	₩7,500 유리
④	₩5,500 유리	₩7,500 불리

06. 다음 자료에 의하여 실제로 발생한 직접노무비 총액으로 옳은 것은? [기업회계 1급, 33회]

- 직접노무비 능률차이: ₩7,200(불리한 차이)
- 표준임률: @₩48/시간
- 제품생산량: 3,000단위
- 제품단위당 표준시간: 3시간
- 직접노무비의 임률차이: ₩14,200(유리한 차이)

① ₩400,000 ② ₩425,000
③ ₩450,000 ④ ₩475,000

07. ㈜화성의 3월 제조간접비예산과 실제 발생액은 다음과 같으며, 제조간접비의 배부기준은 직접노동시간이다. ㈜화성의 3월 중 실제 직접노무비가 ₩90,000인 경우, 제조간접비차이분석을 3분법에 의할 때 올바른 설명은? [기업회계 1급, 33회]

	예산	실제발생액
직접노동시간	20,000시간	19,000시간
생 산 량	1,000개	900개
제조간접비	10,000원	?

	예산차이	능률차이	조업도차이
①	알 수 없다	알 수 없다	불리한 차이
②	불리한 차이	알 수 없다	불리한 차이
③	알 수 없다	유리한 차이	불리한 차이
④	알 수 없다	불리한 차이	불리한 차이

08. 다음 중 균형성과표(BSC)에 대한 설명으로 옳지 않은 것은? [기업회계 1급, 33회]

① 비영리단체에도 재무적 관점, 고객 관점, 내부프로세스 관점, 학습과 성장 관점을 사용할 수 있다.
② 전략과 연계된 주요평가지표(KPI)를 사용한다.
③ 관점 사이의 인과관계를 전략체계도(strategy map)로 나타낸다.
④ 균형성과표는 전략의 구체화와 의사소통보다 성과보상에 초점이 맞추어진 제도이다.

09. 다음 자료에 의하여 직접재료비의 가격차이를 분석하려 한다. 구입시점의 가격차이를 분석할 경우 직접재료의 단위당 실제원가로 올바른 것은? [기업회계 1급, 32회]

- 실제 직접재료 사용량: 1,400단위
- 직접재료 기말재고액: 100단위
- 직접재료 기초재고액: 200단위
- 직접재료의 단위당 표준가격: ₩100
- 직접재료의 구입가격차이: ₩13,000(유리)

① ₩90 ② ₩100
③ ₩110 ④ ₩120

10. 균형성과표(제도)에 관련된 설명으로 가장 옳지 않은 것은? [기업회계 1급, 32회]

① 균형성과표는 기업의 가치를 향상시키기 위해 전통적인 재무적 지표 이외에 다향한 관점의 성과지표가 측정되어야 한다는 것을 강조하고 있다.
② 고객의 관점은 고객만족에 대한 성과를 측정하는데 고객만족도조사, 고객확보율, 고객유지율, 반복구매 정도 등의 지표가 사용된다.
③ 내부프로세스의 관점은 원가를 낮은 수준에서 유지하여 제품을 저렴한 가격으로 고객에게 제공할 수 있도록 기업내부의 업무가 효율적으로 수행되는 정도를 의미하는데 불량률, 작업폐물, 재작업률, 수율, 납기, 생산처리시간 등의 지표가 사용된다.
④ 재무적 성과는 수익을 제공하는 고객으로부터 달성될 수 있으므로 고객 관점 지표가 재무적 지표의 동인이 될 수 있으나, 내부프로세스의 효율성 향상과 재무적 성과에 따라 학습과 성장의 지표가 달성되므로 결국 학습과 성장의 지표가 최종적인 결과물이 된다.

11. 다음 원가차이분석 중 옳게 표시된 것은? [기업회계 1급, 31회]

① 가격차이=(표준가격－실제가격)×표준소비량

② 가격차이=(표준가격－표준소비량)×실제가격

③ 수량차이=(실제소비량－표준소비량)×표준가격

④ 수량차이=(표준가격－실제가격)×표준수량

12. 다음 중 균형성과표(Balanced Scorecard)와 가장 관련이 없는 것은? [기업회계 1급, 31회]

① 혁신, 변화, 개선의 지속성 여부

② 명료한 성과측정치와 성과측정을 위한 낮은 실행비용

③ 주주들의 눈에 비친 회사의 모습

④ 고객들의 눈에 비친 회사의 모습

13. 다음 중 균형성과표(BSC)에 대한 설명으로 옳지 않은 것은? [기업회계 1급, 30회]

① 비영리단체에서도 재무적 관점, 고객 관점, 내부프로세스 관점, 학습과 성장 관점을 사용할 수 있다.

② 전략과 연계된 주요평가지표(KPI)를 사용한다.

③ 관점 사이의 인과관계를 전략체계도(strategy map)로 나타낸다.

④ 균형성과표는 성과보상에만 초점이 맞추어진 제도이다.

14. 대전산업의 제품단위당 원재료 사용에 대한 표준자료는 다음과 같다. 당기에 6,000단위의 제품을 생산하였고 원재료 X는 kg당 ₩45에 구입한 20,000kg을 투입하였다. 직접재료 배합차이와 수율차이가 각각 ₩42,000(불리), ₩38,000(불리)일 때 원재료 Y의 실제 투입량은 몇 kg인가? [기업회계 1급, 30회]

• 원재료 X: 3kg, ₩50/kg	• 원재료 Y: 2kg, ₩20/kg

15. ㈜대전은 에어컨을 생산・판매하는 회사로서 기준조업도의 정상작업시간은 월 500시간으로 한 단위당 표준원가와 6월 중 발생한 자료는 다음과 같다. 6월 중 제조간접비의 조업도차이는 얼마인가? [기업회계 1급, 29회]

• 실제 제품생산량: 500단위	• 고정제조간접비 예산액: ₩500,000
• 실제 고정제조간접비: ₩580,000	• 제품단위당 표준작업시간: 1.2시간

① ₩100,000(유리)　　② ₩80,000(불리)

③ ₩80,000(유리)　　④ ₩100,000(불리)

16. 다음은 ㈜대전의 직접재료비에 대한 자료이다. 직접재료비 능률차이는 얼마인가?

[기업회계 1급, 28회]

- 예산생산량: 4,000개
- 실제생산량: 5,000개
- 직접재료 실제구입가격: ₩400/kg
- 제품당 표준투입량: 4kg
- 직접재료의 표준가격: ₩300/kg
- 직접재료비 가격차이: ₩1,800,000 불리

17. 다음 중 표준원가계산에서의 고정제조간접비 차이분석에 대한 설명으로 옳지 않은 것은?

[기업회계 1급, 27회]

① 투입량기준 변동예산과 산출량기준 변동예산상의 금액이 같다.
② 조업도차이는 고정제조간접비예산과 고정제조간접비 표준배부액과의 차이이다.
③ 조업도차이는 가용생산자원의 이용 정도를 파악하는 측정치로 이용될 수 있다.
④ 고정제조간접비 예산차이에서는 능률차이가 존재한다.

찾아보기

ㅂ

ㅅ

ㅇ

ㅌ

ㅍ

ㅎ

| 저자약력 |

■ 박무현

계명대학교 경영학과(경영학사)
계명대학교 대학원(경영학석사)
Ball State University 대학원 회계학과(MS in Accounting)
경북대학교 대학원(경영학박사)
호주 University of New South Wales 교환교수
현) 계명대학교 회계세무학부 교수, 이부대학장

〈저서 및 역서〉
기업이익, 공장자동화 회계, 재무회계 개념에 관한 제5보고서, 회계와 사회, 원가배부의 행동적 분석, 간접원가 배부의 이론과 실제, 기업정보 자원의 보호론

■ 도상호

연세대학교 경영학과(경영학사)
연세대학교 대학원(경영학석사)
University of Pittsburgh(Ph.D.)
Long Island University, USA 조교수
현) 계명대학교 회계세무학부 교수, 국회 입법고시 출제위원

〈논문 및 저서〉
회계와 사회, 디지털 정보의 보안
"Analysis of the Effectiveness of Quality Management Systems Guided by ISO 900A Principles", "Escalation of Commitment: An Experimental Study" 등

■ 이연희

경북대학교 회계학과(경영학사)
경북대학교 대학원(경영학석사)
경북대학교 대학원(경영학박사)
현) 계명대학교 회계세무학부 초빙조교수

〈저서〉
IFRS 회계원리, 관리회계원리

■ 임상종

계명대학교 회계학과(경영학사)
계명대학교 대학원(경영학석사)
계명대학교 대학원(경영학박사)
현) 계명대학교 회계세무학부 조교수

〈저서〉
ERP 정보관리사 회계 · 인사 · 물류 · 생산, 관리회계원리, 쉽게 배우는 원가회계, 전산회계

원가관리회계의 이해

2015년 8월 25일 1판 1쇄 발행
2023년 8월 25일 1판 5쇄 발행

저　자 | 박무현 · 도상호 · 이연희 · 임상종
발행인 | 이수영
발행처 | 도서출판 청람
서울시 마포구 독막로 288(대흥동, 세양상가 109호)
전　화 | 02)3272-2601~2
팩　스 | 02)3272-2603
이메일 | crbooks@daum.net
홈페이지 | http://www.crbooks.co.kr
등　록 | 2000.8.26 제6-0509호

ISBN 978-89-5972-482-6 93320 [정가 25,000원]